金融战役学 第一卷

货币长城

江晓美 著

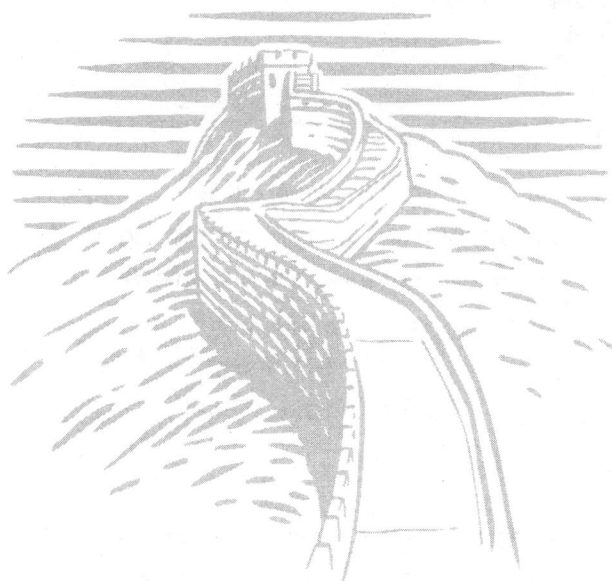

中国科学技术出版社

·北京·

图书在版编目（CIP）数据

货币长城/江晓美著. —北京：中国科学

技术出版社，2009.4

ISBN 978-7-5046-5412-0

Ⅰ. 货… Ⅱ. 江… Ⅲ. 金融－经济史－世界

F831.9

中国版本图书馆 CIP 数据核字（2009）第 032514 号

自 2006 年 4 月起本社图书封面均贴有防伪标志，未贴防伪标志的为盗版图书。

责任编辑：王明东　张　群
封面设计：耕者工作室　刘俊仙
责任校对：林　华
责任印制：王　沛

中国科学技术出版社出版

北京市海淀区中关村南大街 16 号　邮政编码：100081

电话：010—62103210　　传真：010—62183872

http://www.kjpbooks.com.cn

科学普及出版社发行部发行

北京玥实印刷有限公司印刷

*

开本：787 毫米×960 毫米 1/16　印张：20　字数：320 千字

2009 年 4 月第 1 版　2009 年 4 月第 1 次印刷

印数：1—10000 册　　定价：39.00 元

ISBN 978- 7-5046-5412-0/F·641

（凡购买本社图书，如有缺页、倒页、

脱页者，本社发行部负责调换）

编 者 的 话

《货币战争》金融断代史，
《货币长城》金融战役史。
《货币战争》提出了问题，
《货币长城》提供了例证。
《货币战争》一石激起千层浪，
《货币长城》恰如细雨落池塘。
合起来，一部金融通史；
分开去，鱼与渔的不同。
清凉界，悲鸟鸣，
烛影斧声鬼吹灯。
出师表，警世钟，
长天秋水放歌行。
想起苏格兰民族诗人彭斯：
"多一次攻击，添一分自由；
不动——就要断头。"
位卑未敢忘忧国。

序　言

　　货币的花朵也许开得无比灿烂和美丽，但不要忘记根茎下面也许只是一堆肥料而已。

　　金融安全问题从来就不被大多数人理解，同时又被少数人有计划地误导和隐藏。这有点像和迷雾中的吃人的鬼怪打交道。因此，大多数人的"金融安全"不过是"羔羊的安全"和"蚂蚁的安全"而已。大量的、复杂的统计方法和包含大量高等数学的西方经济书籍，就如同故意写得让患者看不懂的拉丁语诊疗书一样，让本来只用一句话就能解释金融危机的实质，却会演变成一场只有少数人有资格参加的"辩论"，或更是少数人能够"成功"并影响实际社会运作的"学术活动"。

　　没有老百姓理解衍生金融工具的实质；没有老百姓理解金融市场一个百分点的意义；没有老百姓理解金融监管的严肃性对自己有何实在的作用；没有老百姓理解资金流动周期如何制造出金钱；更没有老百姓理解"美元"竟然还没出生就先有了相应的债务……

　　书中将尽量用生活语言来描述一些人们在正统金融书籍里面永远也看不到，在金融专家嘴里永远也听不到的"无足轻重"的事实。描述一个建立在"不稳定的金融贸易"基石上的西方社会"繁荣和发展"的内幕和真相。

　　书中讲述现代世界的真实面貌——这个"钱"的世界是如何构成的，如何运作的，如何被"有效管理"的。还会再列举一系列各位尊敬的读者知道或不知道的金融战例，比如：产值达到美国55％的苏联如何在一夜间失去了一切。甚至一度产值还没有发展中国家——中国的一个广东省的产值高，也没有美国一家连锁百货公司的产值高……

目　录

第一章

一片春愁待酒浇

——人民币汇率走向

第1节 两个声音的秘密

一、"最优方案"

（一）2007 年思考这个问题的中国人里面既有经济学家，也有普通投资者，可这个问题的"自然而然地出现在人们的头脑中"本身，就是一个很有趣的问题。

人们似乎都"知道了"有关人民币升值的"最优方案"——人民币小步升值似乎已经是对中国"比较有利"的一种策略了。可这个"人民币升值"问题本身的出发点竟然是为中国的利益得失？

关注的焦点都集中在一个问题上——"人民币升值既然会影响出口，那么慢慢来为好。"这个思路顺理成章，这里不妨换个思路——提出"人民币升值"的外国媒体根本就不会、也不可能是为了中国的利益。

换一句话说：之所以他们最终要和我们达成人民币"小步升值的妥协"，是站在"提建议者"的立场上。华尔街希望人民币小步升值的目的也不是为了减少中美贸易顺差（这会削弱，甚至动摇美元体制在太平洋经济区的存在），因为如果这样做贸易顺差会事实扩大。

（二）华尔街媒体试图诱导中国接受小步升值，有三个主要目的

1. 让中国逐步习惯有利于以美国华尔街为代表的西方媒体的影响。

2. 阻止人民币对已经完全丧失了市场主导并处于"超级发行量"状态的美元进行"美元—欧元"置换、"美元—黄金"置换、"美元—实体商品"置换……是先进行的减压"救援行动"。

3. 制造中国"实体经济区"对美元的局部升值，把欧元和美元捆绑起来对人民币进行贬值，利用欧元区经济的某种利益期望，来使欧元继续美元化。进而冲击欧洲金融和贸易的稳定，让欧洲在成为"实际伙伴"的同

时，在世界范围内确立一种"（民族国家货币不能针对）美元贬值，各方受损"的金科玉律。

图片说明：七大工业国（Group of Seven 简称 G7）会议的各国财长和央行行长敦促中国人民币升值。

（三）美元的问题

美元的实质就是债务，这表面上是美国政府、企业和家庭借钱多，消费过度，但根源却是由于美国政府"基本"没有发行货币的权力，所谓的"美元"不过是美国一家私有银行——"美国联邦储备银行"（即：美联储系统，纽约美联储在主导，美联储是美国特拉华州一家注册资本金为 1.43亿美元的私人企业）发行的私人信用票据而已。美国政府必须用债务作抵押，"换取"美联储"同意借给"美国政府"美元"（即：美联储券。**美联储券**[Federal Reserve Note]：美联储发行的债务货币，抵押品为国债，目前所有流通的美元、数字美元均指"美联储券"。**黄金券**[Gold Certificate]：美国政府发行的黄金作抵押品的货币，目前已实际退出流通。**白银券**[Silver Certificate]：美国政府发行的以白银作抵押品的货币，目前已实际退出流通。**美国政府券**[United States Note]：也称"林肯绿币"[Greenbacks]林肯在内战时期发行的美国第一种法币，总发行量上限为 346681016 美元，目前已实际退出流通）。美元的本质也就成了债务。

但世界上到底有多少美元的问题，也就是美国政府实际的债务到底有多少，谁也不得而知。有一位英国金融专家认为全球每年有 2860000 亿账面美元在流动，但也有学者认为美元虚拟交易量在 6000000 亿美元/年。不管是 2860000 亿还是 6000000 亿，都是远远超过目前地球实体经济的承载能力，也许是银河系水平的货币总量数字。

美国政府年税收总额也就在 30000 亿～40000 亿美元之间。也就是说：

美国政府不要说归还本金，就是归还国债利息都是不可能的。借新债还旧债就成了必然，很不幸这种必然是人为制造的，不是美国人民选择的，其间经历过异常激烈的较量，美联储的股东们赢了。

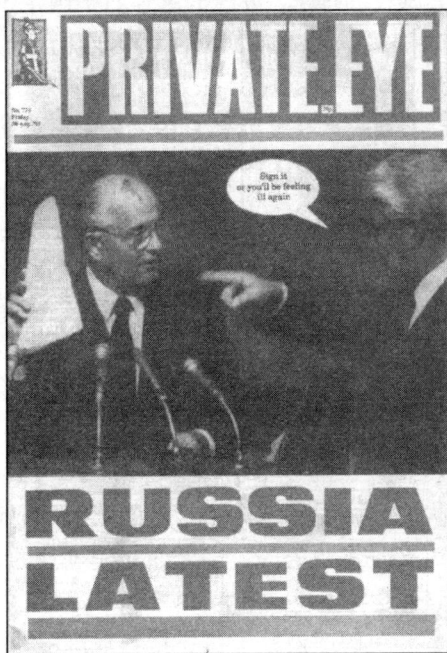

图片说明：1991 年 8 月 19 日 "8.19" 事件中，叶利钦帮助戈尔巴乔夫渡过了难关，但随后迫使戈尔巴乔夫退出了权力中心，俄罗斯媒体称之为 "叶利钦逼宫"。

二、美元体制的战略意图

（一）里根时代的繁荣

1. 里根总统的改变

里根总统遇刺这个事件对美元带来的影响很大，里根总统刚上任时突然遇刺，他很平和地接受了 "精神病患者行刺以博取女演员欢喜的结论"，尽管这个结论充满了愚民的噱头，但世人却很容易接受和 "理解" 这种为爱情献身的花边新闻。但是，里根总统在病房里不光养病，还决定了以后八年执政的策略——"无为而治"。他每周平均工作时间只有 4 个小时，但却带来了美国历史上、人类历史上的两个奇迹：①不动声色让一个超级大国走向毁灭；②创造了一个经济神奇增长，通货膨胀率几乎为负值的、完

美的、违背经济理论的空前的繁荣。

2. 种子

里根总统的货币政策不论是对美国还是世界，他所做的一切埋下了巨大的、不可逆的和悲剧性的种子。苏联的解体对中国是个看法多样的剧变，虽然人们对苏联和美国两个超级大国的力量和成功有着无比的敬畏，但在国际政治和金融秩序中，苏联的垮台只带来一个后果：两个市场的樊篱打破了，世界的金融、贸易统一在美元体系中了。里根总统的策略却很简单：①放权；②放任美联储在世界范围内过度发行美元。

3. 两个市场的消失

由于两个市场的消失或至少对于 20 世纪 80 年代的人们来说已经是不争的事实，世界对统一市场必然需要一种统一的货币。里根总统时期，美联储（实际是纽约美国联邦储备银行在主导整个美联储系统）事实上"印刷"了足够多的货币，在满足了地球上所有经济活动的需求后，顺便"稍稍多印了一点点"，以便让美国经济用小绿纸片换取世界各国的物质实体财富来充实美国市场。

里根总统推行大幅度减税和双赤字经济的政策，取得了表面上经济大幅增长、通货膨胀率几乎为负值的、多方面"完美"的、几乎是不可能出现的繁荣局面。

美国企业、家庭和美国政府空前的、持续地沉浸在印刷美元换来的物质盛宴中时，也就毫不吝惜地大举借贷和透支信用。姑且暂时不谈这种美元货币的过度发行带来的长期后果，单是从 20 世纪 80 年代的人们眼里，那种对美国的幸福生活的崇拜是正当的和毫不奇怪的。只要看两个事实就能知道美国经济，甚至是世界经济现在面临的危机：

4. 第一个危机

美国经济现在已经完完全全陷入了债务经济或者说是"印刷货币"经济带来的恶性循环中，世界所有国家，尤其是过度依靠对美贸易换取数字美元的出口导向型经济国家，如果继续以出口换取美元来促进国家 GDP 增长作为主要发展手段的话，必然会走入"金融贸易恐怖时期"。

其特征就是：前期，美国不敢作过度的贸易保护，其他国家不敢放弃接受美元；中期，美元崩溃的时候，一同坠入衰退的深渊，至少经济出现长时期的调整和停滞期；后期，各国自愿维护起另一个新的美元——欧元，从而进入一个完全一致的悲剧性"历史重复"时代。

5. 第二个危机

世界范围内的美元通货膨胀，它的特征只有一个：统计数据和主妇们的切身感受截然不同。世界经济统计数据中只有很少几个数据几乎可以忽略，至少从来就没有在整体和几十年的长期层面影响"世界的经济发展"，其中之一就是通货膨胀的数字。现实世界范围内的通货膨胀已经到了可怕的地步，但西方各国掌权者们都各自去找对自己有利的理由和说词，没有人去关注和提及这个问题的本质原因——美元发行失控。

（二）金融贸易恐怖时期

1. 其他国家的对美贸易"顺差"

在"金融贸易恐怖时期"的前期，似乎日本、中国这样因出口而有着较多美元盈余的国家既是众矢之的，又是"受益者"。

2. 四个问题

（1）中国真的是长期受益者吗？

（2）美国在贸易保护问题上和人民币汇率上逼迫中国的做法对美国有利吗？

（3）哪种货币才是贸易中更可靠的选择呢？

（4）人民币汇率的问题上的"两个声音的秘密"思考基础只有一个：中国的利益。

第2节 目前世界流通美元总量的数字

一、美元通货膨胀

（一）如何看待美元的现状

谈论通货膨胀和货币"滥"发，不能单纯看有多少货币在流通，还要看实体货物的多少才能衡量这个问题——因为货币所缔造的虚拟经济应该大抵是物理世界实体经济的倒影，虽然其不可能完全对等。这会带来各种有趣的经济反应，也就是为什么创立金融战役学，首先要创立虚拟经济学的相关理论。

上面章节中的一些问题都要牵扯到一个根本性的问题——美元目前到底处于什么状态？或者说，截至2007年，美元在世界范围内到底有多少？

（二）全世界的总产值

有关2007年我们这个星球——地球一年的总产值，各方面的资料虽出

入较多，但整体可以看出在 300000 亿~500000 亿美元之间（最高不超过 500000 亿美元）。其中实体经济（即第一产业和第二产业，如：农牧矿业、工业产值）的 GDP 最多也就是 100000 亿~200000 亿美元的水平。这已经高估了，而且是相互交叉并重复计算的。

（三）美国狭义债务的现状

与此同时，美国国内的政府、企业、私人的狭义债务总额达到了 440000 亿美元，单纯用 1% 的利息来计算，美国国内的经济整体每年就要支付 4400 亿美元的利息（这笔荒谬的利息最终进入"国际债权人"的口袋）。这个数字也只不过是冰山一角，这才是最可怕的地方（后面专门要讨论具体数字，此处暂不过深涉及）。这 440000 亿狭义美元债务不论最终归谁，都要以各种形式，存储在世界美元体系中——请记住这一点。

（四） 超级美元印钞机

1. 假设这个美国国内的美元债务数字是全世界美元发行的数字（事实上，美元的大部分在国外流通，也就是美元实际数量远远比美国国内债债务数字要多得多；而且美国的广义债务要远比这个大得多），那么这 440000 亿美元在流通过程中又凭空"制造"了多少美元呢？这个问题很少有人能够理解。但要理解美元的现状，必须理解这个 "超级美元印钞机"。

2. 印钞机的流程

（1）440000 亿美元在美国本土不是固定不动的，它是交易的媒介，处于不断的交易、流通、存储、支取、借贷的过程中。这巨额的债务货币是由美国私有银行在保留"部分准备金"的前提下，可以进行贷款、投资等金融活动的可"繁殖"的"活"的货币。每一个资金周转过程都会导致实际"印刷"出一定数量的账面货币。这个过程由美国国会全权委托私有金融机构美联储来管理。如果私有银行完全依照美国法律规定，依据美联储"部分准备金"的规定，只保留其 10% 的储蓄做"储备金"，那么 440000 亿美元的债务美元只要在私有银行有 44000 亿现金和票据，就可以借贷或者说创造出 440000 亿新的美元。

（2）部分准备金

人们当然会问：如果把这 440000 亿美元全部作为"部分准备金"呢？那是不是就可以创造出 4400000 亿美元的新货币了呢？

这么做会不会违法呢？

这就是现在世界范围内美元体制出现崩溃的结构性裂痕——这么做不

违法，但行不通，而且有"更聪明、更合法的办法凭空创造货币"。

①"部分准备金"是"合情合理的"——如果要求私有商业银行有百分之百的准备金，那么私有银行的商业借贷活动就无法运行了。

②这种做法就是美联储自己规定，并实施"管理"的。唯一限制这种做法的现实"技术性难题"是——如果把 440000 亿债务美元都作为"部分准备金"那么就没有借贷或者说创造新美元货币的余地了。

"华尔街银行"的核心业务就是制造债务，是西方私有金融机构的重要收入来源。所以美国私有银行是更加合法地保证事实存有的现金和票据不少于总储蓄额的 10% 的前提下，把剩余的 90% 的美元贷款或者投资了出去。

补充一句：从 2008 年次贷危机（有关次贷危机请参看拙作《什么是"次贷危机"？》）暴露出来的华尔街私有银行的准备金情况来看，实际坚守 10% 法律底线都是理想主义的说法。当然人们除了可以确定那些破产的金融机构已经暴露出来的"违规问题"，却不能指责任何一家华尔街尚在运行的私有金融机构违背了相关法律在拿储户的钱去冒险，因为这些数字是绝对机密，除非他们突然破产，进行资产账目清算，否则永远是个谜。事实证明，那些靠华尔街金融机构客户获利的会计事务所和评级机构的信誉是个更加不可测的谜。

③神奇的部分。现在资金周转很快，尤其是电子货币，几乎瞬间就产生了资金流动。假设某私有银行 A 有 100000 亿美元的总的储蓄金额，私有银行 A 依法留下 10000 亿美元的现金和票据作为"保证金"。

第一天上午，假设客户甲从私有银行 A 贷款了 90000 亿美元去购进大批的食品放入自己的连锁百货店进行销售，这时私有银行 A 持有对客户甲的借贷权利 90000 亿美元的账面美元，这是毫无疑问的（假设贷款可以收回，问题就出在这里。不过后面再讨论这个"小"问题）。

那么客户食品批发商乙在晚上来到私有银行 A 把收到的客户甲支付的购买 90000 亿食品货物的钱存入客户乙自己的账户，并且思考着明天如何分配使用这些资金进行再生产。

这时，私有银行 A 的柜台经理人把食品销售商客户乙的所有 90000 亿美元存入了银行，这时这个私有银行 A 的存款总额增加了 90000 亿美元，私有银行 A 的总储蓄额是：10000 亿美元的准备金＋90000 亿美元的贷款（贷款给客户甲用于购入食品的流动资金贷款）票据＋食品批发商客户乙

存入的 90000 亿美元（从与客户甲的食品买卖交易中得到的食品货款）的"新"的存款＝190000 亿美元。

④凭空的创造

a.这时 90000 亿美元就被"凭空"、"合法"的制造出来了。

b.现实中，不一定两个客户会走入同一家银行，但他们却必然在美元体系的金融机构中进出。

⑤可怕的超级美元印刷机的游戏还没有结束。第二天上午，客户丙到银行贷款建设一个芯片工厂，预计需要 80000 亿美元。这时私有银行 A 把昨天新储户食品批发商客户乙存入的 90000 亿美元的 10% 作为"部分准备金"依法保留，剩下的拿出 80000 亿美元贷款给客户丙作为流动资金去建设芯片工厂……

下午，满脸喜色的芯片机械制造企业所有者客户丁走进私有银行 A，存入了从贷款建设芯片工厂的客户丙那里收到的 80000 亿美元。私有银行 A 的总储蓄额又合理合法的增长了 80000 亿美元。

二、超级美元印钞机的影响

超额发行。

1.这种可怕的游戏——超级美元印刷机的游戏——持续上演，每次银行可以贷款或者说创造出货币都持续递减，但最终可以有超过原始储蓄额 10 倍甚至更多的美元被"创造出来"，而这个过程对于美国普通企业和家庭来说，都习以为常，世界各地的人们也不会怀疑每天走入银行存入美元怎么会和美元超额发行有关系。

问题是：私人债务货币（此处指美元体制）＋私有银行＋债务货币＋私有银行（美联储）自己全权管理自己＋部分准备金制度＋交易游戏……＝美元到底发行了多少？天知道。

2.美国的狭义债务总量

只要知道2006年美元初始狭义国内债务总量是 440000 亿美元就行了。在这个庞大的债务链条当中，其利息收入是惊人的和不可思议的。假设私有银行 A 比较克制，最终有 10 倍的美元被创造出来，只要这 440000 亿债务美元经过 10～20 次的循环，就会产生高达 4400000 亿的新美元。4400000 亿美元的 2% 是多少呢？是 88000 亿美元/年，假设扣除银行运营支出的成本（支付给储户的存款利息和营业费用），华尔街得到了"微不足道的"一

个百分点的纯利润，就会有 44000 亿美元/年的纯利润。

3.知道这一点，就会理解为什么美国华尔街对于各种借贷、金融投机、衍生金融期货工具和给使用这些工具的"敢死队"（比如：华尔街私人对冲基金）的贷款热情那么高了。

4.金种子

由于美国私有银行这种利息收入来得实在"轻松"，因此这个巨大利润数字本身对私有银行的诱惑性实在太大，与此同时，美国政府、企业、个人却面临根本就无法偿还只能借新债还旧债（单纯用实际收入甚至只能归还部分利息，目前已经发展到美国政府连利息都要靠举借新债务来归还的地步）的局面。

很有趣的是，这个可笑的局面对美国私有银行却是有利的。也就是说，对于美国政府来说不归还贷款私有银行依然愿意借贷，并且把债务放在资本项目下面，而这些债务美元最终又走进了"超级印钞机"，成了阿凡提的"金种子"。既然贷款人毫不在意借贷人的归还，那么借贷者和贷款者对于"不归还贷款"这个问题也就最终达成了一个很令人震惊的债务同盟。对于美国私有银行来说这个似乎有些不可思议的债务同盟的目的只有一个：那就是更多的贷款，更多的利息收入，永远把美国人民作为归还利息的债务奴隶。

所以，2000 年以来，美国的债务正以每年超过 10%（实际数字比这个要高）的速度急剧增加，稍微有一点点常识的人都会知道，这种毫不顾忌的债务美元发行量的增长，又以进一步借贷（即创造更多债务美元）来暂时缓解，必然使美国逐渐进入了货币发行失控的状态。

5.美国债务对世界的影响

美元是现在地球上的通用的世界货币。上面所说的只是美国国内的一个数字，而且还只是冰山一角，后面会具体考证那个惊天的数字——远远不止 44 万亿美元。这些债务不包括石油美元、美国贸易赤字美元和这些"美元种子"在世界范围的果实…… 这就是为什么美联储 M3 统计数字被无声无息地取消的原因——这是为了世界各国拥有美元的人们的心脏健康考虑。

货币长城

第3节 人民币、中国股市面临的挑战
和机遇共存与苏联金融战役

一、人民币和中国股市面临的挑战与机遇永恒共生

（一）中国目前正处于历史上最好的大发展时期，人民币和中国资本市场都有着巨大的发展机遇，但进入动荡不安、风起云涌的国际金融资本市场，生活在咯咯作响的美元大厦的体制内，不免也会存在相应的挑战。

（二）世界各国普遍不了解金融战役的存在，顶多认为存在一些"牟利为目的的市场炒作"。此前根本就不存在"金融战役学"这样一个名词和学科。

（三）从世界范围来说，各国目前唯一事实存在的能够让金融偷袭部队怯场的是各国政府的行政金融干预能力和随时关闭金融、股票、期货市场的选择权。

（四）被称为"IMF 四剂毒药"金融战手段，已经重复过无数次，甚至有的说法连一个字都没有变，例如日本在 1972 年 2 月开始了"稳健的日元汇率调整"，其直接后果可参看《金融战败》（［日］吉川元忠. 孙晓燕译. 北京：中国青年出版社. 2000）。

二、苏联金融战役简述

（一）天才的计划

下面将简要从金融战役学的角度谈谈美国是如何用高超的金融手段打垮了 GDP 曾经一度达到美国 55% 的苏联。任何有关苏联灭亡于军备竞赛的言论都是一个巨大谎言的组成部分。这里从纯粹的金融角度回顾一下：美国如何一分钱不花，合理合法地把整个苏联实体经济的精华弄到手，并且使俄罗斯经济倒退一百年的真实历史。

不论从任何角度来看，这一切都是一个伟大的、精妙到极点的金融战役的典范。它应该成为金融战役的伟大典范和不朽的战例，而不是只被少数人知晓。这些金融战役的指挥者的智慧和天才的头脑、手腕令人有一种仰观泰山的感觉。只有这时，一个人才会知道自己的智慧是如此的浅薄和微不足道。

（二）具体执行

1. 第一个战役阶段：苏联金融战役的战略条件准备阶段（1978 年 8 月

10

至 1985 年 5 月 11 日)

首先，里根总统在 20 世纪 80 年代大肆发行美元的同时又提高利率，实际早在 20 世纪 80 年代初美元利率就曾经达到每年 20% 水平了，那是针对苏联金融战役的序曲——"沃尔克冲击"。针对苏联的金融战役的序幕在那时已经拉开了……沃尔克冲击虽然没有直接让苏联垮台，但却着实让苏联陷入了出口无利可图、美元债务成本骤增、援助盟国负担超出承受能力、国民经济陷入停滞的困难局面，为后续的金融战打击奠定的坚实的基础。

里根总统巧妙地用相信美元坚挺假象的人们辛苦生产的实体商品充斥了美国的市场和美国家庭的餐桌，又通过各种媒体和信息渠道把这种毫无虚假的空前繁荣的信息传到苏联。这时整个苏联从上到下瞬时被这种透支了明天的空前的繁荣所震撼，又"恰巧"正处于沃尔克冲击带来的世界金融危机导致的经济停滞和困难中，人们逐渐丧失了信心和辨别道路的能力。当时有一个笑话很说明问题：一个苏联老大妈问苏联领导人："咱们什么时能够赶上美国呀？"苏联领导人很有信心地微笑着回答："消灭了美国不就赶上了？"

由于这种信心的丧失是从真实的美国市场和金融力量中体会而来的，是源自对苏联当时身陷沃尔克冲击导致的严重的世界性金融危机的困难经济、生活现状中亲身体验，所以是理智的和经得起反思的，这就决定了苏联金融战役的大背景。

2. 第二个战役阶段：苏联金融战役的全面开战和两个战场的形成（1985年 5 月 11 日至 1990 年 10 月）

美国用"事实"让苏联领导人相信了自由市场、金融开放、取消政府监管才是美国繁荣的基石。这时苏联领导人逐步放松党的领导，解散了华约，最后甚至公开宣布了苏联的解体。金锅破了还是金，超级大国苏联如何突然变成了一个经济领域的二流国家？整个超级大国积累和发展了七十几年的实体经济和广袤土地所蕴含的资源矿产土地等无以计数的财富都到哪里去了呢？难道突然就消失了吗？

单纯以金融战役而言，对苏联决定性的战役来自"五百天改革计划"，其辅助战役是有计划的黑市打压卢布（旧卢布）。五百天计划把苏联实体经济转换为相应的有价债券分发给人们[把不能流通的资产转变为可流通的资产，以便金融战役的进行，这就是虚拟经济学的体现]，从而一举进入"美国式"的市场经济阶段。

它的特点是："公平"、"公正"、"合法"，所以人们毫无疑问地欢欣鼓舞地接受了那些有价债券，数目是每人 10000～20000 卢布不等。这对于每位苏联公民来说无疑是一笔意外财富：自己依然在工厂工作，又凭空成了企业的股东，成了企业的主人，不是挺好吗？

3.第三个战役阶段：苏联金融战役的决战阶段（1990 年 10 月至 1992 年 3 月，1991 年 12 月 25 日苏联解体，第三战役阶段以后的描述中，依然采用苏联金融战役说法）

在正常的金融监管被看做是"集权复辟"，有关机构不敢也不去进行的情况下，苏联金融战役的指挥者通过独资和合资，在苏联境内设立了大量的皮包银行。然后通过各种灰色手段，以相对高一点的利息吸收卢布储蓄和向苏联国有银行取得卢布贷款，然后在新兴的债券市场上收买债券。

由于那些债券是"没有什么分红能力的国有企业"的债券，与其留着无用，不如在证券交易市场抛出换到现钱，这是个可以想象的"好买卖"。不久债券就被各种隐秘的渠道作了二次分配，苏联的企业，也可以说整个苏联建设了几十年的实体经济和广袤土地蕴含的矿山资源土地，已经完全被苏联人民自己完全自愿、公平、兴高采烈地卖掉了。

4.第四个战役阶段：苏联金融战役的重要的收尾战役开始了——一箭三雕（1992 年 3 月至 1998 年 1 月 1 日）

历史上有名的人物汪精卫曾经毫无廉耻地"自诩"过："汪精卫是一个卖国贼，他蒋介石是送国贼……"这是什么意思呢？也就是说他认为："卖国如果卖个好价钱，比打了败仗白送给人要好得多"，这当然是弥天大谎，但在小逻辑上还有那么一点"歪理"，也算是小聪明人走上邪路的"典范"了。再看俄罗斯（此时，因为苏联已经解体，故此后称作俄罗斯）的持有私有化债券的人们，把债券全部出售后的情况。

如果此时金融监管部门坚决收紧银根，毫不犹豫地坚决取消卢布美元自由汇兑，严厉打击黑市美元交易，坚决杜绝非法金融机构的资金汇入汇出，严格审查破产，那么此时俄罗斯的情况就是至少把国家财富、资源土地等统统卖了个好价格。那些收买债券的人不论是谁，都将面临一个头疼的大包袱——难以还清的、用来购买私有化债券的卢布债务，俄罗斯也不能说全输了。

但情况恰恰相反，俄罗斯的有关方面接受了美国金融专家的建议："恰到好处"地放开了卢布和美元的自由汇兑来"对抗"炒汇黑市泛滥的"合

理"建议。叶利钦曾经颇为后悔地回忆说：在国家汇率是1卢布比1.5美元的时候，他颇有先见之明的想用36（卢布）比1（美元）来换取黑市美元作为战略储备，却没有在会议上通过。的确从这个被美国金融专家引导的思路和后来的事实来看，这个决定是英明的和有远见的。

但问题在于：为什么不采取、或至少是类似上面所说的那些能够避免旧卢布垮台的金融策略呢？因为进驻克里姆林宫的美国金融专家和"独立"的媒体对那种"行政金融监管手段"肆意嘲弄，俄罗斯上上下下也都认为这是一种"集权式的复辟"，任何有效的合理的金融监管都被那个时代的俄罗斯主流观点看成是走向美国式空前繁荣的绊脚石，必须搬开。这些人大多数是爱国者，这才是令人深思的问题。

这时，由于放开了卢布和美元的自由兑换，也没有任何强有力的监管手段，任由卢布"按照金融市场的那只看不见的手来调控"，其结果是这场金融战役最精彩的部分很快到来了——卢布从1卢布兑换1.5美元，迅速崩盘突破了100（卢布）比1（美元），这时带来了三个有趣的战役结果：

（1）俄罗斯公民在债券市场上拿到的那些卢布的价值贬值到1/100，最多也就剩下几百美元的价值了。

（2）俄罗斯的金融体制全盘崩溃，社会市场价格体系崩溃，所有人的终生积蓄贬值到1/100，极大地打击了俄罗斯的国民经济。

（3）这时，那些用"高息"揽得卢布储蓄和"高息"从俄罗斯国有银行借来的卢布的债务归还问题，变得微不足道了。也许有人认为这些金融战役的发起者就要大笑着庆祝胜利了？那可就太小看伟大的金融战役指挥者的天才、胆识和气魄了。

因为这时，整个赎买债券的利息和本金都极其巨大，虽然贬值为几百分之一，但考虑到当时利率很不正常，有高息揽储和"灰色成本"的问题，所以原来将近50000亿～200000亿美元的卢布债券盘子依然要付出上千亿美元的代价账单才行，所以下一个金融战步骤开始了。

5.第五个战役阶段：苏联金融战役的最后一战——疯狂的贬值（1998年1月1日至1998年11月1日）

金融战役的指挥者利用俄罗斯金融监管处于空白时间窗口，在主战场——汇率兑换市场和副战场——金融黑市两个方面同时操作，通过媒体恐慌性的渲染，人们纷纷抛出每一张卢布，买进美元。卢布市场很快毫无悬念地崩溃了，这时美国金融专家建议：货币改革。用1000旧卢布更换一新

卢布，然后把汇率定在 5 个新卢布比 1 美元的基础上。在这个"有效制止金融动荡"的措施执行后，整个旧卢布实际贬值至 1/14000。

可以说到此时为止，执行"五百天私有化计划"的结果就是被金融战役的另一方美国，用几亿美元的代价买走了整个俄罗斯的国有企业、矿山、资源。这些就是后来普金总统打击经济寡头的原始背景：整个俄罗斯实体经济的精华被"买"走了，直接花费不到 10 亿美元。

6.第六个战役阶段：苏联金融战役的后传，尾声——游击战阶段（1998 年 11 月 1 日以后）

这个漂亮的令人难以置信的金融歼灭战还没有结束，紧接着金融战役发起者利用各种小型风险对冲基金（一个曾经的超级大国已经不需要"金融正规军"去打击了，小型的风险对冲基金就够了）对俄罗斯发动了一系列的金融打击。但这时无论是叶利钦还是后来被西方媒体攻讦的普京都开始了真正的金融监管。所以，尽管此时的俄罗斯远远比原来的苏联削弱了很多，但这些后续金融战役的成效反而不大。

新卢布最困难的时候曾经达到过 40（新卢布）比 1（美元）。但截至 2007 年 6 月 17 日，新卢布对美元比价为 26 比 1，也就是扣除利息因素，这场金融战役的发起者用 1/72800 的代价，买到了当时已经低标价格的总共不超过 100000 亿旧卢布的整个俄罗斯。此时，扣除各种灰色支出后，实际花费也不会超过 100 亿美元，就彻底买下了建设了几十年的实体经济的精华和广袤土地所赋予的矿山资源的开发权和企业……一切。

可以说：这是人类历史上最伟大的一场金融战役，不论是规模、效果还是手段的高超都达到了史无前例的水平。这些金融战役的策划者是智者中的智者，强者中的强者，将永世流传直到永远。真正的智者和强者不会满足于一次伟大的成功，他们需要的是更伟大的成功。当他们攀登上了一座高峰之后，眼光早就看上了更高的山峰。

第 4 节 人民币小步升值的预想

一、小步升值

（一）这个西方媒体"推荐的"人民币升值建议的结果是未知的，除非这条道路是有计划有步骤规避美元体制风险、发展实体经济的系统策略，那还是有一定积极意义的。否则其影响最少也会在苏联"五百天改革计划"

或日本"广场会议"的损害程度1%～10%之间徘徊。

（二）假设人民币对美元汇率从6∶1，在20年内升值到1∶1

1."普通交易"（没有人民币汇率期货和指数工具的条件）

如果货币汇率变化趋势太过明朗，就会产生一个"赢利空间"。只要用一个华尔街金融投资基金，从华尔街银行以3%的年息借入或者募集1000亿美元，然后分散、多点、多时间段"投资"中国，假设租用办公室和雇用一些装点门面的人员和汇率兑换的损耗，一年共计花费500万美元和交易手续费，而综合成本假设为原始投入资金的1%，在中国"稳健的人民币汇率调整"的持续执行，假设当年增值幅度为5%，就可以毫不费力的在年底赚取1%的汇率差，也就是10亿美元。

2."衍生交易"（假设存在人民币汇率期货、利率期货的条件下）

假设汇率期货杠杆达到100倍（前美联储副局长David W. Mullins出面开办，并最后由美联储直接"出面重组"的主要用来打击俄罗斯的"四大对冲基金"之一"长期资本管理公司"经过复杂和专业的投机交易，曾经将杠杆比率，专业说法是弹性系数，增高到568倍的水平），那么上述普通交易中获取的"不可逆转的赢利数字"将乘以相应的倍数。

二、热钱的数量

（一）假设热钱（即：［Hot Money 或 Refugee Capita]），又称游资或叫投机性短期资本，只为追求最高报酬以最低风险而在国际金融市场上迅速流动的短期投机性资金。下同）的规模是万亿美元水平的，而又在开辟了人民币汇率、利率期货指数交易等相关衍生金融交易的条件下——如果投资弹性系数达到了100倍，10000亿美元的衍生金融交易就会瞬间制造一个1000000亿美元的操纵力量，各种原本正常的投资企业、散户也会被迫加入投机的洪流（他们当然是为了保值），形成群羊效应导致的二次打击……2008年3月8日上午9时，全国政协十一届一次会议在人民大会堂举行第二次全体会议。全国政协委员、前统计局局长李德水在会上发言："据有关研究机构分析，目前进入中国的'热钱'存量约在5000亿美元……"（李德水.挡新"热钱"流入 不许短期资本"来去自由"）。

http://news.xinhuanet.com/fortune/2008-03/08/content_7746235.htm

（二）热钱数字的不同说法

1.本书正式选取的数字是国家正式会议中，全国政协委员、前统计局

局长李德水正式报告中的热钱数字，这应该是可信的。但也存在着不同的其他数字和说法。

（1）西方媒体的普遍说法 不存在热钱。

（2）中国社科院专家的说法

中国社会科学院世界政治与经济研究所专家张明发表的一份报告称，在一定的经济学模型假设下，流入中国的热钱规模已达惊人的 17500 亿美元。这一数字大约相当于截至 2008 年 3 月底的中国外汇储备存量的 104%。

（3）华尔街金融机构的说法

摩根斯坦利大中华区首席经济学家王庆随即发表报告称，流进中国的热钱其实没有想象中的那么可怕：2005 年至今的热钱流入量为 3109 亿美元，就算撤出，对中国的经济影响也微乎其微。——摩根集团是纽约美国联邦储备银行的原始股东之一，也就是私人票据美元（正式叫法是美联储券）发行权的拥有者之一。

2. 具体分析（以下有分析衍生金融工具效应的地方，是假设）

（1）一般来说，"**第一种西方媒体的普遍说法 不存在热钱**"是有待商榷的，这里不妨采纳制造私人票据——美联储券洪水的纽约美联储原始股东之一摩根财团雇佣的美国学者的说法，这样应该是个"最低限度的估计"了，3109 亿美元。这笔钱，如果按照 100 倍的弹性系数来进行衍生品交易，来中国外汇市场套利，可以造成 310000 美元的冲击力；如果按照 20 倍的弹性系数，可制造 60000 亿美元的冲击力，需要有 60000 亿美元卖单来进行对垒。

（2）中国虽然拥有上万亿美元的外汇储备，但短期内筹集到 3109 亿美元，是很困难的，突然在短期强行突击抛售美国国债兑现，会有一些损失。"中新网 6 月 14 日电据美国《侨报》报道，美联储前主席格林斯潘周二（2007 年 6 月 12 日）表示，没有理由担忧中国会抛售其持有的美国政府债券。……报道称，当天在纽约一个房地产贷款联合会会议上发表演讲时，格林斯潘被问及是否有这种担心时说："我不会的，不。"格林斯潘进一步解释说，在投资者对美国债市战战兢兢时，**中国难以找到接手的下家**。"

（格林斯潘. 格林斯潘称无理由担忧中国会抛售美国政府债券）

http://finance.sina.com.cn/j/20070614/08263690898.shtml

（三）"美元短缺效应"显现时应对手段

如果中国在热钱退出的时候，外汇储备购买了美国国债，那么一时"**难**

以找到接手的下家"，可这样应对这种热钱外流导致的虚假的"美元短缺效应"。

1. 在一些特殊的炒作高潮时刻，暂停可停止所有正常用汇之外的外汇买卖。

2. 暂时冻结恶意炒作者的账户。

3. 如果金融战发起者整体"赌"人民币升值，则进行小幅人民币贬值（以每天0.01％为宜）；如金融战发起者整体"赌"人民币贬值，则进行小幅人民币生升值（以每天0.01％为宜），上述两措施如能同时实行谨慎宽松的货币政策和谨慎降低利率、小幅谨慎减税退税等刺激经济的政策，则可从整体上完全弥补虚拟经济层面的振动对实体经济可能存在的负面影响。

4. 把握舆论正面导向。

5. 对个别突出的、明显蓄意扰乱市场经济秩序的金融投机商进行迅速的公开罚款。

三、人民币汇率调整的目的

美国贸易保护主义压力的减释。

美国是世界上仅存的超级大国，也是中国对外贸易的重要伙伴之一，中国应该与美国保持长期的稳定关系，但也不必为了美国贸易官员的微笑而去跳河。在国际贸易谈判中，承受一点压力可能是需要的，贸易谈判中给对方施加压力求取利益是正常的现象。

（一）升值"理由"

人民币小幅升值的汇率调整有利于缓解中国对外贸易摩擦和减少"不必要的"、"花不了的"、"太多的"国有外汇存底。

1. 中国是世界最大的发展中国家，有13亿人口。截至2007年，外汇存底人均1000～2000美元之间。同期，欧洲国家卢森堡的人均年收入，扣除税收后也要达到至少4万美元。所以，中国人均外汇储备，实际并不需要减少，而是有待增加。

2. 西方媒体有关人民币小步升值会减少贸易摩擦的说辞是一个使用了不止一次的借口。事实上，美国今天的繁荣基础就是"贸易赤字"——美国付出数字，收到世界各国的实体商品。

（二）人民币的升值对美国实体经济的影响

1. 这里不妨设想一下：如果目前人民币升值了。美国的百货商店是否立刻就开始从美国的"玩具工厂"、"袜子工厂"、"衬衫工厂"大规模进货呢？稍稍计算一下美国人工费用就会知道，在劳动密集型产业里面，劳动力成本直接决定着商品价格。

美国是一个发达国家，产业工人的平均工资比发展中国家平均工资高。对于美国来说：如果美元突然大幅贬值，削弱了换取实体商品，也就是制造贸易逆差的能力，美国的繁荣和富裕会立刻变成回忆。美国不可能有一种魔法能瞬间呼唤出大量美国自产的劳动密集型商品来填充美国消费市场的空白，这就会导致严重的市场短缺问题，不仅后果难料，而且不是一朝一夕可以解决的。

2. 外国媒体有关"人民币与美元汇率进行调整就能够解决美国贸易赤字问题"的说法，是制造一个虚假的价值预期。

3. 美国没有大量的"玩具厂"、"袜子工厂"、"衬衫工厂"等实体产业。

4. 美国劳动密集型实体产业的产能不足，产量不足以摆满美国的超市货架。而且由年薪几万美元的美国工人生产的袜子、玩具、衬衫也会很昂贵，美国消费者很难接受。

5. 在人民币升值的情况下，美国进口商只有两个选择：

（1）从其他国家进口昂贵的替代产品。即结果就是削弱了中国出口，美国也没有得到"除此之外"的任何好处，美元的购买力实际被削弱了。

（2）美国贸易商继续以较高的汇率价格从中国购买商品。从历史的经验来看：在广场会议后，日元升值后日美贸易的实际反应中，第二种选择的美国贸易商会占绝大多数，日美贸易逆差实际骤然增大了，而不是减少了（详见本书注释中的相关统计数字列表）。

因为贸易流程中，有各种实际的贸易因素：人员熟悉程度、货物品质、美国市场最终消费者对新产品的认知导致的风险度等。这样的结果就是在人民币对美元升值后，中国对美国的贸易顺差反而会增加。

四、美元体制对他国货币升值预期的目的

（一）美元体制的目的

1. 让他国汇率进入不稳定的状态，制造美元体制相对稳定的战略条件。

2. 把人们对美元过度发行的关注转变为一种本国货币"被迫"对美元

升值而产生的抵触情绪来逆向维系美元世界的信用心理堡垒的坚固度。

3. 诱使同属填充美国市场换取"数字美元"的"实体商品提供国"之间的货币竞争，制造美元"相对稳定"、"相对可靠"的虚假、但又是真实的客观存在。使各国继续乐于接受数字换取实体商品的游戏规则。

4. 弱化他国货币功能和支撑。

（二）美日贸易与日元汇率

1. 华尔街金融资本依托私人拥有的"西方媒体"影响舆论，让人们以为美国真的很在意美元数字的付出。

2. 对于每年透支的美元已经无法计算、甚至不敢去计算、从而取消了美联储 M3 货币统计数字的美元体制来说，10000 亿美元只是很小的数字。一个在车间里、农田中、矿井下诚实劳作的人赚取的美元和一个在华尔街装有空调的宽大办公室里面用借贷游戏在几秒内"凭空、合法"制造美元的人，对于美元的实际价值的观点是截然不同的，华尔街巧妙地利用了这一点。

3. 过去，美国在日本的贸易谈判中，捎带把"金融条件"作为"微不足道的筹码"写入"美日贸易谈判"备忘录。后来日元进行升值后，形成了日本媒体所说的"失去的十年"，在广场会议后的 20 多年中，日本扣除货币升值因素，单纯的年经济增长平均不到 1%，实际一直陷入经济发展停滞，而且摆脱遥遥无期。

表面来看，似乎一个接一个由"日本对外贸易顺差激增"造成的"美日贸易谈判"，美国贸易谈判对手还好像总是"吃亏的一方"，短时期内"似乎"满足一下日本媒体的心理需求，但那些伴着"贸易谈判"而不断写入备忘录的"附带金融条件"一个接一个的出现，让日本实体经济的发展陷入了漫长的停滞。

4. 日元金融战役从广场会议正式开始，直到最后一战——华尔街控股日本国有邮政银行为止，取得了巨大的胜利——这个胜利有着苏联金融战役的共同特点：无人知晓。一切却开始于日元被迫升值的"广场会议"。

五、金融丛林中的野餐者和野味

（一）美国的唯一的大宗商品（可以用万亿美元为单位计算）是美元。

（二）美元虚拟经济的价值，10000 亿不过是个很小的计算单位。

货币长城

第5节 人民币大幅升值对美元体系的影响

一、人民币大幅升值对美元体系潜在影响

（一）西方媒体并不希望人民币行突然大幅升值的原因

为什么没有华尔街媒体建议中国一次性把人民币对美元进行大幅升值，却普遍认为"人民币大幅升值对中国经济有害"？很有趣的是：这种明显目的在于要制造他国汇率不稳定的做法，却如此"关心"起这些政策对中国经济是否"有害"了，这却是奇闻。

（二）表面的问题

对于美元体系来说，人民币小步缓慢持续升值和人民币突然大幅升值放在一起来说都有一个既定前提——人民币的升值。这个前提是为了给中国一个必须二选一的选项。

（三）问题的背后

但事实比这要复杂得多。如果华尔街的计划如此简单，美元体制早就消失了。人民币突然大幅升值的选择恰恰是美元体系的拥有者——纽约美联储的股东们要极力避免的；不仅仅是避免，还要让人不去想；不仅仅是让人不去想，还要让去想的人本能的否定。

二、人性的洞察

（一）世界各国都不可能按照美元体制的"意图"，随便调整本国汇率，但也都不愿与"世界最大的贸易国"发生贸易摩擦。一般会选择用小幅升值，或者至少宣布如此，暂时缓解贸易"争端"，和美国在贸易和金融的问题上慢慢周旋下去，再根据实际情况发展以拖待变，美国也"只好无可奈何"地接受了他国货币的"小步升值"。

（二）到此为止，一切思维都是合理的，但已经被引入了一个设计巧妙的心理圈套。

（三）美联储的股东是美元体制的最大受益者，甚至可以说：美联储股东就是美国实际统治者。美联储的股东们选择他国接受他国货币的"小幅升值"，也是出于利益的考虑。

三、美元体制的秘密

（一）美国联邦储备银行依据《美联储法案·1913 年》，成立了一个

空壳机构——"美国联邦储蓄委员会",用这个"机构"来实施对美国联邦储蓄银行的管理,实际就是一个华尔街私有银行在"自己管理自己",其中由纽约美国联邦储备银行主导整个系统。纽约美联储的股东也就拥有了发行美元的超级权力。

美元体系的流通量和债务量是以 10000 亿美元、100000 亿美元、甚至 1000000 亿美元来计算。在此种情况下,美国每年 10000 亿美元"贸易逆差",不过是美元虚拟生产之一——全球外汇"金融衍生商品"日交易额度的一个零头,就不要说和世界美元虚拟经济的利润相比较了。

(二)纽约美联储的股东随便在电脑里敲击几下就可以"生产出"任意数量的美元,而且和世界各国企业用实体商品换来的美元具有同样的购买力。

(三)对于主导着世界美元体制的美联储来说,各国之间的贸易丝毫不影响美元总量和发行。

举例:银行的储户甲(一个美国贸易商)和银行的储户乙(一个法国贸易商)之间的 100 美元转账,和荷兰商人丙和意大利商人丁之间的 100 美元贸易支付一样,对于发行美元的机构来说,这些转账与美元发行无关。这有点类似于过去一个赌场的老板对于在赌场进行赌博的两个顾客之间的筹码输赢导致的交换,并不在意一样,赌场老板的利润源头是发行筹码(发行美元)和筹码交易抽头(美元世界的虚拟生产)。

四、人民币汇率的性质

(一)人民币汇率是金融问题,不是贸易问题。

(二)美联储只有一个目的:维护美元商品在世界定价、支付、存储媒介市场中的主导地位。

五、人民币大幅升值和美元体制的关系

(一)一个国家进行大幅汇率调整前,必然会制订妥当的计划,媒体也会关注每一个细节,这会使各种应对、反应、策略的及时性、准确性和力度都得到很大提高,潜在的突然性也就随之消失了。

举例:人民币大幅升值,必然会导致中国持有的美元外汇相对贬值,所以会有一个保值策略。一般来说会购入贵金属、原油、欧元等实物商品和期货,以避免用美元计算的外汇储备出现账面亏损。这对于美元体制的

冲击力度可能达到 10000 万亿美元的水平，这恰恰是维护美元体制必须要避免发生的事情。

（二）世界金融市场、黄金白银市场、原油市场、欧元区会对美元的突然贬值的反应很难预料。

六、喜剧性的脑筋急转弯——人民币的大幅升值，就是美元的大幅贬值

（一）美国的债务问题

美国目前公布的狭义债务就有 400000 亿美元之巨，隐藏的秘密国债可能有 1000000 亿美元（请参看本书有关内容）。这些债务，也就是美元本身。正不停地通过"超级美元印刷机"和不遵守美国金融制度的华尔街金融机构任意透支和炒作，比如：外汇期货炒作、股指期货交易等，都是以虚拟利润为目的的虚拟生产。

（二）这些美元"种子"在虚拟经济中制造了 10000000 亿～100000000 亿美元的虚拟经济规模……具体美元数字恐怕早就多到已经无法统计了，只能泛泛地猜测："美元的 2/3 在美国以外流动"。

（三）在美国货币作为媒体货币的世界里，美国必须在世界范围内投放和相应实体经济、实体商品实体大抵对等的美元流动性，问题是这个权力被美联储滥用了。举例：假设美国 GDP 总额是 125000 亿美元，世界流通的美元信用额度为 4168000 亿美元的话，美国政府在美联储的等值抵押国债年利率 1%，美国政府每年要支付的抵押国债利息就会达到 41680 亿美元。

（四）美国政府必须以 1：1 的"特别联邦国债"交给纽约美联储的股东进行抵押，然后"借到"相应数量的私人信用票据——美联储券，也就是人们所说的美元。这个"借贷"过程很不正常，而且也违反了《美国宪法》。

七、"我们的货币，你们的问题"

（一）负债累累的美国经济

美国政府、企业、家庭基本上已经是负债累累，但美国社会的富裕和社会的繁荣却令发展中国家羡慕不已。奥妙就在于：用过度发行的美元制造的虚拟信用制造出的"巨额贸易逆差"——虚拟数字换实体商品。

22

在这种情况下，美国的"贸易逆差"正是美国繁荣和富裕的基石，"贸易逆差"消失了，美国的繁荣和富裕，也就随之而去了。

（二）美国国内狭义债务总额

1. 2007 年，美国政府、企业、家庭的侠义债务已经超过 400000 亿，美国政府国债即将超过美国年产值。就在这种情况下，华尔街金融机构依然利用部分准备金制度，开动"超级美元印钞机"不断创造着天文数字的新美元，也就不可避免地创造了天文数字的债务。这些债务的利息和本金依然是要归还的，但由于其数量巨大到几乎无法计算，不敢计算的程度，所以归还也就无法实现。

2. 本来背负这笔债务的是美国经济，但由于美元体系在世界范围的确立，背负这笔债务的就是世界经济了。所以华尔街有句名言：我们的货币，你们的问题。

八、美国经济的虚拟增长

（一）**虚拟经济学**的货币原则和债务原则

1. 在**虚拟经济学**中，任何一种货币的规模都不能太过背离其所反映的实体经济，否则就会出现虚拟增长。

2. 在**虚拟经济学**中

（1）一个**实体经济**的负债规模，不能超过实体经济的规模。

（2）一个实体经济每年的债务利息支出不能超过其所能提供的税负极限。

（3）这个标准为：连续 10 年，年应支付债务利息规模超过该实体经济每年增长部分规模的绝对数字 1 倍，则这种货币的实体经济属性已经消失，属于代表**虚拟经济**的**虚拟货币**，其所代表的名义实体经济则进入了**虚拟增长阶段**。

（4）一般来说：持续这种**虚拟增长**状态，也就是持续陷入隐性经济危机，某种形式的"硬性调整"无法避免。

（二）美国的虚拟增长

1. 美国年税收总额不超过 40000 亿美元，却同时有 10000 亿美元的贸易逆差和 10000 亿美元的政府赤字，同时有普通国债超过 100000 亿美元，抵押给美联储的"特别联邦国债"至少在 1000000 万亿美元的水平。这时，美国实体经济所能创造的赋税总量将无法维系债务和债务利息，必须借入

新债来归还旧债的利息。

2. 美国经济规模约 150000 亿美元左右，假设 2% 的年增长率，每年增长的绝对数字是 3000 亿美元，远小于美国政府的年债务利息支出和新债务增长的绝对数字，实际进入了虚拟增长阶段。

（三）美国虚拟增长的实质

1. 如果债务利息支出，超过了美国经济的年增长，则这种"GDP 增长"就丧失了实际的意义和价值，变成了"数字游戏"。问题在于：如果用"数字经济"可以发展实体经济，世界各国只要每年给公民发行一笔数额巨大的账面货币，就不需要辛苦地建设和劳动了，发展实体经济的意义也就消失了。

2. 繁荣背后的真相

（1）美国经济由虚拟经济支撑，实体经济的意义退居次要地位。

（2）美元体制代表的是虚拟经济，不是传统货币代表的实体经济。

九、美元虚拟经济的现状

（一）美元虚拟经济规模可以无限度的超越实体经济的规模，美国实体经济不能超越市场原则和物理世界的法则——美元过度发行必然导致美元购买力下降。

（二）美元购买力的逐年下降是维护美元体制所必需的，不仅可以让人们享受到虚拟增长，也是一种隐秘的美元回流策略。但美联储对于美元购买力突然大幅下降的影响则不能小觑。美元持有者对于美元购买力的逐年下降也自有一番滋味在心头，故也就有了争相购入"只有上帝才能印刷的货币"的保值狂潮。

十、美国的外汇储备

（一）目前，有个颇有技巧性的说法：美国主导了美元体系，每天有 1000 亿～3000 亿美元在外汇市场流动，任何国家的美元数量都不足以影响美国经济。

（二）美国只有几千亿的黄金和外汇储备（2005 年 4 月，美国政府外汇储备为 417 亿美元，其中美国政府持有的外国证券为 269 亿美元；外汇存款为 148 亿美元；大约持有 8000 吨黄金[约合 282191695 盎司，按照 1000 美元一盎司的价格，约可折合 2822 亿美元]，共计约合 3239 亿美元），而

24

有海量的数字美元在整个世界范围流动和存在。如果有交易者 30 分钟内向世界金融市场上抛售 10000 亿美元，全世界有个 1% "好跟风的金融投机者" …… 这些美元持有者用美元购买黄金、欧元、原材料，不论是买进期货、现货、房地产、优质股票都无所谓，关键是市场无法容纳如此多的美元，这么大数目的美元，哪个市场也容纳不下。

这就是中国偶尔减持 54 亿美元资产，美财长就要亲自来游说中国继续持有美元国债的原因。美联储前主席格林斯潘先生甚至说："中国人不会抛出美元债券，他们找不到买家"。

十一、在美元体制中的磨合

（一）目前华尔街媒体鼓动的人民币升值的做法是不可取的，对美元体制也没有任何好处。

（二）中国不妨与美元美制保持稳定的汇率关系，慢慢建立存储在本国的黄金、白银、资源等各种实体商品和一揽子各国货币所构成的新战略储备机制。只需静候美元体系 "价值回归" 信号的来临。我们还要尽量延长这段时间，也就是维护美元体制的软性存在，为中国经济服务。

货币长城

第二章

此恨绵绵无绝期

——日元的金融悲情

第 1 节 精心包装的依附型金融体制——日元体制

一、第二次世界大战后的日元体制

（一）第二次世界大战以一场席卷整个世界的金融"危机"开始，最后以"打倒法西斯"结束。经历了战争噩梦，当 1945 年的那个不敢相信的"日本降服"的日子到来，新的历史篇章真正地开始了。此刻，亚洲的日本结束了从丰臣秀吉的侵朝战争（1592～1598 年）开始的大日本帝国之梦，比起"刀伊入寇"来说，第二次世界大战对日本的影响则深远得多。

（二）新的时代

从表面上来看，尽管在第二次世界大战中有美国飞行员被杀死（甚至差点包括一个后来的重要人物）、有的美国战俘在日军 731 部队受尽磨难，但"美国依然原谅了日本"，似乎也忘记了日本人是否还记得广岛和长崎。总之，似乎随着 1945 年夏天那个美丽日子的突然到来，历史进入了一个忘记恩仇的新时代。

（三）"瓶塞主义"

美国把对"日本军国主义"压制策略叫做"瓶塞主义"，也就是把"日本军国主义魔鬼"关在瓶子里。

二、日本的对策

（一）池田勇人首相

1945 年 8 月 28 日，日本在东京皇宫广场（天皇的住宅旁边）召开了"特殊设施协会"（简称 PAA）成立大会。宣布无条件投降后的第三天，也就是 1945 年 8 月 18 日，由内务省警保局长向日本政府各厅和地方府县长官发出《关于进驻军特殊设施等警备要点》的法令。要求：①在进驻军

的区域内设立特殊设施；②这些设施的设立由当地警察署长负责；③地方警察署长要对营业进行积极指导，并且要迅速充实内部设备、设施和人员……由于经费困难，副理事长野本源泉次郎亲自出面找到（时任）日本大藏省主税局局长池田勇人，通过"劝业银行"融资1亿日元，池田勇人后出任日本首相。

（二）日元汇率

1. 第二次世界大战后，日元对美元汇率维持360∶1的水平长达22年的本质是美国冷战战略的需要，基本反映了日元在美元体系下的市场化汇率，至少市场已经适应了这个汇率。但20世纪70年代初美国看到了欧洲不愿从属于美元体制的意图。

2. 1972年，欧洲共同体国家达成协议，区域内各国货币之间汇率波动幅度保持在2.25%以内。这个看似无关的决议，其实是考虑到布雷顿森林体系解体和不久的"第一次石油危机"。

3. 这一系列的事件原因在于：美元过度发行的后果开始显现了。欧洲经济也受不了美元的过度发行了，开始在"内部"约束金融，准备建立未来的货币了。从本质上来说，布雷顿森林体系解体和第一次石油危机，甚至以后的每一次石油价格飞涨的本质就是美元的通货膨胀。不论从一个普通老百姓的体会来讲还是从国际石油美元的背景来讲，石油涨价就是一个美国操控的吸纳多余美元的"泄洪区"。

4. 晓美常数

美元是世界交易的媒介，各国必须准备足够的、相应的石油贸易美元，这个吸纳美元比例数，称为**"晓美常数"**，也就是假设石油产业在世界总GDP中所占的比例不变，那么不论石油增产还是减产，所吸纳的实际"无差别的人类劳动"的总量是不变的，其变化的永远是总量和货币供给，而比例却是一个不变常数。

5. 晓美变量

用美元来衡量石油商品，美元本身的数量会随时变化、石油产业也会有扩大（或缩小），这就出现了可主导的概念**"晓美变量"**。只要美元体系的主导者愿意，并能让石油涨价，就可以让世界接受任意多的美元，唯一的表面后果就是石油价格"不断上涨"。

6. 石油危机

石油危机的模式不同，但结果一样：假设每年全世界只有一桶石油的

买卖，而交易媒介必须是美元（美沙[特]协议等），那么这个贸易和其整个衍生产业链所能吸纳的美元在石油每桶 1 美元的时候，只能吸收 1 美元。但如果石油每桶变成 141 美元，那么整个石油交易每年能够吸纳的美元就变成了 141 美元，整个石油美元"泄洪区"能够吸纳的美联储过度发行的美元的数量就增长了 140 多倍。也就是美元可以在"石油蓄洪区多存储"140 多倍的美元通货膨胀数字，也就是可以相应对世界"安全换取"实体商品的数字。

7. 两难题

对美元体制来说，原油价格上涨会导致世界原油供给能力大幅提高、石油美元泛滥和美元购买力显著下降等无法解决的"副作用"，所以美联储也同时用"纸石油"，也就是石油期货的虚拟交易，来打压石油价格，这种矛盾的做法的背后，是美元体制的对策两难。

8. 每一桶原油的直接"蓄洪能力"可以随着石油价格水涨船高，这还不包括整个产业贸易链条的吸纳能力。只要粗略计算一下 2007 世界年石油天然气贸易总额和相关产业链条的总产值和交易额，就会知道这是个天文数字——这几乎涉及整个世界工业产值。无数的美元由于美元在贸易中的"不可替换性"而被释放在狂涨的石油价格的泄洪区中。

9. 1970～2007 年的美元通货膨胀

问题的关键是：当人们去查找任何资料，不论是世界银行、联合国、美国财政部，还是什么"独立金融评估机构"，有关美国从 1970～2007 年的通货膨胀"都绝对没有"达到 10 倍——道理很简单：如果得出同期美元通货膨胀为 10 倍的统计数字。那么同期美国的经济，或者说"世界经济的发动机"就是在空转，美国同期经济是陷入了持续的停滞而不是"辉煌的大发展时期"。

这就是创立虚拟经济学的意义之一——还实体经济一个本来面目。

三、统计数字

（一）计算一下黄金、石油、原材料、土地的整体价格，就会发现：1970～2007 年美元通货膨胀了起码 10 倍，但统计数字从来没有体现出来。正如美国著名作家马克·吐温说的那样："世界上的谎言有：谎言、无耻的谎言和统计数字。"

（二）虚拟经济中，"价格上涨"和"通货膨胀"脱钩了，"马铃薯不

再是土豆了"。

四、"日元亚洲"的梦想

（一）前文说了一些第二次世界大战后的日美关系、石油价格上涨的实质和欧洲国家建立"自己货币"的初衷，都是美元过度发行导致的直接后果。但过度发行美元并不会让美联储的股东担忧，他们真正担忧的是世界出现"非美元区"，只要把所有国家的货币美元化，就能够永远无限制的发行美元，永远生活在富裕的美元盛宴中，永无休止享用美元虚拟经济的利润。

但欧洲国家很多，欧洲经济和货币也不完全由华尔街主导，幕后协调烦琐。冷战期间美元体制的影响力很难穿透美苏政治防火墙，所以美国就看上了英国和日本。美国要在无声无息之间把日元美元化，彻底打破"日元亚洲"的美梦。

（二）依附型金融体制

事实上，美国主导着日本的金融决策，日元金融战役从一开始就大局已定，不像苏联金融战役和英镑金融战役那样富有悬念，但也不是"一帆风顺"。

图片说明：1988 年美国总统里根与"广场协议"缔造者财政部长贝克

五、日元金融战役

（一）日元金融战役的特点

1.日元金融战役战略条件的准备阶段：开始于 1971 年 2 月，日本放弃与美元挂钩的 360 体制，"1 美元兑换 360 日元"升值为"1 美元兑换 308 日元"——日元升值的一小步，日元金融战役美国取胜的一大步。

2.日元金融战役的全面开战和战场的形成：1985 年 9 月 22 日美国财政部长贝克召集西方五大国财长达成了"广场协议"标志着战役正式开始。

3.日美的金融较量主要表现在从广场会议以后，日本政坛的"首相更换战术"。

（二）独特的反击——首相更换战术

日本政府采用了一个**制度性抵制策略**，就是从广场会议以后，日本开始不停地更换首相，这样就会产生一个制度性的问题：每一个首相都会同意美国金融专家的建议，但美国也要给日本新首相熟悉工作的时间。但一个又一个日本首相不停地更换，最短的只有两个月，表面上看理由无外乎选举因素和派系斗争。

第 2 节 美国金融厨师的特色菜

——"温水煮牛蛙"（上）

一、日本的泡沫经济

（一）日本泡沫经济的"结束"

有关日本经济，最常听到的一句话就是："日本泡沫经济结束后，正在进入恢复性增长。"这也许是人类金融战历史上仅次于"苏联解体了，经济腾飞了。"这一"冠军谎言"之后的"亚军谎言"了。

如果真有一个世界谎言锦标赛的话，倒还真难说谁是第一名。

（二）不为人察觉的金融风险

1.这些说法广泛流传，对于普通市民并不稀奇。拙作《一场不为人知的金融战役：苏联金融战役》（现部分用于本书第一章第 3 小节）草稿被一些不知名的热心读者转发到一些论坛，不少热心网友感觉很惊讶。其中一个说法就是"钱怎么可能被金融战役凭空拿走呢？上万亿的美元有多重，就是天天用飞机多久才能运完？"这话很有趣，但说明了一个问题：普通

民众不理解金融战役的危害和险恶毫不奇怪，甚至不知道金融战的存在也在情理之中。

2. 俄罗斯目前的好，是通过和执行美国金融专家休克式"五百天金融计划"后噩梦般的情况比较得出的。如果和苏联 20 世纪 80 年代来比较，远远不如。美元这 30 年购买力贬值到最少 1/10，但即便如此，俄罗斯在有比前苏联人口剧减这个"优越的人均统计条件"的前提下，绝对人均 GDP 还没有达到 1980 年苏联的 10000～12000 美元，约 5000～6000"旧卢布"的水平。俄罗斯目前的恢复性增长恰恰就是由于被华尔街媒体攻讦的摆脱寡头经济和加大政府调控稳定新卢布汇率，从而有效避免了"金融危机"的结果。

图片说明："本国经济出现了问题，就向中国施压，要求人民币升值，这种做法很奇怪，在货币史上也是罕见的。"——"欧元之父"蒙代尔

（1）俄罗斯（不考虑美元购买力逐年贬值的因素）总产值至今还不如 1980 年时苏联的产值。

（2）目前俄罗斯金融监管的功劳不能记在"五百天计划"的功劳簿上。

二、日本泡沫经济的影响

（一）日本经济受到的金融冲击是深刻的和不可逆的。20 世纪 70 年代的日元体制甚至还产生过"日元亚洲"的宏伟的计划，但现在却是整个日本金融业都躺在坏账上，并且日本政府失去了金融主导的手脚，成了一

个空架子。日本大量的私有银行、证券机构、保险公司都被"金融泡沫"搞得资不抵债，大量资金在经济泡沫中流失了。

（二）日本泡沫经济造成了日本社会金融产业支柱的崩塌，日元大厦倾倒在了废墟中。泡沫经济也许"结束"了，但日本所有的金融机构都是在美元式的"货币数字魔术"和纯政府干预下才勉强开门营业，如果这个建立在永远无法归还的债务上的秘密捅出来的话，整个日本从私有银行到依赖私有银行贷款的日本企业都会像多米诺骨牌一样依次垮掉，那场面保证能够载入吉尼斯世界纪录。

三、日本泡沫经济的"正式起止"

（一）第一个阶段（上）广场会议

1. 财长会议

1985 年 9 月 22 日美国财政部长贝克召集西方五大国财长达成了"广场协议"，这无疑是"日本经济泡沫"直接的起因。它直接导致了日元体系从整体处于不稳定的状态，尤其是日本巨大的对外贸易落入了"**晓美金融贸易战·双螺旋陷阱**"——也就是被美国用贸易顺差借口被动升值本国货币的国家，会进入一个类似于 DNA 式的双螺旋结构的陷阱，也就是一方面对美贸易顺差不但不会减少，反倒会大幅增加螺旋形增长，导致美国迫使其升值的贸易顺差借口越发有力和被世界"认同"，其相关压力或者说这种金融战陷阱的破坏力也成一个并行的螺旋式上升。

这就对美国进一步金融战打击的战略条件起到了"自我实现"、"自我形成"、"自我证明"的作用。既巧妙，又无人察觉，甚至无法反驳——因为美国金融战初期的打击借口，已经成为"事实"。

2. **晓美双螺旋陷阱**

"为什么升值反倒贸易顺差激增？"**其实这里特指：一个强势贸易国货币汇率对美元升值后，会导致其对美国贸易顺差激增而不是减少。**

（1）美国虚拟经济的繁荣和对世界的金融主导权完全在对外数字美元的输出，也就是"贸易顺差数字美元输出"和"产业投资数字美元输出"两块基石之上。

（2）国际贸易是个严谨的商业体系，涉及消费者使用习惯，也就是美国零售商改变商品品牌的销售风险；采购商和供货商的人际关系的信任程度；供货品质和数量的长期可靠性；世界贸易惯性……都会导致美国的采

购商会采取对日本（或其他对美出口国）涨价的产品提出品质要求而不是立刻跑到一个新的陌生国家去寻找供货商。

（3）美国繁荣的经济就建立在数字美元换取他国实体商品的赤字基石上，贸易赤字对于美国是繁荣的钥匙。

（4）如果美国开始建立完整的实体工业，停止双赤字策略，也就等于主动放弃了美元输出。世界各国之间的交易、定价就不可能长期以美元为主导，多年积累的美元就显得"多余了"，就会被释放而影响美元汇率，结果就是美元体系的危机和美国经济的危机同时到来。

（二）"广场会议"形成日美贸易顺差骤然加大

1.日本在"广场会议"以后，对美贸易赤字反倒逐年增加了。从1971年2月日本放弃与美元挂钩的360体制，1美元对360日元升值为"1美元兑换308日元"。日美贸易顺差从调整前1969年的15.6亿美元/年激增到1972年的49亿美元/年。但与"广场会议"后的顺差相比，就小巫见大巫了。

仅仅到了广场会议（即：日元被迫升值）后的第二年（1987年），日美贸易顺差已高达598亿美元之巨，是日本开始汇率调整前一年（1969年）统计数字的38.3倍。

2.在广场会议以后，美国不断以"日元只有升值才能解决美日贸易争端"为借口，压迫日元升值。与此同时，美日贸易逆差却持续增加，丝毫没有减少。这直接导致了"不解金融战美妙"的美国国内不同利益群体的极大不满，才在20世纪90年代通过一段剧烈的美日贸易摩擦，增速稍缓，但到目前为止也早已突破每年1000亿美元的大关。

3.把1971年2月日元汇率调整前的日美顺差15.6亿美元/年和经过广场会议后的1991年的1024亿美元/年相比较，可以得出一组数字。日元升值的前后的日美贸易顺差之比为：1比60，即：日美1969年的年贸易顺差只是1991年日美贸易顺差的1.5%。也就是说：1969年的日美贸易年顺差还没有日元升值10年后一个星期的日美贸易顺差数字大。

四、美国的意图

1971～1991年的20年间，从日元持续并缓慢升值的结果来看，美国是在故意制造贸易赤字，要说20年时间中的美国总统都不了解贸易赤字激增的趋势，那是不真实的。

美国的意图在于：日元的美元化、日本实体经济所有权、日本实体商品的取得。

第3节 美国金融厨师的特色菜

——"温水煮牛蛙"（中）

一、第一个阶段"日本泡沫经济"的全面形成阶段

（一）1971～1991 年间，由于"**晓美双螺旋金融贸易陷阱**"（本书第二章第 2 节）的影响，日本从 1971 年 2 月开始用日元升值来减少日美贸易顺差后的 20 年时间，日美贸易顺差迅速积累到 1000 亿美元/年。这期间美国又提出了要求日本降低利率，即："**让日本降低利率促进国内需求，解决美日贸易赤字**"。

（二）日本的"零利率"政策

1. 日元利率既然是零了，日本原来依靠银行利息的企业养老金、保险公司基金等大量机构资金的收入也就变成了"零"，原来天文数字的财富、投资和利润，也就瞬间消失了。换句话说：日本整个金融保险业的内在金融秩序就被打乱了，其结果是一连串的连锁反应。

2. 日本金融保险业和企业养老金等大规模的机构基金在陷入不赢利状态后，不得不冒着风险进入股市、房地产和美国资本市场放手一搏，以求生存。购买美国企业的日本投资行为是被动的对策，不是电影描述的那种轻松的并购美国资产。因为这种资产购买和投资是被动的，被定好了时间和方向，缺乏利益基础和投资规划。结果，收益的来源只有一个："炒作"。

3. 不论是西方的郁金香还是中国的君子兰，还是其他的任何商品，如果炒作和交易本身成为利润的第一来源的话，那么这种追求利润的"商业活动"就变成了一场击鼓传花式的商业赌博。

（三）击鼓传花式的炒作

这是一个典型的日本泡沫经济炒作虚拟案例。

1. 假设日本投资者 1 号把 1 平方米东京土地出售给日本投资者 2 号，而交易利润跟着地价上涨了 100%，在一年内做成这笔交易，那么日本这块土地的年 GDP 增长 100%。

此后，连续十年如此，最后日本投资者 9 号把这块土地出售给日本投

资者 10 号。此刻，这块土地增值 1000 倍。日本有关这块土地的年 GDP 增长了 1000 倍，这就是虚拟生产。

2. 这种虚拟利润却可以变成现实中的美酒、鲜花、汽车、别墅。问题是这钱从哪里来？答案是——来自明天。

3. 日本投资者买这块地的钱都是来自日本银行、无法正当获利而被迫冒险的日本金融机构，也有日本中小投资者委托日本金融代理商经营的财富。就被借贷去炒地皮、炒股票、炒期货，既无意义，也无经济价值。纯粹是把地皮、股票、期货变成了赌场的筹码。

4. 问题是很多情况下，干脆是陷入赌博心态的日本金融保险机构本身，直接把大量的钱投入到股市、地产、期货投机中，而不是"贷出去"。

5. 日本投资者明确地了解如此的把钱借贷给投资股市和房地产的人的后果，甚至在大机构自己直接陷入股市和房地产的"击鼓传花的活动"的那一刻，他们就知道：鼓声总要停。但眼前的巨额利润是如此的"现实"和"巨大"，让日本投资者无法拒绝，纷纷加入了炒作。

二、泡沫经济和虚拟经济

（一）当这个击鼓传花所积累的利润或者称之为"陷进去贷款数量"，逐渐积累而绽放出绚丽的虚拟经济之花后，日本的一个强大邻国，超级大国苏联对与这个无比富裕的西方世界进行竞争丧失自信心。可冷战结束将成定局之时，这个鼓声也就不必要继续下去了。

（二）泡沫经济永远不会结束

"泡沫经济已经结束"说法本身就是个谎言，泡沫经济就是虚拟经济本身。日本整个银行保险机构和所有依赖他们的企业都已经陷入了永远无法跳出的债务陷阱。

（三）泡沫经济的作用

1. 1991 年以前的冷战时期，制造虚假繁荣，用数字美元为诱饵，让美国等西方国家的市场充斥着丰富的日本商品：

（1）可制造日元美元化。

（2）完成数字美元和实体商品的财富置换。

（3）巩固世界美元体制。

（4）制造整个西方各国的"繁荣现实"，让冷战对手陷入空前的不自信。

2. 如果日本金融资本接受华尔街的主导，日本金融和保险机构已经破产的事实就永远不会被人提起。

（四）泡沫经济中损失的资金数额

1. 日本投资者在泡沫经济中"丢失"的资金数量可以很简单的用一个算法来粗略估计：1989 年 12 月 30 日，东京交易所最后一次开市的日经平均股指高达 38915 点到 1992 年 8 月 18 日的 14309 点，同期跌幅超过 6 成，上市股票时价总市值由 1989 年 6300000 亿日元降至 2990000 亿日元，累计减少了 3310000 亿日元，这是直接损失。

由此，大量投资股市的日本金融机构、保险业如果按照法律来做的话，已经无力归还，就不要谈支付客户的利润了，这样必然导致破产。这个破产链条会把整个日本企业都卷入，导致整个日木金融体系的垮台。

2. 如果说这个噩梦一样的前景都是日本无论如何不能接受的，那么现实中这个崩溃多米诺骨牌就远远不局限于日本的金融银行、保险业，而是会让整个日本企业、日本政府都应声破产。当然，日本政界和企业界绝对不能允许这种情况发生。

3. 日本金融机构的资金都投入了股市、房地产、期货的虚拟生产中，实际日本投资者是在"做多头"，而"不知名的对手"则是在"做空头"。问题在于：华尔街主导的虚拟经济比这要厉害得多——当然人们实际在进行"日经股指期货"一类纯粹的赌博。杠杆倍率最少也在 20 倍，也就是说：决定赢利和损失倍数的"弹性系数"乘以股价差额后，所得出的数字，才是日本泡沫经济中损失的真正数字——66200000 亿日元。

前美联储官员管理的世界四大对冲基金之一，长期资本投资公司的"弹性系数"曾经达到过 568 倍……

第4节 美国金融厨师的特色菜
——"温水煮牛蛙"（下）

一、日本泡沫经济的"复苏"
（一）忘记债务的"复苏"

1. 日本泡沫经济所制造的债务，巨大到足以导致日本经济的"总破产"，但人们都"似乎"忘记了他们的存在，包括"债权人"。

2. "债务"可以被忘记的深层次原因

（1）日本政府、工业企业、金融产业、日本媒体、社会各阶层……都不会提及一笔会导致债务危机的，"债权人"都不提及的债务。

（2）日本泡沫经济所带来的巨额债务本来就不是实体经济的损失，而是虚拟经济的产物，所以其可以任意调整和伪饰，这是这笔"债务"可以被忘记的直接原因。

（3）这也反映了虚拟经济的 "灵活性"、"自由度"和"可操作性"。

（4）**虚拟债务**的主要作用维系美元虚拟经济对实体经济的主导作用。

二、债务与新债务

（一）日本经济填补泡沫经济导致的债务窟窿的唯一资金来源就是"新债务"。即：给予"国际债权人"更多的权力，这就是日元金融战役第一个阶段性的战略目标。从针对"不可原谅的"1969 年 15 亿美元/年美日贸易赤字到 1991 年日本对美国贸易顺差达到 1000 亿美元/年为止，是日元金融战役的第一个阶段。

（二）一个小插曲：做空衍生金融工具的出台

这在一定程度上可以解释日本金融机构实实在在投入股市的钱到哪里去了？在日本投资者投入巨额资金做"多头"而追求不断高涨的虚拟利润，又已经达到透支极限的那个"美妙时刻"，美国华尔街针对日本膨胀到极点的日经指数，严格地说是针对整个日本经济做了衍生金融工具杠杆效应（即：弹性系数）几十倍、几百倍扩大的"空头"对赌。其结果不言而喻：做空衍生金融工具的出台给了日本经济致命的一击，但对"做空的一方"来说，简直是个搂钱的耙子，简直太神奇了。

利益，远远超过 300％的利益

三、日元金融战役的第二个阶段

（一）日元金融战役要比苏联复杂得多，因为这是一个主导型金融战役，而苏联战役则更多的是一个破坏型金融战役。破坏型金融战役好比是打碎一个金瓶子然后拾走碎金；控制型金融战役则是要完整取得对金瓶子的主导权，两种金融战役的难度可见一斑。日元金融战役的第一个阶段实现了让日本陷入了债务经济——借更多的新债务来填补旧债务的经济模式。

（二）日元金融战役第一阶段的成功完成了一系列必不可少的战略准备。

（三）第二阶段的战略目标

1.让日本实行低利率政策，诱导其进行低利率日元与高利率美元之间的套利活动，从而巧妙地诱使日本投资者用日元大量购买美元去填补美元的实际价值的真空，也就是部分完成了日元美元化进程。精明的日本投资者"立刻就发现了这个利润点，并猛扑了上去"，吃了亏还会被指责。

2.主导日本国有邮政银行。

（四）日本邮政银行所有权转移的影响

1.日本政府、企业、家庭的财务、生活和个人隐私信息；大量日本机构的财务运作，甚至可能包括日本"重工业"、财阀、"日本的统计机构"等在原国有邮政银行的账目信息和以后的所有运作、管理都由华尔街掌控。

2.所有原日本国有邮政银行的储户资金、客户资源和今后吸纳的储户资金都会合理合法地归华尔街掌控。这个金牛级别的、拥有几万亿美元客户存款的日本国有邮政银行是日本的社会基石，虽然理论上由华尔街投资者自负盈亏，但万一出现了经营不善导致的流动性枯竭，日本政府还会不计代价的注入流动性。

3.原日本国有邮政银行所负责的产业链、资金链和代管日本储户的存款的主导权，也同时进行了转移。

四、《邮政民营化相关法案》

日本小泉纯一郎政府推动的《邮政民营化相关法案》得到了通过，《华尔街日报》给予了积极的评价。

第5节 日元悲歌的结束乐章——最后一击

一、日本的《邮政民营化相关法案》

（一）"……（1）根据小泉纯一郎支持的法案，对日本邮政（Japan Post）的分拆和私有化可能意味着政府把整个邮政储蓄系统约30000亿美元存款的主导权交到私营企业和基金经理的手中……（2）与他的前几任相比，小泉纯一郎在重塑日本经济以适应环境变化方面做出了更多的努力……

（3）其他指标也显示，在小泉纯一郎执政期间日本经济已经有所起色……

（4）（该法案）提高资本配置的效率，改善日本的生产力。这样的资本重

新配置进而可能给私人部门的银行带来机遇……（5）此外，由于私有化后的邮政公司在基金投资方面毫无经验，它们可能将这部分业务外包，由外部公司为其打理部分投资"（华尔街日报.日本邮政私有化是大势所趋.纽约：2005，8，5）。

（二）《邮政民营化相关法案》的通过

日本首相小泉纯一郎在解散议会排除干扰后，于2005年10月11日下午日众议院召开全体会议，以338票赞成、138票反对通过了该法案，2005年10月14日该法案又在参议院表决通过。

二、《中央省厅改革基本法》

（一）桥本龙太郎首相1998年6月的《中央省厅改革基本法》和小泉纯一郎首相2004年的《邮政民营化基本方针》的异同

《中央省厅改革基本法》

首相：桥本龙太郎

目标：把日本国有邮政银行改造成一个国有公司，保留"狭窄业务银行"特色。

具体步骤：①实行邮政行业管理与经营职能分离。②实行企业化改造。

点评：这就是日本首相桥本龙太郎1998年7月13日辞职原因。华尔街要求日本国有邮政银行系统自我完善的说法，仅是表面文章。这个法案表面让其无话可说，又进行了着眼于日本利益的自我完善。按照《中央省厅改革基本法》，日本金融系统被不断完善，主导权依然牢牢地把握在日本政府手中。

（二）《邮政民营化基本方针》

首相：小泉纯一郎

目标：《邮政民营化相关法案》

具体步骤：①到2007年4月，政府停止对日本国有邮政的保障和支持，然后将日本国有邮政改组为政府100%控股公司。②计划到2017年4月，完成民营化改造。

第三章

芳草萋萋鹦鹉洲

——理想的金融战场

第1节 布雷顿森林体系与"中南美洲"的金融危机的本质

一、布雷顿森林体系

（一）第二次世界大战的起点

人们已经逐渐把中学历史课本里面所描述的第二次世界大战起因忘得一干二净。死了那么多人、使用了那么多的智慧和勇气、毁坏了那么多历史性的文明见证、失去了那么多东西才换取了艰难胜利…… 这一切悲剧的起点和终点在哪里呢？中学历史课本里说："第二次世界大战来源于30年代的美国经济危机在世界蔓延的结果。"

（二）第二次世界大战的终点

而终点则是1944年7月在美国新罕布什尔州的布雷顿森林由44国高官秘密协商达成的"布雷顿森林体系"。

二、从"大萧条"到布雷顿森林体系

"1944年的44国高官密会"。

第二次世界大战1945年才结束，美国等44国的高官不去和"德日意法西斯"进行最后的较量却秘密聚集到"小树林"里面开会？这怎么会是"第二次世界大战的终点"呢？

1. 美国20世纪30年代的"大萧条"是马克思所说的经济危机，这一点不错。但这次经济危机，不是马克思所说的资本社会初期和中期的那种"无秩序竞争"导致的经济危机。一些西方媒体常说"夕阳无限好"，这话什么意思？就是讽刺说：马克思说资本主义垂死了，可美国从20世纪30年代的经济危机后，由于罗斯福新政（资本马太效应的产物）的"高超手

段"已经在以后的几十年里成功地避免了经济危机的重现。

很多人被这种说法蒙蔽了，其中不乏世界各国不同阶层的有识之士，因为这个说法是经得起验证的。问题在于这个说法从根本就是一个精心编造出来的弥天大谎，是一个配合虚拟经济时代的历史注脚。

2. 美国经济从 20 世纪 30 年代"大萧条"以后，的确摆脱了资本社会初期"自由竞争"导致"生产力相对过剩"而引发的经济危机。但原因不是"资本走出了不断凝结的宿命"，而是先后走进了资本主义最高阶段——金融主义阶段。这个时期，美国社会的资本被华尔街金融资本所主导，不会出现自由竞争时期的那种经济危机了。

3. 资本凝结导致经济危机替代了"自由竞争"导致的经济危机

金融主义阶段恰恰是资本高度凝结的时期，是美国最强大、最辉煌的时期，也是一场漫长的隐性经济危机。金融主义是资本主义走进坟墓前的回光返照——其表现就是虚拟经济远远凌驾于实体经济之上，创造了任何实体经济形态都永远不可能再现的"空前繁荣"——虚拟增长。

4. 美国社会"资本凝结"和金融资本的影响

（1）金融主义是通过资本的极度凝结，形成一个由早期金融资本主导的跨国垄断金融资本，通过摆脱"自由竞争"本身而摆脱"经济危机"的，这种做法本身就会使整个美国经济丧失了产业优胜劣汰的自我更新机制。

（2）"资本凝结"内涵的深刻变化

早期美国社会的资本凝结是有积极意义的，是产业自由竞争的必然结果，至少是资本拥有者和市场在背后起主导作用。但金融主义依托货币发行权而进行的空前的"资本凝结"，却已经是一个金融资本对其他资本必然的凝结，不能看做是大资本对小资本的凝结、金融资本对实体资本的凝结、优化资本对劣质资本的凝结。

这实际导致了一种对美国资本优化机制的遏制，而不仅仅是削弱；对于金融资本来说也是一个无法主导的"自主行为"；对于美国社会来说则是一个资本权力继承体制替代资本群体轮流执政的过程。

金融资本与美国资本社会渐行渐远了……

三、"黑色星期二"（1929 年 10 月 29 日）

（一）"大萧条"与美联储的策略

1927 年，美联储股东经过幕后磋商，放松银根、降低利率，制造了一

个欧美地区的投机狂潮，当投资者拿着满手借条等待着股市、地价进一步上涨的时候，突然收紧银根、提高利率，导致了历史上被称为"黑色星期二"（1929 年 10 月 29 日）的经济"大萧条"的开始。

纽约美联储主导的美联储系统，合法地接收了各阶层"破产者"的全部资本，一举完成了进入原始金融主义阶段所必需的资本凝结。"大萧条"不过是以资本凝结为目的的"金融内战"。此后美国经济进入了一个永远不会再出现"无序自由竞争导致经济危机"的新时代。

（二）第二次世界大战与大萧条

第二次世界大战的发生、发展是"计划"中的事，是最妙的一招。美国作家 Antony C. Sutton 在《希特勒的崛起和华尔街》（GSG & Associates Pub. 1976）一书中详细地回顾了华尔街金融资本的"援助"史实，只能说令人震撼。第二次世界大战时，苏联的综合军事实力远远超过德国，即便德国裹挟大半个欧洲的力量，也至多是一个平局（事实上德国还是彻底战败了，不能说"是个平局"）。盘踞在美国华尔街的跨国金融资本只要不时地在战争天平的两边不经意地增加或者减少一点砝码，那么最后就是"一个进了太平间，一个躺在手术台上了（急救之意）"。至于日本法西斯军国主义集团即便没有任何外部势力介入，在 1940 年以后，日本已经深陷侵华战争泥潭，日本必败，中国付出巨大代价后胜利。

这是经过休养生息的美国金融资本进入法、英、德、意、日、俄、中的最好时机，这些伤痕累累的国家铺红地毯都来不及，华尔街可一举主导大国经济命脉，这就是"马歇尔计划"的实质。

（三）马歇尔计划

马歇尔计划包括了西欧、苏联、东欧和中国，但遭到了苏联的坚决反对，而中国解放战争的结束也使得这个 1927 年密谋好的"金融援助总计划"在中国和苏联一样没有如期达成。但这不能说整个计划是不成功的，华尔街因势利导地达成了"布雷顿森林体系"，让世界最终进入了"美元时代"，"美元时代"的实际含义是——美联储股东们（实际起决定性作用的是纽约美联储股东）对世界经济的主导。

（四）布雷顿森林体系的建立就孕育着布雷顿森林体系的"垮台"（准确地说是"涅槃"，如同目前金融资本试图动摇美元体制的计划一样），金融资本已经"不太在意"从事实体经济的生产，而专注于建立和主导一个以美元通货膨胀搭建的虚拟经济大厦，并以此来主导世界实体经济。

布雷顿森林体系实际建立了一个"纸黄金体系"，这里的"纸黄金"就是"等同于黄金的美元"。但美联储并不满足于用"等同于黄金的美元"（开始时黄金和美联储券用美国政府的名义进行了一个挂钩，这样当时的美联储券就被称作"美金"，而实际成了一种流通的"黄金券"了。①可以让人们愿意接受美元而不考虑其"出身"；②可以有无限的"黄金券"来任意制造出物理世界制造不出的黄金）来主导实体经济，因为这限制了虚拟经济的扩张规模，也就是美元的发行规模。

四、《美国联邦储备法案》和《美国宪法》

《美国联邦储备法案》是一个美国国会的议案，不能违背《美国宪法》。

由于《美国宪法》规定：美国国会负责货币发行。美国联邦储备银行没有资格发行货币，《美国联邦储备法案》建立了一个 "美国国会联邦储备委员会"———一个空壳委员会。从此纽约美国联邦储备银行打着该委员会的名义，开始了私有货币的发行。

五、布雷顿森林体系与虚拟经济

（一）《美国联邦储备法案》的通过标志着美国建立了"美联储券体制"，美元的内涵变成了美联储券；布雷顿森林体系的建立标志着世界美元体制的建立；布雷顿森林体系的"垮台"标志着美元虚拟经济彻底主导世界实体经济的开始。

布雷顿森林体系"垮台"之后，发达国家陷入了长达几十年（直到今天）的隐性经济危机，其特征是实体经济发展停滞和虚拟经济脱离实体经济、主导实体经济。只要看一下"只有上帝才印刷的货币"的黄金、土地、矿产、原材料、石油等从 1967～2007 年的"价格上涨趋势"，就能粗略得知这段时期美元实际通货膨胀是多少倍。

虚拟经济的统计策略就两个：一是用美元统计经济产值，然后扣除"核心通货膨胀指数"，但贵金属、原材料、粮食、矿产、地皮、石油……都不是"核心商品"，即便加入也可随意滥用一些没有必要的数理统计公式和统计正负加权，任意扭曲了统计结果。二是利用了人们对科学技术产品必然的进步而产生的满意度。举例：现代美国社会的乞丐甲也会有一个手机，而古代欧洲国王没有。由此得出结论：乞丐甲比欧洲国王富裕。

（二）只要用**晓美通货膨胀指数**衡量，就可以看出美元通货膨胀的程

度，只要世界国家停止接受美元，泥足巨人就会在美元洪水中化掉。

六、美元体制的维系策略

美元虚拟经济的规模和利润都依靠美元通货膨胀的规模，但过度的美元发行又必然会影响美元的信誉。维系美元的"**绝对信誉**"是不可能的，但却可以通过打击其他国家的货币，制造美元的"**相对信誉**"。

布雷顿森林体系之前，美联储就开始选择目标了。在 20 世纪 70 年代只有南极的企鹅、北极的白熊、非洲的沙漠和东南亚的丛林，这都不太理想。被美国门罗总统看做"美国后院"的美洲大陆——那些富饶的国家，就成了第一批发生"金融危机"的国家了。

"现代金融危机"必然是持续性的、全球范围的、永不结束的。

第 2 节　甜蜜的金融糖衣炮弹

一、石油危机

"20 世纪三次石油危机，极大地打击了以美国为首的工业化国家，并且造成了一系列的世界动荡，凸显了世界经济正步入一个能源危机的新时代……"——这种说法符合事实，不论是"石油危机"，还是"金融危机"，其本质都是维护美元虚拟经济的手段，是美元体制的危机。

二、危机中孕育危机

华尔街是如何主导自己后院的呢？

说到震动了大半个美洲的金融危机，就不得不提石油危机。第一次石油危机是美国、苏联、以色列、中东产油国各种利益和各种动机共同作用的结果。美国通过制造这次石油危机成功地完成了从野蛮的"黄金美元"到文明的"石油美元"的跨越，这对美元体制有许多好处。

（一）石油意义重大，尤其这里的石油是个广义范畴，包括：石油、天然气、煤炭等的化学能源的总称，甚至包括了近代的农产品和整个产业链，乃至整个世界经济。美元和石油挂钩，会让美元"几乎"可以任意发行。

（二）第一次石油危机打击了所有国家，但美国的实体经济损失换回了对世界虚拟经济更大的主导权，制造了相对的繁荣。

（三）开创了一种特殊的金融战模式：制造石油危机，然后提高利率，

收紧信贷或者故意用"低利率"给还贷能力较弱的国家大笔贷款，制造了**"债务美元回流机制"**（即：就是用美元购买实体商品、美元资本输出和"援助"，都会随着"债务利息"回流到美国的过程，其目的在于维护美元体系的整体稳定）。

（四）拉美国家在第二次世界大战中并没有受到直接打击，战后迅速开始了经济腾飞。其中巴西1968~1974年国内生产总值年平均增长超过10%，在整个1960~1981年间，其国内生产总值翻了三番还多，人均国内生产总值由247美元增至2241美元。

（五）"巴西奇迹"变成了"巴西债务危机"，然后是"巴西金融危机"的五个阶段——巴西金融战役。

1. 金融战打击的战略准备阶段——制造"石油危机"

这个阶段最为关键的就是恰到好处的"石油危机"，让处于经济高速发展时期的巴西陷入了一个两难的境地，要么停止进口石油，导致本国工业缺少"黑色的血液"而陷入停滞和衰退，要么借入美元债务。因为"整个世界都受到"第一次石油危机的打击，巴西政府四处求贷，但"大户"也没有余粮了，基本是免开尊口。巴西政府那时非常焦急，巴西社会和媒体把政府说得一文不值，石油危机要演化成政治危机了。这就从政治层面减少了巴西政府的选择余地，基本没有了多看一天的战略眼光，不是看不到，是只能先顾眼前了。金融战有利气候形成了。

2. 金融战开战前的战术布局——甜蜜的金融糖衣炮弹

在巴西政府陷入政治危机的时刻，美国在"自己也极度困难的情况下"，不仅给巴西送去了大量的美元贷款，而且利息也不高。但由于"美国自己也筹资困难"，所以大多是短期滚动美元贷款和利息"随行就市"的长期贷款。巴西政府正无力应对第一次石油危机突然扩大的石油美元账单和随之而来的经济危机，因此非常感激地接受了美元贷款。在接受美元"援助"的同时，也把美国金融专家小组的一揽子金融开放建议也全盘接受下来。

巴西立刻摆脱了石油危机的影响，债务本身也并"不严重"，因为当时美元利率也就5%，无论是不断滚动的短期借贷，还是"随行就市"的长期美元贷款都是"很实惠的"，所以在经济腾飞时期的巴西，对自己归还贷款的能力很有信心，于是开始大规模地借贷美元。华尔街的大笔美元注入促进了巴西的繁荣。西方媒体对巴西一片赞扬之声——巴西，甚至后来的阿根廷那时都被称作是"金融开放带来的经济发展的典范"。

3.连环金融战陷阱

石油危机之后，美元虚拟经济就像一个孩子得到了一种新玩具，不停地兴高采烈地玩了起来，这个玩具就是油价。虚拟石油交易完全主导了石油商品的走向和价格，也就影响了产量和需求。第一次石油危机（1973～1974年)到第二次石油危机（1979～1980年)中间也没有几年，而华尔街给巴西的短期贷款条件也越来越苛刻，利率也逐步提高。

但巴西陷入了短期债务连环滚动陷阱和持续的"石油价格动荡"及越来越大的影响，美元需求越来越旺盛。这个时期，石油从1～2美元/桶（各地出产的原油密度不同，1桶原油约为136千克），上涨到了20美元/桶左右，巴西是不借贷都不行了，再说不借新债，就无法归还到期的短期债务。

就这样，在经济高速增长的光环下，在华尔街媒体"世界经济典范"的声音中，巴西经济被一步一步地引入了金融战连环陷阱。

4.致命一击

金融糖衣炮弹的"糖衣"终于溶化了，1979年秋就任的美联储主席沃尔克将利率由20世纪70年代5%水平大幅提高到1980年初的20%附近，形成了空前的"**沃尔克冲击**"。这是一个疯狂的利率，而且是复息。当时整个世界，当然也包括巴西，由于受到"突然意外上涨到"35美元/桶高点的石油价格的突袭，经济发展已经受到了较大的影响。这时用高达20%的利率来贷款，还是短期利率，其中有很多是3月为周期滚动贷款，形成了人们常说的利滚利——"驴打滚儿"。

5."丰收的时刻"

收获丰盛是金融战役的一个特色，因为它不像其他战争毁掉财富而是实现财富转移。华尔街绝对不是下绝户网的渔夫，所以在巴西经济被美元债务危机逼到破产边缘的时候，国际货币基金组织的金融专家小组提出了一揽子"解决危机"的建议：①核心产业私有化——实现了美元虚拟经济对巴西实体经济的主导。②资本、外汇管理国际化、自由化——决定了下一次"金融危机"的大背景。③继续给巴西贷款——利息很高，完成了美元回流机制的布局。

三、债务的影响

据统计，从1980～2000年的20年间，拉美地区的人均收入仅增长了1/10。人们只要简单地回顾一下"整个1960～1981年间，其国内生产总值

翻了三番还多"这个事实，就会知道巴西金融战役对巴西的经济影响有多大了。

巴西的"金融危机"不会就此消失。众所周知，"拉美化"就是债务——金融危机的代名词。被金融战打击的国家很容易进入金融危机——经济危机——政治动荡——金融监管被削弱——新的金融危机这个循环圈。拉美政府的频繁更迭导致对金融监管的影响力十分有限。在这种情况下，拉丁美洲的阿根廷、巴拉圭也包括后来的墨西哥，都陷入了"金融危机"，不得不接受来自IMF的一揽子金融开放建议，股份化（即华尔街资本参股）银行等国家核心产业的同时接受"援助性金融贷款"。

第3节 阿根廷的债务问题

一、2001年12月5日的阿根廷

2001年12月5日中国驻阿根廷记者李志明发回了一篇文章："从本周起，阿根廷人从自己的银行账户（包括定期存款）上每星期最多只能提取250比索或美元现金……个人携带出境的外币不得超过1000美元。"

这看起来似乎还说得过去，但实际上，此时阿根廷美元提现实际停止了，金融系统会"征用"收到的所有美元用于归还到期债务，期间甚至发生过征收外国使馆账户美元资金的"误会"，这会造成长期影响。

二、华尔街信用评级机构

2001年3月华尔街评定信用等级的私人机构穆迪投资商服务与标准普尔蓄意先后降低了阿根廷政府债务的信用等级，截至2001年底，穆迪公司4次，标准普尔6次降低阿根廷政府债务的信用等级，让阿根廷背负债务的利息大幅增加了。阿根廷还债能力也随之降低了，这是一个"自我实现的预言"。

三、阿根廷的债务

（一）沉重的债务包袱

阿根廷国债主要产生于第一次石油危机和"沃尔克冲击"之间，世界银行和国际货币基金组织用这种特殊的短期滚动债务来对发展中国家进行"援助"。虽然表面上是"短期债务"，但实际上几十年都无法还清，债务

利息、"低信用等级导致的风险利息"和"短期债务滚动",导致了远超过本金的新负债。这种现象在华尔街很常见,比如:2007年华尔街"援助"陷入资金困难的美国贷款者的**发薪日贷款**(pay day loans)利率可达800%,阿根廷所欠下的债务利率在20%以上,算上"信用等级风险"后,应该不低于35%。

（二）新的债务危机

陷入美元债务危机的国家,一切经济活动都要受到"美元体制那只看不见的手"主导。阿根廷经济不断地生产着各种实体商品,给华尔街输送着超过美元输入几倍的资本,却不断陷入"美元短缺"。

截至2001年,金融危机突然"变糟"（注意不是突然爆发）为止,阿根廷中央和地方政府的债务总计约1500亿美元。主要构成是:①沃尔克冲击后利滚利的债务雪球,2001年终于压垮了阿根廷。②1990年后,阿根廷经历了十几年刻骨铭心的债务危机后,正要走出债务怪圈的时候,国际货币基金组织和世界银行准确地把握了阿根廷人民要"复兴"的机遇,怂恿阿根廷在1991~1994年期间的海外预托证券发行额达41.4亿美元,并且接受了一揽子金融监管协议,让阿根廷再一次陷入了债务泥潭。

（三）阿根廷的通货膨胀。

20世纪90年代,阿根廷通货膨胀率一度超过2000%,整个国民经济极度困难。1991年上任的阿根廷前财政部长卡瓦略认为,通货膨胀率居高不下的主要原因是阿政府用印刷钞票的方式来弥补赤字。在此时,国际货币基金组织和阿根廷政府之间有监管协议:"阿根廷政府对国际货币基金组织承诺,2001年度的财政赤字不得超过65亿美元",这是一个不可能实现的承诺。

这个浮士德式的承诺等于宣布"布宜诺斯艾利斯是一座不设防的城市。"这让"金融危机"的发生有了虚伪但却充足的借口 "2001年12月上旬,鉴于阿根廷没有实现削减财政赤字的承诺,国际货币基金组织（阿根廷政府对国际货币基金组织承诺,2001年度的财政赤字不得超过65亿美元,而实际的财政赤字额却超出承诺额13亿美元）决定暂时冻结对阿根廷的12.6亿美元的贷款。"

阿根廷立刻发生了"金融危机"。

（四）阿根廷GDP不到4000亿美元（金融危机之后到现在）,人口0.3626亿（2001年人口普查）,人均负债高达5000美元以上,考虑到华尔

48

街对阿根廷的信用评级，所以实际利率可能高于 20％。

这种债务的利息增长已经高于经济"增长"，这笔债务很难还清了。

四、世界各种文化对于债务的看法和债务金融主义

（一）不借债是不是"中国人特有的文化观念呢"？

1. 影响西方文化甚大的英国大剧作家莎士比亚的《哈姆雷特（王子复仇记）》《威尼斯商人》；法国大文豪巴尔扎克的有"社会百科全书"之美誉《人间喜剧》中的《欧也妮·葛朗台》；法国作家大仲马的《基度山伯爵》等文学作品，都从各种角度、不同侧面讲述着同一个充满了社会哲理，甚至有时是血淋淋的真理：不能借债。

2. 美国总统宣誓时所用的《圣经》干脆明确地说："欠债的是债主的仆人（The rich rule over the poor, and the borrower is servant to the lender）"（还有许多反对借债的话，"不要乱花钱而借债"，"不要做债务担保"等，为了节约篇幅就不一一列举了）。

（2）1929 年的"大萧条"让美国进入了原始金融主义时期，布雷顿森林体系的垮台表明不再需要"金黄色的遮羞布"，美元体制从此进入了债务金融主义时期。

（二）**终生不要借一分钱**

第 4 节　墨西哥金融战役的秘密

一、墨西哥的"金融危机"

（一）墨西哥"金融危机"后面必须加上"时间说明"

墨西哥"金融危机"（1982 年）、墨西哥"金融危机"（1994 年）、墨西哥"金融危机"（1997 年）……人们不熟悉的"拉美金融危机"还有智利"金融危机"（1982 年）、哥伦比亚"金融危机"（1982～1988 年）、乌拉圭"金融危机"（1982～1983 年）……

这一系列的金融危机的发起点都是 1982 年的"债务危机"。

（二）在第一次石油危机中，油价从 1969～1979 年的 1.5 美元/桶，上涨到最高 35 美元/桶，华尔街在此时对包括拉美国家的世界许多国家和企业进行了大量的"金融援助"。1979 年秋美联储主席沃尔克就任，开始了利率高达 20％的沃尔克冲击。这让各国借贷者立刻陷入了"美元债务危

机", 发生了一场 1980～1982 年的几乎是打击了所有国家的"金融危机"。

(三) 墨西哥经历了 1982 年债务危机以后, 其债务从 20 世纪 70 年代初的十几亿美元增到了 1994 年的 1000 亿美元。墨西哥 1994 年外汇储备 70 亿美元, 不足以支付当年的利息了, "金融危机"不可避免地爆发了。

(四) 赛拉宣言

1. "常规"的应对措施

此刻, 墨西哥政府只要严格进行金融监管, 暂时冻结热钱资本流动, 取消墨西哥比索和美元的汇兑, 然后把墨西哥比索和美元"硬性"挂钩 (制造有价无市), 取缔可能出现的黑市, 努力扩大出口, 暂时停止债务和利息支付, 积极与国际债权人进行谈判…… 墨西哥金融危机则会"其乱自败"。

2. 1994 年 12 月 20 日的秘密会晤

一个多次在金融战役中出现的"反常的政府决策", 再一次戏剧性地出现在墨西哥 1994 年金融危机中。1994 年 12 月 20 日, 墨西哥财政部长赛拉在与一些"头面人物"进行了一系列幕后磋商后, 竟然突然决定用金融开放的策略来"制止"金融危机的到来——墨西哥比索对美元自由浮动的范围增加到 15%。

3. 汇率崩溃

这个"不可思议"的宣言, "决定"了墨西哥比索的"贬值计划", 主导了此后的"投机趋势"。其后仅 48 个小时, 墨西哥外汇告罄, 有消息说 48 小时之后墨西哥政府的外汇储备还有 20 亿美元; 但也有种"谣言"说, 早在这个墨西哥比索要贬值的消息公布前, 整个墨西哥外汇储备就被"市场零散购买"了……这个不可思议的来自墨西哥政府财政部长的"赛拉宣言"本身, 恰恰就是墨西哥 1994 年金融危机的爆发的导火索。

4. 一系列秘密会晤导致的赛拉宣言, 诱发了墨西哥金融市场的"羊群"效应。假设有"一个投资者"事先 1 小时知道这个政府宣言, 会无限量借贷墨西哥比索, 然后步入墨西哥外汇交易大厅, 买入墨西哥比索至少下跌 20% 的金融期货指数凭单, 放心的借入尽可能多的墨西哥比索作比索的空头, 因为 48 小时之后, 当归还墨西哥比索的时候, 墨西哥比索已经大幅贬值。假设杠杆倍率为 20 倍, 相当于"借入 1 个美元的等值比索", 几个小时以后可得到"4 个美元的等值比索", 扣除 25%/天的高额利率和"手续费", 也可得到 300% 的利润, 而且没有任何悬念。

二、墨西哥"金融危机"的背景与影响

（一）"羊群"效应

赛拉宣言引发了市场的群羊效应，始作俑者竟是墨西哥财长赛拉。

（二）传言和土地

1.有"传言"说：有大笔国际热钱用衍生金融工具的方法同时大手笔做空墨西哥比索和墨西哥股市指数，短期热钱在收获丰厚的那一个"运气好得不可思议"的"最后时刻"胜利出逃。

2. 1994 年 12 月 20 日之后，"国际债权人"开始一边逼债，一边廉价收买墨西哥土地，导致了墨西哥已经存在的土地问题更加复杂化了。

（三）墨西哥经济

1.从墨西哥统计数字来看，人均 GDP 高达 6000 美元，但其实人均收入不会超过 3500 美元。比如：美墨边境的一些跨国企业的产值对墨西哥的人均收入影响不大。

2.1994 年墨西哥经历的金融战役，让墨西哥遭受的损失无法统计，仅"赛拉宣言"后 60 天，墨西哥 19300 家本地企业应声破产，通货膨胀 50%，平均工资下降 20%。

3.1994 年金融危机爆发之前，墨西哥政府财政赤字高达 GDP 的 8%，负债超过 1000 亿美元。

4.墨西哥金融危机（1994 年）的点滴回顾。1994 年金融危机的几个关键问题，供各位思考。

（1）墨西哥政府和企业界债太多、还债规划失序，全部债务到 1994 年，已经超过 1000 亿美元。债务特点是：利率高，周期短。大规模举债的目的竟然是为了归还旧债利息和支付赤字。

（2）赛拉宣言。墨西哥财政部长赛拉"经过一系列的秘密磋商"，突然宣布墨西哥比索对美元浮动 15%，又于 48 小时后，宣布完全放开自由兑换。这是墨西哥金融危机（1994 年）爆发和加重的根本原因。

（3）墨西哥金融市场开放过度，没有处理好金融稳定和金融开放的平衡尺度。大量引进短期热钱资本制造本国房地产、股市的"繁荣"，制造墨西哥比索定价虚高，导致热钱流出时出现了强烈的**美元窗口效应**。

（4）墨西哥比索在基本面不允许的情况下，对美元升值，导致贸易逆差赤字。同期政府税收和预算失衡，导致**双赤字**现象。一旦债务美元流入受阻，政府外汇储备就会急剧消耗殆尽，最终 1994 年金融危机爆发时，已

不足支付 3 个月的进口用汇。

（5）墨西哥政府对于金融危机完全依靠"寻求援助"，也就是增借新债和全面开放资本市场。即便短期缓解了一时之困，在一段时间后，会有更大规模的"金融危机"爆发（1997 年墨西哥再次爆发了"金融危机"）。在"赛拉宣言"导致的 1994 年墨西哥金融危机之后，美国政府前所未有的授意美国汇率稳定基金（ESF）、国际货币基金组织、国际清算银行和一些华尔街金融机构共同行动，给了墨西哥一笔 530 亿美元的巨额贷款，这是无疑是扬汤止沸，事实加重了墨西哥的债务压力。

第 5 节　波兰金融战役的秘密
（此为专门全球性类比案例，波兰在欧洲）

一、相距万里的"金融危机"

（一）类比案例：拉美国家的"金融危机"与欧洲国家"金融危机"同原因、同模式，在地球相距万里，却同时爆发。

1. 目前越来越频繁爆发的世界性"金融危机"存在某种内在联系和主导力量。

2. "金融危机"可以在美元虚拟经济范围内，任意地制造出来，哪怕相距万里之遥。

（二）"金融危机"是内因与外因共同的结果

1. "拉美化"或者"阿根廷化"这个专有金融词汇，让人们以为世界范围内的金融战役并不存在，只不过是拉丁美洲国家自己的金融问题而已。这种说法虽然看到了"内因"，但否定了外因的存在。

2. 美元体制的利润规模由美元虚拟经济来决定；美元虚拟经济的规模由美元发行的规模来决定，可大规模发行美元却会危害美元体制本身。这种矛盾导致了美元体制的主导者不得不依赖于制造"美元的相对稳定"，也就是其他货币的"不稳定"。

3. 美国人民并不坏，甚至"湿件"和"摆脱了黄金绊脚石"，和几千亿美元的虚拟经济规模，也都不过是活的资本本能在起作用。

二、第一次石油危机、沃尔克冲击、波兰的"金融危机"

（一）类似的经历

波兰和阿根廷、巴西、墨西哥一样，也是在美国制造的第一次石油危机之后，开始出现美元短缺的，这很正常。本来1桶（约159立方分米）3美元的原油在10年中被炒到了35美元，又必须用美元来支付。除了美国，其他国家除了借贷和老老实实用实体商品向美国换取数字美元外，别无办法。

（二）美国的"援助"

1. 几乎所有国家都在沃尔克冲击下发生了金融危机，但美国却"及时地"给予了波兰大量美元贷款，虽然利息高得惊人，但无论如何波兰没有在1982年前后，出现"拉美化"。

2. 天下没有白吃的馅饼

美国和波兰有一笔政治交易，筹码就是 "团结工会"——一个诞生于1980年（拉美各国陷入金融危机的时刻，也是美元利率接近20%/年的时刻）8月14日的政治组织。这不是一个普通的工会，而是一个影子政府。当时苏联和东欧虽然还没有"拉美化"，但也感受到了"金融危机"的阵阵寒气，同时也"亲眼看到了"美国社会的空前"繁荣"，没有认识到美国的"繁荣"来自美元的过度发行，没有看到美国对他国实体经济的依赖正在逐渐加深，没有看到美国正在透支明天……

3. 美国为了保护"团结工会"在波兰的逐渐做大，并没有过早地对波兰开刀，而是在几乎整个20世纪80年代持续给波兰高息美元贷款，其中还有部分是"软贷款"，也就是美国"援助"直接给了美国企业，而发给波兰一些"不合时宜的昂贵商品"。

4. 暴风雨的前夜

这个债务压力逐渐积累的过程却被华尔街媒体宣传为：70年代的波兰是战后经济发展最快的时期。波兰盖莱克政府踌躇满志地推行闻名于世的"三高政策"（高速度、高积累、高消费），曾经让东欧各国羡慕不已。

三、团结工会

（一）从诞生之日起团结工会就是一个政治组织，1981年9月，团结工会就提出了"接管政权，建立自治共和国"的明确政治目标。1981年12月，团结工会决定发动"全国总罢工"并建立"武装工人卫队"，这是"武装叛乱"。但波兰盖莱克政府的"三高政策"依赖 "团结工会"中某些"能

够轻易弄到美国贷款的金融人士"的支持，所以对在成立之始就要武装颠覆波兰政府的组织藕断丝连了七八年。

（二）直到 1989 年，"团结工会"不再帮助波兰政府贷款了，华尔街也不再给波兰贷款，波兰金融战役就要开始了。

（三）波兰金融战役基本面的形成。1980 年波兰的债务已经达到了 235 亿美元，每年的利息就是一个不能担负的数字。此刻正值美联储时任主席沃尔克导演的"沃尔克冲击"，即高达 18% 以上的利息（实际"市场利率"普遍超过了 20%）。除了依靠"政治退让换取新的债务之外"，波兰政府一筹莫展。从苏联借的"现金贷款约 10 亿～30 亿美元"也杯水车薪，除了加重苏联的经济负担外，没有起到实际的作用。

盖莱克 1970 年起担任波兰统一工人党中央第一书记后，采取了"债务经济"的短期政策，他在 20 世纪 70 年代采取"扩大贸易政策"（实际是扩大债务、加大进口的政策）。波兰赤字和债务压力不断增大，表面上却是贸易额不断增长，1980 年创下 361 亿美元之最高峰。但波兰 1980 年的贸易赤字却达到了 12 亿美元，这还不算波兰当年欠下的新债务。

此后波兰的贸易赤字、债务总量一直不断扩大，2001 年外债余额高达 720 亿美元，1999 年仅 12 月份经常性贸易支出赤字就上升到 16.4 亿美元，1999 全年波兰贸易赤字为 116.6 亿美元（占波兰国内生产总值的 7.6%），相比较 1998 年波兰对外贸易赤字 68.6 亿美元（占国内生产总值的 4.3%）大幅上升，与此同时波兰一直有大量政府财政赤字。

四、波兰的"债务危机"和其他

（一）波兰政府的决策者与"团结工会"打交道的时间里，都得到了一个"明确的和清晰无比的信息"——只要"团结工会"上台，美国的金融援助不是问题，幸福的生活不成问题。这种虚幻的前景迷惑了人们。

（二）庞大的美元债务危机催生了经济危机和一系列"变化"，团结工会在"大选中"取得了"胜利"。

1989 年 2 月 6 日至 4 月 5 日，波兰政府同"团结工会"达成了一揽子方案：政府同意团结工会重新登记后合法化，总统由国民大会选举产生。同年 6 月，波兰议会和参议院分别举行选举。团结工会大获全胜，在议会 460 席位中占 161 席，在参议院 100 席中占 99 席。1989 年 7 月 19 日，议会以超过有效票半数 1 票的微弱多数选举雅鲁泽尔斯基为波兰总统。8 月

24 日，团结工会顾问、反对派的核心人物马佐维耶茨基出任政府总理。同年 12 月 19 日，波兰人民共和国改名为波兰共和国；红底戴王冠的白鹰恢复为波兰的国徽。

五、休克疗法

（一）波兰的经济危机恰恰就是采用了大量美元贷款，接受了美国金融专家提出的"高速度、高积累、高消费"的"三高政策"直接导致的结果，其实是一种典型的债务陷阱，这笔债被算在过去的账上，是不公平的和有着不良影响的，因为这涉及后来波兰如何治理国家的问题，是不是延续借贷经济的问题。

（二）波兰"团结工会"既然接手了一个深深陷入金融战债务危机的"摊子"，按理应该加强金融监管、稳定经济、削减债务才对，但事实恰好相反。

（三）财政部长巴尔采罗维奇 1989～1992 年开始了著名的"休克疗法"。本来波兰仅仅是"美元短缺为特征的债务危机"，其他领域基本健康，但债务危机先是演变成导致"团结工会"上台的政治危机，又在"团结工会"上台后的"休克疗法"，让整个波兰经济陷入一场本来并不存在的整体性社会危机。

（四）"休克疗法"期间，波兰新政府（原团结工会）不仅大规模介入新债，还人为制造了史无前例的通货膨胀，其过程、原因和目的和"苏联金融战役"的情况大同小异。

（五）"休克疗法"的后果

波兰物价上涨超过 1000 倍，波兰人民的毕生积蓄化为乌有，购买力空前短缺制造的"商品供给过剩"，无法掩盖一个月的工资还不够买包香烟的严酷事实。这时，波兰人民开始纷纷质问"团结工会"。波兰财政部长科勒德克曾这样评价说："'休克式疗法'的确使波兰的经济'休克'了"。此刻，波兰货币兹罗提疯狂贬值，国有资产被以破产、抵债的名义"卖"给了"新老板"，原来梦想能够得到幸福的波兰人民发现，能够不被"新老板"从工厂里面一脚踢出去，已经很不错了。

六、波兰金融战役的尾声

一件"有趣的"小事：一个铲车工人是"团结工会"坚定的支持者，

货币长城

他在"推翻波兰原体制"的时候，勇敢地开着铲车冲击波兰政府的军事警戒线，一时成了"媒体名人"。但是 2004 年他有了几个孩子，他所工作的波兰企业受"休克疗法"波及，他和妻子都失业了。他找到"有关部门"要出卖他那辆著名的"铲车"，并且提出组建一个"纪念馆"，馆长的人选大概他已经想好了，但没有人理睬他，他再也上不了报纸头版了……

货币长城（简本）

第四章

桃花潭水深千尺

——宝岛的金融状况

第1节 中国台湾地区的历史简介和
"日据时期"的金融侵略

一、中国台湾地区的历史简介

（一）周朝、秦朝时期。

中国台湾地区早在公元前的周朝就已经划入了中国版图，那时被分封给一个叫做故雕题国的诸侯国（《山海经》）。不过当时人口极少，几乎是无人居住的海防和渔民落脚的补给地点。秦朝曾经派驻过小规模"瀛洲"海巡哨（《史记·始皇本纪》），但随着秦朝的灭亡，一个强大的汉王朝又开始了对台湾地区的测绘和管理。

《汉书·地理志》里面明确记载，此刻的那个周朝时期的故雕题国诸侯已经慢慢由于子孙的繁衍（就是诸侯国主死了，有几个儿子就分几块，依此类推，是个汉朝统治者弱化诸侯国的策略），被分化成了二十几个诸侯国，但依然"分为二十余国，以岁时来献见"，就是这些小诸侯国每年都对汉王朝纳贡。

（二）两次迁徙

向台湾地区的较大规模迁徙主要从汉武帝时期开始的，汉武帝此人敢想敢干，法令很严，社会动员能力也很强（这和汉武帝时期长期全国动员与匈奴作战有关）。台湾地区最早的居民主要来源于秦汉两次迁徙。

（三）孙权与台湾（地区）

直到东汉动荡时期，孙权又派官员卫温、诸葛直作为汉王朝在台湾地区的文武官员的一把手，《三国志·吴志》和《资治通鉴》都有记载，并且明确地看出当时台湾地区基本没有什么人口，且"瘴气弥漫"，据说"军行经岁，士卒疾疫死十之八九"。

当时台湾地区仅有的一些人还都兴高采烈地跟随卫温和诸葛直回到了繁荣的江南。很不幸，孙权认为卫温和诸葛直"不能吃苦"，还领着老百姓跑了回来，把他们杀了（"卫温、诸葛直皆以违诏无功下狱诛"）。这很可惜也不公平，他们都是好人，只是赶上了瘟疫流行……当时台湾地区老百姓和驻军都跑回来是躲避"瘴气"，是正常的。

（四）祖谱构成

上述历史记录说明，当时台湾地区的军事哨所地位是有的，但基本的生存条件比较恶劣，连"军事人口"（那时军队名义上不能带家属和女子，但随军的家属、工匠、民夫、歌女、戏班、烧锅等人口数量有时超过军队几倍甚至十几倍，尤其在相对和平的时期更是如此，这既是一个不好简单下定论的"弊端"，但也是古时一个人口自然流动的、重要的客观因素之一）都不能完全保证。很有趣的是，如果后来不是弱晋战火不断，恐怕台湾地区的人口增长还是比较缓慢的（或者干脆可以说没什么常住人口），倒是战火导致了全国各地的一些人跑到台湾地区去躲避战乱，所以台湾地区人口的祖谱构成实际是一个小中国的缩影。

（五）陈元光与松洲书院

台湾地区由于人口一直比较少，在封建社会除了作为海疆领土和哨所外，一直隶属于福建。其实台湾地区现代的文化、人口基础是从唐朝漳州和泉州建制后逐渐形成的。"闽南方言"其实就是河洛语言，是唐朝时期标准的官话，被誉为语言的活化石。其民俗和语言主要来自河南的迁徙者，妈祖庙就是北方地区的娘娘庙。唐朝的陈政（任南行军管）的儿子陈元光（657~711，字廷炬，光州固始·今河南省固始县陈集乡陈集村人）就是辖属福建的刺史（这是个很大的官职，是封疆大吏）。

那时台湾地区还是一个人口很少的土地。陈元光看到中原迁徙者越来越多，集中了在漳州和泉州两地，上表朝廷设立了漳（泉）州州制，史称"开漳圣王"。他建立的松洲书院（第6批福建省级文保单位，位于浦南镇吴浦村，负责人其子陈珦）创办于唐景龙2年（公元708年），至今保存完好，说明唐朝福建地区的国家教育体系已经具有相当的规模和水平了。

（六）唐朝官话与唐诗《江雪》

有些唐诗今天读起来并不押韵（大约有30%），比如《江雪》（唐·柳宗元，时任广西柳州刺史）"千山鸟飞绝，万径人踪灭，孤舟蓑笠翁，独钓寒江雪。"的诗句，如果按照今天的平仄来看，并不怎么押韵，尤其是后两

句。但如果用闽南话念，也就是唐朝官话，就押韵了。这是什么原因呢？现代汉语中有阴平、阳平、上声、去声、轻声等5个音调，而古代的河南话，也就是唐朝官话有入声（现在各地方言还有许多保留，但普通话基本不用了，广东话的"一"字的发音人们比较熟悉，读："压"，嘴迅速地闭合，气流中止，短促有力）。

今天的台湾地区主要的语言、文化，主要形成于唐朝时期，至今也没有太大变化。比如：台湾地区的龙舟比赛，有的不是一起开始划，而是一个追一个，这就是典型的河南风俗，比较有特色，是典型的华夏文明。

（七）《尚书·禹贡》

夏朝真正的开国皇帝其实是黄帝（和炎帝）只不过是"启"，改用了夏朝的"年号"，夏启和黄帝中间的皇帝都是世袭制，不是"禅让制"（由于与本书无关，点到为止，尊敬的读者知道就可以了）。这也就可以说，台湾地区在《尚书·（夏）禹贡》（《尚书·夏书》）中的历史纪录，表明台湾地区在炎黄朝代开创时期就是中国固有领土，对于这一点，无须考证更早的上古历史了。

虽然早在夏商就有甲骨了，木头、纸张（质地很差的纸张，由麻、毛等纤维制造，或成本极高、或虽是草纸但原料要求特殊，所以实际仅仅具有象征意义，在古埃及也有这类实际意义不大的"纸"，但人类历史上大规模生产纸张的技术，毫无疑问的是中国汉朝的蔡伦）、羊皮、竹子的文字大都损毁了，而残留下来的甲骨文和鼎文大多是有占卜和纪念性质的物品，根本不可能提及台湾地区那时一个偏僻的属地。

但《尚书·禹贡》（《尚书·夏书》）记录了夏朝时期台湾地区的官员述职和觐见、《山海经·海内南经》也记录了周朝时期的台湾地区的方位和当时的名称，以后秦汉时期保留文献就很多了，甚至汉朝已经绘制了包括台湾地区的全国地图，即中国地图史上著名的"舆地总图"（全国地图），用缣8000匹精绘而成。

（八）总结

台湾地区是从炎黄王朝，即有记录的最早夏朝开始就是中国领土，台湾地区是炎黄子孙最早开创的固有领土；台湾同胞也是中国各地人逐年迁居，而慢慢形成的，是一个包含了中国各地人民的典型的中华民族的组成部分，这一点铁证如山，不容置疑。

货币长城

二、中国台湾地区的金融历史

（一）"马关条约"

1895 年"马关条约"签订以前，中国台湾地区的金融汇兑主要是由私人钱庄来完成运作的，当时规模已经很大了，甚至有官员的工资和救灾款都通过钱庄来汇兑的记录。1895 年"马关条约"签订后，大钱庄就退出了中国台湾地区，从后来的历史发展来看，他们是很明智的。

"日据时代"，那才是真正的人间地狱。当时"日本警察"（包括："伪警察"）和中国台湾地区人口比是 1：300，如果包括"军人"、"特务"和"密探"，那么这个比例要超过中国台湾地区目前监狱守卫和囚犯的之比，中国台湾地区在"日据时期"，算是一个大"监狱"。据日本人秋泽鸟川写的《台湾匪志》（这是日本侵略者对台湾同胞的诬蔑称谓）记载，日本侵略者针对中国台湾地区的所谓"剿匪"超过 5000 次，也就是几天一次，罪行累累。其中"大平顶大屠杀"中，杀害台湾同胞 30000 人、"后壁林惨案"中，杀害台湾同胞 3473 人、"噍吧年大屠杀"中，杀害台湾同胞 30000 余人⋯⋯ 请注意：这都是日本侵略者"剿匪纪录中的功勋数字"，是日本侵略者欠下了的一笔无法偿还的血债。

（二）日本侵略者的金融搜刮

1. "奉公债券"

"日本殖民当局一面强迫开展"献金报国运动"，发行"奉公债券"、"报国债券"，挨家挨户搜刮民间藏金，仅 1944 年，中国台湾（地区）负担的日本军费高达 1.5 亿元，人均收入的 35% 都被用于'日本军费'"（张伟，汪幸福．日本霸占中国台湾[地区]50 年：环球时报．2005，10，24）

2. "（中国）台湾（地区）银行券"

1895 年"马关条约"签订，同年 10 月 31 日急急忙忙颁布《台湾（地区）银行钞票及金融机关处理办法》"进行"接收"，经"改组"（日本侵略者的"内部分赃"）后全省金融机构合并为 10 家，分别是："台湾（地区）银行"、"台湾（地区）土地银行"、"台湾（地区）工商银行"、"彰化银行"、"华南银行"、"台湾（地区）合作金库"、"台湾（地区）产物保险公司"、"台湾（地区）人寿保险公司"、"台湾（地区）合会储蓄公司"和"邮局邮政储金"。在这些金融战工具准备好后，日本侵略者开始于 1899 年通过"台湾（地区）银行"，发行"（中国）台湾（地区）银行券"。

3. "以纸换金"

当时，整个中国台湾地区使用的是黄金、白银和铜币等金属币，虽然币种混乱，但其实由于是按照黄金、白银和铜币的重量和成色来交易的，所以中国台湾地区在马关条约以前是不知道什么叫金融危机的，也没有普遍的高利贷问题。但日本侵略者强迫中国台湾同胞交出手中金银。前面说过，大的钱庄提早撤离了，总算逃过一劫，可剩下的台湾同胞可就遭了难。其间日本宪兵和军警四处横行，强行"换取"台湾同胞手中的真金白银和铜币，甚至中国台湾地区留下一个吓唬孩子的说法："大人来了，不要哭了"。这里的"大人"，就是当时台湾同胞对普通日本警察，甚至是伪警察的称呼。

4. "金币兑换券"

这次搜刮，让日本侵略者感到满意，并且发觉这个纸币换金银的"金融手段"收获颇大，不禁按捺不住。在其后不久，就打着"保护中国台湾（地区）金融秩序"的名义，推行所谓的"金本位"。这很荒谬，中国台湾地区原来就是实实在在的黄金、白银和铜币的货币体制，也就是本来就是实实在在的真正的金本位，日本法西斯推行的所谓"金本位"不过是几张纸和一个很好听的名字——"金币兑换券"。

日本侵略者通过强迫台湾同胞以极其不合理的低价格把手中的金银兑换成 "金币兑换券"，然后用"金币兑换券"大肆"套购"中国台湾（地区）的商业和地皮，其实就是公开的拿，这毫不夸张。

5. 两次搜刮

日本侵略者初期强迫台湾同胞接受"台湾银行券"，然后大肆"购买"产业和物资，很快 "台湾银行券"就如同废纸了，又通过"金本位"的"金币兑换券"再次玩了一次这种把戏。其结果是在日本侵略者占领中国台湾地区的几个年头之后，日本侵略者控制了中国台湾地区所有的金、银和铜，日本金融资本占据垄断地位，普通商业资本超过 90%，台湾同胞被洗劫一空。

6. 日本金融资本的行动

日本金融资本先后在中国台北（地区）、基隆（地区）、台南（地区）等地先后设立"日本银行"、"日本劝业银行"、"三和银行"的分支机构，控制了整个中国台湾地区的金融"运行"。这几个"金融机构"还负责管理一个专门针对台湾同胞的业务——"鸦片营销资金"的流动。

7.日本侵略者的所谓"公债"

日本侵略者还在中国台湾（地区）强行"销售"所谓"公债"和"保险"，截止到1945年9月（底）日本侵略者无条件投降，保有额已高达11.11亿元，如果计算上"日本企业"发行的"企业公债"和"商业保险"，这个数字还要大许多。

8."店头市场"

日本侵略者在中国台湾地区还发明了一种叫做"店头市场"的"类似"于现在证券交易的场所，怂恿台湾（地区）的老百姓去"买卖"、"交易"，但实际中国台湾（地区）老百姓哪里有"投资资本"，这种"证券交易"信息缺乏，基本没有"投资"意义，主要靠"投机"挣钱。事实上，整个店头市场都操纵在日本殖民当局手里，不过是个"变相的赌场"。参与"投资"和"赌博"没有任何区别。更为恶劣的是，日本金融机构公开在这种店头市场里提供"交易金借贷"，其实就是高利贷，借给被套牢的"投资者"继续"投资证券市场"，这个利率可就高了，都是按天计算的，一般借上了的后果都是最后被利息逼得破产算完。这种高利贷在台湾（地区）甚至形成传统，直到今天，中国台湾地区股市交易还专门有私下里提供这种股市高利贷服务的私人钱庄，其对中国台湾（地区）的长期影响可见一斑，后面要专门谈这个问题对中国台湾（地区）金融安全的影响。

第2节 中国台湾地区的"股市风暴"

一、"日本"投降

粮食的匮乏。

（一）"最后的套购"

日本法西斯在投降后，故意取消"粮食配给制"（也就是连锯末和饲料"制造"的"杂和面"都不给了），然后用大量纸钞分发给各个即将撤离的"各类人员和军警宪特"，用来"采购回国物资"。当时"日本当局"突然用"高价"大量购买各种生产物资和日常生活物资，尤其是粮食，然后运回日本。台湾同胞一觉醒来，本来就购买力很低的"纸币"更如"冥币"一般，满屋子都是。可粮食、生活物资却被搜刮一空。

（二）雪上加霜

目前生活在和平年代的人们不理解粮食的重要，战争时期粮食就是人命。当时，整个中国台湾地区粮食和生活物资极度匮乏，人们不可能去理解市场"套购"的"以纸换粮"，但都能体会到粮食的极度匮乏。此刻，这场由战败国日本军国主义势力策动的针对台湾同胞的金融战役还胜负未定，只要"国民政府"能够立刻调集粮食和生活用品投放到中国台湾（地区）的市场，并实行严格的配给制，立刻就能稳定人心、稳定市场、挫败这场金融战阴谋。但"国民政府"竟然于1945年5月22日在台湾（地区）发行"临时货币"——"台币"（即"台币"，不是"新台币"），然后利用原"日本殖民当局"遗留下来的"店头市场"进一步"套购"粮食现货和其他物资，运到"内战"前线，积极准备"内战"。这对于粮食和生活物资极度匮乏的台湾同胞，简直是雪上加霜。

（三）"临时货币"

"国民政府"在台湾地区之所以不使用"法币"或"金圆券"，而实行了"临时货币"这种奇怪的政策，就是一些"接收大员"看出了"纸币换物资"的"高妙"。可以说：从"台币"出台，就是一个纯粹的，一定要完蛋的"临时货币"，与其说是货币，不如说是财富转移的工具。

（四）"新的套购"

由于"国民政府"是"第二次世界大战的胜利者"，所以和仓皇逃跑的日本侵略者不同，不仅仅"套购"黄金、白银和粮食等"容易携带的财物"，"接收大员们"有"长远打算"，用"台币"大量购买土地和产业。

（五）粮价暴涨

据黄彰健先生统计，当时台湾地区乡下的粮价甚至超过了当时通货膨胀已经失控的"（旧）上海"市区粮价。

二、"新台币"

（一）《台湾（地区）币制改革方案》"

"国民政府"在"台币""完成"了"历史使命"之后，于1949年6月15日发布《台湾（地区）币制改革方案》取消了已经不如废纸的"台币"，开始推行"新台币"，这就是目前台湾地区使用的"货币"，这其实又是一场新的金融掠夺。根据《台湾（地区）币制改革方案》规定，"台币"和"新台币"兑换率为40000：1。

举例：1945 年底用 40000 元"台币"贷款购买的一个工厂，实际花费不过 1 元"新台币"。令人可笑的是，这个"新台币"倒是值钱得很，还是银本位的货币。 根据"《台湾（地区）币制改革方案》"规定和 1949 年 12 月 29 日的牌价为 3 块"新台币"兑换 1 块大洋。只要看一下目前"新台币"兑白银的比价，就会知道"新台币"这几十年的实际购买力贬值有多大了。

（二）"台币套购"的影响

1. "店头市场"的新"用途"

台湾地区由于有日本侵略者用来对台湾同胞进行金融搜刮的"店头市场"，很快 "国民政府"就发现"店头市场"的"重大价值"了。有利于大规模"购买"（用很快就要不值一文的"台币"来支付）战争物资，支持内战。这样台湾（地区）就有了一个"过度发展"的证券和期货市场。"投机性"是唯一的获利方式和唯一的"入市"理由，"投资性"完全消失了。

2. "地下钱庄"

日本侵略者留下了一个很恶劣的"刺激"股市的手段——伴生于股市的"交易金借贷"，这又和台湾地区帮会组织主导的"地下钱庄"结合，"国民政府"和帮派组织本来就有着千丝万缕的联系。举例：在"旧中国"，实际起到"国民政府央行"作用的不是"国民政府的央行"，是"（旧）上海交通银行"。 帮会首领杜月笙是"上海交通银行"核心股东，且一度出任董事长，还是几百家企业的董事长、副董事长、核心董事。所以，台湾地区股市伴生的"地下钱庄"具有半公开、"半官方"的性质。事实上这种影响台湾地区股市和"投资者"的"地下钱庄"，可以看成一种特殊形式、特殊历史条件下的私人金融服务机构。但这个有着可以左右台湾地区股市的金融力量，却是脱离监管，一直处于高风险运行的状态。

3. 债务规模的变化

（1）1987 年以前

台湾（地区）在 1980 年以前经济运行还算稳定，以加工出口为特点的经济模式比较适合台湾（地区），所以基本还算稳定，也没有什么债务。台湾（地区）拥有一定的"黄金、白银和外汇储备"，也有一定的人才积累，所以这个时期的经济是比较好的时期。虽然早期的人才慢慢凋零，也有金融隐患，但不论是金融还是股市都依靠着严格的"戒严令"得以稳定，没有太大的波澜。

（2）1987 年以后

1987 年蒋经国先生突然病故，李登辉主导"管理层运作"。

他的经济策略很简单：一方面削弱"原有构架"，一方面跟着美国搞"借贷经济"。这个时期，国际气候很复杂。

（3）国际大背景

台湾（地区）经济规模比较小，通过几次金融战役，让台湾（地区）经济陷入债务陷阱可以秘密主导了。所以华尔街在"冷战"确定要"结束"的时候，对世界发动了一轮金融股市冲击。有债的就逼债，没债的就把重点放在股市和汇市上，用衍生金融工具做空股市获取利润。

三、台湾（地区）"股市动荡"的开始

（一）"小朋友"（"新台币"的一种别称）

由于"华尔街"对中国台湾（地区）的"金融影响力"，热钱炒作者基本不必考虑"金融监管"的问题。

（二）"技术问题"

台湾（地区）资金总量也不少，华尔街也颇动了一番脑筋。

1. 利用台湾（地区）"金融对美国资本全面开放"的条件，提前让短期资本（即"热钱"）慢慢进入台湾（地区），推高股价，制造了股市的"空前繁荣"，诱使台湾（地区）股民投资和机构资金进入股市。

台湾地区股市从 1983 年 1 月的 442 点狂飙到了 1988 年 9 月的 8402 点，几十倍的赢利是很常见的，许多中小投资者大量借入"地下钱庄"的"股市交易贷款"却真实地牟利。这时，不论是什么股票，只要买得到，就有高额回报，就是借高利贷还有大的赚头。举例："易航股票"，只是有一艘不具投资价值的小船作为资产，却有了超过 100 倍的涨幅。

2. 媒体主导（这在金融战役中几乎是一种必须的经典手段）

3. 衍生金融工具。衍生金融工具可以通过杠杆效应几十倍、几百倍的放大热钱的"能量"。

4. "影响力"。不论是"赛拉宣言"，还是"五百天计划"，如果没有某种"影响力"，整个最后"事态"的发展会截然不同（请参看"金融战役三原则"，金融战十要素的前三要素，即"金融战役三原则，也称金融战役三元素"）。

"当时台北市股票日交易量曾经超过纽约和东京的总和"，投入资金的

数目可见一斑，而经过衍生金融工具的"杠杆效应"，万一股价崩盘，对于看涨的投资者，足可以形成天文数字的亏损。

台湾地区"有关机构"的负责人郭婉在1989年台湾（地区）股价炙热高涨的时刻，宣布征收"资本利得（增值）税"。也就是说，投资者从股市赚的钱要交大笔税金，这个"利空消息"让股价半天折翅，指数从8813点连跌19天到4645点。让靠"地下钱庄"的高利贷来支撑的冒进散户的信心和"地下钱庄"的运营出现了"流动性短缺"。

5. "新台币"的升值

从广义金融战役学的角度来看，制造货币不稳定是根本目的，至于是升值还是贬值，是手段问题。就如同要动摇一根深深埋在地下的树干，不外乎来回的摇动，究竟是往前推（逼迫其进行升值）还是往后拉（打击其货币，让其货币贬值），都是制造"汇率不稳定"，进而制造美元相对稳定假象的策略和手段。

台湾（地区）的股价暴涨的时候，"新台币"也从45:1升值到了25（"新台币"）兑换1（美元）的水平。这为"热钱"在股价高点抛出获利后，兑换出逃制造了一个"二次赢利"的机会，也制造了台湾（地区）经济基本面的不稳定。

6. 不可思议的"散户入市率"

截至1990年3月，台湾（地区）股市投资者数量达到0.046亿，其中散户率高达90%，台湾（地区）人口有0.21亿，其中未成年人大约占40%，成年人有0.12亿左右。也就是说，如果假设扣除儿童和法定不能入市炒股的人群，按照台湾（地区）人均家庭是3～4人，0.12亿/3＝0.04亿，甚至还稍稍低于散户实际总数。也就是说，台湾（地区）当时必然存在1个家庭有1人以上加入股市炒作大军的现象。这个看似不重要的数字后面，是股市一旦崩盘对台湾（地区）的"影响"。更为可怕的是，如此的大规模股市投机还牵连到大规模的"地下钱庄"的借贷，正是这些"借贷"和机构资金推高了股价，到台湾（地区）股市崩盘前1989年最后一个季度，市盈率高达100倍。

7. 国际战争影响台湾（地区）股价。"资本利得（增值）税"连续制造了12个"跌停"。由于台湾（地区）几乎人人炒股、地下钱庄政治能量惊人、很多股票交易公司负责人都"很有背景"等令人啼笑皆非的原因，产生了一股强大的"托市"力量，股价没有彻底"崩盘"，直到1990年3

月"石油危机"可能暴发的"利空传言"到来之前……

第3节 暴涨的股价和"最后一根稻草"

一、中东政局的变化

（一）"悬案"

此刻，在主导着"工业血液"的中东地区，发生了一场"纠纷"。表面原因是萨达姆对沙特和科威特不同意予以资金援助、"石油开采划界"和债务减免等问题的不满，但有报道说：萨达姆发动针对科威特的军事行动前曾经和美国驻伊拉克大使密谈，接受了美国的"默许"。这个说法，"无从考证"，成了一个悬案。

（二）"最后一根稻草"

1990 年开始的突然出现在盛产石油国家之间的一些"传言"，无疑是股市明确的"利空信号"。即便没有后来 1990 年 8 月 2 日伊拉克对科威特发动的军事行动，世界原油供给的负面新闻已经足以成为"最后一根稻草"，尤其是对台湾（地区）股市一些暴涨百倍的"垃圾股"的支持力来说，已经是到达了必然崩溃的极限。

二、"股价崩盘"

（一）"股市"中的"亿万富翁"

台湾（地区）的"易航公司"只有一艘没有投资价值的旧船，股价原来只有 1.67 元（"新台币"），一路高歌猛进到将近 200 元（"新台币"），单凭借股票暴涨让易航城（易航城：易航股票的庄家，即大股东）从一介贫民，到股市高点 12682 的时候，成为身价高达（曾经）100 亿（此处指："新台币"，约 2.5 亿美元）的大富翁。但是经历过了崩盘之后，他从 100 亿的身价又"跌回了原形"。

（二）"六福发展"

台湾（地区）股市叫"六福发展"的股票，产业不多还是亏损状态，曾经连续出现 149 个涨停，市值超过 8 亿美元。

（三）"花红"

当时好多台湾（地区）的证券交易员工年底"花红"发放到几十个月甚至上百个月的工资，这种"富裕"是"普遍性"的，让所有人心动，不

由自主地加入了"投资热潮"。但这种靠高息贷款和热钱作支撑的"股市繁荣"和"魔法一样的收益"不可能长久维持。

（四）"大泡沫"

在台湾（地区）股市最"炙热"的时候，一些"公共机构"，在股市下午收盘后才开始继续工作；僧侣炒股也不乏其人……美国基金经理 Steven R. Champion 在《台湾股市大泡沫》（[美]江平著，兴业全球基金译。北京：中信出版社，2009）中作出了精彩的描写："那个时候股市投资者似乎找到了如何超越光速和摆脱其他物理限制的方法，他们到达了一个时钟停摆，平行线交织的奇怪空间，正常的金融和商业法则在这里都不再适用。"

（五）惊人的交易量

截至 1990 年 3 月台湾（地区）股价"顶峰"的时刻，日交易量从 20 世纪 80 年代平均不足 0.1 亿美元，暴涨到 76 亿美元，扩大了 760 倍。这个股市日交易量是同期纽约证券交易所和东京证券交易所日交易量的总和，而此刻台湾（地区）上市公司数量不到 200 家，可见被"卷入"资金的数量和影响力。

（六）"换手率"

此刻大量的股市交易量是在占 90% 比例的散户股民中产生的，年股票换手率高达 6 倍，散户股民都是在搞"短线投资"，不是"长线投资"。有个风吹草动，必然立刻"割肉抛出"，不愿长期持有。

也许散户的资金均摊到人头上比不过"机构投资"，但对于中小投资者的家庭却是"押上了一切"。

（七）"看不见的那只手"

投资者的股市投资如果促进了实体经济的发展，也不能说是"一无是处"，但金融战就是虚拟经济冲击和主导实体经济。举例：在台湾（地区）股市最"炙热"的 1989 年（末）～1990 年（初），"易航"那样的"垃圾股"，股价可以轻易地上涨 100 倍。但此时，台湾（地区）实际效益最好的企业之一，"台塑集团"的股票价格只上涨了 12%。

"不要看着乱，其实不乱"。人们都说 1989～1990 年台湾（地区）股市"疯狂"、"不理性"和"无秩序"，可金融战役的发起者精确的主导着虚拟经济的资金流向，看似乱成了一锅粥，可关乎民生、实际赢利的企业却陷入了无法在股市筹得资金的困境。

（八）"最后的时刻"

台湾（地区）股价的"癫狂"随着中东地区1990年"利空"奏鸣曲的响起，进入了崩溃阶段。

台湾（地区）股票加权指数由12495点狂泻至2485点，不要说那些借入了"地下钱庄"高利贷炒股的股民和机构，甚至包括"地下钱庄"本身都深深陷入了这场典型的股市灾难。

（九）"地下钱庄"的损失

1989～1990年"台湾（地区）股市崩盘"中最直接、最大的受害者，就是无法收回"冒险贷出交易金"的台湾（地区）"地下钱庄"。由于这些"地下钱庄"是秘密运作的，所以无法统计损失了多少资金。整个台湾（地区）的民族金融资本和"地下钱庄"都在1989～1990年台湾（地区）金融战役中双双受到重创，大量资金被暴跌的股市套牢，大数额的外汇投机交易被高点跌落的"新台币"汇率变成严重亏损，并且由半公开的美国舶来品"衍生金融工具"这个放大器扩大了亏损后果。

那些20世纪80年代秘密进入台湾（地区），又在1990年"那个运气好到不可思议的最后时刻"获得巨额利润退出的"热钱"来说，台湾（地区）岛简直是一个大金矿。为此，他们还要来看看，并征服这太平洋上的"战略美女"……

第4节 风雨中的一根残烛——2007年 中国台湾地区的经济

一、"经济增长"的"含义"

（一）"扭曲"与"存在"的较量

"经济增长"不是"扩大货币发行量，而扩大债务比扩大政府赤字的危害大得多——因为，政府赤字不会带来'债务利息包袱'"。

GDP的统计有很多不尽如人意的地方，但是基本反映一个国家或者地区的经济。尽管常常是被金融强势力量故意扭曲过的一种表象，但这种扭曲本身也是市场经济的组成部分。这背后的问题是：**被扭曲表象的不稳定，即更加扭曲**（取得更大利益资本本能）**或者回归真实**（物质世界客观存在展现自己的本能）**的两股物理力量不停地较量，必然带来不稳定。**

（二）虚拟生产和 GDP 的"重复计算"

1. 虚拟经济中，"野蛮的遗迹——黄金"不再适用于人类社会了，就连经典的通货膨胀率和债务都不再影响世界经济的统计了，"美元经济"正脱离一切物理学定律，飞速"发展"着。

举例 1：国家 A 一年之间借贷 1000 亿美元，制造了等于甚至小于 1000 亿美元的"经济增长绝对数字"，这至少是陷入了"经济停滞"。

这就是通货膨胀对经济发展的"影响"和债务对经济统计的影响。

举例 2：目前，美元虚拟经济的"外汇衍生品交易"每天产值在 20000 亿~30000 亿美元之间，一年制造了 6000000 亿～10000000 亿美元的虚拟 GDP。

这就是一种隶属于第三产业的"虚拟生产过程"，虚拟利润则依托美元桥梁效应具有和实体经济利润同等的购买力，并且虚拟生产有投入资本、有经营活动和主体、有利润，这就是虚拟经济学中所说的："虚拟生产"。

举例 3：一根金属拐杖，购买一根实际会影响到零售 GDP（卖拐杖的零售业）——批发商 GDP（批发拐杖的批发物流产业）——商品生产企业（拐杖生产厂家）——材料供应商（冶炼厂、木材厂、油漆厂）——原材料供应商（铁矿开发企业、山区林场）在内的一系列产业的 GDP 数字，并且这些最后都是独立申报统计，这也就导致了 GDP 的重复计算。

（三）债务标准

讨论台湾（地区）2007 年金融现状的时候，我们引用另外一个被公认的概念——债务。

也就是说，扣除由于债务带来利息的影响之后，剩下的 GDP 才有意义，因为债务本身是可以"创造出相应的 GDP"的，甚至一般 1 美元，有可能要创造出最少 1～3 美元的 GDP，这很好理解。

二、台湾（地区）的债务问题

（一）"隐性债务经济"

截止到 1987 年蒋经国先生病逝为止，台湾（地区）的债务只有 375 亿"新台币"，几乎可以忽略不计。李登辉开始主导台湾（地区）经济后，实施了"隐性债务经济"。从而短期制造了股市"繁荣"和"新台币"走强，但也导致了短期后果：1989～1990 年的"股灾"。

从长期来说，"隐性债务经济"不引人察觉地影响了台湾（地区）经济

的长期走向。

（二）萧万长先生说过："台湾（地区）经济的挑战除了外部效应外，内部效应是空前的危机，财政赤字恶化速度之快，恐使政府濒临破产。"

这番话在台湾（地区）媒体并没有引起波澜，因为普通百姓不太懂这个，"泛绿管理层"又尝到了"债务经济"的"妙处"和"甜头"，所以故意忽略这个问题。但经过修饰的负债数字最终还是慢慢浮出了水面。根据2003年台湾（地区）"有关单位"的资料：台湾（地区）2003年债务总量为32000亿"新台币"。约是1987年的100倍，超过了15000亿"新台币"左右的收支平衡极限。

（三）"分水岭"

对于台湾（地区）经济，2003年是一道"分水岭"。因为负债必须用收入来还，否则只能陷入"借新债，还旧债"的泥潭了，美国政府、英国政府在历史上被金融资本主导就是因为"负债"。

摆脱债务的唯一方法："开源节流"。

（四）扩大债务对"泛绿管理层"的"好处"

1. 短期政治层面的好处。可以博得华尔街的好感。

2. "债务经济"可以在一定时间内，制造"真实的繁荣"。

3. 避免归还"债务"时的"阵痛"。

（五）解决债务的"技术难度"

2003年，台湾（地区）经济规模接近100000亿"新台币"，年增长3.15%，也就是增加了3150亿"新台币"。

2003年32000亿"新台币"的负债利息是多少呢？根据《台湾（地区）金融统计月报》，1981～1990年台湾的利率差别很大，其中最低的可以达到7%的水平，高的接近40%的水平，特别由于台湾（地区）"泛绿管理层"把债务数字和利率都当成"秘密"，所以只能大概估计台湾（地区）平均债务利率在10%～20%之间，上面的7%的贷款利率是"专项贷款利率"，是补贴性质的，平均水平很少低于15%。

按照2003年"泛绿管理层"公布的32000亿（"新台币"）的负债数字和15%的利率来说，整个2003年，需要支付4800亿元（"新台币"，下同）的利息，单纯这个利息造成的债务就比2003年3150亿的台湾（地区）经济"增长"的绝对数字要高。换句话说，从2003年开始，整个台湾（地区）经济陷入了历史性的隐性衰退。

解决如此规模的债务问题，所需要进行的"开源节流"，短期"代价"比较高，决心不好下。

三、"隐性经济衰退"

（一）台湾（地区）的债务年增长率

根据 1987 年台湾地区债务数字 375 亿"新台币"和 2003 年公开资料里面的 32000 亿"新台币"债务计算，年债务递增率是 32.6%。与此同时，2006 年台湾（地区）"税收率"降到了 12.6%的新低，实际收入了 10000 亿"新台币"多一点，可支出近 30000 亿"新台币"。

根据刘建兴先生和吴伟锋先生统计的数字，2005 年台湾地区债务是 43000 亿"新台币"，这就和台湾（地区）"有关机构"公布的数字有出入。

据福建师范大学陈晓枫先生的数字"（台湾地区）机构累计的实际债务总额高达 110000 亿元'台币'"。

（二）台湾（地区）债务问题的演变过程

1. 无债时期（1987 年）

1987 年 台湾（地区）基本没有债务，所有债务（包括"地方债务"、"部门债务"、"机构债务"、"短期债务"，总数是 378 亿"新台币"），可忽略不计。

2. 进入"借债还息"阶段（2002 年）

2002 年 台湾（地区）债务（不包括"地方债务"、"部门债务"、"机构债务"、"短期债务"）是 22000 亿"新台币"，第一次开始了借入新债，归还旧时债务的利息。

3. 2007 年台湾学者已经提出 140000 亿"新台币"的债务数字，即便利率 7%，也是不可能用台湾（地区）收入予以"平衡"，也就是进入了"每年收入少于每年支付利息的数额"。

除了文献来源中的说法，也可参考 1987 年以来，台湾（地区）的债务年递增率 32.6%；1987 年台湾（地区）375 亿"新台币"的基数；台湾（地区）"有关机构"公布的一些数字。

（三）解决债务的第一步

据徐仁辉先生的统计数字"公开机构债务、部门债务"……

第 5 节 虚幻的支柱——中国台湾地区的"美元存款"和"销售收入"

一、台湾（地区）经济的基本面

图片说明：台湾地区民众"卡债"受害者自救会。卡债：就是信用卡使用者所负担的债务；卡奴：信用卡使用者无力归还不断累计的信用卡债务，在利息和债务重压下的形象说法；房奴：指借债购买住房后，又陷入无力归还房屋贷款的借贷者。感谢摄影者和图片版权拥有者，鞠躬！

（一）"浅盘子经济"的影响

影响台湾（地区）经济发展的因素除了各种债务问题、"汇率虚高"之外，就是"浅盘子经济"导致产业升级不易的问题，但这一切都掩盖在了虚拟增长的迷雾背后。如果是传统的经济危机模式，人们会立刻发现，然后开始着手解决，而虚拟增长这种特殊形态的隐性经济危机却会让人们持续地迷失其中而不会察觉。

（二）有关台湾（地区）经济的几个耐人寻味的问题

1. 台湾（地区）人均收入并不低

（1）剪刀差

台湾（地区）在整个中国属于发达的沿海地区，如果用地区人均 GDP 来和西部省人均 GDP 比较有比较大的差距，但这属于是一种世界广泛存在的沿海地区和内陆地区的经济发展剪刀差。

单纯比较沿海各地区的经济和人均收入来说，台湾（地区）的综合发展水平，仅在中等偏下的水平，人均收入在中上水平。这是由于"新台币"

定价很高，属于高物价区，所以地区人均账面收入显得比较高。

（2）"一捆青葱"

举个例子：台北市区菜市场的青葱约200～300"新台币"1千克，笔者是北京人，到市区的一个菜市场买了一捆挺好的青葱，不按斤卖，按"捆"卖。为了补写这个例子，专门用弹簧秤称了一下：2.1斤，就是1千克吧，1元（人民币）1捆，可以选。台北市区居住的一个家庭主妇每天做饭不能为了买把葱跑到我们的菜市场，只能就近买，不论价格高低每天依然要煮饭炒菜，这就引出了一个经济现象：**生活支出必须消耗掉和生活物资物价水平相适应的生活资金。**

（3）台湾（地区）中小企业的负债率

日前，台湾（地区）中小企业负债率高达51.6%，这些债务的利息大部分都超过20%，目前产业利润率一般在5%～10%徘徊，也就是说整体台湾企业，基本成了私有银行的"打工者"，后果是台湾（地区）工薪阶层工资趋向走低。

（4）台湾（地区）的人均负债

台湾（地区）人均负债2003年就超过了15000美元，以每年32.6%（1987～2003年的平均每年债务增加率）增长。人均负担的年利息包袱在1000美元以上。

（5）台湾（地区）的"信用卡"债务

根据（台湾地区）"卡债受害者自救会"统计："2005年1月到9月，（台湾地区）现金卡和信用卡两卡'卡奴'共同负债达8000多亿元"新台币"，相当于台湾地区当年'机构预算'的一半……"这导致了"负人"现象的出现。

2.台湾（地区）持有2893.8亿美元的"外汇存底"（截至2008年4月底）

根据2006年10月5日台湾（地区）林孙源先生发布的数字：到2006年9月底，台湾地区的外汇存底为2615.51亿美元。

按照1987～2003年台湾地区年债务年增长率32.6%来计算，2003～2007年间，台湾（地区）负债（包括"地方债务"，"部门债务"、"机构债务"、"短期债务"）应该从2003年的110000亿（"新台币"）增加到200000～250000亿（"新台币"）左右。按照15%的利率来计算，2007年需要支出利息金额为30000亿～37500亿（"新台币"），大约折合1000亿美元。

如果把这利息数字降低 1/5，则台湾（地区）的 2893.8 亿美元外汇存底，可支付 15 年的"不变利息"（就是不考虑复息，"利滚利"）。

3. 台湾（地区）"外债"率很低

这是一个误解。

台湾（地区）的民族金融资本和"地下钱庄"在 1989～1990 年的台湾股灾和汇市衍生金融工具的"豪赌"中受到了沉重的打击，贷款出去的"股市交易贷款"连 20％都收不回。这不仅会导致资金的流动性短缺，也会导致"破产"。台湾（地区）金融系统除了取得大笔美元信贷或资金注入（参股或出售）外，很难取得如此规模的流动性资金来弥补"亏空"。

换句话说：此刻台湾（地区）的债务，表面的债权人是这些"本地区金融机构"，而实际则是"国际金融资本"，也就是如假包换的"外债"。

4. 台湾（地区）有大量"贸易顺差"

台湾（地区）"有关机构"公布的资料，台湾地区 2006 年"贸易总额"为 4267.1 亿美元。台湾（地区）对祖国大陆的销售额为 891.9 亿美元，占台湾（地区）总贸易销售的 40％（实际为 39.6％），年增长率是 20.1％。与此同时，中国台湾地区对日本销售额 163 亿美元，占台湾地区贸易销售总额的 7.3％，年增长 0.5％。台湾（地区）对欧盟销售额 261.5 亿美元，占台湾（地区）贸易销售总额 11％，年增长率为－1.6％（负值）。

整个 2006 年，中国台湾（地区）对美国、日本、欧盟、东盟六国（新加坡、马来西亚、印尼、泰国、菲律宾、越南）的销售销售总数是 1053 亿美元，购入额总数是 1137.5 亿美元，整个贸易购买比销售多了 84.5 亿美元/年。

二、台湾（地区）经济的点滴回顾

（一）2006 年，祖国大陆用各种优惠政策给中国台湾（地区）的经济发展带去了 625.2 亿美元的宝贵资金，如果没有这些钱，台湾（地区）会逐渐出现美元流动性不足，会增加"债务压力"，会导致台湾（地区）20（余）万家平均负债率高达 47.6％的中小企业陷入流动性短缺。

（二）日本 2006 年购入中国台湾地区产品 163 亿美元的同时，对中国台湾地区销售了 462.9 亿美元的商品，赚取了 263.9 亿美元的差额，近 10000 亿（"新台币"）。

（三）台湾（地区）的经济，是一个典型的"浅盘子经济"。主要是几十万家中小企业作为骨干，灵活适应能力强，但也有投机性强的特点和如下不足。

1. 投资逐年衰减，企业资金流失。
2. 部分企业收缩规模、资本现金化。
3. 设备更新、产业升级、人员长期培训等投入不足。
4. 产业升级不是很顺利，导致中小企业活力相对减弱。

第五章

铁马冰河入梦来

——亚洲的金融危机

第 1 节 1997 年亚洲金融危机的起因

一、"亚洲金融危机"（1997 年）的实质

（一）"世界金融危机"（1997 年）和"亚洲金融危机"（1997 年）

震惊世界的 1997 年亚洲金融风暴来势汹汹，影响巨大（其实是由华尔街一手"造就"的一场世界范围的金融战役。"亚洲金融危机"这个名称本身就是一个误解，但约定俗成就不作变更了），"似乎"已经有了足够多的媒体回顾，不需要再重复了。有关"1997 年亚洲金融风暴"人们"似乎"已经"很熟悉"了，但我想从另一个特殊的历史视角，谈谈这场金融危机的"不合情理的"起因和异常严重的后果。

（二）1997 年亚洲金融危机的实质

单纯从金融安全角度来说，当时亚洲各国的基本面是稳定的，虽然有金融隐患，但对于一个蓬勃发展的地区，又有着大量的外贸顺差，即便有些债务和投机商的冲击也不会酿成一个连锁反应的"金融风暴"。其中很典型的例子就是外汇不充裕、经济实力也相对较弱的越南，虽然也受到"1997 年亚洲金融风暴的冲击"，但影响不大。

（三）1997 年的越南经济数字

1997 年越南 GDP 增长幅度为 9%。农业增长 4.8%，粮食总产 0.306 亿吨；工业增长 13.2%； 第三产业增长速度为 9.5%，以邮电和运输业发展速度最快；出口总额约 90 亿美元，增长 21%，主要出口产品有电力、天然气、水泥、机电产品、轮胎、丝绸布料等；进口总额 112 亿美元，增长 0.5%；贸易逆差减少了 37.5%；国家财政增收 5.3%…… 这可不像是受到了金融危机打击后的国家"应有"的经济数字。

1997 年亚洲金融危机之前，越南盾与美元的比价为 11000 盾比 1 美元，

货 币 长 城

1998 年底大约为 14000 多盾比 1 美元，整体贬值 27%。此刻，如果考虑到越南工业 2007 年和 2008 年的增长率都是两位数的高速增长，越南整体经济最多也就是失去了两年的高速增长时间，但却促进了对外贸易，实际的产量和国民经济不但没有受到打击，反倒有了迅猛的发展。整个国有银行系统坚如磐石。实际上，如果越南当时不采用国际货币基金组织的金融专家的建议，在亚洲金融危机到来时，进行了 10%～20% 的"汇率浮动"，情况还会好一些。

（四）"亚洲金融危机"（1997 年）的点滴回顾

越南和泰国、韩国、印尼等国家形成了鲜明的对比，尤其是其长远的后果更是如此。当时，笔者认识一个韩国朋友，他本人和妻子都在韩国建在中国的外企工作，收入很好。当时，韩元对美元是 700：1，亚洲金融风暴突如其来的时刻，韩元很快跌破了 1000：1，迅速向 2000：1 滑去…… 世界银行、IMF 的金融专家都认为 10000：1 才是韩元对美元的"心理支撑点"。当时，他的妻子失业了。他本人每月 900000 韩元的工资，由于公司突然陷入财务危机，被迫"共患难"临时削减一半，降到了 450000 韩元/月，本来这个家庭每月收入超过 2000 美元，生活很富裕。但突然变成了全家收入 3000 元人民币的水平。后来韩国人民开始全国捐献黄金和外汇，企业的良好运转，加强了金融监管，终于慢慢地稳住了韩元汇率。

二、"亚洲金融危机"（1997 年）的"不合理性"

（一）第一个不合理 1997 年亚洲金融危机是一场亚洲整体经济飞速发展、各国国力全面上升时期发生的"缺乏基本面危机要素"支撑的金融危机。

美国总统里根的双赤字经济一方面满足了美联储扩大美元虚拟经济的需求，另一方面满足了军工联合体的需求，巩固了个人地位，这也是"里根号航母"——"漂浮的纪念碑"的由来。

美元换取实体商品的做法不仅带来了美国的繁荣，也让亚洲国家积累了大量的数字美元。亚洲国家经济基本健康（如果"出口导向型经济"本身是健康的话）。

亚洲国家"出口飞速增长"（也就是大半账面美元飞速积累）的历史条件下却在 1997 年发生了以美元短缺为特征的、席卷亚洲各国的"金融危机"，这难道不令人深思吗？

78

（二）**第二个不合理** 东亚各国都或多或少地受到了儒家思想的影响，比较倾向于节俭储蓄。

据中国人民银行在 2007 年 7 月 11 日傍晚公布数据，到 2007 年 6 月末，中国国家外汇储备余额为 13326 亿美元，同比增长 41.6%。这只是中国一个东亚国家的数字而已。其实，1997 年亚洲各国的外汇储备还比较"少"，只有 7280 亿美元。甚至比 2007 年中国的外汇储备（实际不如说美元储备）还要少。虽然 2004 年整个东亚外汇储备已经达到了 24000 亿美元之巨，但 1997 年的 7280 亿美元的外汇储备也不算少了，却依然发生了"美元短缺"。

（三）**第三个不合理** 1997 年亚洲债务总量并没有超过热钱外汇储备总量。

虽然华尔街媒体总不停地说，1997 年亚洲金融危机是美元缺少造成的，也就是"美元债务危机"。但亚洲各国 1997 年所拥有 7280 亿美元的外汇储备，足以应对当年到期的美元需求。尤其是东亚各国大多保有美元顺差和旺盛的对美出口贸易增长，只要美元债务不在"同一个时刻"需要归还，无论如何不会产生美元"美元供给匮乏"导致的金融危机（实际是美元支付危机），尤其不会产生震动**整个亚洲**的金融危机。即便有泰国那种被热钱渗透较多的国家出现局部的金融危机（这是整个亚洲金融战役的爆发点），也不会出现波及整体亚洲的金融危机，实际上还"波及"了全世界。

1997 年，亚洲各国当年应归还的美元债务总量加在一起也不会超过 1000 亿美元，而此时亚洲各国可动用的数字美元热钱高达 7280 亿美元；并且即便某个国家无力归还债务，又如何会"传染"呢？**一个国家的美元债务越多，所保有的美元外汇储备越少，金融状况越"不健康"；这恰恰反映出东亚其他国家的美元债务"越少"，所持有的美元外汇"越多"，金融状况也就"越健康"**，因为起码 7280 亿美元的热钱储备总量是客观存在的，一个国家无力归还债务情有可原，可保有 7280 亿美元热钱的整个亚洲都陷入了"美元短缺"……

三、泰国的金融（1997 年）

1997 年，泰国所谓的"债务"主要是"偷偷涌入"泰国股市、房地产、汇市的 1200 亿美元的热钱和实际债务的总和，当年需要归还的美元债务不会超过泰国年初的 650 亿美元外汇储备，可到了 4 月就只有 370 亿美元了。

货币长城

以索罗斯为代表的华尔街"金融战专家"用投资的名义将热钱输入泰国股市、汇率和房地产市场，然后突然在"一个相对集中的时间窗口"离开泰国，制造了"美元债务效应"。这样做的"优点"在于：1996 年泰国内部统计数字上显示的是美元外汇储备增长，外国资本大量流入，看不出债务，也没有还不了的债务。

四、"群羊效应"和"窗口效应"

（一）"群羊效应"

1. 制造了热钱进入一个国家后投资者对股市、房地产和汇市的追捧。

2. 扩大的热钱出逃时的利润空间。

3. 利用投资者"做空"汇率和股市。

（二）1997 年的亚洲金融危机是一场有组织、有计划，准备了好几年的金融战役，利用"窗口效应"制造了亚洲各国并不存在的"美元短缺"，造成了一系列后果。

1. 各国对美元长期渴求的形成。

2. 各国对"贸易美元"的依赖性加深了。

3. 印尼、泰国、韩国、日本等国金融体系被华尔街主导。

五、"亚洲金融危机"（1997 年）对华尔街的意义

（一）削弱了亚洲新兴工业化国家的货币地位，巩固了美元的"王者地位"。

（二）制造了美元体制对"亚洲货币区"的主导，加深了美元在亚洲内部贸易中的地位，组织了以"外汇储备"形式存在于亚洲各国的美元媒介被置换成亚洲各国的货币，避免了一场"美元信用危机"。

（三）金融主义的本能和整体战略思想得到充分展现。

第 2 节 韩国签署胜利之后的"城下之盟"

一、危机的发展

（一）"泰国导火索"

1997 年 7 月 2 日，泰国宣布放弃固定汇率制。

（二）"新台币"贬值

1997 年 10 月下旬，"弃守""新台币"汇率，1 天贬值 3.46%（这足以让衍生金融工具制造出几倍、甚至十几倍的利润）。

二、美元体制的"胜利"与两难

（一）"日元亚洲"之梦——"天赐良机"

随着"金融危机"的蔓延，日本政治家看出了建立"日元亚洲"的契机。日本首相桥本龙太郎在丹佛市举行的一次 7 国集团政府首脑会议，"流露出"他的"想法"：日本出钱建立"亚洲货币基金"，"没能列入议题"。日本干脆在 1997 年 9 月提出了"亚洲货币基金"，它的远景（本质）是一个以日元为中心、与亚洲所有国家货币联动互助的"亚洲元"，日本政府还上来就表示立刻出 500 亿美元。如果真以日元为中心建立"亚洲元"体制，美国简直是前院轰走狼（欧元），后院又跳出一只虎（可能出现的"亚洲元"）。

所以这个明显会立刻制止本来就没有基础的所谓的"亚洲金融危机"的应对措施，却遭到美国财长鲁宾的公开反对，并且随后在香港举行的世界银行和国际货币基金组织的年会上把日本的这项建议否决了。

（二）美元体制的两难

饱受"金融危机"之苦的亚洲国家不一定欣赏"日元亚洲"，但对于日本愿意贷款却很"满意"，可美国给"阻止"了，而国际货币基金组织带着"上百的条款"来了……印尼、泰国等国家，尤其是企业界和民间普遍认为"国际货币基金组织'不好'"。实际上，那些深受金融危机之苦的国家不见得理解美国如此做法背后的美元困境和美元危机，虽然并不完全正确，但对于那些身陷金融泥潭的国家却是个相当明显，有证据的"合理解释"。

历史和美元体制开了一个不大不小的玩笑。

（三）韩元金融战役

1. 美国财长鲁宾

1995 年，鲁宾改任财政部长，由原哈佛大学经济学教授劳伦斯·萨默斯为副部长，对外继续履行"金融自由化"政策的职能。1996 年 6 月 20 日他致克林顿政府的一份备忘录中就韩国开放金融市场开列了具体项目，其中包括允许外国人购买韩国债券，并更加方便地购买韩国股票；允许韩国公司从国外借短期和长期贷款。韩国政府同意除了保留对外国人购买韩国

公司的限制以外，"开放了短期资金市场"和美方"资金自由流动的要求"。做出如此危险的让步的原因，竟然是加入"经济合作与发展组织"。

2. "国际争斗无君子"

韩国赚取美元的能力持续增长，1967～1997 年，出口以 25％的惊人速度增长，年出口从 3 亿美元增长到了 3200 亿美元。在换来大量数字美元的同时，用各种产品充实了美国的消费市场。整整 30 年。积累了大量的数字美元多用来购买美国政府债券支持美国赤字经济。1964 年 11 月 30 日韩国的出口额首次突破 1 亿美元，韩国政府把这一天定为"出口日"，后来改为"贸易日"。1971 年出口额突破 10 亿美元大关，1977 年超过 100 亿美元，1980 年达到 175 亿美元，1995 年突破 1000 亿美元大关。31 年出口额增长了 1000 倍。

韩国在 1998 年的贸易顺差高达 404 亿美元（韩国在 1998 年之前有一段时间较长的保有贸易逆差的时期，这也是韩国 1997 年美元外汇储备"相对"不充足的原因，这一点很重要），可就是在这连续几十年的外贸持续发展、美元储备持续增长的大背景下，韩国在 1997～1998 年的"亚洲金融危机"出现了"美元短缺"，这当然不是真正的美元债务。

2007 年 1 月，韩国政府就宣布外汇储备达到 2402.3 亿美元不算少了。1997 年，韩国政府即便是在最糟糕的 1997 年底也拥有 39 亿美元的外汇储备，其实按照人均外汇储备来计算已经不很低了。

3. 1997 年韩国的确发生了美元债务问题和美元筹集危机，但并没有多少当年必须支付的美元债务，如果把韩国的金融监管专家看得如此不堪，那是不公正的。韩国 1997 年曾预留了 300 亿美元热钱储备，是经过计算足够应对债务的。但后来那些突然出现的美元债务又如何能逃过韩国国家金融监管和统计呢？

（1）**第一个重要因素**：韩国在 1995 年达到了人均 10076 美元 GDP（经济增长率达到 9.2％），韩国很乐观地加入"经济合作与发展组织"，并事实上把这看成了一个成为"发达国家"的重要标志。这本身就出了问题：**不应以加入外国组织为荣耀而做出任何实质让步**，但韩国政府却开放了"短期资金市场"，并允许"投资"资金自由流入韩国，也产生了金融隐患。

（2）**第二个重要因素**：韩国在 1997 年开始大量"引进"衍生金融工具，比如：1997 年（请注意这个时间）的 Kospi200 期权合约，然后就开始疯狂地吞食正常交易量。韩国证券期货交易所期货市场分部主要有五类

交易"产品":利率产品、指数产品、股票产品、外汇产品和商品产品。指数产品有如下品种:Kospi200 期货、Kospi200 期权 和 Kostaq50 指数期货、Kostaq50 指数期权。其中,成交量最大的是 Kospi200 期权。Kospi200 期权合约在 2003 年曾达到 28 亿张合约/年的天文数字的交易量(25.352 亿张)。是全球成交量最大的期货、期权合约。而且,其成交量远远超过成交量第二大的 CME 欧元期货合约,是 CME 欧元期货合约的 5 倍。Kospi200 期权的成交量也因此占到韩国证券期货交易所去年总成交量的 97.77%,而其他交易品种的成交量汇总仅占该交易所的区区 2.23%(刘馨琰.韩国股指衍生品市场经验探索:期货日报.2006,7,27)。

这种空前的虚拟经济规模,带来了"空前的繁荣",也会在股市、汇市等下跌时制造出"空前的亏损(债务)",这已经是"有什么赌什么了",所以也会影响到"利率产品、指数产品、股票产品、外汇产品和商品产品"的实体经济领域。

(3)**第三个重要因素**:在韩元金融战役打响的时候,韩国国内上下有两个思想枷锁极大地钳制了韩国作出正确判断和有力保护国家的政策出台:

①老生常谈——不论一个国家被金融战弄到多么危险的境地,都不能使用行政手段干预"自由金融市场",必须任意受金融战打击。

②韩国与美国关系的维系。

三、韩元金融战役的后果

衍生金融工具的"强大"力量。

1.韩元金融战役或者说亚洲金融危机"奇迹般的"波及了韩国之后,韩国证券市场上大量早就准备好了的赌韩国汇率、股市、商品等期货下跌的合约一下子抛向了市场,利用杠杆倍率制造了几十倍、甚至几百倍的冲击力——许多用来制造"美元短缺"的"弹药"是直接借贷自韩国的商业银行;许多制造韩国股市下跌的"韩国股票"是依据"衍生商品规则""临时借入"的"韩国股票"…… 韩元汇率、股市应声崩盘,毫无悬念。

"美元短缺"出现了……

2."如果此时韩国资本交易市场外的光缆坏了……"

如果此时,韩国"资本交易市场"外面的光缆被施工意外损坏了,而光缆维修又不顺利,拖上了一两个月,人们就会看到跟风做空的投机商排

队上吊的奇景了……

其实，只要宣布金融危机应对法案，临时宣布"无限期"关闭证券交易所，临时禁止除贸易和"必须"以外的资金进入和流出就可以了。"无限期"的说法是心理战，其实最多两个月就够，也许一个月，甚至一个星期就行。因为炒作衍生金融期货指数，不论是股市指数还是汇市指数，需要缴纳一定的"保证金"，且大多数"弹药"是临时按天高息借入的股票和韩元贷款，投机商拖不起。

估计72小时（如果有一个月，甚至一个季度反击就完美了），足够击穿这些无谓"战无不胜"的投机对冲基金的心理防线，以后他们每坚持每一分钟，都会很艰难。

3. 韩国可以采取的应对措施

（1）在金融战役中，弱势的一方要实行联合反击的策略中，在纯技术层面上如果能够实现：①拉高股市、汇价，暂时冻结贸易和"其他必须"外的虚拟资本流动。②暂时部分或全部关闭汇市、股市、期货窗口。③超大幅度提高短期利率（隔夜、星期、月），适当降低长期利率（季度、半年、年以上）以刺激经济，制造利率倒挂。在这种情况下，金融战攻击的一方只剩下"金融热战"、"媒体心理战"、"渗透主导"和"认输"四个选择，这个三合一的做法，就是金融战技术反击三原则。

（2）积极和陷入账面亏损的金融战发起者进行幕后谈判：要么他们接受交易作废，缴纳罚金后离开，要么按照市场原则不停地支付高额短期借贷利息。

这是由美元虚拟经济的客观强势决定的，一般点到为止，令其知难而退就可以了。

4. 韩国一方

（1）1997年，韩国政府"逐渐"把300亿美元投入"市场"。

（2）对华尔街一方制造"美元窗口效应"的非市场行为，缺乏有效的金融监管。

（3）1997年年底的时候，韩国还有39亿美元。

（4）韩国人民出于对祖国和民族的爱，开始进行逆向操作。他们廉价出卖黄金、白银，甚至是祖传的金银制品，帮助政府用来偿还这笔"从未借过的美元债务"，还有一些"爱国买单"涌入了韩国股市，这是一些韩国爱国者用个人的"财产损失"和"国际炒家"做最后一搏……虽然大势已

去，但这种爱国的精神和民族情感催人泪下，令人非常钦佩和尊敬，可以说韩国的希望和复兴的中坚力量就是他们。

5. 韩国一方单纯地投放美元对于依托衍生金融工具做空韩国市场的各种期货合约来说，已经成了送钱的行为。到了无钱可送的时候，韩国同意接受来自 IMF 的 500 亿美元的援助。这些钱是否真的转到了韩国账上是无从考证的，很有可能是一纸空文。因为此时，已经不再是单纯的市场问题，更像是幕后谈判，美国通过国际货币基金组织（IMF）开出了四个条件。

（1）韩国必须调低本国经济增长率（阻碍被打击国的复苏时间，公开用强制行政手段制造衰退）。

（2）韩国必须实施从紧的财政货币政策，增加税收，紧缩开支，提高利率（针对受打击而紧缩的市场进行让其更加紧缩的政策，也就是"拉稀吃泻药"）。

（3）韩国必须减少政府对经济活动的干预，国有企业私有化，整顿大公司（先通过金融战打击韩国大企业和核心民族命脉企业，令其陷入金融困境和账面亏损，然后强迫韩国政府"允许""出售"，本来赢利的中坚企业，廉价"入股"甚至"换股"接管）。

（4）韩国必须对"有问题"的金融公司提供担保，直至代替"有问题"的金融公司偿还债务（为了保护受打击的韩国做空期货单子能够牟利和不亏损，也就是即便"对手买家"挫败，也要得到"完全的利润和履行"，让韩国政府为衍生金融工具制造的巨额虚拟亏损买单，并使其陷入财政危机和美元债务危机）。

6. 韩国经济的"恢复"

（1）韩国政府在"国际货币基金组织"的帮助下摆脱了"美元债务"造成的"金融危机"。

（2）韩国经济"持续恢复"2007 年外汇储备超过 2400 亿美元，数字美元在韩国的"蓄水池"里比 1997 年的 300 亿美元又增加了 8 倍，比"最短缺的时候"的 39 亿美元多了 61.5 倍，并且由于"亚洲金融危机"（1997年）的教训，谁敢说这些美元储备"足够"呢？

（3）补充最新资料：2008 年 11 月下旬，韩元兑美元汇率曾跌至 1 美元兑 1500 韩元,较 2007 年 10 月 31 日的 1 美 元兑 899 韩元的汇率水平一度下滑超过 60%，又是一次"美元短缺危机"，此时韩国全部债务为 1800

亿美元，实际当年需归还美元债务极少，且拥有2397亿美元热钱——却又暴发了一次"不缺少美元的美元短缺"导致的"金融危机"……

（4）韩国社会的"债务化"。根据韩国金融监督委员会的统计数字，截至2002年11月底，韩国的家庭债务总额已达4310000亿韩元，平均每户家庭的负债规模近30000000韩元（2007年10月31日的1美元兑899韩元的汇率），约等于每户负债约33370美元。

如果这个"平均负债率"每年是5%，则韩国人均收入实际陷入停滞；如果是每年10%，则韩国人均实际收入进入负增长阶段，而"国际债权人"的债权和"收益"可以自动滚动，趋向无穷大……

（5）韩国商业银行被华尔街媒体描述为"包袱"，可后来都被华尔街主导，陈彩虹先生有如下描述。

第一，韩国1997年在所谓的"亚洲金融危机"之前的国有金融实力：

韩国商业银行以往主要有八大全国性的商业银行，即韩国国民银行、友利银行、新韩银行、韩亚银行、外换银行、第一银行、韩美银行、韩一银行等。1997年之前，这些银行要么是纯粹政府的银行，要么是有强烈政府背景的银行。

第二，韩国1997年在所谓的"亚洲金融危机"之后的国有金融实力：

亚洲金融危机之后，如此局面不再继续。据资料，到2005年6月底，韩国主要商业银行的外国资本比例情况为，韩国国民银行77.77%，韩国外换银行73.64%，韩亚银行73.45%，新韩银行63.15%，友利银行12.22%，就是有着政府背景的韩国中小企业银行，外国资本的比例也达到了16.28%。韩美银行更是彻底，完全被花旗银行接管，时下连原有名称都不存在了，更名为"花旗银行（韩国）"。

第三，韩国在1997年所谓的"亚洲金融危机"后"股份化"和出售国有商业银行的特征：

韩国政府方面可以让国外的资本随意地进入韩国的资本市场和银行业，却不允许韩国本国的大企业集团"财阀"资本进入银行业。

第四，韩国在1997年所谓的"亚洲金融危机"后的"股份化"和出售国有银行的后果和实质：

一是命脉被外来资本主导；二是银行业作为一国经济的最为重要的产业，主要主导权完全在外国投资者的手里，时时刻刻都存在着巨大的政治、

外交和经济风险；三是（韩国政府）对于宏观经济管理和主导的难度增大
（陈彩虹"韩国的商业银行消失了"）。http://blog.tianya.cn/blogger/post_show.asp?
BlogID = 283924&PostID = 5396993&idWriter = 0&Key = 0）

第3节 印度尼西亚（简称："印尼"，下同）金融战役

一、印尼金融战役的简介

（一）印尼受"亚洲金融危机"（1997年）的影响最大

媒体普遍认为：印尼、韩国和泰国是在 1997年"亚洲金融危机"中受
影响最大的国家，其中影响最大的是泰国，而泰国国民经济受到的实质损
害比韩国、印尼要轻，最多也就是损失了一点钱，虽然也签署了和韩国类
似的与 IMF 和世界银行的"城下之盟"，但泰国政府"并没有完全执行"。
印尼受到的影响最大，甚至开了金融战役导致了"复杂问题"的先河（这
里仅指东亚地区，东欧也有被金融战役搞得国家解体的）。

（二）"亚洲金融危机"（1997年）的"延续性"

1997年的"亚洲金融危机"，是仅发生在 1997年里吗？答案是否定的。
即便按照最狭义标准来看，或者至少对印尼来说，这几乎是两场接连发生
的金融战役。事实上，亚洲金融危机的深远后果和影响将持续到十年以后，
甚至会持续到另外一场金融战役的开始……

二、第一场印尼金融战役：1997年10月至1997年12月

（一）印尼对爆发"金融危机"没有思想准备

1997年初的春节前后，泰国金融战役就开始了，吹响了整个 1997年
度"亚洲金融战役"的号角。夏天将过，泰国的 600亿美元的巨额美元储
备消耗过半时，泰国才认识到问题的严重性。此后，菲律宾、韩国、日本
等都受到不同程度的冲击。其中，印尼由于金融监管严格、"外资不太看重
印尼的市场，投资相对较少"，所以，反倒问题并不严重。

直到 1997年10月，由于华尔街媒体不断升级的恐慌性渲染和邻国不
可思议地一个接一个出现"美元债务"导致的"金融危机"时，印尼才刚
刚认识到这个问题的"严肃性"。印尼盾并不是 1997年"亚洲金融战役"
的主角，原因有三。

货 币 长 城

1. 美国对于印尼政府一直是比较支持的。

2. 印尼在本地区是一个地缘政治极其复杂的东盟大国,如果打击印尼,其后果比较复杂和难以预料。1997年的特定历史时刻,华尔街对待执政32年的苏哈托政权的态度也不明朗。

3. 美国一直以"东盟朋友"的形象出现,打击印尼这样一个"东盟大国",会导致连锁反应和美国整体形象与对外政策的微妙转变。

(二)1997年的印尼经济

1997年受到"亚洲金融危机"影响的印尼等东盟国家,眼看着美国财长鲁宾公开反对日本主动送来的美元贷款,而用一个IMF的附加了各种政治条件的远期贷款来解决"火烧眉毛的眼前危机",这种做法让美国的形象在东盟各国心中有了一个微妙的变化。

1997年,印尼的经济发展水平一般,全年的电脑销售量为7万台左右,对比2007年中国电脑市场每个月都销售超过200万台的数字,印尼的市场还有很大的开发潜力。印尼上层对美国华尔街其实是"比较信任"的,这就导致了第一个印尼·IMF协议,其主要内容和韩国·IMF协议、泰国·IMF协议基本一致,整体有两个特点:①开放金融,附加政治条件;②接受会产生严重经济紧缩的"一揽子"建议。

(三)印尼·IMF协议(1997年)有上百条,重点如下。

1. 全面开放印尼金融市场

事实上这就为1998年第二次印尼金融危机的到来做了准备。几乎可以说是一场蓄谋已久的金融战役的开篇。所以,有的金融专家认为:印尼的金融危机其实是从1998年开始的,这种说法有一定道理。

2. 提高利率,增加税收,紧缩财政,取消各种补贴

印尼是个发展中国家,底子还比较薄,经不起大的国内经济危机,而这种"建议"必然导致一场经济紧缩为特征的"经济危机"(不是金融危机)。这个后果就很严重,实行了仅一个季度左右,印尼就陷入了全面经济危机的泥潭,成了"1998年印尼金融危机"的导火索。

3. "整顿"印尼国内民族金融机构和国有银行的"呆账","健全"印尼金融体制

此时,印尼的金融系统需要的是扶植和保护,却成了"整顿"的对象,而此时"金融危机"正在持续蔓延…… 1997年10月31日,印度尼西亚宣布银行处置一揽子计划,关闭了16家商业银行,对其他银行的存款实行

"有限担保"。1999 年 3 月 13 日，印尼政府又宣布关闭 38 家经营不善的私营银行，并对另外 7 家银行实行接管。

三、第二场印尼金融战役：1998 年 1 月至 1998 年底

（一）华尔街媒体有着如下描述："由于 1997 年的亚洲金融危机，印尼虽然及时接受了国际货币基金组织的援助，但依然陷入了严重的经济危机，并于 1998 年初出现了严重的金融危机，金融风暴在印尼再次卷起……"这个说法很耐人寻味。

（二）1997 年底至 1998 年初，印尼突然陷入"经济危机"的原因。

1. 20 世纪 90 年代，印尼经济虽然发展不是很快，基础也比较薄弱，但也跟随着东亚经济整体的步伐进入了发展阶段。1997 年起始，印尼经济很正常，丝毫没有发生"经济危机"的可能。印尼政府 1997 年下半年和 IMF 签署了"一揽子主导印尼经济的协议"后，是每月把预算交给 IMF 批准后，逐项领取"贷款"，印尼经济活动才能运行。这样"严格的、IMF 主导的管理"实施仅几个月，印尼经济就开始出问题了。

2. 举例：利率。一般的企业毛利率都不超过 30%，有时还低得多。印尼企业也是如此，也有流动资金的需求，他们也借贷了资金。印尼政府根据与 IMF 的协议，将利率一度提高到超过 60%。IMF 的贷款是按照月份数字"配给"印尼政府的，所以印尼政府也按月发放自己的贷款，这种基本货币发行是由 IMF 按照协议逐月主导，这样印尼企业的流动资金贷款利息也就达到了 60%，还按照短期逐月滚动——利润率远低于负债利息，必然导致贷款的印尼企业陷入"债务危机"，不贷款的印尼企业则陷入"流动性短缺"，"经济危机"就"出现"了。

3. 印尼政府也看出了问题，一度政策朝着稳定国内经济和强化金融监管的方向做出过尝试。1998 年 9 月 3 日建设统一党议会党团领袖朱素夫引述苏哈托的话说："国际货币基金组织拯救配套要求印尼实行自由经济，抵触了印尼宪法 33 条款。这是我们面对的问题。"到了此时，印尼政府已经亲眼看到了 IMF "建议"的"严重后果"。但 IMF 立刻停止了对印尼的贷款，并强迫印尼政府在 1998 年 2 月签署了一个更加"严格"、多达 140 款的、时效很久的"长期一揽子贷款和监管协议"。这个"第二协议"不仅导致了"1998 年的印尼金融危机"，也导致了印尼政府的倒台和"一些复杂后果"。印尼经济持续动荡至今，目前稍微好转，经济增长也只有 3.5%，

如果考虑到印尼盾的大幅贬值,按最乐观的估计也是一个持续十几年的"原地踏步"。

四、"印尼第二次金融危机"（1998年）的实质

（一）印尼在1998年发生的第二次金融危机,其实是国际货币基金组织在1997年用"援助条款"中的60%的高利率直接制造出来的。印尼企业无法承受高达60%的短期（逐月）贷款滚动,不仅制造了倒闭为特征的"经济危机",也导致了大量企业"现金化外流",这就是第二次"美元短缺"的根本原因。

（二）印尼的1998年"经济危机"实际上和"1997年亚洲金融危机"没有直接联系。

（三）印尼经济和政府调控被国际货币基金组织多达140款的"援助协议"所主导,国家机能瘫痪,经济运行机制被彻底打乱了。

（四）1999年,经过美国的斡旋,联合国安理会通过第1272号决议,决定成立联合国东帝汶过渡行政当局（UNTAET,简称"联东当局"）,全面接管东帝汶内外事务。2001年8月和2002年4月,东帝汶分别举行制宪议会（议会）、总统选举。东帝汶运动领袖沙纳纳·古斯芒当选总统。2002年5月20日,随着首任总统古斯芒的宣誓就职,东帝汶民主共和国正式诞生。

（五）印尼经济进入了一个长期衰退和印尼盾汇率持续走低的阶段,后果影响深远。

（六）标志着美国冷战后对外政策和形象的微妙转变和"战略不明朗化阶段"的结束。

五、印尼金融战役尾声

（一）1997~1998年亚洲部分地区爆发金融危机后,国际货币基金组织牵头对印尼发起了一项总额约500亿美元的贷款援助计划,该计划在2003年12月底期满。印尼政府认为:"有序地结束与国际货币基金组织的援助合作,将有助于提高印尼的经济地位,恢复人们对印尼的投资信心……"

（二）2007年的"石油危机"导致了印尼对美元需求大增,不得不进行了印尼盾的贬值,由于极度缺少数字美元,又开始了和IMF的亲密合作……

第 4 节 港元的较量（1997 年）

一、1997 年 7 月 1 日

1997 年 7 月 1 日，香港回归祖国怀抱，一场规模史无前例的"亚洲金融危机"正慢慢走近……

二、1997 年港元金融战役发起方

主要参与者——"索罗斯基金"、"老虎基金"等"国际炒家"。

1. 华尔街经理人乔治·索罗斯的"量子基金"，前身是 1969 年他本人创立的"双鹰基金"，当时资本 0.04 亿美元，1992 年的时候，"量子基金"总资本 60 亿美元。曾成功狙击了英镑和意大利里拉，打击了英国和意大利经济，成功迫使英国和意大利退出了欧洲货币体系，给欧元以沉重的打击。英国政府宣布："永远不原谅索罗斯。"

2. 华尔街经理人朱利安·罗伯逊的"老虎基金"（Tiger Management LLC）成立于 1980 年，创立资本 0.08 亿美元。1998 年时总资产达到 30 亿美元。他曾经参与了打击欧元的英镑战役和里拉战役，名利双收。

3. 华尔街（某些）媒体

1997 年港元金融战役硝烟突起的时刻，华尔街的"某些"（下简称"华尔街媒体"）媒体，大肆贬斥"行政干预市场"，影响了市场秩序（可索罗斯等投机商这种行为本身就违背了市场秩序），其对港府放弃"零行政干预市场"的立场表示"不满"。

三、1997 年港元金融战役的防守方

（一)1997 年 7 月 1 日成立的中华人民共和国香港特别行政区政府(下简称："香港特区政府"或"特区政府"、"港府"）。

1. 香港特区政府 1997 年 7 月 1 日开始辖管的全区产值是 12295 亿港元（折合 1590 亿美元，1996 年）。

2. 1997 年 1 月香港特区政府有"外汇热钱"648.5 亿美元，比 2007 年的 1362 亿美元少 713.5 亿美元。

3. 1997 年香港特区政府的各项收入总额达到 2082.6 亿港元。

4. 特别要提出的是：2006 年，香港地区吸引的直接投资额达到 414 亿

美元，是 1996 年前的 4 倍，这反映了香港回归祖国怀抱 10 年间，经济实力大增。

（二）中华人民共和国中央政府（下简称：中国中央政府、中央政府）。

1997 年 10 月中央政府拥有 1378.97 亿美元热钱储备。 这对于特区政府来说，是强大的"热钱后备力量"。所以，华尔街媒体一直宣传："如果中国中央政府给中国香港特区政府资金支持，就是破坏自由市场准则"（他们对于"华尔街基金"扰乱各国金融市场秩序的行为却只字不提）……与此同时，金融战役的发起者一直忧虑中国中央政府的强力介入，有点缩手缩脚，这和他们打击亚洲其他国家时正好相反。这说明中国共产党的坚强领导永远是击败金融战对手的有力保障。

四、索罗斯的"战书"

1998 年 8 月 5 日，索罗斯的代表在接受 CNN 采访时，志得意满地宣称"港府必败"。

五、整个港元金融战役有如下几个阶段：

（一）第一个阶段："舆论准备"阶段。

这个阶段主要是从 1997 年泰国开始出现"美元债务危机"，到 1997 年 9 月底的时间。这一段时间，华尔街媒体发表了各种 "宣传符号"。

1.华尔街对冲基金"战无不胜"。

2.华尔街对冲基金扰乱亚洲各国金融市场秩序可以，但亚洲各国进行金融监管则"不行"。

3."亚洲金融危机"（1997 年）是由于"缺少美元"，是亚洲国家自己"造成的"。

4.中国香港特区必然成为国际炒家的 "提款机"。

（二）第二个阶段：狙击港元的"火力侦察"阶段

1. "火力侦察"

"国际炒家"从 1997 年 10 月 23 日起，开始了对香港联系汇率制度进行"试探性"狙击。他们明里大量抛售港币以兑换美元，香港银行同业拆息一度飚升到 300%（暗里利用衍生金融工具"赌"恒生股指下跌）。恒生指数和期货市场指数下跌了 1000 多点。此役"国际炒家"共抛售了 400 多亿港币，在证券市场获利数十亿港元。但从整体上来说，此刻的攻击属

于"火力侦察"。

（1）试探 1997 年 7 月 1 日才成立的中国香港特区政府应对危机的能力和策略，以便适时调整攻击策略、力度和手法。

（2）试探中国香港特区政府到底会不会进行"行政市场干预"，"介入的限度"和弱点是什么。

（3）试探中国中央政府的态度，毕竟中国共产党领导下的中国政府和人民"不信鬼、不听邪"是出了名的。

2．"添油战术"

"国际炒家"对中国综合实力的畏惧，导致了他们犯下了一个错误——"添油战术"，这使他们丧失了一个发动金融战役的最重要的要素——时间。

3．1997 年 7 月 1 日中国收回对香港的主权；1997 年 7 月 2 日，泰国宣布放弃固定汇率制，实行浮动汇率制，泰铢狂跌 20％，整个"1997 年亚洲金融危机"正式开场。

（三）第三个阶段：金融战发起者调整攻击策略，成功开辟了"一实一虚"两条战线。

"狙击港元的计划"之细致，部署之周详，可从"国际炒家"成功开辟了"一实一虚"两条战线的巧妙手法中得到验证。

1．"虚"的一条战线，即港元金融战役的战略佯攻和其性质、出台背景：

（1）"心理战"

"国际炒家"从 1998 年 1 月至 5 月不停地对香港汇率进行打击，并且大张旗鼓，毫不掩饰打击香港特区政府的"目的"，摆出一副要让中国人"丢面子"的架势。这是一场有着传统偏见的错误心理分析上的心理战。在传统上，由于列强对"旧中国"占尽了便宜，当然毫不在意"中国人的自尊心"，所以产生了一种"中国人好面子"的"偏见"，似乎有点自尊都是个"缺点"。这种打着鲜明"旧时代"烙印的心理偏见在 1997 年给了他们自己一记响亮的耳光，他们本希望中国香港特区政府作出"过度"的高利率政策来"保卫港元"。

（2）民族历史心理学

民族历史心理学：指通过研究一个民族整体的选择倾向和决策文化特征，以及其对于历史事件的反应和记忆，制定针对一个特定民族、特定国

家的心理战策略。这种心理学的研究主体是一个民族或一个地区的许多个民族对过去历史事件中的刺激、反应的概率和倾向,而不去研究一个生物个体的生物体征和心理特征。民族历史心理学是金融战役学的一个重要的组成部分。

2."实"的一条战线,即港元金融战役的战略主攻方向

(1)香港联系汇率制度

为了保护香港联系汇率制度,香港银行同业拆息一度飚升到300%,但香港恒生指数四天之间就从16000多点狂泻至6000点,金融、地产、贸易、旅游四大支柱产业股票全部下跌,整体经济甚至出现了多年未有的负增长。

(2)"恒生指数期货"

索罗斯基金事先利用"股指期货","赌""恒生指数"下跌,然后明里对港元汇率进行佯攻,引诱港府增加利率,过高的利率必然导致大量资金从股市游走到银行,这样,股市下跌的局面就"如期出现"了。这些"对冲基金"就可利用衍生金融工具的杠杆效应,大肆赚取"必然会到来"的利润。那一刻,"虚"的那条佯攻香港联系汇率的战斗是否赢利并不重要,金融战的发起者已经在这条"实"的做空股市期货的市场上赚到了足够的利润。就是在这种情况下,1998年1月至5月,投机者再次以同样的手段连续发动攻击。西方舆论称,香港成了国际投机者的"自动提款机"。

(3)1986年5月6日

如果"港英当局"不是在1986年5月6日推出香港恒生股指期货,此时美国金融战专家也不会笑得如此开心……

(四)第四个阶段:港元金融战役的决战阶段

1."骄狂的时刻"

"国际炒家"利用"一虚一实"两条战线打击港元的佯攻和做空恒生指数期货主攻的战术,取得了一连串的胜利,也逐渐被冲昏了头脑,终于开始进入一种癫狂的放肆状态,真的把香港特区政府看成是一个"超级提款机"了,他们必然要为自己的自大付出沉重的代价。这种错误地估计和他们对中国人面子的心理偏见以及他们的"添油战术"等几个因素汇在一起,导致了胜利的天平已经慢慢偏向中国香港特区政府,他们却还在做着美梦。

2."全面总攻"

(1)1998年8月5日,索罗斯基金(即量子基金)和老虎基金等对香港发动总攻。大战来临前5个小时,索罗斯的代表在接受CNN采访时,

志得意满地宣称"港府必败",可以说:这是一个很有喜剧色彩的历史时刻,也是金融战役史上最精彩的,也是罕见的一次**纯市场**操作的"生死争夺战"。

(2)"空前的较量"

整个决战从 1998 年 8 月 5 日开始,1998 年 8 月 28 日为止。整体分为三个局部的战术阶段:

①决战第一阶段:"两条战线都是主攻"。在 1998 年 8 月 5 日之前,"国际炒家"已经被前面的一系列"胜利"冲昏了头脑,开始后悔为什么那么小心,而决定大干一场,不再搞前面那种"小打小闹",决定来场真正的"总攻"。当时他们的战役目标是:击破港币对美元的联系汇率的同时,将恒生指数从 6600 多点打到 5000 点。这么一个两线作战的战役意图的背后,是极度的狂妄和自信,也许还有那么一点点疯狂的赌徒心态,他们是冷静利用这种赌徒心态的高手,这次自己却陷入其中而不自知。

无论从哪个角度来看,一个两面作战的战略意图的可操作性都是无法令人理解的。说心里话,笔者经过反复琢磨,但就是没有弄懂除了打时间差之外,两线作战,全面出击的可靠性会有多高?这很难成功,即便打了时间差,很有可能也是风险极大的赌博,这并不符合金融战发起者的原则。反复思索的结论只有一个:那就是此时"国际炒家"经过接近 10 个月的一连串的小的胜利后,被冲昏了头脑,过度相信他们自己那"炉火纯青"的战术,以至于在战役规划中充满了赌博色彩。

反过来说,如果他们赌赢了,那利润之大,倒也真的值得一赌。

②决战第二阶段:"放弃过度乐观的计划,想复制过去的胜利"。面对国际炒家们的步步逼近的妄图"两条战线"同时胜利的赌徒心态,特区政府以一系列强有力的干预政策高调应对。为了避免港元受到狙击,抬高投机成本,香港金管局宣布,将不再采用 6.25% 的官方贴现率向那些借款过多的银行提供资金,而是要根据情况以惩罚性的利率来调整资金。这一决定导致银行同业市场利率骤升,一度飙升至 300%。

此刻,"国际炒家"认识到香港特区政府仅通过利率杠杆,就已经巩固了港元的汇率,如果真的突然放弃港元与美元的挂钩而任由港元依据"自由金融市场"的需求而升值的话,并以衍生金融工具方式做空美元的话,那么"亚洲金融危机"(1997 年)可能变成了"美元危机"(1997 年),他们很"明智"地"停止了冒进的两面作战的策略",转而开始专心做空恒生指数期货打击香港股市,这是他们半年来不停取得胜利的做法,对此,他

们还是很有信心的。因为此时香港股市的确受到了高利率的冲击，具有股价大规模下跌的潜在趋势。

（3）"港股争夺战"——战斗的高潮到来了

①一切的焦点都集中在了香港股价的涨跌上。

②香港特区政府开始反击了，力度之大，决心之大，令"国际炒家"立刻意识到：他们陷入了一场空前的较量。这个波澜壮阔的港元金融战役中最精彩、最辉煌的时刻将永驻史册。

第一步，港府在面对是守汇市还是股市的艰难决定的时候，携带 980 多亿美元的外汇储备（有资料表明这是一场心理战，其实港府当时的热钱并没有那么多），决定同时进入两个市场进行大规模的干预。

几乎一下子就让已经被高达 300%银行同业市场利率逼得不想在"汇市战场"和港府"博弈"下去的"国际炒家"开始发慌了，此刻，如果港府要真拿出 1000 亿美元在外汇期货市场做空美元，逆向买进正异常大幅贬值的亚洲各国货币（甚至是美元期货指数来做空美元，并且达到 20 倍杠杆，要知道，和索罗斯基金"齐名"的华尔街"长期资本管理公司"曾经达到 568 倍的杠杆倍率），将会瞬间形成一个至少 20000 亿美元抛压，"国际炒家"将无力承兑他国货币（实际超出了美国外汇储备极限），也就会引发不可避免的美元贬值，并会引发全球规模抛售美元的狂潮（先不提收益将有多大，美元持有者需要避免美元汇率损失，会跟着抛出美元）……香港特区政府没有这样做，这个战略选择站在了相当的高度。

第二步，1998 年 8 月 14 日，港府入市（抬高港元利率吃下港元抛单的同时），向香港的"中银"、"获多利"、"和升"等多家证券行发出指令，吸纳恒生指数蓝筹股，表示不惜成本，一定要将 8 月的股指抬高 600 点。中国香港特区政府一反以往"积极不干预"政策，给投机者造成了始料不及的沉重打击。

"国际炒家"一直以为香港特区政府会和泰国、印尼、韩国、菲律宾一样把外汇储备慢慢"投入"汇市来保卫港元联系汇率机制，但由于港府采取了"惩罚性"的高利率策略，已经立刻让对港元的狙击便得毫无意义。单就这一条就让"游戏规则制定者"（港府）和"游戏参与者"（"国际炒家"）的本质区别暴露无遗，在这喜剧性的现象背后就是金融监管的价值。

第三步，1998 年 8 月 28 日是香港恒生指数期货 8 月合约的结算日，"国际炒家"手里有大批期货单子到期必须出手，如果恒生指数上扬，押宝恒

生指数期货下跌的"国际炒家"预期的那种附带着"杠杆效应的"巨额利润就会变成巨额亏损。但如果最终恒生指数被他们打压成功了，他们会"数钱数到手酸"。

（4）"最后一幕"——1998 年 8 月 28 日

①此刻，港元金融战役的发起者几乎已经陷入了疯狂，他们拼命地做空香港股市，试图做最后一搏。1998 年 8 月 27 日，在曾荫权先生的指挥下，中国香港特区政府 1 天内注入约 200 亿港元，承接"国际炒家"疯狂抛出的期货合约，把恒生指数生生推高 88 点到 7923 点。

②1998 年 8 月 28 日上午 10 点香港证交所正式开盘，中小投资者早就全部退出了交易，一些"大机构"也退出了交易，此刻只有"对垒双方"决心进行一场空前的较量。

③开市后仅 5 分钟，红了眼的"国际炒家"就抛出了几十亿的股票期货，港府 5 分钟内就花了 39 亿港元护盘。30 分钟后，疯狂抛售和坚定的购买导致的香港股市成交金额就突破了 100 亿港元。

④到 1998 年 8 月 28 日上午收盘时，成交额已经达到 400 亿港元之巨，接近了 1997 年 8 月 29 日创下的 460 亿港元日成交量历史最高纪录（"国际炒家""割肉"退市）。

⑤1998 年 8 月 28 日下午开市后，抛售有增无减，港府照单全收，成交量一路攀升，而恒指和期指始终维持在 7800 点以上。随着下午 4 点整的钟声响起，显示屏上不断跳动的恒指、期指、成交金额最终分别锁定在 7829 点、7851 点和 790 亿三个数字上。曾荫权先生随即宣布：在打击国际炒家、保卫香港股市和港币的战斗中，香港特区政府已经获胜。

⑥次日（1998 年 8 月 29 日），"国际炒家"开始"割肉"（即：接受亏损，清仓离市）退市，具体亏损数字不详。

⑦中国香港特区政府"虎口拔牙"收入了几十亿美元。

第 5 节 对 1997 年"亚洲金融风暴"的思考

一、1997 年"亚洲金融战役"的实质、目的、特点和争夺的焦点
罗斯福总统确立的"大国合作政策"和美元体制。

（一）美元体制的基石，是美国罗斯福总统确立的"大国合作政策"，而大国合作政策的本质是"美国领导下的大国合作政策"。问题是美元虚

拟经济的辉煌是以实体经济被削弱、被主导为代价的，其中美国实体经济必须承受最大的损失才能"享用"虚拟经济的甜美果实。这个矛盾的本质来自美元体制主导者对虚拟利润的追求，反过来又导致了"美国领导下的大国合作机制"出现了"实体经济主导力量不足"问题。

（二）美国只能用美元通货膨胀扩大美元虚拟经济对世界实体经济的主导，从而"填平"这一鸿沟，也就是更加依赖虚拟经济，更加依赖美元体制，也就更加弱化了美国实体经济，让美元体制面临一个两难的选择。

1. 限制美元虚拟经济，发展美国实体经济。

这会导致美元虚拟经济缺乏足够的美元注入而"泡沫崩溃"，让美国丧失对世界实体经济主导能力，反过来又会导致美元体制的总崩溃。

2. 继续用不断增加的美元通货膨胀来"强壮"美元虚拟经济

这会在中短期增加美元体制的稳定性，但会导致美国实体经济不断萎缩，导致不断相对扩大的他国实体经济支撑的"其他货币"逐渐在信用和购买力优势的驱使下，替代或区域替代美元交易媒介、存储媒介的作用，导致大笔数字美元不断"释出"，最终危及美国体制的存在。

（三）"第三条道路"

出于利益考虑，美元体制本能地倾向于"第三条道路"：依托美元虚拟经济的强大实力，在世界范围内不断"金融危机"，也就是制造其他国家货币的"不稳定"和美元的"相对稳定"，从短期降低美元作为交易媒介、存储媒介被替换的可行性，从长期逐步制造一个"世界货币"体制，也可能不再用"美元的旗号"，但其本质却是一个："名义由世界央行（或各国央行"联合发行"）发行，国际债权人主导下的债务货币体制"——发行量就不再有任何"限制了"，因为不存在可能替换"世界货币"（目前为美元）的某个"依托实体经济信用和货币购买力优势"的"实体经济货币竞争者"了。

二、1997年"亚洲金融战役"的特点

（一）组织有序、规模宏大、时机巧妙。

（二）金融战役手法创新、赌博心态加重。

1. 金融战役第一次以"打击汇率，股市获利"的"一虚一实模式"开展，且第一次以衍生金融工具为主要手段。

2. 各种战役部署存在赌博心态，导致了一系列的失败和"不可思议

的成功"。

三、1997年"亚洲金融战役"的目的

（一）"国际炒家"追求利润。

（二）美元体制谋求亚洲金融主导权。

四、1997年"港元金融战役"胜利的实质和战术

（一）实质

1. 必胜的信念。

2. 强大的综合国力。

3. 果断的金融监管。

4. 调控与介入相结合。

5. 不断调整的市场策略。

（二）中国香港特区政府的策略

1. "升息"和"抛售"并举。

就是在港元遭到金融战打击的时候，不仅提高利息还卖出美元买入港币，这是"主动防御"的策略（美元逆冲国际美元汇兑市场的可能性，造成"国际炒家"的顾虑和恐慌，使其知难而退）。

2. 金融监管力度大，充分利用了"制定游戏规则的优势"。

香港金管局设置七项技术障碍强化港币联系汇率机制的同时，公布30项收紧证券期货监管措施，推出了沽空者（即：平仓、close position，投资者卖空手中持有的单据，在衍生金融商品交易中，可以是购入"看跌"的"金融衍生品"，而不是简单卖出。下同）不能在股票市价之下沽出、加强对非法抛空的调查和检控等措施，极大地增加了沽空难度。

3. 切断"国际炒家""空手套白狼"的途径

在1998年8月底那个"最后决战"到来之前的日子，即8月25日港府金管局突然宣布收紧港元供应，抬高利息，隔夜拆借利率大幅上升至15厘，试图使依靠短期融资沽空港股期指的"国际炒家"很难重复"从被打击国银行借款作为弹药打击他人"的做法。

4. 增大"国际炒家"金融战成本

港府看出了"国际炒家"试图利用"恒生指数期货"沽空单子冲击市场获利的企图后，果断宣布"包括持有1万张以上的恒指期货及期权合

约，按金（简单来说："按金"是期货交易中作为履行合约义务的保证，要求客户"质押"一定数额的"保证金"，具体种类、比率和方式，就不详细介绍了）将增加五成，由 1 张 80000 元增至 120000 元。"这些措施极大地增加了"国际炒家"利用衍生金融工具打击港股市场的成本。

5. 同美国索罗斯基金等"国际炒家"进行的对垒"宣传战"

举例：当时港府官员对媒体放话说"港府有 980 亿美元"，但实际这个数字是有待商榷的，实际 1997 年 1 月香港有外汇热钱（有可能只有）648.5 亿美元。

6. 行政和市场手段兼用，率先稳定了港元联系汇率机制

（1）给予银行兑换保证，按固定汇率兑换港元为美元。

（2）加大银行同业拆借市场的规模并放松银根，保证银行利率的稳定；

（3）多次大规模直接购买港币沽空单子和现货，抛出美元，有效地稳定了港元。

7. 大规模资金直接进入"托市"，起到了中流砥柱的作用。

从 1997 年 10 月到 1998 年 8 月底，香港特区政府动用了上千亿港币（甚至有可能是 3000 亿港币以上） 直接进入股市和沽空恒生指数期货的国际炒家对垒，仅 1998 年 8 月 28 日一天，成交量高达 790 亿港币。其一天之内动用资金超过了 1990 年英国金融战役中，英国政府在整个战役过程中投放的资金总量，其激烈对垒史无前例，惊心动魄。

五、1998 年 8 月 "长期资本管理公司"陷入"危机"的本质

（一）1997 年的"亚洲金融危机"，其实是一场世界性的金融危机，"波及"墨西哥、俄罗斯等世界各地。华尔街四大对冲基金之一"索罗斯基金"在亚洲唱主角，而在俄罗斯和东欧地区是四大对冲基金的另一只"长期资本管理公司"在唱主角，而整个 1997～1998 年的世界性金融危机，四大对冲基金在世界各地均共同参与、主导，仅有不同区域间的主次之分。

（二）1998 年 8 月 "长期资本管理公司"陷入了"危机"

华尔街媒体认为，1998 年"长期资本管理公司"的危机是对 1998 年"俄罗斯经济突然变糟"和"日本经济突然转好而日元走强"估计不足造成的。

（三）"长期资本管理公司"的实力

1. 创立过程和核心人物

1994 年 2 月，John Meriwether 创办了"宏观数量化基金"——即："长

期资本管理公司"。核心人物是：David W. Mullins（前美联储副局长）、Myron Scholes（1997 年诺贝尔经济奖得主）、Merton Miller（1990 年诺贝尔 经济奖得主）。

主要投资者是欧洲最大的银行瑞士联合银行（UBS）和美林证券（Merry Lynch）。

美联储在"长期资本管理公司"创建与"重组"中起到了支柱作用。

2."长期资本管理公司"所操控的资本超过万亿美元，或者说是无限的。

（1）"100％的融资额度"

按理说，"长期资本管理公司"注册资本才 13 亿美元，搞的是高风险"投资"，又是"没有业绩验证能力"的新公司，不会得到私有银行的优惠，大笔贷款给一个不熟悉的新公司风险无法预料。但"长期资本管理公司"获得了一种特殊的不可思议的融资待遇——各家私有银行机构给予最高等级的贷款优惠，对于其所提出的担保品，给以 100％的融资额度。就是说"长期资本管理公司"在金融商品市场所取得的资产，可再进行100％的融资，这表示理论上"长期资本管理公司"的资本的放大倍率几乎是"无穷大"，也就是说"长期资本管理公司"融资信用额度几乎是无限大。

《基度山恩仇记》里面有类似的文学描写（实际是用大量的金银珠宝作抵押），现实中这种案例不能说绝无仅有，但的确比较罕见。考虑到后来美联储直接出面"重组"负债累累的"长期资本管理公司"的事实，基本可以否定"长期资本管理公司"是有什么"珠宝、金银实物、大宗地产、大宗有价票据"抵押在那些银行。

（2）David W. Mullins（前美联储副局长）和美联储对"长期资本管理公司"的"重组"（"长期资本管理公司"并未"倒闭"，而是美联储协调"重组"，换了一个"注册名称"）。

根据西方私有银行的运行原则，只能有一个解释：就是有一个有着无限美元支付能力的金融机构给"长期资本管理公司"提供了"无限度的"美元赔付担保（或者"长期资本管理公司"拥有某些数额绝对巨大、价值极高、兑现容易且有价格绝对保障的超值资产，并用来抵押）。那么，世界上哪个金融机构有"无限度的美元支付能力"呢？只有"长期资本管理公司"的核心人物 David W. Mullins（前美联储副局长）曾经任职的私有金融机构美联储（其发行一种私人票据"美联储券"，也就是人们所说的"美元"）

本身有能力和资格作这个担保，反过来，也只有美国联邦储备银行的"无限额美元"担保，其他银行才会相信。

必须明确说明，这是一个合理的推理，至于是否如此，可以根据美联储在"长期资本管理公司"前期组建和"后期重组"中的作用来找到答案。

3. 1998 年 8 月"长期资本管理公司"遭遇所谓的"俄罗斯经济危机"的实质

（1）普京 1998 年 5 月出任总统办公厅第一副主任。

美国 1998 年 8 月 27 日道琼斯股指下挫 217 点，欧洲、拉美股市下跌了 3%～8%，这个条件非常有利于"长期资本管理公司"在俄罗斯股市的"沽空"策略。同时，在 1998 年 5 月任总统办公厅第一副主任、同年 7 月起任俄联邦安全局局长的普京，其实已经被叶利钦作为了接班人选，开始影响俄罗斯经济。俄罗斯宣布"停止支付"。

（2）1998 年的俄罗斯经济开始走向繁荣和恢复，而不是华尔街媒体所说的："陷入经济危机"。

①1998 年俄罗斯的"支付危机"是对金融战役的一种有力反击：行政监管，不仅稳定了"新卢布"汇率，阻止了金融战制造的财富转移效应，也开启了俄罗斯经济恢复的大门，结束了"金融战役"。

②如果"1998 年俄罗斯发生了真正的经济危机和'新卢布'汇率危机"，沽空俄罗斯股市和汇率的"长期资本管理公司"会获益匪浅，而不是陷入"危机"。

③"长期资本管理公司"1998 年的"危机"，是金融战打击遇到了俄罗斯行政监管这把尚方宝剑，且对俄罗斯经济突然开始复苏始料不及，沽空俄罗斯股市指数期货和新卢布汇市的合约全面陷入了亏损。

4. "长期资本管理公司"到底赔了多少钱

（1）有资料表明，"长期资本管理公司"金融交易额高达 12500 亿美元以上（虽然这不一定是在俄罗斯"投资"时期的确切交易量，但也能看出这就是"长期资本管理公司"一贯的"投资力度"和惊人的"胆识"），衍生金融工具的"弹性系数"达到了 568 倍。

（2）"长期资本管理公司"利用的杠杆倍率在制造"568 倍可能利润"的同时，也制造了"568 倍可能的亏损"，所以一旦看错了"汇率走向"或"股市趋势"，100 亿美元的"投资"其亏损数字会是 100 亿美元的 568 倍，即：56800 亿美元；如果其平均杠杆倍率为 20 倍（也就是保证金为 5%），

则其亏损为：2000 亿美元。反之，利润也是如此，这"弹性系数"就是一个"对冲基金"融资后可以金融战打击任意一个国家的原因（这甚至包括联合国常任理事国英国和俄罗斯）。

（3）"长期资本管理公司"并没有如媒体传言的那样"破产"

承受了如此规模的亏损后，"长期资本管理公司"却没有破产，而是由美联储出面组织 16 家私有银行"融资"把成立了 3 年的、负债不计其数的"长期资本管理公司"联合"重组"了，并注入新的资本继续存在 。

5. "长期资本管理公司"的今天

（1）华尔街"四大对冲基金"

长期资本管理公司（Long-Term Capital Management，简称 LTCM）与量子基金（Quantum Fund）、老虎基金（Tiger Fund）和奥马伽基金（Omega Fund）曾经在 1997～1998 年的那段岁月里面，被私下称为国际四大对冲基金。

（2）"量子选择基金"

2007 年 5 月 14 日 11：39 中金网络转载了证券时报刊载的一篇文章："本报讯 曾于 1998 年几乎倒闭的美国对冲基金公司——长期资本管理公司（LTCM）有望重现江湖。据悉，其创办人之一的 Rosenfeld 与当年分别担任财务总监和主导员的 Robert Shustak 和 Bruce Wilson 另起炉灶，重新成立名为量子选择的对冲基金。该基金现正增聘研究分析员及交易员，料今年稍后时间正式成立，但具体筹集多少资金未知。"

（3）"300％的回报率"

1994 年，有两位诺贝尔经济学家坐镇的"长期资本管理公司"在成立时便筹集到 12.5 亿美元。从 1994 年 3 月成立到 1997 年底回报率达 300％，1998 年出现巨额亏损，净资产从年初的 48 亿美元跌到 5 亿美元。

（4）"宏观冒险"和"微观冒险"

2000 年，（"索罗斯基金"，即："量子基金"的领导者）索罗斯先生说："我们宏观冒险的日子已经一去不复返了。"

第六章

风吹草低见牛羊

——非洲的金融奶酪

第1节 残酷的金融压榨——
"蚊子腹内割脂油，亏老先生下手"

一、非洲大地与美元世界

（一）非洲简况

非洲，一片广袤无垠、物产富饶的土地。整体约有 0.302 亿平方千米（包括附近岛屿）的领土，约占世界陆地总面积的 20.2％。非洲已探明的矿物资源种类多、储量大。石油、天然气蕴藏丰富；铁、锰、铬、钴、镍、钒、铜、铅、锌、锡、磷酸盐等储量很大；黄金、金刚石久负盛名；铀矿脉的相继被发现，引起世人瞩目。许多矿物的储量位居世界的前列。非洲的植物至少有 40000 种以上。森林面积占非洲总面积的 21％。盛产红木、黑檀木、花梨木、柯巴树、乌木、樟树、栲树、胡桃木、黄漆木、栓皮栎等经济林木。草原辽阔，面积占非洲总面积的 27％，居各洲首位。可开发的水力资源丰富。沿海盛产沙丁鱼、金枪鱼、鲐、鲸等。

（二）"非洲现象"的含义

"非洲现象"是一个专有词汇。简单来说就是指：非洲由于穷困，不断向发达国家借贷，但却走入了越借贷越贫穷的恶性循环。

美元虚拟经济造成了美国社会的债务化，美国家庭平均负债率达到 115％，美国政府负债已接近 100000 亿美元，这还是公开的狭义美国政府国债的数字，而不是广义美元债务，那个数字已经是个普通计算器无法计算的天文数字了。非洲国家每年向发达国家输出大量农产品、原材料，为什么也"负债累累"呢？

二、关于非洲金融和经济现状的三个"误解"

（一）第一个"误解"：非洲"欠"西方国家的"债"

元曲《正宫·醉太平·讥贪小利者》："夺泥燕口，削铁针头，刮金佛面细搜求，无中觅有。鹌鹑嗉里寻豌豆，鹭鸶腿上劈精肉。蚊子腹内刳脂油，亏老先生下手。"

看一下世界地图就会发现，非洲国家的"国境线"常常不是一般的按照山脉河流走向自然确定的"边境"，而是"一条直线。"这是"早期历史"的产物，是西方各国主导留下的"烙印"之一。非洲国家给西方各国带来了无数的财富和资源，不"欠"谁的"债"。

（二）第二个"误解"：非洲农产品产量不足，所以常导致"饥荒"

非洲人口只有 7.48 亿，领土却有 0.302 亿平方千米，领土是中国的 3.14 倍（这里对比没有计算中国领海面积，仅比较国土面积），人均耕地超过美国。

1. 非洲"顽固性饥荒"的表面原因是：西方"主导时期"的农产品"单一化遗产"，有的非洲国家只种植饲料玉米、有的只种植咖啡豆，粮食依赖进口，而"国际粮食市场"的供给即便全部买到手，也就够 0.2 亿~0.3 亿人的口粮。

2. 深层次原因：美元虚拟经济为了廉价取得非洲农产品，常常利用虚拟经济控制的"国际农产品期货市场"，人为打压粮食价格，让其他农作物的期货价格始终地处于比粮食"合算"但不停波动的不稳定状态：①廉价购入了非洲实体商品；②制造了非洲各国的美元需求；③"援助美元"制造债务陷阱的同时，占据舆论制高点。

一石三鸟的妙计岂容他人"坏事"？

3．第三个"误解"："美国等发达国家长期对非洲各国进行资金援助，对非洲经济进行大量的资金注入，促进了非洲经济的发展"。

（1）实际情况恰恰相反。

（2）非洲的债务问题

1960 年非洲债务 30 亿美元，1980 年增为 840 亿美元，1995 年增至 2233 亿美元。非洲的债务增长超过了平均 5％的 GDP 年增长率，这种增长比例的剪刀差，初期导致一些非洲国家债务接近或超过年国民生产总值，后期会导致每年必须支付利息超过政府年税收。2002 年非洲债务总额已经达到了 3340 亿美元，这个数字已经是 2006 年非洲大陆的 GDP 总产值的 33％。

（3）非洲的"虚拟增长"

说一件文献考证时遇到的小事：2007 年联合国的网站上充满了对非洲平均超过 5％的 GDP 增长的赞叹和表扬。但却无法找到一个 2006 年非洲各国经济的具体总数，只有各种好看的统计比例增长图表，只好整合了各种来源的资料，竟然得出了一个"新的结论"：2006 年非洲债务总额应该已经非常接近非洲经济国民生产总值。如果非洲平均增长是 5％，而债务利息是 5.1％，那么非洲经济 2006 年处于"虚拟增长"状态。可按照联合国乐观的"统计数字"（来自国际货币基金组织）：非洲的 GDP 的数字在增长，还是"空前的繁荣时期"……

（4）非洲各国一直在给美国等发达国家的经济注入资金，是西方经济重要的资金来源之一

到底是非洲援助美国，还是美国援助非洲？这个说法很新奇，但已经不能忽视了。非洲经济陷入了美元债务陷阱主导，"西方援助者"一直从非洲获取巨额资金。据统计：仅 1970～1992 年间，非洲国家"支付给发达国家的利息"是"债务本金"的 3 倍。

三、美元体制与非洲"经济危机"

（一）美元虚拟经济依靠初级产品的"价格波动"（这个问题目前有复杂化趋势，不这么单纯，美国亦有两难的问题），廉价取得实体商品。

（二）2006 年，部分非洲国家"利息支出"相当于国民生产总值的 20％，一些非洲国家的外债超出国民生产总值 30％，这就让非洲国家成了发达国家经济的一个长期来源。非洲"债务国"的"还债信用等级比较低"反过来又提高"借贷利率"，增加了"利滚利"的效率。即便非洲经济有所增长，也不能肯定说："狮子肥了"。

（三）世界银行与国际货币基金组织的条款

美元体制从狭义角度需要的是"美元回流"，从广义角度需要的是利用这些"援助附加条款"来"主导"非洲金融制高点和非洲实体经济。

四、非洲金融战役的两个战场、主要工具和特点

（一）两个战场

1. 美元虚拟经济主导的"国际农产品期货市场"、"国际能源期货市场"和"国际原材料期货市场"等"虚拟交易市场"。

2. "利滚利"与"债务美元回流"机制的确立与摆脱。

（二）非洲金融战役的"主要工具"

1. 期货市场的价格指数期货等衍生金融工具。

2. 布雷顿森林体系确立的"国际货币基金组织"和"世界银行"。

（三）非洲金融战役的特点

1. 手段单一、战术水平低，战果巨大。

2. "一边倒"。

非洲各国虽然感觉到某种"不公平的世界贸易秩序"的存在和"债务问题"的严重，但从整体上基本没有意识到正在经受金融战打击，并且即使个别人理解了这种的新的战争形式，非洲各国的综合国力也"不足以实施有效博弈"。

五、非洲经济的劣势和优势

（一）非洲经济的劣势

1. 非洲国家的"内部问题"和各国之间的"问题"错综复杂，不利于形成合力。

2. 非洲经济实体相对比较低。

3. 2002 年非洲债务总额就达到 3340 亿美元，是 2006 年非洲大陆的 GDP 总产值的 30%。平均负债达到了这个水平，解决债务问题的难度相当大，除非美元通货膨胀超过非洲"债务增长"（但这种"国际初级产品价格暴涨的现象"也不一定完全符合非洲利益）。

4. 非洲上层和中下层在认知、文化等诸多方面有着微妙的不同，但都缺乏抵御金融战役的能力、信心和"愿望"。

5. 非洲经济体外循环，消费市场"软贷款化"，消费品价格很高。

（二）非洲经济的优势

1. 美元体制对非洲各国的财富转移最彻底，非洲各国不存在对美元体制的"留恋"。

2007 年 7 月 4 日，非洲联盟（非盟）第九届首脑会议通过了《阿克拉宣言》。宣言强调，加快非洲大陆政治、经济一体化进程以及建立非洲联合政府具有"重大意义"，宣言指出非盟的终极目标是建立"非洲合众国"，虽然远不成熟，而且"背景复杂"，但可以说明：某种凝聚合力及共同对外的共识正在形成，非洲社会正在上层寻找适合的合作模式。

2. 非洲地大物博、人才济济（虽然整体教育水平上相对不足，但有一个绝对数字很大的受过良好教育的群体），实体经济有一定的基础。

3. 美元体制的内在力量（实体经济的萎缩）趋势和非洲各国实体经济艰难发展的实体经济"相对而行"，或快或慢、必有相交。

4. 印度等新兴工业化国家让发达国家对非洲的单一的金融战手段出现了"某种程度的""失灵"和"失序"。

（1）新兴工业化国家争夺商品定价权和价格主导权，弱化了美元虚拟经济对"初级产品价格"的主导能力。

（2）"欧元价格"和"美元价格"的较量。

5. 世界实体经济规模的发展扩大了对非洲初级产品的需求，削弱了"美元回流机制"和"债务控制机制"。

6. 美元虚拟经济的"两难困境"

（1）美元虚拟经济如果继续制造"初级产品和能源市场的价格低迷和不稳定"来压制潜力巨大、但目前尚且相对落后的非洲各国，会导致实体经济占据主导的国家（包括德国等传统工业化国家和印度等新兴工业化国家）"跟着"在国际市场上取得廉价的初级产品和能源，也就加大了这些国家脱离美元体制的能力和可能。

（2）美元虚拟经济如果推高"原材料和能源价格"来削弱实体经济占据主导的国家的获取能力，就会导致非洲国家取得足够多的数字美元，从而摆脱债务陷阱，脱离美元体制的主导。

（3）举例：假设 1971 年非洲出口一桶原油有 0.6~0.9 美元的"收入"，（当时油价大约在 2~3 美元，但非洲出口可以得到多少"分成"这就不得而知了，这里假设是从西方大石油公司手中得到 30% 分成收益）；假设 2007 年非洲出口一桶原油得到 35~40 美元（2008 年 7 月 11 日，纽约商品交易所 8 月份交货的轻质原油期货价格创下每桶 147.27 美元的盘中新高。中央电视台网站：国际原油期价盘中首破 147 美元）。

http://www.cctv.com/program/jjxxlb/20080712/103000.shtml

美元体制的"两难"表现在：一方面（在假设石油产量不变的情况下），世界各国将需求和接受超过 1971 年 40 倍规模的"数字美元"，这有利于美元体制；另一方面，非洲产油国的财政将迅速出现"美元盈余"，美元体制对非洲产油国维系了许多年的财富转移机制将不复存在。

第 2 节 尼日利亚——世界第十大
产油国的"美元债务"

一、尼日利亚的概况

（一）尼日利亚的概况

尼日利亚是非洲第一人口大国，人口 1.4 亿（2006 年），面积 92 万多平方千米。一条蜿蜒曲折达 1400 千米的尼日尔河贯穿领土，哺育了勤劳勇敢的尼日尔人民。1961 年 10 月 1 日尼日利亚（尼日利亚联邦共和国 The Federal Republic of Nigeria）独立。

（二）尼日利亚的经济

尼日利亚是非洲第一、世界第十大石油生产国，也是石油输出国组织（欧佩克）成员国之一。尼日利亚已探明的石油储量为 352 亿桶，日产原油 0.025 亿桶。单就这一点来说，从"第一次石油危机"开始，国际原油价格已经上涨了 40 多倍（2008 年 7 月 11 日原油价格达到 147 美元/桶），尼日利亚不应该出现"美元债务危机"，尼日利亚却是"债务问题"比较突出的国家。

二、有关尼日利亚的三则新闻

（一）"上周，在伦敦召开的八国集团财长会议作出重要决定，宣布减免以非洲为主的 18 个国家约 400 亿美元的债务。与此同时，非洲最贫穷的国家——尼日利亚就被排斥在外……"（［美］基督教科学箴言报. 2005，6，13）。

（二）据美国"有关机构"的评估称："在接下来的 15 年里，尼日利亚将面临'彻底崩溃'"（尽管该国是世界第十大产油国，但欠债却高达 360 亿美元）。

（三）法国驻尼日利亚大使高卢尔 2005 年 3 月在卡杜纳接受媒体采访时表示："无论是就经济规模，还是资源状况而言，尼众议院通过的要求尼政府停止支付外国债权人债务的做法是不可能得到同情和原谅的"，并补充说，"350 亿美元的债务对尼日利亚来说是可以承受的。"

三、 "莫名其妙的金融危机"和"出乎预料的美元盈余"

（一）尼日利亚货币奈拉的贬值

尼日利亚是世界第十大产油国，却频频陷入"美元短缺"导致的金融

危机。1999 年尼日利亚国民生产总值为 348 亿美元。由于尼日利亚货币奈拉（Naira）汇率不断出现波动。尼日利亚出台了《外汇管制法令》。最大面值的纸币为 500 奈拉，价值不足 5 美元。在尼日利亚购物或消费时常常不得不携带大包现金。

（二）喜剧性的"收获"

1980～2000 年期间，尼日利亚的国民生产总值在 200 亿～500 亿美元之间波动徘徊，但 2007 年却拥有了高达 490 亿美元的外汇储备，国民生产总值高达 1420 亿美元。

1. 这种"增长"是美元通货膨胀导致世界石油价格"上涨"现象的产物，并不可靠。

2. 这是美元体制的传统"吐纳机制"（即：**美元债务回流机制**，也就是低价买入大量实体商品付出少量数字美元，高利息收回大量数字美元）失序的产物。

3. 传统债务控制机制无法维系美元虚拟经济对尼日利亚的财富转移机制本身，增大了尼日利亚金融战役爆发的可能性。

4. 尼日利亚此时经济"空前繁荣"的下面，是 350 亿美元的沉重债务，一旦"纸石油"（国际原油期货市场的虚拟交易合约和原油价格涨跌指数买卖合约等，下同）将原油价格从高位沽空，这笔债务就几乎等于尼日利亚在"石油价格大幅上涨前"的年国民生产总值。此后，尼日利亚的"年经济增长率"只要低于"债务利率"，则又会被重新纳入美元回流机制的轨道。

四、尼日利亚的石油出口

（一）"巨大的财富"

尼日利亚每年出产石油约 0.986 亿吨（约合 7.25 亿桶），如果尼日利亚可以最终得到 30% 的利润，则在石油价格在每桶 70 美元的时候，可得到 507 亿美元；原油价格在每桶 147 美元的时候，收入超过 1000 亿美元。

这足以让尼日利亚摆脱"美元短缺"导致的"债务性金融危机"。

（二）"尼日尔（河）三角（洲）"的影响

1. 美国防部已加快向安哥拉和尼日利亚的军队输送武器，帮助训练他们的军官并招募军人，"解决'尼日尔（河）三角（洲）'的'问题'"。

2. "低烈度的不稳定"、石油价格和美元体制的关系。

客观上，导致尼日利亚无法完全得到相应"石油红利"的同时，又扩展

了"石油美元蓄洪区"——国际原油价格上涨，石油美元需求旺盛，还削弱了实体经济为主的国家取得能源的能力，美元体制也就走出了"两难困境"。

第 3 节 刚果（布）的债务危局

（刚果共和国，简称："刚果[布]"，下同）

一、刚果（布）的简介

（一）刚果共和国[即：刚果（布），本书统称"刚果（布）"]

刚果（布）即刚果共和国，是一个产油国，人均 GDP700 美元的国家，人均背负债务 2400 美元之巨。在 20 世纪 70 年代初（"沃尔克冲击"冲击之前），刚果（布）还处于非洲中等水平。

（二）刚果（布）与刚果（金）

广袤无垠的非洲大陆上有一条大河横穿赤道，这就是气势磅礴、绵延4640 千米的刚果河（又被称作"扎伊尔河"）。在它的两岸，有两个国家都以"刚果"为名。于是，人们只好在国名后加上两国的首都以示区别：河东岸的是刚果民主共和国， 原比利时主导区时旧名扎伊尔，首都金沙萨，简称"刚果（金）"；河西岸的是刚果共和国（原法国主导区），首都布拉柴维尔，简称"刚果（布）"，约有 300 万人口，面积 34.2 万平方千米。

二、刚果（布）"金融危机"的实质和目的

（一）"遏制"冷战对手苏联在非洲的战略存在。

（二）阻止法国填补冷战后的"真空"，取得刚果（布）的战略主导权（事实上范围要大得多）。

（三）取得刚果（布）石油、天然气等资源的主导权。

三、刚果（布）金融战役的几个阶段

（一）第一个阶段：金融战布局——"送钱"

1. 这段时间为 1971 年 8 月 15 日至 1979 年。

2. 这个时刻正是刚果（布）百废待兴的时刻，也正是需要资金进行经济建设的时候。美元体制 1971 年放弃的布雷顿森林体系中，35 美元兑换 1盎司黄金的国际承诺，也是一个输出美元资本的高潮。

3. 地质学家发现了刚果（布）异常丰富的石油和矿产资源，增大了美

元体制"主导"刚果（布）的意义。

4.这个时期，一切的基调是"友好与援助"，是金融战役的"隐性阶段"。

（二）第二个阶段：金融战役的"显性阶段"

1.1979～1980年，石油危机爆发，从1975年开始大量出口原油的刚果（布）收入大大增加，刚果（布）的石油发言权需要"主导"和积累的"石油美元"需要"回流"，这才能维系美元体制的整体稳定。

2.1960年后的一段时间，美元体制并不太关注刚果（布）。如果说新独立石油工业而尚处于"一穷二白"状态的刚果（布）是"无用之用"，那么石油工业的建立、大笔石油收入、人均收入增加到1300美元，即将进入"起飞"阶段的刚果（布）就是 "怀璧其罪"。

3."沃尔克冲击"把刚果（布）迅速拉入了美元债务陷阱，有效回流了刚果（布）的石油美元。

4.同期，刚果（布）经济经历了债务制造的"繁荣"，也饱尝了欠债的苦果。在"繁荣时期"还有过"类似波兰的三高经济政策"，结果增加了债务，短期"繁荣"，长期经济受损。

5.刚果（布）似乎陷入了一个金融战魔法怪圈——产油越多、油价越高（"石油危机"），刚果（布）欠下的美元债务却越多。

（三）第三个阶段："金融危机"的扩大

这段时间为1990年7月至2003年3月。

1.陷入了持续的"金融危机"，引发了更加广泛的"经济危机"。

2.1991年7月刚果（布）政局发生了变化，100多个正式登记的党派开始"参政"，国家陷入了内战。

3.刚果（布）经济全面倒退，"债务危机"、"金融危机"、"经济危机"、"社会危机"同时爆发。

4.早期的刚果（布）曾数次在国际上获扫盲奖，不仅人口少、出产石油，还是一个人文发展颇有成就的国家，但"刚果（布）金融危机"之后，人均负债超过产值3倍。

四、刚果（布）金融战役的影响、"经验"和展望

（一）影响

1.刚果（布）长期出产石油，不但没有得到石油美元，却欠下超过人均产值3倍的美元债务。截至2006年，刚果（布）人均负债2400美元的

债务，是刚果（布）人均国民生产总值的 2～3 倍（不同来源，数据有所不同）。

2. 刚果（布）和其他一些非洲"债务国"一样，不仅每年给美元体制提供了大量的劳动力、原材料、农渔产品和能源，而且是美国等发达国家经济的重要资金来源。举例：1960 年非洲债务 30 亿美元；1980 年增为 840 亿美元；1995 年增至 2233 亿美元；1970～1992 年，非洲国家借新债还旧债，还本付息总和已是所借外债总额的 3 倍。

（二）"经验"

1. 不能依靠借贷，追求短期"繁荣"，对于刚果（布）来说，"短期"的概念超过 10 年。

2. 发展中国家的经济发展要利于立足于百年大计，结果是目的，过程是手段——"金融危机"形成的过程却是"繁荣"，而结果本身的重要性远甚于结果早与晚。

3. 要走适合国情的道路，经济发展速度要仔细规划。

4. 相对弱小的发展中国家，要有自己国家的金融防火墙，最大限度地利用有效的市场监管来抵御金融战多角度、多层次的冲击。

5. 支柱产业、核心工业必须国有化——刚果（布）的石油工业、油田一直控制在"外国石油资本"手中，并没有掌握石油开采技术，也没有相应的"石油发言权"。

（三）"展望"

1. 美元虚拟经济对数字美元的渴求，导致美元发行量居高不下，这直接导致了"石油价格"的上涨，"2008 年 7 月 11 日原油价格达到 147 美元/桶"。虽然石油价格"必然是不稳定的"，但过去几十年间，石油价格最低也有几十倍的"上涨"。只要刚果（布）能够主导本国石油工业，就具有通过石油出口摆脱"美元债务危机"的可能。

2. 美元体制正在受到欧元体制的蚕食，刚果（布）货币"中非金融合作法郎"的汇率有可能趋向稳定（2005 年平均汇率：1 美元 ≈ 521.74 非洲法郎）。

3. 刚果（布）人口少（380 万），资源多，经济有很大的发展潜力。

刚果（布），探明石油剩余可采储量约 2.1 亿吨、天然气储量约 1000 亿立方米、钾盐矿储量约数十亿吨、磷酸盐矿 6000000 吨、铁矿约 10 亿吨……

货币长城

第4节 王冠宝石上的"灰尘"——
津巴布韦金融危机 （上）

一、津巴布韦的简介

（一）津巴布韦概况

津巴布韦 1980 年独立，人口 0.131 亿，城市化程度也比较高，首都哈尔雷就有接近 0.02 亿人口。津巴布韦和有些非洲国家不同，（在没有外来干扰的情况下）粮食自给自足（有南部非洲"粮仓"的美誉）。不仅大量出口煤、铬、铁、石棉、金、银、锂、铌、铅、锌、锡、铀、铜、镍等，煤、铁、铬、石棉等矿产品还以量多质好饮誉世界，又是世界第三大烟草出产国。一直被称为"王冠上的宝石"，其富饶可见一斑。

（二）津巴布韦出口产品丰富、粮食自给自足，领土 39 万平方千米，独立后整个金融体系的基石比较稳固。1980 年，津巴布韦有足够的"本钱"来支撑 1 津元（津巴布韦货币，下同）兑换 1.6 美元的汇率。

二、津巴布韦的金融隐患

（一）"外资"太多，"流入时间"太集中

1980 年津巴布韦独立后，没有立刻意识到金融安全的重要性。津巴布韦由于得天独厚的条件，是一个被投资者看好的国家。津巴布韦对于"短期游资"、"长期投资"并没有太明确的区别对待，导致大量的短期资本流入了津巴布韦的股市、汇市和房地产市场。在这个典型的金融战策略付诸实施的布局阶段，津巴布韦丝毫没有察觉，完全沉浸在繁荣的股市和对"投资者接踵而来"的喜悦中。

津巴布韦 62.5% 的经济控制在了外国资本手中。

（二）急于求成、过度借贷

津巴布韦在 1980 年独立的时候，金融相对稳定；"外资充盈"；股市房地产空前繁荣；资源出口品种多、效益好；粮食等自给有余……这都是津巴布韦经济发展的有利条件。但也正是这些优越的条件让津巴布韦忽略了国家工业基础薄弱、科技水平落后于发达国家的现实，让发展国家的良好愿望替代了稳健的经济计划。

一句话：1980 独立的津巴布韦一头扎进了"沃尔克冲击"制造的债务泥潭。

三、津巴布韦金融战役的过程

（一）第一个阶段："第一次较量"

1. 1980～1990 年，新独立的津巴布韦充满了建设国家的雄心壮志，为了"迅速发展国民经济"，不仅大量借入了高息的短期美元债务，全面开放资本、金融、股市、土地和房地产市场，整个经济的 62.5％在外资手中。

2. 津巴布韦金融战役的指导"计划"就是 1981 年世界银行发表《加速撒哈拉以南非洲发展》的报告（又称《伯格报告》）。

（1）"国际大分工"理论（本质上就是把单一的、不完整的经济体系强加给非洲国家，以便于主导）。

（2）贸易、金融自由化（要维系世界美元体制，就必须有全球化、自由化的金融交易市场，以此构成美元虚拟经济主导非洲各国实体经济的手段）。

（3）减少国家对经济的干预，发挥私人企业的作用（比如津巴布韦的国民经济，外国私人资本主导了 62.5％，所谓的"私人企业"的作用，就是外国资本在主导了）。

（4）告诉非洲各国，非洲贫困的"真相"是这样的："非洲经济危机的主要原因不在于外部经济环境的不利，而在于非洲国家内部，主要是错误的经济政策引起的。"（以此扰乱非洲反思和战略决策）。

3. 津巴布韦"金融危机"已经逐渐明朗化了，津巴布韦开始紧急"限制外国投资"。"热钱"资本因势利导大量"同时间"撤出，"国际债权人"也开始要求归还债务。

4. 津巴布韦立刻出现了货币大幅贬值、股市下跌、"美元外债"急剧增加（这和韩国 1997 年的那种莫名其妙的美元债务特别类似）、农牧林矿产品出口问题（这主要是"沃尔克冲击"造成的世界范围的美元流动性短缺引发的后果——各国普遍缺少用于国际贸易的美元交易媒介）。

5. 津巴布韦的货币在发生大幅贬值之后，控制了津巴布韦 62.5％的外国企业开始利用美元汇率优势，廉价兼并土地，扩大庄园，这是后来津巴布韦第二阶段金融战役的导火索。

6. 此刻，津巴布韦整个国家在突如其来的金融战打击下，货币津元大幅贬值、大量土地和矿山被外国资本廉价收购，津巴布韦在第一回合的较量中损失很大。

（二）第二个阶段："第二次较量"

货币长城

1. 这段时间主要是 1991～1998 年，是一场有攻有守的金融博弈，可惜的是实力太过悬殊，不然津巴布韦还真可能打一个"防守反击"。

2.（第二阶段）津巴布韦政府的对策

（1）动用国家力量，"回购"外国资本廉价购买的土地，进行土地改革，分配给无地农民。这种回购是否公平呢？关键是这些土地是如何被"买"走的。

①1980 津巴布韦独立伊始立刻开始土改。此刻 70% 的良田集中在外国资本手中，结果就是：历史上有"粮仓"之美誉的津巴布韦甚至出现粮荒。

②津元从 1980 年的 1 津元：1.6 美元到 1991 年的 1 美元：5.05 津元，也就是说，外国资本"购买"土地的价格只有正常价格的 12%（这里仅仅为当时的短期汇率变化，后来津元已经用"10 亿"作"货币单位"，外国资本并购津巴布韦土地时的"汇率优势"达到了新的水平）。

③所以，回购土地的政策，是解决当时粮荒的措施，不单纯是狭义的金融博弈。

（2）津巴布韦政府加大吸引外资的力度，改变单纯的"限制外资"的政策，而是更加合理地加强对外资的管理和合理化外资来源。

①津巴布韦政府在 1992 年把原"津巴布韦投资中心"（ZIMBABWE INVESTMENT CENTRE）作为投资管理机构（成立于 1989 年），成功地吸引了大量新兴工业化国家的投资。虽然出现"原因奇特"的通货膨胀，但整个津巴布韦经济逐渐走上正轨，"金融危机"并没有演变成全面的经济危机。

②仅 1995～1996 年一个年度，马来西亚就在津巴布韦签署投资协定和协议投资额共达 200 多亿津元。甚至在"亚洲金融危机"刚刚过去的 1998 年 10 月，马来西亚杨忠礼电力公司又在津巴布韦收购华特马电厂 50% 股权，并投资数亿美元增设两座发电厂。

（3）（第二阶段）金融战发起者的战略

①"国际炒家"依托强大的金融实力，利用金融外汇市场和"外汇黑市"对津巴布韦货元（简称："津元"，下同）汇率进行了冲击。尽管津巴布韦政府有一些监管措施，但津元汇率竟然从 1990 年的 1 美元兑换 2.64 津元，下跌到了 1998 年的 1 美元兑换 37.92 津元。

②国际货币基金组织和世界银行开始要求津巴布韦政府归还过去的到期债务，这就逼迫津巴布韦政府廉价出口农矿产品、企业和土地来归还到期的"美元债务"。此刻津巴布韦支付的利息已经超过了其建国初期盲目欠

116

下的债务本金。

③"国际炒家"制造的"津元汇率危机",逐渐演变成为更广泛、更深刻的"经济危机"。

（三）第三个阶段："史无前例的贬值"

1.这个阶段的时间：1999年至今。

2."国际炒家"制造了这次"津元贬值",强化了外国资本对津巴布韦经济的主导。

3.津巴布韦外汇政策的回顾

（1）1980～1994年：外汇管制和固定汇率政策。

（2）1994年：浮动汇率制。

（3）1999年：津元对美元汇率固定为1（美元）：38（津元）。

（4）2000年10月：津元对美元汇率固定为1（美元）：55（津元），此后外汇黑市交易出现。

（5）2002年2月：出口行业汇率改为1（美元）：800（津元），官方汇率仍维持1（美元）：55（津元）。

（6）2002年11月：津巴布韦政府宣布打击外汇黑市交易，关闭外汇兑换所，外汇黑市转入地下交易。

（7）2004年1月：开始实行外汇拍卖制，拍卖市场上津元对外币币值比原固定官方汇率有了大幅贬值，但与黑市币值仍有较大差距。官方汇率为1（美元）：824（津元）。

（8）2004年5月：拍卖汇率由1（美元）：5200（津元）调整为1（美元）：5600（津元）。

（9）2005年5月："侨民汇款"由1（美元）：6200（津元）调整为1（美元）：9000（津元），随即拍卖汇率向"侨民汇款"汇率靠近。

（10）2005年7月：拍卖市场汇率由1（美元）：10500（津元）调整为1（美元）：17500（津元），同期黑市汇率为1（美元）：35000（津元）。

（11）2005年10月：取消"外汇拍卖制"实行"紧盯市场的浮动汇率制"。

（12）此刻，黑市津元已经炒到了1（美元）：220000（津元），甚至1（美元）：1000000（津元）的水平。这说明：①津巴布韦政策虽然不断调整，但和"国际炒家"的金融实力相差很悬殊。②即便实力强大的"国际炒家"也无法向已经关闭的外汇市场套利，衍生金融工具也无法使用。

4. 津元史无前例的贬值给津巴布韦经济带来的巨大的影响，有媒体说："津巴布韦正经历非战争时期最严重的通货膨胀率"，津巴布韦正在经历一场"国际炒家"发动的金融战役。

第5节 王冠宝石上的"灰尘"——
津巴布韦金融危机（下）

一、津巴布韦金融战役的特点
（一）津巴布韦政府一直进行了积极的金融监管，在有限的条件内，不断调整措施。

（二）津巴布韦金融战役中，"国际炒家"拥有绝对优势金融资本，形成了"一边倒"的市场结果。

（三）津巴布韦基本保持了政局稳定，这样金融监管有了一定的延续性。

（四）津巴布韦建国初期过度举债，但中后期没有出现过大的失误，金融监管水平有相当的水平，仅由于与"国际炒家"的实力相差过于悬殊，而没有显现出来。

二、津巴布韦"金融危机"的回顾
（一）津巴布韦在独立后，必然要经历一个独立自主承担国际金融风险的学习过程，有经验，也有教训。

（二）津巴布韦自然条件得天独厚，但综合国力相对弱小，很容易成为"国际炒家"的目标。

（三）津巴布韦独立初期，借贷比较多，又恰好是"沃尔克冲击"的高利率区间，一下子就跌入了"债务泥潭"。

（四）津巴布韦经济被"外国资本"主导了62.5%，本国经济发展和税收大部依赖他人，引发了一系列问题。

三、津巴布韦"金融危机"的影响
（一）津巴布韦经历了1000%/年的通货膨胀率。

（二）津元，从1980年独立时的1（津元）:1.6（美元），到2005年10月取消"外汇拍卖制"实行"紧盯市场的浮动汇率制"为止，银行间汇

率为 1（美元）：77000（津元）。津元贬值之多，超过苏联金融战役中，"旧卢布"累计的贬值。这是 2005 年的数字，到 2007 年 8 月为止，津元贬得几乎一文不值，并且还在继续。

（三）津巴布韦国民生产总值 45 亿美元，负债达 44.15 亿美元（2003年），这种"债务问题"解决起来，难度比较大。

四、津巴布韦金融战役的回顾

（一）津巴布韦建国初期没有利用有利时机进行土改，后期被迫进行"土地赎买"，已经是粮荒爆发的时刻，实施难度和条件都不那么有利，一直处于压力和被动中。

（二）津巴布韦在 1980～1990 年，建国的前 10 年里，对于外资先是"盲目引进"，然后是"全面限制"，1989 年前后又开始放弃了对"热钱"的限制。 津巴布韦金融战役（第二阶段）前夜的 1989 年，引进短期外国"投资" 35 亿美元，津巴布韦总产值才 45 亿美元。

（三）津巴布韦对于"短期资本"的管理随着"外资政策"不断变化，其深层次原因是津巴布韦对数字美元极度渴求，国际债务到期时，就"只能顾眼前"了。

（四）"国际炒家"在津巴布韦外汇市场和"黑市"的影响力，直接制造了津巴布韦目前的"超级通货膨胀"。

（五）建国初期，津巴布韦想通过借贷快速发展经济，愿望是好的，但埋下了陷入债务陷阱的祸根。

（六）在 1980～1990 年对于引进的所谓的"外资"不知就里的情况下，开放金融、外汇、股市、地皮、期货市场，使得整个津巴布韦虽然短期出现了股市和房地产的虚假繁荣，但最后一套金融战"组合拳"[包括：高利息；国际期货市场做空打击还债能力；利用开放金融市场借入津巴布韦元（简称津元 津巴布韦货币），大肆"购买"津巴布韦资产和期货，然后"撤资"打压津元制造津元大幅度贬值，实质逃避归还所欠津元债务]，就被打得现出了"原形"，这个过程是值得人们深思的。

五、津巴布韦金融战役的经验

（一）坚持国家监管和行政干预，面临汇市金融战打击时，果断关闭汇市，有效阻止了美国金融战专家的结算获利。虽然，其还能影响黑市（这

也说明国家金融监管的极端重要性和津巴布韦的政策漏洞,当然这也有各种复杂的因素在起作用),但公开货币渠道严重受阻。

(二)顶住"国际社会"压力坚持进行土地国有化,强征被"买"走的土地。这极大地打击了美国金融战投机上的获利行为,并让其在以后总是有所顾忌。只要美国金融战专家还在"市场手段"范围内操作,它就绝对不是一个政权,哪怕是一个弱小的新独立的津巴布韦政权的对手:"你方"(发动金融战)"廉价"买(制造1比1000000的贬值,先借钱买地再还钱,1000000美元等值的津元购地借入款,归还不到1美元的等值津元),"我方"(津巴布韦政府)"征收"回来,就是这么个过程。

(三)积极争取邻国(南非等)和世界其他发展中国家的外交道义支持,并没有陷入绝对的孤立。尽管美国甚至已经对津巴布韦的所有公务员进行了制裁,但依然效果有限——因为,世界很大,不只美国一个国家。

(四)津巴布韦积极创立有效外汇管理制度,比如引进的"外汇拍卖制度"就令美国金融战专家很难套利。这也是小国抵御"国际炒家"金融战的不得已的办法,但行之有效。

(五)津巴布韦至少有勇气保卫自己国家免受金融战打击,单单这一点就很值得人赞赏和钦佩了。

(六)津巴布韦政府从1990年开始认识到"新兴工业化国家"与"非洲债务国家"是天然的联盟者,其外资政策和外汇政策,都是正确和有效的。目前,只是沉疴太久、并且其与新兴工业化国家合作的力度和水平还待有提高。但只要政权还在,津巴布韦金融战役依然是胜负未定。

(七)最新消息:黑市上的汇率已经达到1美元约合2.5亿津元(李努尔.津巴布韦发行面值5亿元新钞. http://news.xinhuanet.com/photo/2008-05/15/content_8179845.htm)。

图片说明:2009年1月16日津巴布韦储备银行宣布发行1000000亿津元新钞。

第七章

力尽筋疲谁复伤

——诡异的金融战役

第1节 英国金融战役

英国金融战役和意大利金融战役是同时发生的一场金融战役的两个分战场，由于命名规定，故将第1节命名为"英国金融战役"、第2节命名为"意大利金融战役"，但其实是一场金融战役，原书稿分为英国（和意大利）金融战役的"上"和"下"，请尊敬的读者注意这"两场"金融战役的紧密关系，文中为了表示这种紧密的关系。由于实际是一场金融战役，行为交错进行，主次战场交替更迭，无法进行简单的区分，故依然采用"英国（和意大利）金融战役"的说法。

一、英国、意大利

之所以要把 1992 年的英国金融战役和意大利金融战役结合在一起，主要这是"两场"由同一批"国际炒家"策划和执行的金融战役，并且"两场"金融战的目的、性质、背景、时间完全一致，故统称为：英国（和意大利）金融战役。

二、英美关系的实质

（一）暗示性的词汇

华尔街媒体中，"盟友"这个词汇"似乎"用得很频繁，这类似于一种暗示性的宣传策略。

1. 从宣传战广义理论上把世界分化为所谓的"我们"和"他们"。

2. 让"被打击目标"感觉对方似乎"朋友遍天下"，也就会自感"势单力孤"。

3. 让被划作"盟友"的那些"势力"感到高兴，诱发一种糅合了"远近暗示"（即：利用一种排座次的心理，让人们潜意识接受这个群体的归

属定位)、"忌妒激发效应"（即：通过对群体中一个无特征目标进行略微夸大的正面鼓励，激发其他目标潜意识寻求鼓励的心理暗示和相应的报偿机制，从而达到一个强化群体归属的目的）的复杂的"向心力"。

（二）英国与"大陆均势策略"

英国维持对美国的盟友关系，本质上依然是传统的"大陆均势策略"演变而成"大国均势策略"的产物，其目的是制造美国与他国矛盾，英国作为"平衡力量"来行使单纯依靠英国国力已无法支撑的"英国世界性的影响力"。

（三）美国的目的

美国把英国宣传成"美国最坚定的"盟友是有目的的。

1. 软化欧元区的"同一性"，在欧元棋局中摆上一枚"伏子"。

2. 削弱英镑和英镑背后的"部分资本集团"。

3. 削弱"伦敦城"的金融地位。

三、英国金融战役的起因、背景和机制

（一）英国金融战役的起因和背景

1. 英国金融战役的起因：《马斯特里赫特条约》（简称："马约"，下同）的签署。

2. 1992 年 2 月 17 日，欧洲共同体十二个国家的外交部长和财政部长在荷兰的马斯特里赫特签署了《马斯特里赫特条约》。抛开其"欧洲国"的政治梦想不谈（实际上问题多多，语言、文字、利益统一难度都比较大），单纯从金融角度上有两个目的。

（1）强化当时已经存在的"欧洲汇率机制"。

（2）推出了一个"欧元路线图"，条约规定，欧共体（后改称欧洲联盟）各国应当分三个阶段完成统一货币的工作。

①第一个阶段：强化当时已经存在的"欧洲汇率机制"，实现资本的自由流通。

②第二个阶段：建立"欧洲货币机构"，负责协调欧共体各国的货币政策。

③第三个阶段：建立统一的欧洲货币（欧元），并把"欧洲货币机构"升格为"欧洲中央银行"，为欧盟各国制定统一的货币政策。

（二）英国金融战役的"机制"

1. 通过《马约》签约国，迫使其退出"欧洲汇率机制"，让《马约》无法实现规定中的"欧元第二阶段"，也就阻止、迟滞了欧元的建立步伐。

2. "欧洲汇率机制"是一个硬性规定，凡是汇率波动超出规定的国家，必须退出"欧洲汇率机制"，这就制造了一个通过打击"某个《马约》签约国"的货币汇率，就可以直接打击欧元的机会。

3. 欧共体为了协调错综复杂的矛盾和利益纠葛，采用了一个"一票否决"的特殊制度，这让美元体制可以通过打击一个"欧元区国家"的汇率，就可以冻结整个欧元进行。

四、"法德也看出了这个问题"和"两步走的方案"

美元体制的策略与法德对策。

（一）美元体制利用了欧元机制的一个"技术性难题"，其背后却是《马约》签署国的"内部矛盾"，"似乎"是个不可逾越的"障碍"。

（二）共体核心法德两国绞尽脑汁设计了一个"（欧元）两步走"的方案，才最终"逾越了这个障碍"，推出了欧元。

五、英国金融战役的四个战役阶段

第一个战役阶段：序幕——战略和战术条件趋向成熟的准备阶段。

（一）1990～1992 年

从战略层面来说：英国在 1990～1992 年的那段时间里面，实际的金融策略远远不像一些英国媒体嗤之以鼻的那样令人不屑一顾，正好相反。英国金融管理者对美元体系深刻的洞察力是惊人的和冷静的，并且安排了一个很巧妙的汇率。1990 年英国国内政治势力经过深刻思考，决定加入"欧洲汇率机制"。这是"铁娘子"撒切尔夫人（玛格丽特·撒切尔）"英镑"时代的终结，也是她个人政治生命的转折。

（二）"欧洲汇率机制"

1. "欧洲汇率机制"，表面上是让欧洲各国货币相对汇率基本稳定，有利于"降低贸易汇率风险"。但其根本目的有二：

（1）削弱美元体系（不再用美元作衡量标准，也就是以后不再用美元作世界交易媒介，这也就终结了美元体制）。

（2）为欧元铺平道路（因为只有欧元区各国的汇率基本固定，才能够

在以后简单地过渡到统一的欧元区，否则就会出现无法解决的计算混乱）。

2．梅杰政府的冷静与客观

1991 年上台的英国保守党梅杰政府清醒地认识到：

（1）美元体制不会认同欧元体制对美元体制的"某种替代"——虽然欧元和美元都是控制在同一批银行家手中的两张牌，但美元体制的受益者和欧元体制的受益者却是客观对立、很难协调的。

（2）道出了这个"伟大的远景"，也看出了欧元必然是多灾多难的命运。

（3）欧元体制实际上是银行家对美元体制的"升级版"，是一个"世界货币、世界央行"理论的最后一块跳板，也是对美元体制广义债务的"一次性注销"，这不仅短期损害了包括欧元区在内的中小国家、中小企业的利益，从长远看也将把"美元体制"的一切弊端发展到一个更加"极致"的地步，欧洲各国政治集团和跨国企业虽然和银行家集团有着千丝万缕的联系，但没有任何人会从一个"遍及全球的、唯一性货币选择"体制中受益，因为这个"世界货币"依然是一个"债务货币"，也就说：货币发行权名义上在欧洲各国组成的"欧洲议会"实际控制在国际银行家构成的"国际债权人"集团手中，也是一个私有货币。

（4）欧洲各国不会轻易放弃各国自己的民族货币，尽管他们会支持欧元（规避"发行数量已经超过起码安全限度的"美元汇率风险），而他们又会被欧元体制所融合，这无疑会带来一个"不稳定但不断扩大的欧元体制"和一个"受到欧元体制不断挑战的美元体制"。

（5）欧元区的发展不会一帆风顺，因为"欧元体制的重点不是一个金融概念"。

从后来《欧盟宪法条约》先后被荷兰甚至法国的全民公决所否决这一点来说，法国对欧洲各国的本质认识不如英国来得准确。这有点"不识庐山真面目，只缘身在此山中"的味道。

3．梅杰政府的"金融构想"

（1）内容

美元、英镑、欧元联动，三个"世界货币体系"共同主导世界经济，并给出"一些人们渴望的选择和自由"。世界货币同时出现。

（2）基础

美元体制和欧元体制必然出现"某种竞争"而导致使用美元和欧元进行结算的国家出现巨大的汇率风险（也就是贸易双方由于无法明确脱离任

何一方，在商品定价、签合约、最后交割的过程中，欧元和美元汇率的相对变化，会导致无法预料的亏损或赢利，也就影响了整个世界贸易体制的平稳运行，这里有一个"误导性的问题"——这种风险的实质恰恰是世界交易媒介单一造成的，可用恢复世界货币多元化体制和"单一世界货币"两种截然不同的方案来解决，但国际银行家也许会用"货币多元化"来削弱美元体制，但最终目的却是"用来解决货币多元化不足的世界货币体制"），这时英镑就会成为真正的世界货币——"世界贸易需要多少交易媒介"，英国就可以"注入"多少英镑（就如同美元今天所做的一样）。

4．梅杰计划的"金融风险"

（1）英国作为《马约》签约国必须先加入"欧洲汇率机制"，借助欧元力量"拓展"英镑信誉，借鸡生蛋，再创"英镑时代的辉煌"，这就必然触及了美元体制。

（2）英国计划中的"欧元区"（保留各国货币）和法国计划中的"欧元区"（取消各国货币）的本质差别虽然可以用外交辞令软化和掩盖，但终归会让英国和欧洲大陆出现一道看不见的"心理鸿沟"，尤其在英法之间。这对极度依赖欧洲大陆贸易的英国是一个政治风险，也是一个经济风险。因为万一出现了"意外"，比如：双速欧洲、两个同心圆的欧元区等后来真的被提出来的带有惩罚性的方案，都会让英国贸易游离于欧元区内部贸易之外，这是很危险的。尤其在英国并没有什么特殊优势商品的情况下，英国商品很容易大规模地被欧元区内部商品所替代，失去一个重要市场造成英国经济衰退。

（3）"欧洲汇率机制"实际预计放弃欧元区"内部贸易"中对美元的使用和"汇率挂钩"。英国计划中的"欧元区"是"欧洲的头脑"（英国当然希望这个"欧洲的头脑"是自己了，但现实并非如此）＋"欧洲的发动机"（德国），而欧元和美元同时与英镑进行"汇率挂钩"是整个计划的基石。

在欧元还没诞生之前，最好实现"英镑与德国马克"、"英镑与美元"的汇率稳定和"习惯性汇率挂钩"，但要想获得以后英国设想的"世界交易媒介的三足鼎立"，就必须暂时牺牲一点英国出口商品的竞争力，达成"真实的"英镑坚挺（英镑的稳定性基石却必然出现不引人察觉的动摇，这就是表面坚挺的沉重代价）。为此，1992 年英国梅杰政府把英镑对马克汇率保持在 1：2.95（根据《马斯特里赫特条约》规定欧元区各国"既定汇率"上下浮动不得超过 2.25 ％，否则自动退出"欧洲汇率机制"），这对英

国的经济和金融安全来说无疑有"一定"的"短期风险"。

5.梅杰政府的"战略评估"

(1)英美亲密关系,可以让美元体制在"一定程度上容忍英镑的存在"。

(2)法国和德国的"欧元区"也离不开英国的支持和参与。

(3)值得冒短期"金融战术风险",来寻求长期"金融战略利益"。

6.梅杰政府的"失算"

(1)梅杰政府"雄心有余、稳健不足(实力不足)"。

(2)英国政府高估了"盟友"二字的价值,其本质却是低估了美元受益者对美元体制崩溃的恐惧。

(3)英国政府高估了"英镑"这块"金字招牌"在欧洲大陆国家眼中的分量,反对欧元的撒切尔政府的倒台、英国1990年加入"欧洲汇率机制"、英国1992年签署《马斯特里赫特条约》等行动,没有被法德认为是"巨大和痛苦的让步"(这里对英镑而言),却被认为是英国实力的"写照"(相对于英国传统的欧洲大陆孤立主义政策而言,英国这次"调整"很不一般)。这导致了英国在法德眼中地位的下降和导致了此后的"两个欧元区"、"两个速度"、两个同心圆("核心欧洲"和"外围欧洲")的出现。

7.回顾

(1)英国梅杰政府的金融策略,并不是后来"英镑危机"的直接原因,这不是监管技巧和战略战术的失误,而是实力使然。梅杰政府殚精竭虑维护英镑体制的"雄心"和出发点,是值得人们尊敬的(尽管有高估英国实力和低估他人实力和决心的错误,而让英镑体制暂时陷入了战略弱势,但其雄心和技巧令人叹为观止)。

(2)"国际炒家"发动了"英镑金融战役"战略上得不偿失,不仅没有阻止欧元体制对美元体制的蚕食,还损失了宝贵的"信誉"。

(3)从长期看,梅杰政府的金融策略,由于美元体制这次"看似成功的盲动",而实际得以延续,评论胜败,为时尚早。

(4)由于英国政府的坚持和战略努力,英镑体制目前具有两重性:

a.其潜力和实际力量开始了布雷顿森林体系建立后的"战略复苏";

b.英国经济和英镑体制将面临空前的压力和困难。

(三)"国际炒家"的决心

1.《马约》签订让欧元的出现箭在弦上,阻止欧元的"行动"也一触即发。

2. "国际炒家"在英镑逐渐坚挺的"相对低价位阶段"大量吃进英镑，"配合"英国政府的金融决策，促进了英镑的"坚挺"，积蓄了足够多的"弹药"。

3. 英国签署了《马约》，至少从"技术上"加入了欧元体制，这是直接的"导火索"——必须迫使英国退出"联系汇率机制"，阻止"欧元三部曲"的顺利实施。

第2节 意大利金融战役

一、第二阶段 攻防——"索罗斯基金"（等）和英国（包括：意大利）的短兵相接

整个英国金融战役的表面过程远比幕后角逐要简单得多，这是一场"奇怪的金融战役"，背后隐藏的东西，引人深思。

（一）"国际炒家"的策略

1. 从1992年2月开始，华尔街四大对冲基金中的"老虎基金"和"量子基金"开始在英国外汇期货市场上抛出英镑现货和期货沽空合约，类似的行动同时在意大利展开（抛售意大利里拉，抛出意大利期货沽空合约）。

2. 利用了"影响力"在英国制造了一种"只有降息才能让英国经济走出困境"的说法，干扰了梅杰政府"长远的战略"的实施。

（二）英国政府和意大利政府的策略

1. 英国和意大利都提高了本国利率，英镑利率一度高达15%。

2. 英国和意大利"共同呼吁德国降低马克利率"，减少马克相对强势（这本身就很耐人寻味）。

3. 英国和意大利不断地向外汇市场抛售美元和马克，实际投入金额有限，类似于"扬汤止沸"，其总体使用外汇储备远不如媒体和专家所说的那样"到了极限"。

4. 英国和意大利的官员不断用讲话来"稳定"市场。

5. 第二阶段的攻防，1992年2月17日至9月14日。

这场金融战役的空间战场非常集中，是一次特殊的，甚至是绝无仅有的"封闭性金融战役"（也就是发动者自主限制金融战的负面影响和后果，实际反映了发动者战略选择和"战术目的的有限性"，也可以说制约因素相对强大），这反映了美元体制和欧元体制的既联合又对垒的关系，其本

质是"国际债权人"实际同时主导着美元体制和欧元体制,而美元体制的受益集团和欧元体制的受益集团之间的利益之争却具有"零和"性质。

(三)英国(和意大利)金融战役的三个历史疑案

1. **第一个疑案**:英国(和意大利)金融战役发起者从何时开始准备"弹药",实际数量是多少?

(1)也就是在1992年2月至9月狙击英镑和意大利里拉的"量子基金"和"老虎基金"到底从何时开始积蓄英镑和里拉。因为"国际炒家"发动英国(和意大利)金融战役的时候,并不是依靠"突然大量撤走短期资金"而制造出"美元债务效应"(即外汇市场瞬间美元短缺)而打击英镑和意大利里拉的,其手法简单"传统",就是大量抛售英镑和意大利里拉(配合了一些沽空合约,但数量有限)。这样做对于美国金融战发起者一方明显会有三个不利的因素。

①这是个"笨"办法,需要实实在在地储备大量英镑和意大利里拉,或者从英国和意大利银行大量借贷(这很容易被该国政府察觉而丧失突然性和容易被利率手段压制)。

②太过"直白",美国量子基金和老虎基金可能"会有扰乱市场的嫌疑"。

③作战意图明显,容易被事先察觉和防范。

(2)(**美元债务**)**窗口战术**,也称**美元债务效应**:让被打击方的账面上不存在"值得事先保留准备金的应归还美元债务",却又能突然"凭空"制造出美元债务,从而达成了战术和战略的双重突然性。

(3)**窗口**:指一个特定有效的进入、或开始、或退出的时间段,一般时间很短。

(4)"国际炒家"选择这种"传统"方式的原因。

①"国际炒家"有强大金融支持,甚至可以"借贷"到保存在华尔街美联储银行的美国外汇储备,这不仅制造英镑汇率的反复涨跌,也构成了足够的"心理打击",可以在不动用多少资金的情况下,取得英镑体制的"配合"。

《有关美国外汇储备的简介》

有一种说法:美国没有"外汇储备",华尔街媒体甚至宣称"美国不需要外汇储备,因为美元就是世界各国'外汇储备'的主体……"但美国政府实际有外汇储备(包括黄金储备),都由华尔街私有银行纽约美国联邦储备银行"代管"。

1998～2005 年美国的官方外汇储备（单位：亿美元）

年份 项 目	1998	1999	2000	2001	2002	2003	2004	2005
总资产	817.6	715.2	676.5	686.6	790.0	859.4	868.2	651.3
黄金储备	110.5	110.5	110.5	110.5	110.4	110.4	110.4	110.4
特别提款权	106.0	103.4	105.3	107.7	121.7	126.3	115.6	82.1
在 IMF 的储备	241.1	179.5	148.2	178.5	219.8	225.3	152.8	80.4
外国通货	360.0	321.8	312.4	289.8	338.2	397.2	410.6	378.4

说明：此表系根据美国联邦储备银行"美国的储备资产，美联储所持有的外国官方资产"表格提供的数据整理。"表格和表格项目说明"的文献来源：郑友林：美国没有外汇储备吗？特此表示感谢。

http://www.chinavalue.net/article/39078.html

各个小项的构成说明如下：a. 这里的黄金储备仅指联邦储备银行用作国际账户的黄金，并不包括美国政府的黄金储备；b. 特别提款权（SDRs）是根据 1974 年国际货币基金组织采用的技术计算出来的，即根据成员国货币的加权汇率得出的估值。从 1974 年 7 月到 1980 年 12 月，使用了 16 种货币，从 1981 年 1 月开始，只使用了 5 种货币，因此，从 1974 年 7 月以来，美国所持有的特别提款权及头寸也随之改变；c. 包括国际货币基金组织在每年 1 月 1 日分配的特别提款权，具体数额：1970 年为 8.67 亿美元；1971 年为 7.17 亿美元；1972 年为 7.1 亿美元；1979 年为 11.39 亿美元；1980 年为 11.52 亿美元；1981 年为 10.93 亿美元。另外，再加上特别提款权的交易净值；d. 根据市场汇率计算的价值。

②1989 年，英国空前"繁荣"，投机活动旺盛，尤其是房地产泡沫导致英国政府把英镑利率调高到 15%，这些进入英国房地产市场的"热钱"并没有退出（英国当时没有出现热钱退出必然产生的"美元债务效应"）这些热钱转变为英镑存款"隐藏了下来"，平时可稳稳地套取美元和英镑的利息差（1989 年美国利率 7%，英国为 15%）等待命令"出击"。这就能回答一个问题："国际炒家"狙击英镑的"弹药"是从什么时候开始准备的。答案是：1989 年，英国房地产"繁荣时期"。

③英国和意大利均有衍生金融工具可以作为打击英镑和意大利里拉的"辅助手段"。

货币长城

　　英国是传统的"金融霸主"，在引进华尔街衍生金融商品的步伐上，走在了"世界前列"。伦敦国际金融期货交易所（LIFFE）从股票、白糖、英镑、"三个月英镑汇率期货（1989～1990 年引进）"、"FTSE 100 指数期货（"赌"金融时报指数所反应的 100 家英国大企业的股票涨跌）……几乎是"有什么'赌'什么。"（这里的"赌"利用期货合约的杠杆系数，进行"任意商品、统计结果、趋势"价格"看涨看跌"的期权合约买卖，以此买卖并不存在的"虚拟商品"或者自己"根本不拥有的任意虚拟商品"，而获得极高的利润，或导致巨额亏损，下同）。

　　包括英国、意大利在内的欧洲各国发达的"衍生金融交易市场"已给了"国际炒家"足够的"选择空间"，他们可以在所持英镑不足的情况下，用购入看跌英镑汇率的"期货合约"做"辅助手段"，一切都是为了避免英镑和意大利里拉受到过度打击[索罗斯基金等"国际炒家"本来可以拥有的全部英镑，购入"看跌期货合约"，只要达到 100 倍的杠杆倍率，就可让 50 亿美元的"等值"英镑，制造出 5000 亿美元"等值"英镑的抛压，会引发市场抛售英镑（同理，意大利里拉）的"群羊效应"，英国和意大利就会发生"亚洲金融危机（1997 年）"中泰国、印尼等国经历的连锁反应…… 这就超出了"国际炒家"让英镑和意大利里拉退出欧元体制的既定战略目的，而"把英国和意大利推向了欧元体制"，这甚至可能导致截然相反的结果，所以说这是一场"奇怪的金融战役"]。

　　④由于"伦敦金融城"和"华尔街"的关系极为密切，也就制造了一个战术的突然性和战略意图的隐蔽性。意大利被华尔街媒体称作："欧洲的跛脚鸭"，意大利里拉被《马约》"高估"了（这是为了以后在欧元区内制造意大利的高生产成本效应，这也是《马约》限制签约国进行汇率贬值的原因之一），意大利里拉很可能不经历任何"金融狙击"就会"不得已进行调整"。实际上，欧共体各国普遍认为："意大利里拉被高估了（此处指：1992 年）。"

　　2. 第二个疑案：英国（和意大利）金融战役爆发之时，法德为何"口惠而实不至"

　　（1）史实

　　英镑和意大利里拉的汇率被冲低的结果，必然是英国和意大利退出"欧洲汇率机制"，《马约》所规定的欧元三阶段发展进程必然遭到"技术性打击"而陷入停顿，但英国和意大利都没有得到法德（"国际炒家"对英

130

镑和德国马克兑换率的"狙击")的金融援助。

（2）求助遭拒

"国际炒家"通过抛售英镑购入德国马克制造了英镑和马克的兑换率稳定，所以英国政府在1992年6月至9月曾经多次找到德国政府提出希望"德国政府降低利率"，以"弱化马克强势"的方式来拯救英镑。德国政府以两德合并开支巨大，"降息会引发通货膨胀为由"多次坚决拒绝援助英国。

（3）英国"请求"的背后

①英国的"请求"本身，就有一定不合理性。英国既没有向德国请求提供一笔马克援助贷款，也没有请求提供美元周转金之类的现实援助，而是提出了一个实际会导致马克汇率下跌的"援助方案"。

②梅杰政府在1992年6月的时候已经看出"国际炒家"的实力和目的，权衡利弊后因势利导，决定诱使"国际炒家"汇率冲击矛头转向其本来要打击的欧元的核心：德国马克。这个战略临危不乱，有章有法，对美元体制诱惑极大，德国又很可能应英国请求而降低马克利率，也就制造了马克汇率下行的基本面。

③梅杰政府的策略临危而出、随机应变、深刻老辣、深谙国际"利益原则"，并且在初时的短暂震惊之余，迅速冷静客观、不动声色地抛出了一个极其复杂的"足以一桃伤二仕的诱饵"，安排好英镑体制应对"一场世界性货币危机"的伏笔。

④德国也看出了英国这个打算，断然拒绝降低德国马克利率的请求，反而提高德国马克利率确保马克强势。

⑤此刻，欧共体击退任何欧元体制内的"汇率投机"（比如：英镑与马克），也有足够的外汇热钱击退欧元体制外的"汇率投机"（比如：英镑与美元），但送去了华丽的外交辞令。

3. 第三个疑案：美国为什么不援助盟友——英国。

这是华尔街媒体和专家一度很"关注"的"疑案"。

二、第三个阶段 "索罗斯的胜利"——英国·意大利政府正式宣布退出"欧洲汇率机制"

索罗斯基金的全面胜利。

（一）整个英国（和意大利）金融战役是一场"相对简单"的金融战役

货币长城

英国政府在 1992 年 9 月 16 日两次提息，把英镑利率提高到 15%，并且"据说"从 1992 年 2 月到 1992 年 9 月 16 日为止，英国共花费外汇 77 亿美元，意大利花费了 266 亿美元，最终还是"败在了索罗斯基金手中"。

（二）英国战场

1. 1992 年 9 月 16 日英镑与马克的比价由前一天的 1 英镑兑换 2.78 马克跌至 1 英镑兑换 2.64 马克，英镑与美元的比价也跌到 1 英镑兑换 1.738 美元。

2. 1992 年 9 月 16 日（夜）英国财政大臣拉蒙特宣布英国退出"欧洲汇率机制"并降低利息率 3 个百分点；17 日上午又把利率降低 2 个百分点，恢复到原来 10% 的水平。

3. 1992～1993 年英镑整体贬值 22%，据"传说"：索罗斯等"国际炒家"获利超过 10 亿美元。此事导致梅杰政府的声誉受损。

4. 英国在和索罗斯基金等"国际炒家"历时 200 天的"较量"中共投入 77 亿美元，不到 1997 年 8 月 28 日一天，中国香港特区政府与索罗斯基金等"国际炒家"在香港股市"博弈"时的日资金投入量——790 亿港币（约等于 100 亿美元）。

5. 1992 年 9 月 14 日德国正式宣布贴现率略微降低了 0.5 个百分点，由 8.75% 降到 8.25%，是德国五年间（1992 年 9 月 14 日以前）的第一次降息，德国的这一举动受到美英法的"高度赞赏"。

6. 德国中央银行行长施莱辛格 1992 年 9 月 10 日谈到"汇率问题"时说："欧洲货币体系不稳定的问题只能通过部分国家货币的贬值来解决"。这个发言等于告诉"投资者"英镑（和意大利里拉）"需要"贬值，传开后成了"群羊效应"攻击英镑（和意大利里拉）的总攻号角。

7. 同日，即：1992 年 9 月 10 日，英国首相梅杰在格拉斯哥对苏格兰英国工业联盟的演讲中传达了一个坚定的信息："软弱的选择、贬值论者的选择、助长通货膨胀的选择，在我看，是在此刻背叛我们的未来。我可以十分明白地告诉你们，那不是政府的政策。"

8. 有报道说："英格兰银行则从其 788 亿美元的外汇存底中动用 269 亿美元买进英镑，但仍然止不住英镑下跌的势头"，1992 年 9 月 16 日英国尚有外汇存底 519 亿美元。

（三）意大利战场

1. 意大利政府投入了全部外汇储备，共计 266 亿美元后，1992 年 9

月 13 宣布意大利里拉贬值 3.5%，已经超出了"欧洲汇率机制"的规定（联合浮动干预机制——按照欧洲货币体系的规定，本阶段的对内浮动制的汇率可容许波动幅度，仍沿旧制，为上下 2.25%，除意大利以外，其幅度放宽到上下 6%），但尚未超出针对意大利的 6%的浮动水平，欧盟实际是默认了，但对意大利里拉的炒作反而加紧了。

2. 1992 年 9 月 16 日意大利政府宣布退出"欧洲汇率机制"，并进一步贬值，意大利此后金融动荡长达 1 年。

三、第四个战役阶段 尾声——英国（和意大利）金融战役的连锁反应和影响

（一）英国、意大利、西班牙

欧共体财政官员召开了长达 6 小时的紧急会议后宣布同意英意两国暂时脱离欧洲货币体系，西班牙比赛塔贬值 5%。从 1987 年 1 月至 1992 年 9 月，5 年多时间内欧洲货币体系的汇率只进行过 1 次调整，而在 1992 年 9 月 13 日至 9 月 16 日，3 天之内就进行了两次调整，《马斯特里赫特条约》所规定的"欧洲汇率机制"部分失效，"欧元三部曲"的规则只能从头制定，直接导致了后来"双速欧洲论"的出台。

（二）德法为核心的"**核心欧元区**"的形成

（三）芬兰

1992 年 9 月 8 日，芬兰马克首先宣布与德国马克脱钩（并没有受到英国·意大利金融战直接波及，而是受到了德国马克汇率上升的影响，但本质上恰恰基于同一场金融战役"欧元战役·1992 年"）。

（四）英镑汇率累计下跌 22%，利率接连降低后，退出欧元区的英国经济出现戏剧性的好转，"外国投资者纷纷进入英国"，开始了一个繁荣时期。

四、英国（和意大利）金融战役，不同于任何其他金融战役的三个方面

（一）英镑和美元都是债务货币，而主导美元体制和英镑体制的"国际债权人"基本一样，但美元体制和英镑体制的依附利益群体则"有所不同"。

（二）英国经济其后发展良好，是美元体制的"某种补偿"，也是英镑体制放弃了"远大目标"而追求"现实利益"的结果。

（三）英国 1992 年 2 月至 9 月并没有动用多少外汇储备，华尔街媒体

和英国媒体渲染的"金融大战"。可以肯定的是:意大利退出"欧元汇率机制"是由于无奈(美元流动性枯竭)、芬兰退出是出于"不安"(担心影响本国经济和金融稳定)、西班牙贬值是出于利益(出口汇率优势),唯独英国退出"欧元汇率机制"更多的是基于幕后交易,甚至是"某种层面的协作"。

五、英国(和意大利)金融战役留下的历史之谜——英格兰银行在整个英国(和意大利)金融战役中的作用

英国政府和英国财政部对于英格兰银行没有监管权力。英国政府不仅无权"干涉英格兰银行的事务",对于"财政部长"只有一个"形式上的任命权",实际没有对"财政部"和英国货币金融事务的直接管理权……所以,英国政府也不完全清楚"英镑被狙击期间"到底发生了什么,英格兰银行的作用、立场和态度也就成了历史之谜。

第 3 节 美国和加拿大在金融战场上的"百年战争"

一、加拿大的"金融乐园"时期(1817 年 11 月 3 日至 1913 年 12 月 23 日)

(一)"侏罗纪时代"

这个时期的是一个充斥着各类金融冒险家的"侏罗纪时代",争夺的是利润,较量的是"体积"(资本数量)和"勇气"(违反道德和法律的"能力")。

(二)"加拿大自治领地"

加拿大最早的居民是印第安人和因纽特人,16 世纪起,法英殖民者先后到来,1848 年英属北美成立了自治政府。1867 年 7 月英国议会通过"不列颠北美法案",将新斯科金、新不伦瑞克和上下加拿大(1791 年,加拿大宪法将魁北克分成上加拿大省、下家加拿大省两个部分,1841 这两个部分又重新合并)合并成一个联邦,称"加拿大自治领地"。加拿大独立后成立联邦政府,成为英联邦的一个自治体。

(三)早期的金融

在金融领域,根据《(British North America Act)英属北美法案》,英国联邦政府全权管辖自治领地货币和银行业。这时加拿大的"货币制度"

很不完善，但根据《银行法》（加拿大银行法大致 10 年左右更换一次，此处指 1871 年版）事实上是由"特许银行"发行各种"私有货币"，一些店铺的"商业券"也被看做"货币"，黄金和白银也在实际流通。

（四）"加拿大蒙特利尔银行"

1817 ～1934 年期间，横跨了"加拿大"独立前后的一家"实际的私有央行"——"加拿大蒙特利尔银行"（蒙特利尔银行是根据加拿大国会法于 1817 年 11 月 3 日建立的，于 1822 年更名为"加拿大蒙特利尔银行"，是加拿大历史最悠久的私有银行，至今已有 177 年的历史。该行当初是由 9 个蒙特利尔商人合股创建，当时的原始资本约可折合 150000 加元）。该行从一开始仅经营传统的存款、贷款业务，但随即开始发行私有货币（加拿大历史上的第一张钞票即由该行发行）。1863 年，该行成为加拿大政府的"**指定银行**"，直到 1934 年加拿大的中央银行，即**加拿大银行**成立前的 71 年间，蒙特利尔银行身兼二任，行使了中央银行的许多职能，例如：管理公债、发行货币、维持加元稳定等。

（五）"旁观者"

这段时期，加拿大（1867 年才正式成立）基本是个旁观者，授权和监管基本是走形式。发行各种"私有货币"的"特许银行"不见得比商店更有信誉，银行发的"信用券"不一定比商店的"购物券"更有"流通性"。

（六）"马太效应"对于"存款者"来说是一个"相当不安的时期"，不仅存款银行随时可能会关门，还要接受五花八门的"货币"。"马太效应"还起了一个令人啼笑皆非的作用：一家"私人金融机构"（比如一家"特许银行"或"连锁商店"）的"货币"发行得越多，使用的范围就越广，人们就更倾向于接受这种"货币"而不论"这张纸是谁发的"…… 围绕这个巨大利润的争斗不仅激烈，而且缺乏秩序，"邻国（美国）"在 1913 年 12 月 23 日通过了一个"奇异"（私有央行＋私有债务货币）的《联邦储备法案》，不过"联邦储备银行系统"既不是"联邦"，又没有"储备"，也不是银行。美元可以看做是这种"马太效应的终结者"，不过随着 M3 数字的消失，人们也慢慢的"不安"起来……

二、华尔街主导加拿大金融的时期（1913 年 12 月 23 日至 1938 年）

（一）实质

这个时期美联储对加拿大的作用，由于过去英格兰银行对加拿大作用

类似，是实际货币的供给者和加拿大宏观经济的管理者。

（二）"两场战役"

此后，"似乎"失去了理智，接连发动了对内对外两场秘密的金融战役。

1. 第一场 美国国内的金融战役

（1）对象：各种金融资本和实体产业所有者。

（2）目的：资本凝结和财富转移，强化美元体制的主导。

（3）手段：1928 年之前的大肆减息、过度放贷，制造全国性投机风潮，然后在 1929 年 10 月 29 日突然收紧银根（**实际不仅仅是收紧银根，而是冻结全国资金供给，并且硬性收回所有贷款，让整个美国经济陷入了流动性短缺，大部分企业陷入了流动性枯竭**），制造了美国历史上著名的"黑色星期二"，直接导致了全球性的"经济危机"，也间接导致了第二次世界大战的爆发。

2. 第二场 加拿大金融战役

（1）对象：加拿大的金融资本。

（2）目的：建立一个由美元体制主导的"加拿大私有央行"。

（3）手段：依托美国经济对加拿大经济的比较优势和美元体制的绝对优势，用美元流动性冲击加拿大货币市场，制造了一系列加拿大"特许银行"（就是可以发行私人货币的一些金融机构）倒闭事件。尤其是 1923 年霍姆银行的破产，引起了加拿大企业界对"加拿大特许银行发行私有货币的体制"感到了不信任，产生了一个建立"加拿大银行、加拿大货币"的想法。这个初衷和美元体制的"计划"有着本质的不同：国有银行和国有货币。

（4）结果：1934 年私有央行加拿大银行建立，并开始发行私有债务货币，"国际债权人"主导了一切（请注意：加拿大银行不是加拿大皇家银行，也不是"加拿大的银行"）。

三、华尔街的"第一次失败"——加拿大银行的国有化（1934～1938 年）

（一）"加拿大银行"国有化的基础

1. 第一个基础：1914 年加拿大国会通过的"金融法案"，从法律上规定了注册银行（私有银行）可以向财政部请求证券贴现，财政部可以透过贴现窗口向注册银行提供贷款。这样，财政部便成为银行体系中的最终贷款人，这给以后确立财政部领导下的加拿大央行带来了"惯性"和可能。

136

2. 第二个基础：1923 年随着"霍姆银行"的破产，加拿大政府就在财政部设立了银行总监察局，专门负责每年对注册银行进行检查。这个举措强化了政府对金融机构的监管职能，而这个监管的权力原先是在"加拿大银行家协会（CBA）"手中——即"依靠（私有银行）自我管理和监督"，这就让加拿大政府对"刚建立的私有央行'加拿大银行'"有了实际的管理权。

3. 第三个基础：加拿大社会上层有一些法国后裔和本地企业对美联储的建立过程和性质一清二楚，也饱受加拿大"特许银行"发行的"私有货币"之苦，不想再重复走这条错误的道路。

（二）两股力量

1. 加拿大政要的远见与果断

1934 年贝奈特总理在国会发表咨文深刻地指出："由于 1931 年英国放弃金本位，使得加拿大与英国之间没有直接的清算国际收支的正常途径，唯一的渠道是通过纽约来进行清算，加元的汇率要由纽约市场来决定……"

2. 加拿大金融资本和英国金融资本的"忧虑和不满"

美元体制通过私有央行"加拿大银行"不断地排挤加拿大金融机构，使其在对英（英联邦，此处有整个对外贸易之意）贸易的结算中"边缘化"，引发了一系列的"破产事件"，尤其对 "特许银行券"冲击很大（加拿大政府后来立法中止了"特许银行"私自发行货币的权力，1950 年后基本退出流通）。

1933 年 3 月 4 日，美国第 32 届总统罗斯福在就任当天立刻宣布全国银行从 3 月 6 日起停业整顿（Bank Holiday），直至调查清账工作完成才能重新开业，此后除了华尔街的"直系银行"，美国普通金融资本基本退出了历史舞台。

这对加拿大金融资本来说，是严峻的现实和更加"严峻"的 "近景"。

（三）**加拿大银行**、货币的国有化和限制外资保护本国金融安全制度的建立。

1. 1935 年 3 月正式成立的加拿大私有央行"加拿大银行"，在 1935 年底由加拿大政府出面颁布《中央银行法》，决定增发加拿大银行股票并由政府购买，以便使加拿大政府持有 51%的股权，从而使加拿大银行变成了公私合营、政府主导半数以上股份的金融机构。

2. 1938 年，加拿大政府把"加拿大央行"全部私人股份转归加拿大政

府所有，实现了加拿大银行的国有化，也就实现了加拿大货币的国有化。

3. 加拿大迅速出台了一系列限制外币（实际就是直接针对"美元"）兑换的法案和措施，并从此一直严格限制外国金融资本进入加拿大，全力保护加拿大的金融安全，这些限制外国金融资本的策略一直延续至今。

4. 加拿大取得了巨大的成功，是美加金融暗战第一回合的胜利者。但加拿大也出了一身冷汗，从此实际禁止外国金融机构进入加拿大。

（1）外国金融资本进入加拿大"投资"，"经营"10年后收归加拿大国有。

（2）外国金融机构进入加拿大，必须被限制在一个严格的专有领域，不得交叉经营。

①举例1：专营房地产贷款的金融机构，不得同时进行证券、存贷款、保险、融资等金融业务，反之亦然。

②举例2：一个外国金融机构进入加拿大，不得建立多个"独立负责、独立经营的子机构"进行不同的业务。

（3）这两个措施有效地保护了加拿大的金融安全，让加拿大成了"西方世界"唯一一个一直成功抵御了美元体制主导的实体经济，并欣欣向荣，发展成为美洲唯一可以和美国媲美的"发达国家"。

5. 这是加拿大的一次快速、果断的金融反击战，"摆上餐桌的烤鸭竟然飞了"。

四、金融暗战的百年较量（1938年至今）

（一）"加拿大的好运气"——没有被第二次世界大战波及（1939～1945年）

1. 战争的秘密

中学课本上说第二次世界大战是"由资本主义世界1930年经济危机引起"的，但1929～1933年的美国"大萧条"和华尔街有着紧密的联系。

华尔街资本扶植希特勒上台，间接挑起了第二次世界大战。"不谈金融资本的宏伟蓝图"，但从"纯商业"角度来说：这的确让银行家们赚了很多钱。瑞士的银行家一直和盖世太保秘密合作着（解密的民主德国国家档案馆文献：盖世太保在瑞士信贷银行的账号为54941，负责人名叫莱奥·沃尔克，是盖世太保负责财务的高级军官），这种合作的内容"极为广泛"……不仅如此，大量"无主的账户"成了瑞士银行家的一笔横财。

国际清算银行等一直是瑞士银行家主导欧美的大本营，即便在"第一次世界大战"和"第二次世界大战"中，也是如此——这就是中立国瑞士没有受到纳粹德国入侵的原因（比利时也是中立国，却不能幸免）。

2. "美国的繁荣"

人们普遍以为罗斯福新政催生了一个美国的"繁荣时代"，但实际上罗斯福新政把美国经济引上了一条不归路——从此美国陷入了一场漫长的隐性经济危机。此后 80 年间，美国经济实际增长很少，扣除美元通货膨胀，美国 80 年来的年增长率约为 1%，而且这些年来有趋于停滞和倒退的现象。

美国实体经济从统计上发展了几十倍，但美国社会所有的商品价格也都上涨了几十倍，目前美国已经发展到了资不抵债，狭义国债即将超过 GDP 的地步——也就是说：美国经济已经到了"所谓的年经济增长率"低于"债务增长率"、"年经济规模增加的绝对数额"小于"利息支出"。目前美国经济增长率一直低于债务增长率 5 个百分点以上。48 年以后，美国侠义国债将是美国 GDP 的 10.4012 倍，美国岁入将不足以支付"美国国债投资者"的利息，而陷入必然的破产。

请注意：这一切就开始于"罗斯福新政"——虚拟增长。

3. 加拿大逃脱了"第二次世界大战"的影响，有如下一些因素：

（1）加拿大没有直接参战，也就没有必要进入美元债务，用于战争（英国就是这样被整垮的）。

（2）加拿大远离战场，没有受到破坏。

（3）加拿大出售资源（主要是初级产品和原材料）令美国军火工业还赚取了不少利润。

（二）第二次世界大战后，华尔街对加拿大的第一次打击（1945 年底至 1971 年 8 月 15）。

1. 强势美元对加拿大的影响

通过第二次世界大战，美元体制成功地从美国货币变成了世界货币。布雷顿森林体系确立了美国对世界经济的领导地位，也确立了华尔街对世界的领导地位，同时还确立了世界虚拟经济对世界实体经济的领导地位。虽然布雷顿森林体系规定了"35 美元＝1 盎司黄金"，暂时迟滞了美元的发行总量，但在北美从 1950～1960 年慢慢形成了对邻国加拿大的致命冲击，不仅严重地冲击了加拿大元的货币体系，还导致了加拿大政府无法左右"货币流通量"，以至出现了"流动性过剩"。此刻，加拿大政府的金融监管、加拿大央行和加拿大元都被强势美元给架空了。

2. "黄金兑换率"

1 盎司 ≈ 28.3495231 克，"35 美元 = 1 盎司黄金"等于 1.2347 美元 ≈ 1 克黄金。2008 年 5 月 19 日中国人民银行公布的人民币对美元的中间价为 1 美元 ≈ 6.9712 元人民币，也就是说"35 美元 = 1 盎司黄金"等于今天 8.6066 元人民币 ≈ 1 克黄金，还是无限额承兑，尊敬的读者就能看出美元在 1971 年以后贬值了多少，而美国同期 GDP 的增长是否超过了这个贬值系数。

3. "第一次加元流动性过剩"

加拿大在 1950 年出现了"外汇储备猛增的局面"，其本质是美国大量输出美元换取加拿大实体商品，这确实让加拿大陷入了"第一次加元流动性危机"——加拿大实际被迫大幅增发加元，以满足美元流动性兑换的需求，表面上是加元流动性过剩导致了通货膨胀，实际却是经历着美国输出的隐性经济危机。华尔街利用战后各国工业生产恢复、初级产品价格飙升的时机，把大量金融战短期投机资本流入加拿大资源性产业，来冲击加拿大的金融稳定。企图制造加拿大的泡沫经济后，撤出美元投资，制造加拿大出现"美元债务效应"和加拿大元的贬值，然后廉价收购垂涎三尺的加拿大原材料产业。

4. "猛增的外汇储备"

当时，（由于大量美元短期资本突击进入加拿大）加元遭受巨大升值压力，为维持固定汇率制，加拿大政府被迫进行大规模干预，但副作用也相当明显，"在不到 3 个月时间里，外汇储备就猛增了 40%。"

5. 加拿大放弃了"固定汇率制度"

这次金融战打击，迫使加拿大政府一度放弃了很有好处的固定汇率制度，并开放了资本项目（这是个不小的金融战败，因为这样做的结果就是拉稀吃泻药——外部短期资本流入造成的"流动性过剩"，美国偏偏逼迫加拿大用"开放短期资本流动"来解决，加拿大有苦说不出）。

6. 加拿大的小花招

1962 年加拿大重归固定汇率制，并坚持每隔 10 年审核一次银行法，严格限制外国银行对本国资本"投资"。这是加拿大对华尔街的虚晃一枪：

（1）加拿大人的主权意识和政治家的选择。

（2）加拿大的实体产业在美元泡沫中，水涨船高，让加拿大有了对抗

金融战打击的实力。

（三）华尔街对加拿大"百年金融暗战"的"连环三枪"的失败（1971年底至今）

1. "第二次流动性过剩"

（1）20 世纪 70 年代末，华尔街"短期资本"再一次涌入加拿大，制造了加拿大"第二次加元流动性过剩"，目标依然是制造泡沫后打击加元汇率，然后愉快地以廉价购买加拿大规模巨大、利润丰厚的原材料产业。

（2）这时美国提出的"停战"条件依然是两条：

①放弃加元固定汇率。

②实际放松对外部投资的监管。

（3）加拿大这次又是依托金融监管，恰如其分地给了华尔街热钱一个软钉子。

①加拿大国有央行"又一次"名义上放弃了固定汇率制，但坚持与"通货膨胀联动"。这样被"热钱"冲击得摇摆不定的加拿大外汇市场，却并没有波及加拿大本国消费市场，而实际上对所谓的"浮动汇率制度"起到了一个"固定锚"的作用。任凭"短期资本"如何在金融市场兴风作浪，加拿大汇率其实依然是"实际的固定汇率制"，最多是"小范围浮动汇率制"。当然，这背后也是无奈和妥协。

②美国金融战专家赢了面子，输了里子，实际战果基本为零。关键是主导加拿大产业和商业银行战略目的没有达到。

③加拿大政府通过《加拿大投资法》限制美国资本"投资"。**加拿大投资法第 16、20 条及第 21 条的规定：每一投资项目都将以个案方式接受评估，以决定此投资项目是否对加拿大有利。**这种做法从根本上保护了加拿大本国企业，并且由于加拿大政客、学者和媒体的操守（维护加拿大本国利益），执行得也非常到位，以至于美国虽然"成功"地让加拿大接受了"自由短期资本流动（也就是"热钱自由进出的权力"）"，但"热钱"进入加拿大后，却发现无法主导加拿大实体经济——什么也"不许买"，颇有点"老虎吃刺猬——不知如何下口"的感觉。

④加拿大不仅巧妙地维护了华尔街的面子，也维护了加拿大的金融稳定。这次"热钱偷袭"失败了，至少实际意义不大。

2. 布雷顿森林体系"垮台"后，美元体制有了扩大金融战范围和频度动机和实力，其典型手法**主要**有以下四类。

（1）制造石油危机，然后输出"美元贷款"给他国购买石油，再突然提高利息，制造美元债务效应和后续的美元债务陷阱，接着逼债打击他国货币汇率，廉价拥有他国"破产"企业和实体商品。

（2）热钱进入一个地区"投资"，制造他国账面美元储备高涨的假象，然后在一个统一的时间窗口，撤出美元短期资本，制造美元债务效应，打击该地区货币和金融体系，然后签订各种"美元援助"协议，廉价主导该地区的金融系统和实体企业。

（3）以贸易赤字和美元投资的形式，输出美元资本，也就输出了美元通货膨胀和隐性经济危机，诱使他国形成外向型美元导向经济，实际制造了他国的隐性经济萧条和隐性经济危机，其特征表现为：奇异的流动性过剩与社会零售总额（也就是本国有效需求严重不足）低迷并存。

（4）不断输出数字美元的同时，用相对高息制造美元短期坚挺和长期的、有计划的持续的购买力贬值，从比例角度制造"广义美元回流"。

加拿大的优势分析。加拿大有石油、有资源、人口少、相对财富较多、数字美元储备相对充足。这些客观条件决定了加拿大不仅没有受到打击，还常常稍稍赚了一点点。华尔街忙于输出数字美元债务给拉美、非洲、东欧、苏联，也就顾不上身边这个"智慧的小兄弟"了，加拿大由此又逃过一劫。

3. 加拿大与 1985 年后世界"越来越频繁的金融危机"

加拿大的应对策略就是 6 条：

（1）在"非原则问题上"、在"不涉及本国利益的问题上"尽量和美国保持一致，同时不停地用丰富的原材料来赚取美元，在国际上还尽量协助美国，维护美元体制的稳定。

（2）利用充足的美元外汇储备，保卫加元流通主体地位。

（3）严格限制外资金融资本进入加拿大"投资"，六大银行立法严禁任何外资染指本国金融业，目前加拿大六大本地金融机构牢牢地占据了 90% 以上的国内资本市场，如果算上其他加拿大本土银行，这个比例几乎是 100%。

（4）加拿大为了保护本国金融命脉不被"外国金融资本"主导，还采用了纵向剥离的限制策略，一个金融企业仅能搞房贷、或者保险、或者经营证券，这就实际拒绝了华尔街跨国大金融资本集团的进入，这是加拿大保障本国金融安全的重要法宝之一。

（5）《加拿大银行法》规定："如无特殊情况，外国银行不得搞房屋抵押贷款"。

（6）《加拿大银行法》精心安排了一个似乎很难懂的"广泛持股制度"，其本质就是迫使外国银行难以在加拿大发展——实际根本就不允许外国资本进入加拿大。《加拿大银行法》规定：外国银行母行必须在 10 年内，在本地股票市场上出让其子公司的大部分股权，使原来由外国母公司全部或大部分控股的外国银行子公司，最终成为"没有任何个人或团体持有子公司任何类型股票数额 10％以上的广泛持有银行"。广泛持有制度极大地削弱了外国银行在加拿大建立子公司的兴趣。更重要的是，由于股权易手，10 年后的外国银行子公司将成为挂外国银行招牌，实际是本地人持有的"本地外国银行"，而非"外国"银行了。对于中国来说，这一做法很有现实意义，值得借鉴。

五、金融丛林的价值观

（一）2000 年，国际货币基金组织（IMF）和世界银行发表的《加拿大金融业稳定评估》认为：加拿大具有世界上最稳定的、合理的和高度发达的金融系统。

（二）为什么？ 一句话：金融丛林尊重强者。

第 4 节 金融战丛林没有乐土——澳大利亚金融战役

一、金融战丛林没有乐土，澳大利亚也不是"世外桃源"

澳大利亚在中国人眼里和西方世界眼里是截然不同的。区别主要在于：中国人普遍认为澳大利亚是世外桃源。但事实上，澳大利亚是美国华尔街和英国伦敦金融城相互之间的角斗场。

澳大利亚金融战役就发生在"这片乐土"之上。

二、第一战役阶段：英国金融资本的"庇护"阶段（1911～1966 年）

（一）澳大利亚联邦银行的成立

根据澳大利亚 1911 年的立法，澳大利亚联邦银行成立（1959 年更名为澳大利亚储备银行（Reserve Bank Of Australia，简称 RBA），专门行使中央银行职能，其原有的商业银行业务和储蓄业务转移到新的金融机构，

这一商业性金融机构沿用了澳大利亚联邦银行的名称）。一个统一的国有商业银行，在澳大利亚财政部管理之下的金融体制，是一种优秀的金融体制，这就免除了所谓"独立央行"制度对澳大利亚国家货币金融权力的分割和"独立"带来的"一系列问题"，是最优秀的、最有信誉、最不容易被影响的金融体制。这个措施极大地保护了澳大利亚免受"金融危机"的影响，并没有出现过大规模的股市、汇率和金融动荡，虽然没有"华尔街"的那种喧嚣和"繁华"，但人民生活倒也无忧无虑。

（二）"鸡肋"与"妥协的艺术"

事实上，由于精明过人的英国金融资本特别擅长妥协和联合，他们清醒地认识到，目前华尔街的影响力正逐渐增大，此时必须联合澳大利亚，更为重要的是：澳大利亚人口少，金融"相对落后"。在这种情况下，强行主导澳大利亚金融"不合时宜"，颇有点"鸡肋"的感觉。正是这种不屑和两难，让澳大利亚有了一段慢慢休养生息、自我发展的时期。甚至"不知不觉"之间，建立了一个坚强的国有银行体系。

此时，华尔街正忙于"一连串的大事"（这里指美国1930年大萧条，以及其所引发第二次世界大战），基本无暇顾及澳大利亚。此刻英国伦敦金融城需要的是"妥协"，而华尔街又"顾不上"，其实也是一个条件形成和作战动机形成的阶段。此刻，存在的问题是如何发动金融战打击，何时发动金融战打击，为什么发动金融战打击。从某种程度上来说：澳大利亚的行为决定了这一切。

这段时间从1911年至1966年止，其间主要的金融斗争集中在华尔街对英镑和黄金的打击上。简单一句话：澳大利亚金融战役之所以还没有爆发，主要是这段时间的澳大利亚的金融主体和利益驻足点依然是英镑和固定金本位，事实并不完全独立，英镑体制无形中替澳元（澳大利亚元简称，下同）遮挡了不少"金融风雨"，不过是战略博弈中的战术平静。

三、第二个阶段 新生的澳元遭遇的第一波金融战打击（1966年2月14日至1983年12月12日）

（一）美元、英镑和澳元

美元已经确立了国内的法币地位，甚至成了实际的世界货币。此时，美元却不如黄金本位的英镑有价值（1821年正式实行金本位制，英镑成为英国的标准货币单位，规定1英镑含金量为7.32238克，后有多次变化。

请注意，这里"不如"指货币含金量的比较：在 1971 年以前，美元实际一直被固定在大约"35 美元＝1 盎司黄金"的水平，布雷顿森林体系确立以前，有时实际还达不到；1971 年以后美联储放弃金本位。"35 美元＝1 盎司黄金"，即：1.2347 美元 ≈ 1 克黄金 **或** 1 美元 ≈ 0.8099 克黄金）。

罗斯福总统在 1933 年 3 月 11 日停止黄金兑换，然后在 4 月 5 日强行收缴美国人民的黄金，"收购价"为 20.67 美元兑换 1 盎司，并且规定私藏黄金判处 10 年监禁和 250000 美元罚款，这个"临时措施"法令直到布雷顿森林体系被一脚踢开后的第三年，即 1974 年才被解除。可美国人民被强行收缴了所有黄金后不到一年的 1934 年 1 月，"深受美国人民爱戴的罗斯福"总统利用《黄金储备法案》把这些黄金交给了美联储"管理"。在不到 300 天里，美国民间的黄金被美联储用 20.67 盎司/美元低买，然后用 35 盎司/美元标价"运营"到了欧洲，一下子就凭空赚了无数的利润。克林顿总统的搭档美国副总统戈尔的爷爷盲人参议员托马斯·戈尔公开在议会上指出："这是明显的偷窃，不是吗？总统先生？"

但美元体制则实际确立了一种"真正的纸币体制"而不是"黄金体制"，事实上"大萧条"以后，一直是美元在控制黄金，而不是黄金在控制美元，黄金和金本位的英镑都一直受到压制。第二次世界大战后期的（1944 年 7 月）确立的布雷顿森林体系虽然规定了 35 美元兑换 1 盎司黄金的**金块本位**，但这实际意义不大，并最终在 1971 年 8 月 15 放弃了这个承诺。

美元体制此时面临一个西方世界内部各种货币林立的局面，削弱英镑体制和黄金体制是一个目的——减少货币竞争对手，而澳元体制不仅是英镑体制的一部分，也是黄金体制的一部分，更是一个比美元可靠得多的实体商品为支撑的"实体货币"，打击澳元的必要性就出现了。不管原因如何，澳大利亚的"独立媒体"有关"金融独立"和反对依附英镑体制的思潮"突然"浓厚了起来。

（二）澳大利亚元的诞生

1."澳大利亚镑"的消亡

1966 年 2 月 14 日，澳大利亚发行了现行流通的货币澳大利亚元，以取代先前流通的旧币澳大利亚镑，并规定 1 澳元等于 1.12 美元，可兑换 0.5 个澳镑（即：旧币澳大利亚镑，下同）。

2.澳元体制的意义

对于美国金融战专家而言，澳元诞生有两个意义。

（1）澳大利亚独立于英国金融资本的打击客观主体"出现"了。

（2）"国际炒家"对澳大利亚发动金融战役的时机成熟了。

"国际炒家"此时已经利用美元体制的"吸引力"促使澳大利亚初步放弃了对英镑体制的依附，这已经是美元体制的一大胜利了：

①澳元本身就是暂时脱离"发行数量相对保守"的英镑体系，转而开始联手美元体系，在美元即将放弃金本位开始过度发行的历史时期，这么做本身对美元体制就是一个莫大的支持。

②澳元建立的 1966 年，整个 35 美元兑换 1 盎司黄金的美元体系已经风雨飘摇，此刻把澳元和美元作"1 澳元：1.12 美元"的挂钩，无异于让澳元跟随美元一路贬值。事实上从 1971 年 8 月 15 日后，美元相对于黄金、原油等至今已经大幅度贬值，美元体制进入了长期的衰退而不是所谓的"大繁荣"，这样做对美元体制是一种支持，而对澳元的实际购买力则恰恰相反。

③在一个"不合时宜"的历史时刻，澳大利亚货币实际加入了美元体制，也就一同坠入了虚拟经济的泥潭，陷入了漫长的"虚拟增长"阶段。

（三）"澳元对英镑体制的回归"

随着布雷顿森林体系 35 美元：1 盎司终结的日子逐渐逼近，国际金融市场对美元的信心不再那么足了。澳大利亚开始认识到澳元美元化的潜在代价——共同贬值。可世上没有后悔药，只能做小的战术性修补了，这就是澳大利亚 1971 年"金融大调整"的背景：1971 年 8 月 15 日美元实行"浮动汇率"后（也就是美国放弃了 35 美元：1 盎司的国际承诺），澳元于 1971 年 8 月 23 日开始与英镑挂钩，1971 年 12 月 22 日美元贬值，澳大利亚宣布澳元的含金量不变（即：0.99531 克），对美元的官方汇率上升为 1. 216 美元，且波幅为 2.25%。

（1972 年 6 月 23 日，随着英镑区的解体）澳元因此享受的优惠也就宣告结束。澳大利亚政府只好在 1974 年 9 月 25 日重新实施有效汇率制，且澳元不再盯住美元，改为澳大利亚主要贸易伙伴国 20 种货币一揽子加权货币联系，并实行管理浮动汇率制度。1976 年 11 月 29 日，澳元有效汇率贬值 17.5%。

这是无奈之举，甚至都算不上亡羊补牢——目的就是不卷入虚拟增长的泥潭（实际还是被卷进去了），但至少保住了国有商业银行和国有央行合一的澳大利亚联邦银行和货币发行权，最后的阵地还没有失去。

四、第三个阶段 澳大利亚金融战役的"胜利结束"（1984～1996 年）

"国际炒家"对澳大利亚的金融战打击是"极有远见的"和"极有计划性"的，也不乏"应和"。

（一）"坎贝尔报告"（1981 年 11 月）。

1. 美元体制在布雷顿森林体系"垮台"之后，采取了制造石油危机——与产油国协议美元为交易媒体——国际石油交易媒介（美元）短缺——低息借贷——1980 年突然提高利率，接近 20％，制造他国"美元债务"的系列手法，可这种美元高息手法，并不会真的让美元多坚挺，他国利率不一定必须要跟进才能保持基本汇率稳定（因为美元的贬值是"发行过度"造成的，各国汇率如跟着提高，就制造了本国货币的通货紧缩，反而会增加美元需求，并造成本国经济发展速度减缓）。但澳大利亚却宣布提高利率，并在 1980 年 12 月宣布取消银行存款利率上限。

2. "1980 年 12 月宣布取消银行存款利率上限和 1981 年 11 月国会坎贝尔委员会（Campbell Committee，澳大利亚金融制度调查委员会) 发表著名的坎贝尔报告并提出十项建议为标志，澳大利亚以放松管制为内容的金融自由化迅速全面铺开"（于宁.澳大利亚央行行长："新金融冲击或来自发达市场"：财经.2007，8）。

在沃尔克冲击突然爆发的时刻，在世界"石油危机"、"债务危机"、"金融危机"、"经济危机"全面爆发的时刻，澳大利亚却开始"放松金融管制"了……

3. "坎贝尔报告"的内容

（1）取消银行间兼并的限制和新银行准入的障碍。此项措施的结果：

①导致了私有银行之间的兼并迅速形成，确立了华尔街金融资本对澳大利亚金融市场的主导地位。澳大利亚六大银行合并为四大银行，从而在澳大利亚形成澳新银行、澳大利亚联邦银行、西太平洋银行和澳大利亚国民银行四大银行并存的局面。

②澳大利亚（中小）银行和金融机构数量激增，金融监管难度增加，"背景复杂"的恶性竞争出现——澳大利亚商业银行的数量由 1980 年的 15 家增加到 1985 年的 34 家，同期商人银行由 49 家增至 111 家。

（2）取消澳大利亚政府对"银行业务"的直接管理。从 1981 年到 1985 年，澳大利亚相继取消对金融机构存贷利率、存款期限和借贷数量的限制。同时扩大银行的业务范围，取消金融机构在业务分工方面的限制，允许银

行间业务相互交叉、相互竞争。这进一步加大了金融监管难度，"华尔街金融巨头"的交叉经营成为可能，这与加拿大行之有效的"各司其职"正好相反。表面上，"澳大利亚金融机构想怎么干，就怎么干，没有太多的范围限制"；实际上，这使得澳大利亚银行竞争出现了某种失序，带来了一系列深刻的问题。比如：为了竞争，冒险给高风险项目、投机活动、（半公开的给）股市期货"投资者"贷款，必然带来严重的呆坏账。

（3）取消外汇管制，实现澳元自由兑换。1983 年 12 月 12 日，澳大利亚放开澳元官方定价，允许澳元自由浮动，同时允许资金在境内外自由流动。这让澳大利亚的虚拟经济得到了"长足发展"，澳元成为世界上被"国际炒家"反复买空、卖空的目标，形成了澳元汇率下稳定的隐患，也就让澳元无法成为澳大利亚交易定价的主流，因为那样交易双方的汇率风险都太大，也就只好选择用美元来定价，这无疑影响了原本正常的澳大利亚金融市场。其深远影响目前还远未显现出来，但 1987 年 10 月的澳大利亚股市崩盘和接踵而来的金融危机都与此有直接关联，是所谓的"金融自由化"的后果。

一个汇率不稳定的货币，用在合同中是比较危险的，尤其是中长期合同、大宗交易合同更受不了汇率波动带来的风险，最终只能用美元来定价，也就用美元来支付了，这就导致了他国贸易支付中必须使用美元——"美元最稳定"，其"美元金融避风港的效应"就显现出来了，这是美国发动金融战役中一个常见的金融战役策略，即："汇率波动排挤效应"。

（4）开放金融市场，允许外资银行进入澳大利亚。1985 年，澳大利亚政府批准 16 家外国银行在澳设立分行或分支机构，这些分行或分支机构可在平等的条件下参与同当地银行的竞争。华尔街金融机构的大举进入，使本来就已经过度竞争的存贷款市场出现了"超饱和"，反过来又加剧了澳大利亚的银行业无法顾及贷款风险，更"没有条件选择客户"，随意满足任何一个客户的要求，呆账和坏账问题越发严重起来。

（5）改变证券市场规定，取消对股票市场佣金率和经纪人准入的限制。1984 年，澳大利亚放弃在股票市场实行了 100 年之久的固定比率佣金制，代之以可以协商的佣金制。1985 年，澳大利亚政府允许外国投资者拥有本国证券经纪公司低于 50% 的股份。1987 年进一步开放，允许外国投资者直接进入证券交易所进行交易，并可购买交易所会员——证券商 100% 的股份。这样做的结果是股市经纪人有了足够的"危机感"和"多来多得"的

148

华尔家商业意识（取消固定比率佣金制度是美国华尔街的新发明，目的就是刺激冒险，推广衍生金融工具这个"赌博的工具"）。

后果是衍生金融商品的交易量开始排挤正常的汇率和股市交易量，衍生金融工具所主导的"金钱游戏"（即：虚拟生产）的"交易额"迅速地主导了本来就活跃得有点"过头"的股市和汇市交易，股市指数期货和汇市期货的交易额迅速超过了"普通交易"，由此埋下了汇率涨跌不定（汇率从开始的 1 澳元兑换 1.2 美元一度跌到 2001 年 4 月的 1 澳元兑换 0.4775 美元，此后又骤然爬升至 1 澳元兑换 0.7910 美元，但这种大起大落、反复涨跌的澳元即便按照 1966 年澳元的标准也不是升值而是贬值）和股市崩盘的种子（1987 年 10 月 19 日全球股市暴跌后的一段时间里，澳大利亚股市大幅暴跌超过 40%）。

4. 坎贝尔报告的影响

（1）"坎贝尔报告"的出台，导致澳元汇率大跌大涨（贸易结算风险增加）、澳元贬值和结算定价边缘化、澳大利亚金融资产廉价出卖（2001 年澳元最低贬值到 1966 年的 1/3，用美元抵押借贷澳元购买澳大利亚企业，当真"实惠"得很）、澳大利亚的央行私有化、货币发行权由"国际债权人"主导（这个过程正好和 1934 年至 1938 年的加拿大央行相反）、出口疲软、金融股市过度投机、金融业恶性竞争、呆账坏账增加……但表面上虚拟交易却异常繁荣。

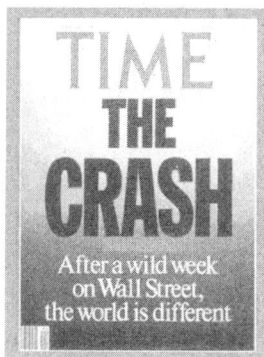

图片说明：1987 年 11 月 2 日的《时代周刊》就以"崩盘"作为封面标题。

（2）"国际炒家"在澳大利亚内部气候"成熟"之后，通过一系列金融战手段创造了一系列的澳大利亚金融"自由化"的"外部理由"，可谓用心良苦。

（3）华尔街金融资本通过在澳大利亚的"分行"进行过度竞争，造成澳大利亚银行不由自主地参与进来，对高风险客户进行贷款，造成了呆账。

（4）通过"全面开放"的澳大利亚金融外汇市场中"各种从华尔街引进的衍生金融创先产品"，反复打压和抬高澳元汇率，从1966年的1澳元兑换1.2美元，打压到1澳元兑换0.4775美元（2001年4月），然后又提高到1澳元兑换0.7910美元（2007年2月）。这不仅能够带来丰厚的利润，还能让澳大利亚贸易结算出现不稳定的汇率风险，进一步削弱了澳元的结算地位，强化了美元在澳大利亚国际贸易中的作用，也就是强化了澳元美元化的过程。

（5）澳大利亚贸易赤字问题日趋严重，据澳大利亚联邦银行和麦觉理银行初步统计，澳大利亚2003年贸易逆差总额达到235亿澳元，占国内生产总值的3.2％。

（二）"黑色的一天"

1．"1987年10月19日"

1987年10月19日，美国股市由于"装了特殊程序的计算机不停地在卖"（华尔街媒体是如此解释），导致了"一场波及澳大利亚的股市崩盘"——一场世界性的"股灾"。

2．"特殊程序"

这种不可思议的"程序"在澳大利亚引发了一天股市跌幅40％的真实崩盘，投资者损失惨重，甚至倾家荡产（这也多亏了衍生金融工具的"杠杆作用"，预计1％的涨跌买卖就可以"牟利"，但突然发现自己持有了下跌40％的指数合约，损失会超出投入资金几十倍……）

3．技术性假设

这种"特殊程序"如果可以主导（这里是假设）澳大利亚股市，轻易导致大幅度的股市暴跌（其实也可以是暴涨）和接踵而来的金融危机是可以让利用衍生金融工具做空的一方赚取天文数字的巨额利润（这些利润就直接来自那些无辜破产的企业和股民）。

4．根据国际法通行原则，这种"不可抗拒的力量"产生的"合约"，应该作废（举例：假如计算机把原本不出售的美联储股票标价抛出，有人用零美元的价格"买入"，并成为控股者，这在法律上能成立吗）。

5．二选一

如果不是"程序本身的问题"（这种"界定"本身其实不仅会导致一

场法律诉讼，也会导致所有交易作废，但损失惨重的投资者"都欣然接受了投资损失，心平气和地离开了交易大厅"），那就是"人为操纵股市做空获利"。那就必然是"违反市场原则的违法行为"，两者必居其一。但此刻公正女神选择了沉默、"无冕之王"选择了沉默、高唱市场之歌的西方经济学家选择了沉默……

6."黑色的一天"对澳大利亚经济的影响

这次打击对于澳大利亚来说非常严重，不仅 1987 年 10 月 19 日股市跌幅 40%，而且紧接着出现了金融危机，这又是一个"短期投资"制造的"美元债务效应"。19 日后的一段时间澳大利亚汇市（澳元）抛盘如潮，创造了一个"繁荣的澳元交易市场"。那些认为"允许资金在境内外自由流动，这一举措成为澳大利亚金融自由化的里程碑，使澳元一跃成为世界上交易活跃的货币之一"的认识的原因就是仅仅看到了交易量（也就是虚拟经济的增长）的骤增带来的眼前的好处，没有看到虚拟交易额给澳大利亚实体经济和金融安全带来的深层次的长远损害。

（三）"全面金融开放"对澳大利亚的影响

1.支柱产业主导权的转移

（1）原材料产业

人们普遍认为澳大利亚是一个矿产品大国，出口必然受益颇多。但真正受益的是成立于 1885 年的 BHP 公司，一家经营矿产品和能源的"国际性资源开采公司"，一家由"多个跨国财团"主导的、地地道道的"外国公司"[2001 年，BHP 与英国公司比利登（Billiton）合并，组成 Bhp Billiton 矿业集团。合并后，该集团资产总额达 580 亿澳元，成为全球第二大矿业集团。合并后，BHP 持股 58%，比利登持股 42%]。

（2）澳大利亚电信实体产业所有权转移给了"外国投资者"

很多人以为澳大利亚是先进的发达国家，必然有"自己的国有电信企业"。"Telstra 是澳大利亚最大的电讯公司，澳大利亚联邦拥有的唯一的国有企业。1997 年 10 月澳政府开始通过向机构投资者和个人投资者出售 49.9% 的股权，对该公司实行部分私有化，政府仍持有 50.1% 的股份"——这不引人察觉的"0.1%"，同样会"不引人察觉的"消失。

2.媒体与出版业

华尔街新闻集团（News Corporation）主导了澳大利亚 2/3 的报纸，董事长是默多克（澳大利亚出生，美国籍）。公司之所以把"总部"设在澳

货币长城

大利亚主要是为了避免针对公司收购行为的资本所得税。也就是说：澳大利亚大多数宣传机构都掌握在华尔街手中，这就是"西方媒体"众口一词的原因。

英国的《太阳报》、《泰晤士报》等40％的报纸都由默多克控股，华尔街银行家的"官方报纸"《华尔街日报》也是默多克控股。罗蓬特•默多克于1931年出生在澳大利亚的一个犹太人家庭，是子承父业的传媒世家，1985年加入美国国籍。他的实际权力远远不是一个普通意义上的媒体人的概念，他同时还拥有英国的天空电视台、美国的福克斯电视网、香港的亚洲卫视，集团75％的利润来自美国。

3．金融产业

澳新银行、澳大利亚联邦银行、西太平洋银行和澳大利亚国民银行四大银行拥有澳大利亚的大多数"储蓄存款"和客户，仅澳新银行和国民银行就占据了全国存款及营业额的33％。这些银行私有化后，由华尔街资本所拥有。虽然目前澳大利亚政府还禁止四大银行相互控股，但由于后来澳大利亚联邦银行作为澳大利亚国有央行已经出售了50.4％的股份，所以澳元的发行权都转由"华尔街投资者"拥有，这种"横向业务交织"就"无所谓了"。

五、第四个阶段 "最后一击"（1984～1996年）

澳大利亚金融战役的最后时刻到来了：1996年年中，联邦政府出售了其在联邦银行持有的50.4％的股份。南澳银行、西澳银行和塔斯马尼亚信托银行也被各自的州政府售出。

"金融行业对于大部分人来说很神秘，因此大多数人都想知道，你在做什么，你为什么要那么做"——大卫•默里（David Murray，澳大利亚央行和澳元私有化的执行人，1996年时任澳大利亚国有央行行长。

第5节 欧元金融战役——制高点的争夺

一、"欧元与美元制"之争的本质

（一）本质

1．欧元体制和美元体制同为西方发展了几百年的金融资本所拥有，是左手和右手的关系，这是欧元与美元关系中的主要矛盾。

2. 美元体制得以在美国建立和运行, 依赖于一个庞大的美元既得利益群体的维护, 欧元体制也是如此, 这两个利益体之间的矛盾是次要矛盾(但在一定历史条件下, 有变成主要矛盾的可能)。

(二) 欧元体制的难题

1. 华尔街曾经"做出过统一欧洲货币体制的尝试", 但跨国金融资本并不能完全消除各个利益群体的"自主性", 欧元体制也有不同于美元体制的利益需求。

2. 欧元和美元都是债务货币体制, 都由"国际债权人"主导发行, 而欧元利益全体和美元利益全体则有国与国的差异性。

3. 欧元体制追求不断扩大, 而这个不断扩大"欧元经济区"过程, 也就是一个不断在"内部贸易中"驱逐美元和释出美元的过程。欧元不见得想和美元进行"零和博弈", 但这无法避免。对于美元体制来说, 欧元区只要对国际市场释出 10000 亿美元以上的现汇, 就会导致美元体制无力应对。

4. 欧元体制无力承担美元体制的债务风险与美元体制的深刻危机。

(1) 养"蛊"为患。"蛊"可以为主人带来富裕和繁荣, 但也会给主人带来"很大的问题"。因为美元体制发行的美元太多了, 仅中国所拥有的数字美元就已经超过 13000 亿, 同比增长 41.6%, 整个东亚的数字美元储备正向 100000 亿美元这个"新目标"稳步前进, 目前已超过 30000 亿美元。如果依照原美国 30 年期国债利率 6.05% (2002 年) 来计算, 30000 亿美元的年息是 1815 亿美元/年, 如果亚洲各国的数字美元储备按照 10% 的速度增长, 25 年后就会有超过 300000 亿美元的外汇储备, 如果都用来购买美国 30 年期国债, 而美国 30 年期国债利率依然为 6.05%, 那么这个利息数字就会高达 18150 亿美元/年。

2005 年美国政府国债利息负担为"联邦政府的债券利息开支为 1840 亿美元, 占全年财政开支约 8%", 2006 年"联邦政府的债券利息开支为 4300 亿美元"; 以至于"美国标准普尔首席经济师怀斯表示, 事情正变得越来越糟: '如果形势继续恶化, 到 2050 年, 美国国债将是 GDP 的 3.5 倍。'"

(2) 美元洪水的冲击力——美元热钱的利润率呈现如下数学模型。

① (文字公式): 美元债务效应倍增指数 = [脱逃热钱总量 (离港总量) × 人民币升值倍数] / [脱逃热钱总量]

② (文字公式): 美元债务效应倍增指数 = [脱逃热钱总量 (离港总量) × 人民币升值倍数] / [脱逃热钱总量]

③（文字公式）：西方社会金融化指数 =（社会金融企业利润/社会企业总利润）× 100%

④（文字公式）：美元热钱收入总量（含成本，即：原始资金）= 脱逃热钱总量（离港总量）× 金融（战）杠杆倍率

这里的金融"杠杆倍率"有多种形式可以达成，上面及书中有好多地方讨论，请参看有关内容。

小于等于 5%，基本正常；高于 10% 属于向原始金融主义过渡的阶段；10%～25% 属于债务金融主义阶段；高于 25%，社会开始进入高级金融主义阶段。

（3）"软支持"和美元债务展望

①美国标准普尔首席经济师怀斯的"预测"，不是贬低美国经济现状，而是一种在金融战役学中被称作：**软支持**的公关策略，目的在于维护美元体制。

②近十年来，美国国债一直以每年 10% 的速度递增，假设美国政府可以把"新增国债速度"维持在不超过 10% 的水平，如年利率为 1%（有关美国国债历年具体利率请参看注释区摘自美国财政部的统计表格，美国债平均高于 1%），每年的美国国债总量的增长实际是 11%。这里假定美国国债目前等于美国 GDP（实际约为 66%，2008 年，故这里将"债务年增长率"降低为 8%，留出 3% 的差额，"抵消""GDP 年增长"和"实际差额"，约 10 年累计数字可以"等同目前基数持平"）。

假定第一年美国国债和 GDP 的比例是"1：1"，10 年后约为"2.15：1"；30 年后约为"10：1"；50 年后约为"43：1"——假设届时美国国债年利率为 2.5%，则 50 年后，美国需要支付年国债利息超过年国民生产总值。

③新中国成立后不久宣布："既无内债，又无外债"，不但不是"落后的观念"，还是非常高瞻远瞩的战略措施，也是后来经济发展的基础，一个负债的国民经济如同在鸟儿的翅膀捆上了石头，是无法自由自在地在天空翱翔的。中华文化、西方的《圣经》都坚决反对举债，这是由历史的无数个惨痛教训得来的智慧。负债小则败家，大则祸国，美国华尔街把债务称作："按揭"、"信用卡支付"、"预付、预支"、"信贷"、"资金帮助、援助、救助、注入、提供"……都是一回事——"拉饥荒"（即：欠债）。

④**软支持**：在金融战役学中，指采用"弱小"或"不当"，甚至"错误"的反对立场，反对某种观点或事物，实际是支持某种观点或事物，疏导对

立能量，避免刚性反弹。

二、美元的反击。

（一）欧元体制的发展

1．"零和博弈"的形成

美元体制没有任何与欧元体制"争锋"的内在机制，但美元体制要想存在就必须遏制欧元区替代和释出美元的趋势，《马斯特里赫特条约》以后，美元体制的基石出现了裂痕，原因就是欧元体制的确立。

2．发展历史的三个阶段

欧盟（实际）成立于 1951 年，其前身是欧洲煤钢共同体，总部设在比利时首都布鲁塞尔，已经有 56 个年头了。其发展历史可以分为三个阶段：

（1）**第一阶段** 1951～1957 年（1946 年 9 月，英国首相丘吉尔曾提议建立"欧洲合众国"，这不是英国的本意，是英国对美国主导一切的担心所致，类似于两害相权取其轻，并且背后是跨国金融资本的伦敦城推动这一切），1950 年 5 月 9 日，当时的法国外长罗贝尔·舒曼（1886～1963）代表法国政府提出建立欧洲煤钢联营。这个倡议得到了法、德、意、荷、比、卢 6 国的响应。1951 年 4 月 18 日，法国、联邦德国、意大利、荷兰、比利时和卢森堡在巴黎签订了建立欧洲煤钢共同体条约（又称《巴黎条约》）。1952 年 7 月 25 日，欧洲煤钢共同体正式成立。六国也开始在煤钢共同体范围内进行合作。

（2）**第二阶段** 1957～1991 年。其主要事件如下：① 1957 年 3 月 25 日，煤钢共同体六国又在罗马签订了建立欧洲经济共同体条约和欧洲原子能共同体条约，统称《罗马条约》，1958 年 1 月 1 日条约生效，上述两个共同体正式成立；② 1965 年 4 月 8 日，六国又签订了《布鲁塞尔条约》，决定将三个共同体的机构合并，统称欧洲共同体；③1973 年后，英国、丹麦、爱尔兰、希腊、西班牙和葡萄牙先后加入了欧共体，使欧共体成员国扩大到 12 个。欧共体 12 国间建立起了关税同盟，统一了外贸政策和农业政策，创立了欧洲货币体系，并建立了统一预算和政治合作制度，逐步发展成为欧洲国家经济、政治利益的代言人。

（3）**第三阶段** 1992 年以后则是第三阶段，随着《马斯特里赫特条约》的生效，欧共体被欧洲联盟所取代，这也标志着该组织从经济实体向经济政治实体的过渡。这里还有一个细节问题，"马约"生效后，欧共体

并未就其称谓的变更作出决定，但欧共体内和国际上越来越广泛地使用"欧盟"，目前"欧共体"和"欧盟"两种称谓均可使用，但法律文件和对外签署协议仍需用"欧共体"。

（二）"新旧策略的分水岭"

1. 1999 年 1 月 1 日，欧洲统一货币——欧元又正式启动，标志着欧盟一体化进程又向前迈进了一大步。并且其后于 2007 年保加利亚和罗马尼亚的加入标志着美国的"新老欧洲"分化战略的彻底破产。换句话说，欧元区现在就是如此慢慢扩张，最后一定会导致欧元成为优势货币，即便是在欧洲（事实上，无人知晓法德心中的欧洲边界到底在哪里……）成为优势货币，美元世界也就终结了。这是美元体制传统策略对欧元经济区失去影响力的分水岭，也是美元与欧元"全面博弈"的开始。

2. 第一次海湾战争 （1990 年）

（1）背景：法德积极筹划"欧元条约"（1992 年 2 月《马斯特里赫特条约》签署），一个很有可能是美元世界掘墓人的婴儿即将出生的微妙时刻。

（2）目的

①中东地区的不稳定会迅速导致世界经济对石油供给的忧虑，利用美元是石油交易中的唯一媒介的特殊地位，来制造欧元区的"美元短缺"，维持欧元经济区对美元的需求、储备和交易及媒介地位，淡化欧元出现的意义。

②中东产油地区的动荡，会导致世界范围石油价格上涨，出现世界范围内的"美元短缺"和随之而来的取得美元的强烈欲望，稳固美元"坚不可破"的信心和强势地位。

③任何一个货币都需要一个强大的地区经济作为支撑。但正如德意志银行专家认为："石油价格涨到一桶 40 美元，会使欧元区经济停滞不前……"也就间接弱化了欧元体制的存在。

④此后，整个欧元区形势逆转，2007 年 8 月 13 日德意志银行甚至正式聘请前美联储主席格林斯潘为"高级顾问"——欧元的"发动机"，这就是"欧元和美元关系中的主要矛盾在起调和作用"。

（3）后果

①油价一路飞涨，3 个月的时间即从每桶 14 美元突破到每桶 40 美元以上，这极大地促进了世界经济对美元的需求，有效地保持了美元坚挺，

此后石油价格虽时起时伏，但整体趋向高位。2007 年每桶原油 70 美元，2008 年每桶原油 140 美元…… 世界原油需求接近一亿桶和这些交易背后的整个相关工业链条的"储蓄美元"能力增强了，油价涨得越多，美元越坚挺（虽然美元表面上会不停地贬值，但美元世界的大厦却暂时稳定住了）。

②从金融层面打击了欧元的基石——有"欧洲发动机"之称的德国经济，使本来由于东西德合并而出现的一个建设高潮导致的繁荣迅速消退而进入了"增长低谷"，直到 2004 年以后才慢慢恢复。

③美国得到了一大笔"出兵费用"，由欧洲、日本等国家共同支付。

④在第一次海湾战争期间，美元汇率短暂下跌 10% 左右，随后在两个季度里收复了大多数失地。有着过度发行美元权力的美联储的经理人格林斯潘说："油价从每桶 25 美元升至 35 美元对经济的损害要大于油价从每桶 15 美元升至 25 美元。"他当然知道所谓的"美国经济"利润最高的莫过于"美元制造业"，油价上涨的同时让美元贬值都是一种促使美元基本面"趋向健康"、"广义美元回流"和打击"未来"欧元区经济的金融战策略，并且实在是成功地让欧元区国家在暂时还利用美元定价的这段特殊时间里面吃尽了"相对升值"的苦头。

⑤树立了"美元体制不可挑战"的概念和"零伤亡"的概念。

3.（欧元"出世"仅 80 天后）科索沃战争（1999 年）

（1）背景

欧盟的统一货币为欧元（EURO），1999 年 1 月 1 日正式启用。除英国、希腊、瑞典和丹麦外的 11 个国家于 1998 年首批成为欧元国。此刻，欧元区已经开始了"区域内贸易"对美元的置换和"某种程度的释出"，这令美元体制的基石出现了裂痕，"解决"刻不容缓。

（2）美元体制的目的

①欧元在 1999 年 1 月 1 日正式启用， 1999 年 3 月 24 日"科索沃战争"爆发。这场发生在欧洲的战争，历时整整 78 天，造成的直接损失超过 2000 亿美元，间接损失无法统计。

②打击欧元区的外围稳定。

③"驱赶"国际游资"远离战乱的欧洲"，强化"广义美元回流机制"，促进美国经济，打击欧洲经济对欧元的基本面的支持。

④制造"一批"日后必然会加入"欧元区"、但却对法德为核心的欧元区"情绪化"和潜在离心倾向（指：对欧元区的离心倾向）的巴尔干国

家，为以后打击欧元、分化欧元区做好准备。

⑤给欧元体制出了一道"摆在家门口的两难题"——欧盟让（前）南斯拉夫国家加入，则"内部"就多了"某种离心"倾向；反之不让塞尔维亚等（前）南斯拉夫国家加入，则出现了一个"不可逾越的边界"，限制了欧盟的发展和壮大。

（3）欧洲体制的目的

①扩大欧盟在巴尔干地区的影响力。

②在北约内部取得更大的"主导权"

③以欧盟"统一的步伐和行动"展示一个"不同以往的欧盟形象"。

④利用美国军事力量，为欧盟做嫁衣（事实：欧盟适得其反）。

（4）后果

①大量有放射性污染的"贫铀弹"通过季风事实上对整个欧元区进行了一次"飘移"——"欧元区被核污染"的现实和心理符号深深地打在了投资者的心上。

②导致欧元区资金外流、旅游人数骤减、经济疲软，德国、法国、意大利等国一直陷入实际的衰退中，平均失业率长期高达11%，美元体系却吸收了大量国际游资，出现了"相对繁荣"。

③在美元世界中，一旦发生战争，人们对数字美元的避险资金需求瞬间旺盛起来，这从另一个方面刺激了美元需求，打击了欧元需求，使其"需求不旺，疲软起来"。欧元是1999年1月1日启动，1月4日开始交易。当天最高汇率为1欧元：1.1806，美元（纽约）和1欧元：1.183美元（伦敦）。此后尽管欧洲央行联合采取行动（9月），但由于受到科索沃战争的影响，欧元比价在10月份创下1欧元：0.82美元的低点。

举例：1999年1月4日，一个11830亿美元的资产换成欧元正好可以换10000亿欧元，但到10月，重新兑换成美元时只能换得8200亿美元，损失接近4000亿美元，达到其总资产的30%。欧洲与美国的跨大西洋资金流动远远不止10000亿，而是100000亿，甚至1000000亿来计算，损失可想而知。

④欧元区的远期扩展空间被压缩了。

⑤有效"遏制"了世界各国美元外汇储备对欧元的"部分置换行动"（否则美元体制最少也要面对30000亿美元以上的集中抛单，后果很难预料）。

158

4.第二次海湾战争（2003年）

（1）背景

①2003年的第二次海湾战争的起因说法不一（都是有计划的"误导"），即便是美国政府的说法也先后不同。开战前，美国官方的说法是"阻止伊拉克发展大规模杀伤性武器"，后来被证明是一个"幻觉"；而美联储主席格林斯潘2007年9月17日说："发动伊拉克战争主要是为了石油，这是人所共知的事实。"

②在第二次海湾战争中，美国"消耗"很大，整体对于美元体系是不利的，是美元体系的一种错误的"应激反应"，是其一系列长期、复杂和深刻的内部异动的累计结果。

③这个时期，欧元区慢慢从科索沃战争的阴影中走出，其后必然是一个国际外汇市场的"兑换高潮"，这更加激起了美元体制的"应激反应"。

④这个时期，"欧元区"的性质也正酝酿着巨大的变化，其主要表现在如下几个欧元事件（这些事件的公文有的是在伊拉克金融热战后公布的，但"此刻"那些毫无顾忌的穿梭外交和协商，早就"震天响"了）：

第一个欧元事件 2002年11月18日，欧盟15国外长会议决定邀请塞浦路斯、匈牙利、捷克、爱沙尼亚、拉脱维亚、立陶宛、马耳他、波兰、斯洛伐克和斯洛文尼亚10个中东欧国家入盟。2003年4月16日，在希腊首都雅典举行的欧盟首脑会议上，上述10国正式签署入盟协议。2004年5月1日，这10个国家正式成为欧盟的成员国。这是欧盟历史上的第五次扩大，也是规模最大的一次扩大。2007年1月，罗马尼亚和保加利亚两国加入欧盟，欧盟经历了6次扩大，成为一个涵盖27个国家、总人口超过4.8亿、国民生产总值高达120000亿美元的当今世界上经济实力最强、一体化程度最高的国家联合体。

第二个欧元事件 2000年6月，欧盟在葡萄牙北部城市费拉举行的首脑会议批准希腊加入欧元区。这次会议还"顺便"决定在2003年以前组建一支5000人的联合警察部队，参与处理发生在欧洲的危机和冲突——欧洲国家军队的第一步。

（2）目的

①刺激世界石油美元需求，遏制欧元对石油定价、交易媒介的渗透。

②树立一个"靶心形象"来稳定美国内部，对外维系美国实体经济比"欧盟"强大的形象、避免人们发现"波音飞机都是外国造的现实"。伊

拉克金融热战的过程：2003 年 3 月伊拉克金融热战爆发，然后美军占领伊拉克，此后美国处死伊拉克军政首脑，开始了漫长的、痛苦的伊拉克占领。问题是，这不是一个胜利的终结，而是一个战争的开始。

（3）后果

①伊拉克战争更多的是基于美元体制的"应激行为"，而不是系统决策，所以进入了一个"拿餐刀喝汤的过程"。

②法国道达尔埃尔夫石油公司与伊拉克签订了一系列合同，拥有了伊拉克 2 个油田的开采权，油田储量初步估计不少于 260 亿桶。按照 2008 年 7 月 11 日 147.27 美元 1 桶的价格，约折合 38290.2 亿美元。第二次海湾战争结束后，"开采权重新分配给了美国石油企业"。

③促使大量"石油美元游资"到美国"避险"，维系了"广义美元回流机制"。

④欧元在"战前"10 天从 1 欧元兑换 1.11 美元，一度暴跌到 1 欧元兑换 1.05 美元，但此后就在此"区间"徘徊，并没有进一步下跌（这说明了很多问题）。

⑤第二次海湾战争对美国来说，投入过多、消耗过大、"历时太久"、"打击面过大"，减少了美国对外政策的灵活性和选择。

⑥ 对"石油美元蓄水池效应"的过度、过快的追求，制造了"全面的原材料价格上涨"，导致"广义美元回流体制"、"债务控制机制"在发展中国家逐渐失去作用。

⑦"美元广义动态收支平衡"被打乱了，而趋向失序。

第八章

年年战骨多秋草

——阴险的金融欺诈

第1节 金融投资骗局之王——庞氏骗局（Ponzi Game）

一、庞氏骗局

（一）庞氏骗局（又称金字塔骗局）是一个专业名词——庞氏骗局是所有骗局中的王者。这个类型的骗局是所有骗局中使用最广泛、历史影响最大的一个，所以也是特别要注意和防范的一个。

图片说明：庞氏骗局的发明者：查尔斯·庞兹

（二）庞氏骗局的变种数不胜数，却万变不离其宗，防范庞氏骗局的特效方法却很简单：**勤劳致富**。

（三）庞氏骗局中的骗人者和受骗者都是病人，他们的智慧被贪婪耗尽，癫狂般的去欺骗和受骗，最终一无所获，只剩下一捧黄土，几座新坟。

二、庞氏骗局的由来

（一）查尔斯·庞兹的"求学时期"

查尔斯·庞兹（1882～1949）是意大利人，出生于一个没落的家族。这种家庭要么出人才，要么出流氓骗子。很不幸，后一类人更常见，以至

于"破落户"曾经还有一个意思就是"骗子、无赖、流氓",这里面是有深刻和复杂的社会因素,与本书无关,不作深入探讨。

查尔斯·庞兹的母亲非常溺爱孩子,她拼死拼活地把儿子送进了罗马大学,这是一个天才和纨绔子弟共存的世界。虚荣心很强的查尔斯·庞兹很快就和一群狐朋狗友搅在了一起,如同电影《包氏父子》里面所描写的那样,舞会美酒、女郎的微笑让没见过多少市面的查尔斯·庞兹"眼界大开",拼命的试图挤进那个其实被人看不起的"垃圾人群",但却自以为"很不一般了"。年轻的查尔斯·庞兹此刻两种角色有可能供他扮演。

"第一种角色",一个真正上层社会纨绔子弟的跟班,吃点残羹剩饭,看看人家如何接吻。这种生活虽然"不会令查尔斯·庞兹满意",但至少是一种现实的生活,只要不害人,对得住良心,从富家公子手里拿几个辛苦钱,干脆就当一个"好跟班"倒也是不失为一种选择——后人不能站在道德的高度去苛求一个穷人。虽然这样做,明显和查尔斯·庞兹的母亲送他进罗马大学的初衷相违背,但从某种实际意义来说,查尔斯·庞兹如果从此成了一个跟班,老老实实地挣点薪水养活含辛茹苦的母亲,也算是个好孩子。

"第二种角色",真正的"垃圾"。明明被人家看不起,还假充大尾巴狼,借钱装成阔少,与真正的纨绔子弟争着追求有着美丽躯壳的舞女,揪着老妈胸襟要钱还打着"求学"的名义,也不看看老妈满是老茧的双手和那凄苦却充满希望的目光,心里却想着一个约会……很可惜,查尔斯·庞兹认为:这才是"正路"。当查尔斯·庞兹在罗马大学宽敞的咖啡厅里面和满脸脂粉的女孩调情的时候,一定以为对面的女孩又天真又可爱。如果他知道这种调情不仅和爱情丝毫不沾边,甚至其庸俗、市侩和龌龊远甚于罗马风月场中的"朴素交易",他如果想到喝一杯咖啡会花去老妈一个星期的血汗工钱,是否还会如此缺乏良知呢?

这些大学中的、口袋瘪瘪的"阔少爷"最后的结局只有一个——退学,查尔斯·庞兹也不例外。他的母亲已经囊中空空,债台高筑,其凄惨和悲哀无以言表,却如同无数母亲做过的那样,原谅了他的儿子查尔斯·庞兹,并舍着脸找到了查尔斯·庞兹的一个叔叔借了 200 元钱,让查尔斯·庞兹远渡重洋到美国去"开创自己的事业"。如果此时,她的母亲狠狠地打了查尔斯·庞兹一顿,然后一分钱也不给他,让他自己挣钱自己吃饭,查尔斯·庞兹的一生也许要幸福得多。

（二）查尔斯·庞兹的美国梦

查尔斯·庞兹一身油滑气，"除了不学无术和吃喝玩乐之外一无所长"，怀揣着200元来到了繁荣、混乱、疯狂的美国（此处指那个历史时期），那是一个黑帮横行，几乎没有约束的时代。查尔斯·庞兹的梦想当然也不是老老实实地做一个小职员或者工人，他要做百万富翁。他要的是香车美女，这种人生观必然把他引上一条不归路。

他的"追求"，必然导致了一系列的"失败和挫折"，但查尔斯·庞兹没有从中吸取教训而是错误地认为：自己"太老实"了。此时，他为了每天吃饭的"现实问题"不得不"屈尊大驾"做过杂货店的售货员、路边推销员、洗盘子的苦工……这些艰苦的劳作让被老妈伺候惯了的查尔斯·庞兹如同堕入了人间地狱，可他要的是自己梦想中的天堂。

梦想和现实差距之大，查尔斯·庞兹甚至一度露宿街头……

（三）查尔斯·庞兹的另一面

查尔斯·庞兹并不是一个丧心病狂的坏人，只是个虚荣心和享乐主义的牺牲品而已。当时，一位护士因汽油炉子爆炸而严重烧伤，需要进行皮肤移植，身为医院临时工的查尔斯·庞兹主动捐献了自己背部"50平方英寸的皮肤"（这大致相当于两个乒乓球拍的面积）。单纯从这一点来说，查尔斯·庞兹有其善良的、充满人情味儿的一面，这样一个人必然是一个人缘非常好的人。

但很不幸，这种有亲和力的天赋最终也间接促成了查尔斯·庞兹个人不幸的形成，对于这一点，只能说是老天爷的"恶作剧"……

（四）查尔斯·庞兹的"发现"

查尔斯·庞兹的"厄运"终于到头了，至少他自己如此认为——因为，查尔斯·庞兹"偶尔"发现了一个秘密："国际邮政代金券之间的利率差额"。这说明查尔斯·庞兹的确很聪明，这其实就类似于现在很普遍的不同货币间的利用利率不同来套利的金融投机行为。不过在当时，查尔斯·庞兹的确是"敢为天下先"的人。

（五）查尔斯·庞兹的"邮政代金券计划"

1. 邮政代金券（也称"回邮代金券"）

第一次世界大战的冲击直接导致各国利率异常波动，但是国际邮政货币体系依据的是罗马条约，邮价与各缔约国货币之间的利率是固定的。例如：1张回邮代金券价值0.3元西班牙比塞塔，1美元可兑换6.66元西班

牙比塞塔，于是 1 美元在西班牙可购买 22 张代金券；运回美国，这样的一张代金券就相当于 0.06 美元，扣除手续费，1 美元换到的 22 张代金券再回到美国就变成价值 1.10 美元。这意味着在西班牙购买代金券在波士顿兑换，将有 10% 的利润。随着一些国家货币的大幅贬值，使得货币的价值由于使用地点不同而大相径庭，这的确在理论上为回邮代金券的投机提供了可能。当然，这在实际的操作中几乎是不可能的，因为回邮代金券缺乏变现渠道，而且各邮政缔约国总共发行的代金券数量有限，并不具备大规模投资的可能。

2. 画饼

查尔斯·庞兹看出理论上金融投机的可能性，但执行起来却由于无法用代金券在美国换成邮票，再把邮票换成等值的现金，从而成为一个"画饼"（虽然理论上也许会有人愿意接受，但数量多了就绝对不现实了）。但他却已经设计好了一套"很好的方案"，立刻充满热情地投入到了他的"新事业"中去了。

很显然从一开始，查尔斯·庞兹就是在鼓动一种狂热和激情而不是理智的投资，因为既没有资本也没有任何可行的计划，只有一个传世的经典骗局——"金字塔骗局"（即："庞氏骗局"）。他并不知道，查尔斯·庞兹的名字远远比他祖辈的家族要"名声显赫"十倍、百倍、千倍。他开创的这种骗局以后出现的变种之多，数量之多，骗局金额之大都达到了他不敢想象的地步。

3. 广告

1920 年 7 月 24 日，《波士顿邮报》登出了一则不寻常的报道："三个月内让你的金钱翻一倍，庞兹在 45 天内付给投资者 50% 的利息——吸引了数千名投资者，国际代金券的交易利用低汇率获得利润。"。这条消息一出，一些想钱想花了眼的人都如同看见了大救星一样，跑着给查尔斯·庞兹送钱去了，他们也不看看一个没有任何资金投入的意大利小伙子怎么能做"金融生意"？但 45 天内 50% 的利润实在是太诱惑人了，这就是整个"金字塔"繁荣的开始。

三、庞氏骗局的"辉煌时刻"

（一）完美的计划

查尔斯·庞兹和那个时代遍地都是的骗子有着一个区别：他更类似于

一个金融投机商，并且绝顶聪明。他虽然开始并没有任何计划，但一上来就大方地用第二批人的钱支付了许诺给第一批投资者的"高额利润"，而没有骗点钱跑人。这在很大程度上是由于两个善良的女人对它的影响：一个是他的美国妻子罗斯（1917年结婚），另一个是他含辛茹苦的母亲。事实上，查尔斯·庞兹"逐渐有了一个计划"，并且还是个几乎成功的"计划"——用骗人把戏积累资金，然后投入股市炒作，变成真正的利润。

（二）疯狂的投资者

查尔斯·庞兹的"计划"在那个投机盛行的时代，也许有一点"可行性"。此刻，整个波士顿，甚至整个美国都疯狂了，查尔斯·庞兹收到的美元以几何级数增长，总体来说支出的远远少于收入的（这个阶段依赖于几何数字增长的"投资者"，所以不可能维持很久）。查尔斯·庞兹迅速积累了0.08亿美金。

（三）查尔斯·庞兹的暴富

1920年的0.08亿美元可以购买的土地，比今天80亿美元购买的土地还要多。1820年美国《（新）土地法》规定1英亩土地1.25美元，现在美国土地大约1英亩土地5000～30000美元。换句话说：查尔斯·庞兹可以轻易地购入上百万英亩土地或者其他什么进行"坐庄"炒作，有着某种获取金融投机暴利的可能，这样他就有了足够的资金，配合上一些"措施"，"也许"能摆脱所有庞氏骗局的最终命运：崩溃。但这一切都存在"如果"和"假设"当中……他想然后逐步降低许诺的回报率，并延长回报时间，然后把诈骗变为金融风险投资。如果查尔斯·庞兹坚持的时间稍长，赶上即将开始的投资狂潮，很有可能真的就成了百万富翁，那些投资给他的人们有可能并不会受到损失……

四、庞氏骗局的"崩溃"

（一）被捕

最后，由于其他心知肚明的"眼红者"的告密和打压，美国警方开始了对查尔斯·庞兹的调查，就在他即将慢慢扭转整个骗局性质的时刻，老天爷和查尔斯·庞兹开了一个玩笑，这似乎是在警告所有的"后来者"——**莫伸手，伸手必被捉。**

（二）波士顿警方逮捕了庞兹（此时，查尔斯·庞兹手中仅有61美元的"邮政代金券"）。在法庭为他定罪后，庞兹将一张字条递给了旁边的

记者，上面用意大利文写道："世间的一切荣誉就此成为过眼烟云。"他被判处了 9 年徒刑，刑满后被驱逐出美国。1949 年，庞兹穷困潦倒，病死在巴西里约热内卢的医院里。他的美国妻子对他不离不弃，永远微笑着出现在他左右，既帮他照顾年迈多病的母亲，又跟随他直到最后。有如此高贵品格的妻子，查尔斯·庞兹应该微笑着离开人间了。

五、庞氏骗局的特征

（一）庞氏骗局是金融欺诈丛林中的一棵"常青树"。

（二）透支未来制造今天"不容否认的繁荣和富有"。

（三）金融骗局为内容，实体交易都是宣传性的和象征性的"概念"。

（四）实施主体多种多样，受益者只有骗局制造者。

（五）庞氏骗局开始空前繁荣，然后迅速崩溃。

第 2 节 法国密西西比泡沫骗局——私有银行倒闭

（密西西比河在美国，但主体机构为"法国私有央行"所有，
故称"法国密西西比泡沫"。）

一、"法国（1817 年）"的独立央行——通用银行、西方公司、"法国皇家银行"、"法国皇家通用银行"

（一）西方公司

西方银行其实本名是"西方公司"，也就是发行（当时）"法国货币"的"通用银行"。"通用银行"是法国的私有央行，所发行的纸币是"金币本位"（就是随时可以兑换成金币），在法国、欧洲，乃至北美得到了广泛的使用和流通。西方公司的"股票"因此，被看成是货币，而具有"通货性质"。

这个私有央行的幕后老板就是银行家——约翰·劳。

（二）**金币本位**和利弗尔（livre）

"通用银行"的性质是私有央行，1718 年通用银行改称"（法国）皇家银行"，人们都认为这是法国政府和王室建立的国有机构。"通用银行"发行的是利弗尔（livre），并且可等值兑换为利弗尔金币（livre，含金量为 3.88 克），这让约翰·劳印刷的私人票据有了"极好的信誉"。

（三）利弗尔与美元的不同

布雷顿森林体系确立的时候，私有央行美联储发行的美元虽然号称是"金本位"，但美国人被禁止持有黄金，仅仅是各国央行之间进行兑换，这叫"金块本位"。而且这些黄金竟然大多存储在美联储的秘密储金地点，各国央行所谓的"黄金储备"和"买卖"，不过是美联储的储备和"账目记录"，实际这些黄金"有多少"、"存在不存在"、"在哪里"无人知晓——这就是所谓的"布雷顿森林体系规定的金本位美元体制"。

"……比如讲一个国家，一个银行想卖，一个银行想买，怎么办呢？是不是要到国际市场上交易呢？不需要，只要在银行间做了这种交易后，纽约美联储地下的金库就会接到一个指令，把黄金从 2135 房间搬到 4177 房间，没人知道 2135 房间代表了哪个国家，也没人知道 4177 房间代表了哪个国家，但是它完成了一个交易，就是黄金从这儿搬到另外一个地方。所以从这个角度来讲，哪个国家持有多少黄金，什么时候做了交易，交易了多少，这是一种最高机密，没有任何人知道这个消息"（直击华尔街风暴：中央电视台. 2008, 12, 9）。

（四）约翰·劳的金币本位

"通用银行"是用法国皇室的名义，发行法国纸币利弗尔的机构，人们不知道"通用银行"（也被称作"法国皇家银行"或"法国皇家通用银行"）是私有金融机构，也不知道纸币利弗尔是私人印刷的纸片。人们用金币不如用纸币方便，大宗金币存储在"通用银行"实际就变成了账面数字，流通的也是纸币，所以纸币利弗尔得以维持金币本位，也就极大地增强了利弗尔的"可信度和流通性"。

二、约翰·劳

（一）"奋斗史"——"第一次假死"。

金融骗局的主角依然是一个天才——约翰·劳（John Law，1671～1729），被马克思称为"既是骗子，又是预言家"，评价不可谓不高，伟人的眼光更是超越了历史，马克思在世的时候，谁又理解这句话的含义呢？

约翰·劳 1671 年出生在苏格兰爱丁堡的银行世家，14 岁就进入自己家的银行任职，对银行业务，特别是金融知识和黑幕了如指掌，且"颇有天赋"。由于约翰·劳有着银行家的高贵世家身份和充足的财力，所以他受到了良好的教育的同时，也有足够的金钱花在风花雪月上。

他的钱袋里似乎有着"花不尽"的金币，所以艳遇也就显得比较多，也比较"惊险"，甚至有时"惊险"得过了头……就和任何一个时代的风月场一样，有钱的阔少爷之间的争斗很容易被挑逗起来，并最终酿成惨剧。比较幸运的是，约翰·劳在与威尔逊为争夺女子的"决斗"中杀死了对手，并被法院判处终身监禁。他的父亲把约翰·劳"秘密弄了出来"，偷偷送到了荷兰——这是约翰·劳的第一次假死。

（二）《建立贸易委员会的建议与理由》——约翰·劳

约翰·劳有杀人的勇气、银行世家专业知识训练和杀人不受惩罚的身份和本钱，这就注定他必然是一个冒险主义倾向极强的金融投机家。约翰·劳与一般纨绔子弟明显不同的是：他酷爱学习。在荷兰躲避的时候，他被父亲强制"闭门思过"，也就兴致盎然地开始潜心研究起荷兰的银行体制，并小有心得——于1700年出版了《建立贸易委员会的建议与理由》，时年29岁。

（三）土地银行

3年后，当"银行家儿子杀人并判终身监禁"的旧闻被新的花边新闻所覆盖，再也引不起人们兴趣的时候，约翰·劳回到了苏格兰。并开始了他的第一个骗局——土地银行。这个骗局很简单，也很常见。

约翰·劳欺骗他人说，他有能力用低于市场土地价格的"优惠价"得到土地，只要投资人把钱存入他的"银行"。这不是单纯的骗局，有一定"可操作性"——把很多"个人购买土地的款子"放在一起所形成的"集团购买力"，可以在土地购买谈判中处于优势，而"有可能"真的得到"优惠价"的土地。但不论未来是否有何种"可能"，约翰·劳这个计划本身就是一个典型的"空手套白狼"（金融诈骗），这个性质不会因为"存在某种小概率事件的可能"而有任何改变，只是金融诈骗的水平高低问题。

约翰·劳的第一次金融诈骗并没有成功，普通人也许不了解他是何许人也，但那些"有资格购买土地"的大投资者在把钱交给他时，只要一调查就可以知道：所谓的"土地银行"是一个典型的由逃犯开办的"皮包银行"，目的很简单：金融诈骗。

三、约翰·劳和法国摄政王奥尔良公爵

（一）金融天才与法国财政

约翰·劳的银行家父亲依靠金钱的神通，找到了在法国替一个7岁的

小皇帝"管理朝政"的摄政王奥尔良公爵做了约翰·劳的担保人，使他一举打入了法国上流社会。

1715年，法皇路易十四去世，奢靡淫乱、腐朽没落到极点的法国皇室和贵族丝毫不理会人民疾苦，任性地继续着穷奢极欲的生活，财政出现了危机。加税会导致民怨沸腾，很有可能等于宣布法国进入全面动荡。法国贵族又不愿"紧缩用度"……

这个时候，银行家约翰·劳出现了。他利用和法国实际的最高统治者奥尔良公爵·摄政王的"私人友谊"，说服了法国7岁的小皇帝接受了一种后来被所有私有央行使用过的手段——"发行私有纸币"。约翰·劳无疑是个金融天才，他找到了一条路：既能从法国百姓手中得到财富维持皇室穷奢极欲的腐烂生活，又能让人们感到高兴，法国经济还可以进入一个空前"繁荣的新时代"。

（二）利弗尔和"法国皇家通用银行"（1716年）

约翰·劳一分钱也没有花，而开始联合奥尔良公爵，发行利弗尔纸币，并宣称是"金本位"，且用法国政府的名义，人们都误以为是法国政府发行的"金币流通券"（因为纸币利弗尔可以等值兑换金币利弗尔）。

这个骗局由顶端向下依次是："外国"银行家约翰·劳——法国奥尔良公爵——法国王室和贵族——法国各阶层——法国本土以外接收"纸币利弗尔"的国家和"法国主导地区"。

（三）约翰·劳的秘密

1. 约翰·劳看出了社会资金流量中只有极少部分需要兑换成金币，保持纸币利弗尔和金币利弗尔无限量等值兑换，可以进一步减少人们对金币实物的持有需求——无论如何，持有、保存、运输、支付金币都是比较麻烦的事。

2. 约翰·劳掌握了私有货币利弗尔的发行，可以在法国实施减税的情况下，不知不觉地用纸币利弗尔换取实体商品，满足"各方需求"，支付者和收取者都认为交易媒介是金币，所以皆大欢喜。

3. 约翰·劳和法国摄政王固然是有了一棵摇钱树；法国皇室和贵族也不再忧虑增税导致的社会反弹和支付危机了；纸币利弗尔的滥发数量却导致了法国经济的空前繁荣，商业阶层非常满意；法国最底层的人民由于可以享受到法国与法属"海外领地"、其他国家之间的"付出纸币利弗尔，取得实体商品"的交换中获取到利益，也感觉富裕多了。

4. 这么做的结果必然是私有货币利弗尔的崩溃，但法国摄政王奥尔良公爵都不管"身后的滔滔洪水"了，约翰·劳这个英国银行家更不会为法国的未来操心了。

四、密西西比泡沫骗局

（一）骗局开始——西方公司成立

约翰·劳正如马克思所说："是一个骗子，也是一个预言家。"英国银行家迈尔·罗思柴尔德所说的"只要能主导一个国家的货币供给，我不在乎哪个傀儡坐在日不落帝国的王位上。"，天才的约翰·劳也已厌恶了作为法国王室"金融奴仆"的地位，梦想着拥有一片"自由的土地"，成为银行家中的"万王之王"，他也看出北美大陆的殖民地不会永远附属于欧洲各国，谁控制了北美，谁就控制了未来。

为此，约翰·劳于1716年，将"通用银行"改名为"（法国）皇家银行"，于1718年在法属北美密西西比河殖民地成立了"西方公司"，这两个机构其实是约翰·劳的左右手，都是皮包公司。

（二）密西西比河泡沫的秘密

1. 约翰·劳要在密西西比发行私有货币，就必须首先建立一个发行机构——即："西方公司"。

2. 西方公司的两个支柱：①开发北美的利润"远景"；②"法国皇家银行"提供的无限额"金币担保"（其实是纸币利弗尔）。

3. "西方公司"依靠纸币利弗尔的"说服力"，取得了法国授予的密西西比河、俄亥俄河和密苏里河流域（法属殖民地）的专利开发权。以后又获得烟草专卖权、东印度公司与非洲和中国的贸易垄断权，但约翰·劳却根本就不想，也从来就没有进行过真正的"商业活动"，而是处心积虑地要把西方公司变成北美的"私有央行"，货币就是西方公司的"股票"。

4. 历史学家都说约翰·劳想炒高西方公司股票牟利，但事实不是这样。

（1）约翰·劳在西方公司"股价"高涨到了18000法元利弗尔的时候，反倒尽力压低"股价"，使西方公司的"股价"维持在9000利弗尔的水平。请注意：此处的"股票"就是"北美货币"，此处的"股价"就是汇率。

（2）西方公司的潜在商业利润是极高的，推高股价的是西方公司的潜力，压低"股价"的恰恰就是约翰·劳——因为，约翰·劳要的是一个有稳定汇率的私有货币。

5. 此刻约翰·劳并不认为自己是脚踏两只船，而是认为这是"一手两木偶"的妙计。他"左手"拥有法国私有央行"（法国）皇家银行"发行的私有纸币"纸币利弗尔"，他"右手"拥有北美私有央行"西方公司"的"股票货币"，并将两者汇率绑定。"法国政府"要是听话，就用纸币利弗尔作为世界货币，要是不听话，估计"纸币利弗尔谢幕"的时刻就快到了。从任何角度说，这都是一个天才的计划。

6. 约翰·劳的计划做到了金融骗局很难做到的三个完美：①早期纸币利弗尔可以真实地无条件兑换金币利弗尔，这基于约翰·劳对人类金融体系的深刻洞察，而不是单纯的侥幸；②纸币利弗尔的通货膨胀反倒带给了法国"繁荣"，这一个基于特殊殖民扩张历史背景的产物，也是一个"广义的庞氏骗局"；③"西方公司"不单纯是"皮包公司"而实际具有现实的商业投资价值，而且是很高的价值——因为拥有的都是垄断性贸易权和开发权。约翰·劳的"金融骗局"之完美，前无古人，后无来者，仅此一例。

7. 西方公司却突然"破产了"——历史戛然而止。

（三）西方公司倒闭的原因

1. 约翰·劳是个超越了时代的天才，建立了一个过于完美、过于真实的骗局，而忘记了骗局最本质的东西——无耻、谎言和暴力。

2. 西方公司"股票货币"和纸币利弗尔一起崩溃；西方公司与法国黄金银行也一起倒闭——原因在于他们和"利弗尔金币无限额兑换承诺"相捆绑。

3. 西方公司倒闭的原因和公司潜力无关，而是从"汇率捆绑"在一起纸币利弗尔和"股票货币"的金币兑换无力继续为开端的，这反映了约翰·劳"完美诈骗计划"的本质——不去好好从事西方公司本来利润丰厚的垄断开发和垄断贸易，却想用私人发行的小纸片控制北美地区信用供给。

4. 从政治上讲，法国摄政王奥尔良公爵不见得一点察觉都没有，虽不会做出"负面行动"，但很有可能对约翰·劳的计划有"某种消极观望的态度"。

5. 当时，有一股巨大的"抛售纸币利弗尔的金融力量"起了决定性作用，可能性最大的就是来自欧洲大陆或英国的银行家们在打击约翰·劳——这个"骗子群里的先行者"。

6. "黄金货币的二悖论"

（1）黄金不可能与经济规模、范围等比扩大，而黄金涨价解决黄金供

给的问题，又实际等于制造的通货膨胀和货币体制内部的不稳定。

（2）如果黄金足够，甚至超过经济总量，也无法避免在一个局部出现供给不足，必须以纸币补足，让金本位纸币不断陷入"兑换失信"的危局，或会让黄金货币体制实际演变成了纸币体制。

7.纸币利弗尔发行太多——事实上西方公司的"股票货币"是被纸币利弗尔拖垮，而不是相反。

（四）西方公司倒闭的影响

1.原本很有商业价值的西方公司的"股票货币"变成了真正的废纸，说来有趣：约翰·劳的"北美央行计划"比"法国央行计划"要"扎实得多"，可还是失败了——因为，他没有在实施"金币本位"同时，发布"禁金令"。

2."法国皇家（通用）银行"同时倒闭，纸币利弗尔崩溃，法国和法属殖民地陷入了一片恐慌与金融危机，此后延续多年引发了法国的整体衰退和一系列政治变化——这说明，西方公司这样一个有巨大资本和商业利润潜力的殖民公司倒闭，有着深刻复杂的国际背景。

3.约翰·劳，在1720年底偷偷带着天文数字金币逃跑了。根据历史记载，1729年约翰·劳"贫病交加"，病死在水城威尼斯，也就是银行家集聚、繁华富裕、产生过著名的威尼斯泡沫骗术的历史"金融圣地"——威尼斯，金融戏剧的《威尼斯商人》中的故事就发生在这里。我既不相信约翰·劳死于"贫病"，也不相信1729年他去世了。虽然无法证明，但对于已经"死"过一次的人，就能"死"第二次。

4.威尼斯泡沫骗局

历史上，银行家云集的威尼斯流行过一种金融战术，"炒家们"先是蓄意制造某种资产（比如：房地产）价格的虚假膨胀，诱骗市场投资者投入资金炒作，等市场价格达到他们预计的抛售点时，就开始慢慢出逃资金套利，然后等市场价格达到他们预计的某个高点后，开始散布谣言，并公开做空，制造被炒作的资产从过高估价，一下子变成价格崩盘导致的过低估价，然后用上涨过程中赚取的利润廉价"购买"破产投资者持有的资产。

第3节 癫狂的郁金香泡沫——打击荷兰的金融战役

一、古代金融战役与现代金融战役

（一）大分水岭

1637 年的郁金香金融泡沫是金融战役史中的重大事件，是古代金融战役和现代金融战役的大分水岭，是第一次具备了现代金融战役所有特征的典型的现代金融战役，必将永垂史册。

（二）中国古代金融战役的经典案例

金融战役在中国古代曾经多次出现，比如：诸葛亮六出祁山，打的就是一场金融战役，其复杂的战役模式，令很多人至今还不理解。诸葛丞相差一点就把曹魏连根拔了。其手段之高明，贯彻之彻底，堪称盖世无双。由于其特有的以弱击强的复杂环境和外柔内刚的中国文化特有的隐晦，这场金融战役至今不被人知晓，以至于很多人作出了诸葛亮六出祁山"不明智"判断。

蜀汉丞相诸葛亮就是在蜀汉国力相对于其他两国弱小许多的大背景下，用数量少、却经验丰富的小股部队进行骚扰性游击战术，导致对手心理陷入被攻击的"应激状态"，然后利用曹魏统兵大将眷恋"战时权益"的心理，夸大出兵的规模，巧妙地诱使曹魏军事将领出于个人利益得失的考虑配合蜀国军事行动，甚至双方心照不宣的上演着诸葛丞相的"攻防剧本"。他实际在"操纵"、"诱惑"和"迫使"曹魏统治阶层增加税负，用于事实并不存在的"边境大战"。曹魏军事集团的骑兵颇有汉朝遗风，非常强悍，不要说魏延所谓的"奇兵"出子午谷仅具有战术奇袭的价值，即便曹魏直接不打"边境山地防御战"，让诸葛亮的几万后勤转运极其艰难的山地步兵主力来到这没有可借助防御地势的开阔地，就会发生一场有后勤依托的曹魏骑兵对无后勤依托的蜀汉山地步兵的战斗。

几个"边境"山地小镇的反复争夺，对曹魏并无太大的实际意义，根本不值得十几万，几十万主力顶在那里形成**不对等军事对峙**，这还是一场放弃曹魏强大骑兵特长，主力大部队对垒强悍山地游击小分队的"奇怪战争"，所谓的"空城计"得以实施的原因也在于此——这就是金融战役学中的**高端主导**。

腐败透顶的曹魏官吏（九品中正制，又称：九品官人法，积累了比较深刻的社会矛盾，是一个比较黑暗的历史时期）也必然会借机大肆贪墨，

由此加重了整个曹魏统治地区社会经济、金融的崩溃压力。诸葛丞相还利用"自由商人",用蜀汉的绸缎去购买并不需要的粮食,导致曹魏广大地区粮价上涨,金银货币相对于粮食贬值,同时向曹魏地区大量倾销廉价"私盐"、"私茶"、"私铁",扰乱曹魏政权的税收……这一系列的金融战手段,已经导致了整个曹魏统治范围内形成了大规模农民起义的气候,如果蜀汉诸葛亮晚去世20年,他这种以弱击强的金融热战、金融冷战并行的策略也许真能推翻曹魏,恢复汉制……

二、1637 年郁金香泡沫的历史背景

(一)美丽的郁金香

郁金香骗局中的主角就是图片里美丽好看的花朵,可它却孕育了人类历史上一次史无前例的金融战役。郁金香原产于土耳其和中亚细亚一带。它的原名 Tulipa,就是土耳其语"美丽的头巾"之意。

(二)郁金香泡沫与"海上马车夫"

1637 年的郁金香金融泡沫中,美丽的郁金香本身不过是一个道具和诱饵,不论是欺骗者还是被骗的人都知道——郁金香本身的美丽并不重要,重要的是它能换来大量的金币。整个郁金香泡沫从表面看似乎很简单,就是把郁金香根茎价格炒得很高,然后崩盘的过程。其实背后的金融较量和国际斗争,远比表面上看起来复杂和深刻。这次金融战打击,对于那时被称为"海上马车夫"的荷兰帝国是致命的和永远无法恢复的,一个世界级强权从此衰落,让位于大英帝国。

图片说明:这就是美丽的郁金香,曾经昂贵到一株名品超过一个中等贵族家产的地步。

三、1637 年郁金香泡沫的始末

（一）荷兰金融战役的起因

1. 世界霸主之争

"1670 年时，荷兰拥有的商船吨位超过英国、法国、德国、葡萄牙、西班牙等西欧主要国家拥有吨位的总和"（此刻荷兰已经走向了衰落，可想而知荷兰强盛时期的力量）。这背后的强权和利益之争，是荷兰金融战役爆发的第一个原因。

2. 金融资本的战略转移

荷兰潜力已经达到了极限，而欧洲大陆对于金融资本的危害也逐渐开始警觉，金融资本酝酿一次战略转移前的"打包袱行动"——把曾经赋予荷兰的财富全部收回带走，这是荷兰金融战役暴发的第二个原因。

3. 发动荷兰金融战役，可以让试图削弱荷兰的国家不必"自己公开出手"，免受与荷兰强大海军直接对垒的损失就可打击荷兰国本。

4. 发动荷兰金融战役可以让"参与各方"从荷兰人鼓鼓的钱袋中拿走大量的金币，这是荷兰成为欧洲列强众矢之的原因。

5. 发动荷兰金融战役打击了荷兰，荷兰却无法知晓"暗箭从哪里射来"，很有可能自认吃了一个哑巴亏了事，这就避免了荷兰的军事报复，历史的事实正是如此。

（二）荷兰郁金香金融战役的开展

1. "郁金香概念"

（1）高价的郁金香

1593 年一位荷兰商人格纳（Guesters）从康斯坦丁（今日的土耳其）进口了第一枝郁金香花，这种花高贵美丽，让人赏心悦目，在此之后的一二百年一直为荷兰和欧洲贵族所欣赏，并视之为"身份"的象征，所以价格不菲。那次荷兰人格纳对郁金香的引进和培育成功，立刻让荷兰成了郁金香的王国（直到今天，这代价未免也太沉重了）。可郁金香的种植并不简单，它的种子要经过 7~12 年才能开花，简直是漫长得不可思议。眼看着手里拿着金币口袋的贵族们在大门外焦急的排起了长队，郁金香花商岂不更加焦急？

（2）郁金香的球茎繁殖法

这时，有人发现郁金香的球茎可以种在地里，每年 4~5 月都能够维持 10 天左右的花期，到 9 月份球茎会有所增长，但这种根茎繁殖法依然无法

满足贵族的需求，甚至正是这种繁殖技术本身，让本来也许足够的郁金香球茎变得贵重了起来（因为人们大量购买用于培植，而这在短期内实际就减少了郁金香的供给），也就是奇货可居了。可就在这些购买郁金香球茎的商人里面，就有不少是"外国商人"，他们的出现并没有令荷兰政府和民众警觉，反倒更加乐观地认为：发财的机会到了，因为郁金香主导在荷兰人手中。这就隐约涉及了两个概念——**外贸导向骗局和战略产业误导**。

（3）郁金香交易市场的诞生

昂贵的郁金香在荷兰人手中，"外国商人"想买，"对荷兰又有什么坏处呢"？正是出于对金融战役的不理解，荷兰政府不仅没有阻止已经慢慢有点贵得离谱的郁金香的"交易"，反倒在1634年底，由荷兰的郁金香商人们组成了一种类似产业行会的组织（college），并公开组织类似于现代期货市场的，专门用来炒作郁金香的交易市场，试图主导欧洲郁金香市场，从中牟取暴利。

（4）郁金香期权交易成为交易主体

"college"不是花市，交易的是所有权单据，很"先进"不是吗？这就是现代典型期货市场的雏形，虽然并没有引入"衍生金融工具"的概念，但却是在一个专门的市场内进行期权合约买卖和炒作。**当某种"投资主体"的价格短时期内大起大落几倍，几十倍的时候，普通的买卖交易所带来的潜在的盈亏杠杆已经被相应的几倍，几十倍地扩大了**。实际上，当时的金融战发起者可以过操纵价格杠杆，而使**"普通的常规交易"产生一种和衍生金融工具类似的杠杆效应，从而达到一样"高效"的金融战效果**。

（5）利令智昏的时刻

"荷兰"就不想一想：郁金香原产于康斯坦丁（位于今日的土耳其境内），数量多，价格便宜，那些英国、法国和西班牙的"花商"干什么非要来荷兰"买"天价的"荷兰郁金香"？这个问题实质就是——此刻郁金香荷兰市场已经和花卉毫无关系，而成了一个人为炒作的金融泡沫的"由头"，荷兰却自以为找到了一条"高雅的暴利之路"。

（6）契约炒作的形成

也许荷兰人和"想打击荷兰的人"都没有意识到，荷兰搞的针对郁金香交易的垄断交易市场事实上让针对荷兰的金融战役变得简单易行，省事多了。只要在郁金香期货买卖上做文章就行了，甚至连葱头一样的郁金香根茎都无需接手，只要炒卖"购买契约和郁金香球茎所有权"就行了。这

就是典型的期货炒作（虚拟经济），和现代期货市场投机不同的是：这个期货市场里只有一种商品——郁金香。

（7）郁金香价格的疯狂暴涨

①病态的涨价理由

1637 年的荷兰郁金香交易市场，似乎什么都是涨价的理由，人们乐此不疲，纷纷加入炒作行列。根据德国文献记载：当时有一种郁金香的植物传染病叫做"Mosaic"，"据说"这种病能让郁金香更加艳丽秀美，高雅无比，所以被染上"Mosaic"的病花，就更加昂贵起来。很显然，这已经是一种"病态的说法"，纯粹是为了炒作而弄出来的炒作"题材"而已。这种很可能子虚乌有的"Mosaic"郁金香疾病是否存在至今还有争论，但却让郁金香炒作之风在整个欧洲愈演愈烈，郁金香的价格也就扶摇直上，贵得惊人了。

②惊心动魄的"价值"

1635 年，一种名叫"Childer"的郁金香**单株**卖到了 1615 弗罗林（荷兰盾），这些金币可以买 14 头公牛、4 辆豪华马车、14000 磅奶酪。一种叫做"Semper Augustus"的**单株**，在 1637 年 2 月 5 日荷兰阿姆斯特丹郁金香期货市场上被炒作到了 6290 弗罗林。但这些"郁金香"并不存在，而是"**预计会在未来某个时候，会按时**"长出的郁金香的球茎。

（三）荷兰郁金香金融战役的延续

1. 计划

1637 年 2 月，达到高潮的郁金香金融战役的计划令人赏心悦目。

2. 虚拟郁金香

以英国（事实上还有法国、西班牙和德国，为了便于阅读，以下统称"花市投机商"）为主的外国金融投机商，大肆购买了几乎荷兰阿姆斯特丹郁金香期货市场上所有的根茎现货，并存储了起来。然后，虚炒实际并不存在的郁金香根茎期权和交易合约。由于根本就不存在多少现货，所以这就成了郁金香炒作演变到金融战的一个分水岭。

此后，整个荷兰阿姆斯特丹的郁金香期货市场，已经脱离了荷兰政府原来设立的本意，即垄断高价出售郁金香牟利，而变成了一个实实在在危害到荷兰整个国家金融安全的金融战场。

3. 郁金香虚拟经济的规模

"花市投机商"用了不到一年的时间，在 1636 年把郁金香期货推高到

了一个令人炫目的水平。到 1636 年底，所有的郁金香交易已经完全脱离郁金香实物交易，成了纯"期权交易"，其所涉及的金额很快超过了荷兰当时的国民生产总和（包括荷兰"海外领地"）。这个时候，一个本来小小的花卉期权交易市场已经具备了毁灭荷兰经济的金融破坏力了，荷兰政府已经感觉到问题的存在，但有点"老虎吃刺猬——无从下口"的感觉，没有及时采取金融监管策略，而任由外国金融资本直接进入，继续推高整个毫无理性的郁金香价格。

4. 虚拟交易

此时人们对郁金香本身毫不在意，交易的不过是"预计中的、未来中的郁金香"。这样，实际上一个超越了荷兰总产值的金融资本就绑在了几张毫无价值的"郁金香交易合约"的纸片上，人们就是在炒作纸片、炒作数字而已，这时金融战吹响最终号角的时刻已经到来了——这就是虚拟经济、虚拟交易、虚拟郁金香。

5. 郁金香的"细股"

"花市投机商"为了从根本上打击荷兰，取得更大的利润，想出了一个突破"荷兰政府"垄断的郁金香期货市场的"办法"，即私下里把大笔的郁金香买单期权分成"细股"（也就是把一个买单期权由好多个小投资者共同认购的形式，下同），兜售给中小投资者。这让"花市投机商"可以取得荷兰社会各阶层的资金，而用一种"空手套白狼"的形式——用荷兰的钱，发动荷兰金融战役，让郁金香的潜在危机扩大到了荷兰各个阶层。

（四）荷兰郁金香金融战役的"辉煌结局"

1. "花市投机商"用荷兰财富打击荷兰经济的成功原因

（1）荷兰各阶层的对郁金香虚拟交易利润的无比渴望，让人们丧失了对实体郁金香的关注，陷入了虚拟经济的迷梦而无力自拔。

（2）荷兰长期被金融资本主导，有一种人人参与"（金融）交易"的传统。

（3）郁金香金融战役中，虚拟经济的规模第一次超越了一个国家实体经济的规模，这种虚拟经济的形态让"荷兰政府"既不理解，也不适应。金融战役学第一卷《货币长城》，内容大半是"虚拟经济学"。这个学科刚刚创立，而"郁金香虚拟经济"距今 370 多年，这几百年的时间都没有虚拟经济学的存在，何况 1636 年的荷兰——人们根本不知道发生了什么。

（4）"花市投机商"在荷兰之外私下设立了所谓的"郁金香交易期货

市场"，从而在国外影响着荷兰的郁金香期货报价。

（5）主导和推高荷兰阿姆斯特丹的郁金香期货价格的因素，在初期是资金；在中期是谣言、贪婪和"概念"；在后期是人们对价格崩盘的恐惧。

（6）没有任何法律、市场规则可以约束"花市投机商"。

2. 最后的时刻

（1）1637 年 2 月 10 日的崩盘

郁金香价格已经达到了不可思议的程度，整个荷兰的财富总量都远远比不上郁金香交易的期货总值，"花市投机商"冷笑着给了"海上马车夫"荷兰致命的一击。1637 年 2 月 10 日，外国金融投机商开始突然抛出所有的郁金香期货单据，然后把所有的郁金香球茎存货抛向市场，从这个已经疯狂到极点的郁金香市场赚走了天文数字般的金币。如果考虑到此刻整个荷兰阿姆斯特丹郁金香期货市场的期货总值已远远超过荷兰（包括荷兰"海外领地"）总产值这一点来说，荷兰已经破产了。

（2）到底外国金融投机商从荷兰赚了多少钱，谁也不知道。虽然此后荷兰曾经把荷兰人的像和太阳铸在一起，并在上面配有"有我在，太阳停止运行"的文字来描述"海上马车夫"的无上霸权和辉煌（荷兰对此予以否认，详见于法国记载，原始钢印被荷兰政府熔毁），但其实整个荷兰的根基早就在这场郁金香泡沫中被掏了个干净，后来人如此的傲慢说法只是导致了一场战争和"和约"而已。那个海上霸主荷兰早就被 1637 郁金香泡沫弄成了一个"空架子"。

（3）物理世界的力量——价格的回归

1637 年 2 月 5 日，在荷兰阿姆斯特丹郁金香期货市场上，一个叫做"Semper Augustus"的郁金香单株品种价格达到 6290 基尔德（荷兰盾），但是后来的长期价格只维持在 0.1 基尔德的水平。相当于一个拥有 1258000 美元富翁瞬间只剩下买 2 张 10 美元电影票的钱了，这种打击让荷兰从此一蹶不振，进入战略衰退期，再也没有恢复昔日的荣光。

四、1637 年荷兰郁金香金融战役的后记

（一）1637 年郁金香崩盘直接起因的不同说法

1. 本书的"高点抛出说"

2. "水手拿郁金香球茎炖鱼"的故事

这个传说很有趣：一艘从国外驶来的船停靠在荷兰阿姆斯特丹，船上

一位年轻的水手在下船时顺手拿了一颗名为"永远的奥古斯都"的郁金香球茎,他以为那不过是一个洋葱,随便拿在手上玩,但那却是船主花了3000金币买来的。当船主发现郁金香丢失时,满大街找那位水手,最后在一家餐厅里找到他时,却发现水手正心满意足地就着熏鲱鱼将球茎吞下肚去。

水手对郁金香球茎的价值一无所知,他认为球茎如同洋葱一样,应该作为鲱鱼的作料一块儿吃。价值几千金币的球茎在一个陌生人眼里竟如同洋葱,把它吞到了肚子里,说没就没了。船长将水手告到了法院,法官难以决断。很快,这个消息传开了,它好比一枚炸弹,引起阿姆斯特丹交易所的恐慌。谨慎的投机者开始反思这种奇怪的现象,他们对郁金香球茎的价值产生了根本性的怀疑。有人觉得事情不妙,开始贱价卖出球茎,一些敏感的人立即开始仿效,随后越来越多的人卷入恐慌性抛售浪潮。

这明显是个谣言。因为那时的郁金香现货实际上比船还值钱,普通水手根本不可能接触到,更不会像"拿洋葱一样从大桶里拿一个去吃"。那时一个名贵的郁金香单株比一艘普通的船要贵,船长只会把它们藏到比金子更隐秘的地方,而不会让人随意找到,就不要说拿走了。这个说法很有可能"存在"过,并且是一次蓄意促使荷兰郁金香金融泡沫破裂的宣传战,整个诉讼和"表演"一定有其目的。另外郁金香的根茎据说苦涩有微毒,根本难以下咽。

3. "康斯坦丁郁金香大量到货说"

1637年2月中旬,突然有一种传言"大量的郁金香正从康斯坦丁运来,不日抵达",这种说法明显是别有用心的。

(1)康斯坦丁是有郁金香,但缺乏专业的集中培育,数量已经远远不如荷兰当时举国种植出来的多,即便有一定数量到货,也算不上"大量"。

(2)当时荷兰阿姆斯特丹郁金香市场的期货市值已经超过了荷兰产值,其中实物很少,大多是无法兑现的"期货单据",就是把"康斯坦丁"全境内所有的郁金香找出来运到荷兰,也远远不能填补"郁金香期货交易"中"将来"实物交割时必将出现的不足部分。

不管这个说法的目的何在,但在1637年2月中下旬,却直接导致了荷兰阿姆斯特丹郁金香期货市场泡沫的彻底破碎,是压在骡子身上的最后一根稻草,仅此而已。

（二）"荷兰政府（1637年）"的"善后工作"

1. 妥协

荷兰阿姆斯特丹郁金香期货市场的金融泡沫在1637年2月中旬"突然破裂"，荷兰政府已经乱了方寸，并没有立刻想出"完美"解决之道。所以，已经惊慌失措的荷兰花商协会在1637年2月24日开会决定，"在1636年12月以前签订的郁金香合同必须交货，而在此之后签订的合同，买主有权少付10%的货款"。这个做法从"技术上来说"是正确的，从实际影响来说，等于宣布：郁金香金融泡沫正式破裂了。所以，反倒促使荷兰的金融危机愈演愈烈，因为此时郁金香的价格何止虚高十倍。

2. 部分合约作废

（1）昏了头的荷兰政府本想借着郁金香大赚一把，但眼看金融危机演变成了政治危机，不得不于1637年4月27日宣布："整个郁金香交易是赌博行为，合同不予承认。"这等于宣布了郁金香不值一文。其后果可想而知。所以，又通过新规定，允许郁金香的最终买主在支付合同价格的3.5%之后中止合同。按照这一规定，如果郁金香最终持有者已付清了货款，则其损失可能要超过初始投入数量的96.5%，如果还没有支付货款，则只需支付合同货款的3.5%，那么，卖主就要遭受非常严重的损失了（如果考虑到里面有些暴利，那么这个损失稍好一些，极限也不会超过96.5%，这其实是一个荷兰政府"护短"保护本国花商的应急策略，可荷兰本国人参与炒作的人也不在少数）。

（2）这种左右为难的处境恰恰说明了荷兰政府已经到了进退两难的处境，也可以从一个侧面说明：为什么荷兰政府在1636年没有果断出面制止郁金香期权炒作？原因很简单："身陷其中，骑虎难下"。

（3）"荷兰政府（1637年）"的解决策略是正确的。

（4）贪婪的马车只会拼命跑向金钱谷，但不会自动在金钱谷的万丈悬崖前面自动停下来。追求虚拟利润的人们，如同喝浓盐水止渴，只会越喝越渴。

第4节 诡异神秘的疯癫病——南海股市泡沫

一、神秘的金融内战——南海（公司）金融泡沫骗局

这不是一个"老套的"股市泡沫，而是一场不为人知的"金融内战"，

其复杂、诡异和背后斗争之尖锐远远超过表面的历史记录，几乎是近代一切金融战内战的典范。

二、南海骗局的诡异背景

（一）复杂的过程

诡异这个词用在 1720 年英国伦敦的南海骗局上是再合适不过了。南海骗局的真实背景极其复杂，远远不是表面看起来那么简单。准确地说，是一种以"钱"的形式表现出来的纯粹的权力之争，英国股民不过是城门失火，殃及鱼池而已。

（二）央行制度与债务货币

1. 威廉三世与银行家威廉·帕特森（William Paterson）

1689 年威廉三世为了和法国路易十四打仗，找到了银行家威廉·帕特森（威廉三世的战争和"一时糊涂"都是"早年间"幕后谈好的合同条款，不过在逐条履行罢了），英国银行家威廉·帕特森（William Paterson）出了一个"一劳永逸"的"好主意"——建立一个私有央行"英格兰银行"并发行私有货币逐渐替换金币英镑。

这是一个彻头彻尾的金融骗局，而且并不高明——因为英国皇室完全可以自己来发行纸币。英国银行家仅仅许诺"只要私有央行成立，就立刻提供 120 万英镑的现金"给威廉三世，从表面让看：这位威廉三世似乎没有理解、也没有时间和心情去理解"私有债务货"的性质，似乎更没有意识到此举会让英国步入一个深陷至今的"金融骗局"。

事实上，威廉三世本人即便想不到"自己发行纸币"办法，英国王室也不会在银行家威廉·帕特森提出发行"纸币英镑"的建议后，还会同意"银行家威廉·帕特森等人去发行纸币英镑，英国王室借来这些账面符号"的荒谬建议。约翰·劳的"法国皇家银行"倒闭的幕后因素之一，就是法国王室，因为约翰·劳其实是贿赂了摄政王，才成立了"法国的私有央行"，法国 7 岁的小皇帝可能不懂，法国王室恐怕从一开始就看出问题了。

威廉三世的"战争"制造了一个"急迫的需求"（也就是一个"无法拒绝、不容商量的外部压力"），但从威廉三世波澜壮阔、诡异神秘的一生可以看出，谁把他当傻子，谁才是傻子。一句话：威廉三世毕生致力于削弱英国王室力量，他所代表的是跨国金融资本的利益，而不是英国王室。

2. 债务货币的骗局

银行家威廉·帕特森（William Paterson）等银行家成立一个空壳机构——英格兰银行，既不需要资本，也没有任何前期投入，却从此有了一个发行纸币英镑（等值于金币英镑）的特权。

英国政府（当时，也就是英国王室）负责为英国"一切事物"借入所需的纸币英镑，并用以政府财政税收作抵押。这个过程既没有必要由银行家威廉·帕特森（William Paterson）等人来做，也没有必要在发行纸币的同时，凭空付出一笔利息。更为荒谬的是：这样一来，没有债务也就没有英镑，先有债务，而后才有了货币，英镑也就成了债务——这就是债务货币理论。

这些债务永远不能被偿还，因为偿还的结果就是英镑的消失，而社会发展必须要越来越多的英镑纸币，而这也就必然带来了越来越多的债务（和支付给私有货币发行者的债务利息），这就导致了英国政府欠银行家威廉·帕特森（William Paterson）等英格兰银行原始股东继承者的债务只会越来越多而永远不可能还清，也不能清（还了就没货币了，而且"债务"比"债务创造的货币"要多）。这些所谓的"债务"不仅数额达到了天文数字，而且必然要由英国纳税人世世代代背负，实际却从来就没有真正发生过任何"借贷"。

3. 1697 年 7 月 27 日

威廉三世在 1694 年 7 月 27 日，颁发了私人英格兰银行的皇家特许执照（Royal Charter）。

（三）乔治一世

1. 不会说英语的英王——乔治一世。

威廉三世死后，历经安妮女王，然后鬼使神差地根据 1701 年的《王位继承法》，让一个德意志帝国汉诺威的**选帝侯**乔治来到英国继承了王位，他就是乔治一世（1714 年）。

乔治一世甚至连英语都不会说，对英国既无感情也"无"兴趣（他要的是德意志"大汉诺威王朝"，而不是英王朝），但正是这种"毫无牵连"的特点，让他立刻看出了 20 多年前确立的私有央行体制和债务货币制度的愚蠢和严重后果。因为，"此时"英国皇室已经莫名其妙地欠下了"国际债权人"的 0.3 亿英镑，而得到的不过是纸币英镑的账面数字（也就是债务货币的发行过程，实际并没有"借"债）。这种荒谬的行径让乔治一世

感到有必要"解决"这个问题，但他又明显有私心。

2. 乔治一世的选择

乔治一世如果仅仅想解决"英格兰银行的问题"，有很多方案可以选择，比如：他可以宣布成立一个英国皇室自己发行货币，然后用法币英镑的账面数字一次性归还欠英格兰银行所有的债务，然后宣布收回英格兰银行的特许营业执照即可。这样银行家无话可说，英国政府以后也好自己"发行法币"还不用负债发行，这个办法社会动荡也不明显，经济负担也小（可以通过贬值实际"赖掉"给英格兰银行股东的"还债款"）。

乔治一世却选择了一个明显会制造英国动荡的计划——南海金融泡沫。坦率地说：他的战略就是"先搞乱英国，然后征服英国，最好同时除掉一个的对手——英格兰银行"。

3. 乔治一世与南海公司

乔治一世的目的是从根本上征服英国而不是当"光杆国王"，为此他利用了英国商人阶层的贪婪、英国上下对"海外领地"扩张的狂热兴趣和英国王室中"有识之士"对独立央行制度的理解和恐惧，巧妙地、不动声色地利用了一个1711年成立的殖民公司——南海公司，开始大做文章。

4. 选帝侯：（德语：Kurfürst，复数为 Kurfürsten）是德国历史上的一种特殊现象。这个词被用于指代那些拥有选举德意志国王和神圣罗马帝国皇帝的权力的诸侯。1806年，神圣罗马帝国被拿破仑勒令解散，选侯权失去了意义。选帝侯在后来的德意志帝国以一种荣誉爵位的形式存在下去，但已与原意相去甚远。

三、南海泡沫背后的斗争与始末

（一）南海公司

1711年，英国政府为了向南美洲进行贸易扩张，专门成立了一家南海公司。安妮女王准许成立这家私人公司也是和英格兰银行有关。1711年南海公司在英国注册，并获得英国政府所给予的与当时为西班牙"海外领地"南美洲和南太平洋地区的专营贸易权，条件就是：该公司负责（部分）英国国债。

（二）英国的国债

1. 国债

英国政府"欠"英格兰银行股东为代表的"国际债权人"债务的问题，

前面谈过了，这里要说一下英国政府的国债数量。

2. 英国国债（2005年）的负担

2005年英国的债务总额已经高达5259亿英镑，按照当年4.75％的利息计算，一年的利息支出是249.8025亿英镑，2005年英国国民生产总值为12260亿英镑，负债率42.8％；利息支出占英国国民生产总值的2.03％。2005年英国政府赤字为534亿英镑，2006年达到801亿英镑，如果英国没有建立央行制度，英国政府可以发行货币冲抵这些债务。

可由于央行制度，不仅政府赤字没有"消失"，而且还要向"国际债权人"借入纸币英镑归还债务和债务利息。2005年英国政府不计算旧的债务，仅当年的债务利息和政府赤字的总和就达783.8025亿英镑，占整个2005年英国GDP的6.39％；2005年英国实际GDP增长率为1.9％，"账面增长"232.94亿英镑，扣除当年国债利息支付的负担后，实际增长为-16.8625亿英镑（已经进入虚拟增长了）。

扣除国债利息和政府赤字，实际增长-550.8625亿英镑；也就是2005年英国实体经济实际是衰退了4.4％。

3. 英国国债（1720年）的负担

从1694年7月27日英国央行制度确立，英国政府的债务到1720年已经达到了0.3亿英镑，接近英国政府（当时）税收的30％，虽然问题没有今天严重，但短短26年，债务货币制度就凭空制造了一笔巨额"债务"

4. 南海公司的"秘密任务"

南海公司成立之后的8年间，没有赢利，也没有取得与西班牙"海外领地"贸易的许可（西班牙政府）。可以说从南海公司成立伊始，就是英国皇室针对英格兰银行的一个计谋——由这个皮包公司来承担欠英格兰银行的所有债务。

所以说：南海公司本身就是一个骗局和阴谋，是一场金融战中的道具，不过的确在乔治一世手中"发扬光大"了。

（三）乔治一世的"南海计划"

1. 第一步："股票还债，债权转移"

经过缜密的策划，1719年，由南海公司的董事们公开出面，"自行"找到"英国政府"（此处实际指当时的英国皇室）进行"公开谈判"，承诺用南海公司的股票来偿英国国债，最终干脆提出**全英的国债都用南海公司的股票偿还，从此没有英国政府的责任。**

整个"大英帝国"都无力偿还的债务，用一个空壳公司的股票来偿还。奥妙就在这里："英国政府"欠英格兰银行股东的债务是账面的数字，南海公司的股票也是账面数字，这就成了一个"空对空"的局面。

经过"艰难的谈判"，英国政府"勉强"答应。

2. 第二步："推高股价，废纸成金"

如果南海公司的股票并不值钱，英格兰银行的股东就不会接受。所以，南海金融泡沫骗局的关键就是：炒高股价，并且不是"一般的高"，是"极高"。这样才能让英格兰银行感觉南海公司的股票比 0.3 亿英镑的英国政府债权还值钱，鱼儿才会咬钩。

（四）股市狂潮

1. 谣言出炉

为了让南海公司市值远远超过 0.3 亿英镑，必须制造"谣言"——与美洲"海外领地"的贸易利润。但 1719 年，西班牙政府可是一言九鼎，美洲控制的西班牙手中，所以贸易需要西班牙政府的"特许"。至今大多数美洲国家都说西班牙语，就在一定程度上反映了那时西班牙的影响力，其实一度成为世界海上霸主的"海上马车夫"——荷兰，不过是西班牙独立出去的一部分而已。

造谣者很专业地造出了如下谣言：西班牙政府不仅同意给南海公司"贸易特许权"，还同意南海公司在秘鲁开辟一块营运基地（从事黄金开采、香料烟草贩卖等）。虽然这只是个谣言，但它的确击中了"要害"，这个要害就是弥散在整个英国上下的暴富狂想，那是一种不可抑制的冲动。一时间，南海公司立刻成了股市的明星，股价开始上涨。

2. 南海公司的财务报表

南海公司也不负众望地发布了一份又一份"财务报告"，里面"成船的黄金和白银正往英国运来"，这如同梦幻般的"财务报告"当然也"毫不奇怪"地受到了英国政府财政大臣约翰·爱斯拉和国务大臣克拉格的官方认可。这一下，也就是说英国政府在证明：南海公司的确是制造黄金的机器，是无价之宝。

这背后当然是乔治一世那个"南海泡沫计划总导演"的默许，后来单纯把责任推到财政大臣约翰·爱斯拉和国务大臣克拉格两个人身上，说他们"受贿渎职"是极其不公平的。这倒不是说他们的操守如何高尚，而是这种明知道会引起巨大公愤，并毫无疑问很快就要被揭露的骗局，就是给

186

再多的钱，也没有人敢接受这种贿赂，因为"有命拿钱，没命花"，这个浅显的道理英国的大臣们不会不懂。

3. 股市明星

由于南海公司的"财务报表"得到了官方认可，所以私人南海公司的股票价值也就"不容置疑"了，买南海公司的股票几乎成了一种时尚。有一首英国童谣形象地记录了当时的情景："当星辰出现在夜空，买卖开始兴隆，绅士们摩肩接踵，女士们涂脂抹粉，开始了胡同中的冒险……"

此刻的英国，下到稍有点积蓄的老百姓，上到贵族，甚至大名鼎鼎的科学家牛顿也大买南海公司的股票。在这种强有力的投资支持下，到1720年9月南海公司的股票已经炒到每股1000英镑，此刻一个皮包公司的价格已经达到了0.1亿英镑，南海公司的股票总值是全欧洲（包括英国）现金流通量的5倍。这说明了乔治一世是一个金融天才，至少是个"股市圈钱"的高手。

4. 英格兰银行的对策与过程

（1）将计就计

正应了中国那句老话："人外有人，天外有天，强中自有强中手。"英格兰银行从何时看出了这里面的门道，无从知晓（不过，他们很可能是从西班牙的"某些"渠道中了解到了，西班牙政府并没有给南海公司特许，再配合英国官方的说法进行分析，也许就可以了解这"一切"了）。

英格兰银行看出接受"南海公司的股票换取英国政府的债权"的买卖并不划算。因为英国政府的债权的本质是私有纸币英镑的发行权，这远远比南海公司的收入要"大得多"，一个"印钱"，一个"赚钱"，当然"印钱"的买卖更加合算。但他们也有难处，就是不好和乔治一世翻脸。

总归来说，公开和乔治一世"摊牌"风险不小。再说，乔治一世并没有公开撕破脸，只是精心设置了一个金融圈套等着英格兰银行的董事们往里钻，这总算是多少留了回旋余地，这时英国复杂的政治气氛和强大的皇室力量也令银行家们的行动小心起来。干脆将计就计：

①顺水推高南海公司股价。

②假意作出考虑用南海公司股票置换英国政府债权的"政府提议"。

③放松银根让其他私有银行和金融机构开始向股民们借贷，这样做颇有深意：把南海公司的股票价格推高超过欧洲现金流通量的5倍，继续推高股价的主导力量从民众的"投资狂热"转移到英格兰银行主导的"金融

决策的宽松贷款政策"上——英格兰银行也就主导了南海公司的股价涨跌。

（2）"《反金融诈骗和投机法》"

南海公司的泡沫骗局太成功了，吸纳了全欧洲的现金（却依然不够），这就出现了一个"争夺现金"的问题。一些"聪明人"看出了"门道"。他们也学着南海公司的模样在公开的股市"虚报业绩"搞"股市圈钱"。当时，有一个出版工人注册了一家"正进行有潜力生意公司"的空壳公司，然后在股市上出售。他自己都不知道这家公司是干什么的，股民就更不知道，但即便在如此荒谬的情况下，他依然在6个小时内卖出了2000英镑，然后便人间蒸发，逃之夭夭，要知道当时一个强壮能干的英国人一年也挣不了几个英镑。这些"小骗子"无疑分流了继续推高"大骗子"南海公司股票的资金，所以南海公司痛感："骗子太可恨了。"然后利用自己的"特殊背景"，直接找到英国政府和议会，很快就推出了这个打击"小骗子"的《反金融诈骗和投机法》。

这个事实从侧面说明，支持南海公司金融泡沫骗局的绝对不是少数几个腐败的官员，而是整个英国皇室和议会，至少是大多数，不然这个"荒唐可笑"的《反金融诈骗和投机法》不会出台得如此之快，如此之顺利。一方面南海公司的这个"大动作"极大限制了其他私人公司的建立和融资，继续扩大了南海金融泡沫；另一方面这也是英国皇室和所谓的"皇家英格兰银行"幕后摊牌的开始。

（3）英格兰银行制造股市崩盘的具体策略

①英格兰银行从1720年9月下旬开始，突然收紧银根，导致南海股票泡沫丧失了继续膨胀的资金来源，开始向内崩塌了。

②英格兰银行放出真实的消息：南海公司根本没有取得西班牙"贸易特许权"，也就是说那些所谓的"成船运回英国的黄金和白银"根本就不可能存在。投资者一下子慌了，怒骂着、痛哭着抛出南海公司的股票。短短几天的时间，南海公司的股票从1050英镑一股，跌到了129英镑。由于这时整个英国各个阶层都陷入了这个南海泡沫，金融问题迅速演变成了政治压力，一场政治危机突然摆在了乔治一世与英国皇室和政府面前——"投资者要讨个说法。"

③二次推高南海公司股价

智慧老到，谋略千年的银行家们特有的超人智慧显现了出来。他们制造了这种政治压力，但并没有真的去引发这场政治危机，因为乔治一世可

不是好惹的，弄不好形成一个席卷整个欧洲反对银行家们的严峻局面也说不定，所以他们只需要乔治一世"放一马，"即"不再提南海公司股票置换英国皇室欠英格兰银行的债务"一事就行。这样做无疑是明智的。

1720年"新首相"（先是相当于首相地位和权限，后来是英国第一任首相，英国首相制的开山鼻祖）罗伯特·沃尔波（Robert Walpole）这个"特殊人物"出任财政大臣，宣布：一方面停止"债权二次分配"（即用南海公司股票给英格兰银行冲抵全部英国政府债务的提案）；另一方面联合英格兰银行推高南海公司股价，让很多套牢其中的高层人物能够"缓过一口气来"不会破产，以至于铤而走险。

一句话：英格兰银行的董事们很明智，很成熟，其成功绝非侥幸。

④打预防针 一场持续到今天的宣传战

2007年的时候，当您走进"皇家英格兰银行"的博物馆，在这个显眼的位置上会看到一幅充满了讽刺意味的绘画作品，其所描绘的正是当年的南海金融泡沫的过程。这幅漫画是著名英国艺术家威廉·休加德于1727年公开发表的作品。这幅讽刺画反映的是：诚实女神的雕像被打碎，并经受苦难；荣誉女神遭到鞭打，这些都象征着所有优良品质的毁灭。大家还可以看到纪念碑，象征着这座城市的堕落。柱子上这些人，就是南海公司投资者或者称之为"赌徒"；您可以看到主教们正在赌博，赌博这种投机行为，也正是南海金融泡沫的重要的推动力之一。

这就是英格兰银行家的危机意识，他们永远也不会忘记这次几乎让他们上当的"南海金融泡沫"，而很多股民却依旧无数次地重复着"赌徒"的角色而不自知。

5. 乔治一世的第二套方案和替罪羊

（1）乔治一世的第二套方案

乔治一世在整个南海金融泡沫中扮演了一个高高在上的幕后指挥者，他虽然是英格兰银行的对手，但早在他计划这个本来就"不必要如此"的南海金融泡沫骗局时，就设想了两套方案。

如果胜利的把英格兰银行的债权替换成南海公司的股票，固然可以讨好英国皇室，让他的权力更加稳固，汉诺威王朝更加兴旺发达，但万一失败了，整个英国必然受到沉重的打击，英格兰银行虽然赢了，但整个英国输了，一个衰落的英国远比一个强大的英国更便于统治，这也会让汉诺威王朝更加兴旺发达，只是道路不同而已。这就是一个金融天才、权谋大师

的妙计，乔治一世从一开始就实实在在地挑拨和主导了本来都不听话的英国皇室和英格兰银行，使之进行了一次代价不菲的争斗，不论是谁胜利，汉诺威王朝都是最后的胜利者。

从这个意义上说：制造南海金融泡沫骗局的乔治一世赢了。

（2）替罪羔羊——可怜的财政大臣和国务大臣

乔治一世面对英国民众的无比愤慨，毫不犹豫地把财政大臣约翰·爱斯拉比和国务大臣克拉格当成了替罪羔羊，一个被投入伦敦塔，一个被吓得半疯，都退出了历史舞台。

这时，他将由于贪污罪也在伦敦塔蹲过班房的罗伯特·沃尔波（Robert Walpole）弄了出来，麻利地恢复了政局稳定，并且让南海公司的股价又恢复了一定的高度。然后又借机开创了首相制，使本来在辉格党人和皇族手中的权力顺理成章地被乔治一世牢牢地抓在了手中。

四、南海泡沫的评说

乔治一世（德国人，1660~1727）开创了一个德国人（他和他的儿子甚至只会说德语）牢牢主导英国。将近两百年的汉诺威王朝（1714~1901年），于1727年战死，执政只有13年。他被英国人用各种文学和史料嘲弄，被政治分析家说成一个罗伯特·沃尔波（Robert Walpole）首相制的傀儡。事实上正好相反——掌握一个"因贪污罪进过伦敦塔，又被乔治一世弄出来的"罗伯特·沃尔波首相，比主导一群"英国反对派"要容易得多，这就是乔治一世设立英国首相制的原因。历史上真正的乔治一世，战斗勇敢，权谋深远，金融战术娴熟，在英国长长的国王名单中，找不出第二位……

第5节 一箭多雕——1910年橡胶泡沫骗局

一、一场导致了清朝灭亡的金融战役——1910年橡胶泡沫骗局

1910年发生在中国上海市的一场橡胶泡沫骗局，是一场典型的金融战役。它的复杂、诡异的过程震撼了整个中国，后果是所有金融战役中比较罕见的。因为，中国历史上最后一个封建王朝在历经了268年风雨后，由于1910年橡胶金融战役，而在1911年2月12日轰然倒塌。一场"著名"的1910年橡胶金融战役——一场令人哭笑不得的"亡国之战"中，中国投资者损失了0.45亿两白银。

二、1910 年橡胶泡沫骗局的国际背景

（一）城门失火，殃及池鱼

严格地说，1910 年橡胶泡沫骗局虽然对中国影响最大，甚至 "意外" 弄垮了清朝政府。但整个橡胶金融战役的**主攻方向**却不是中国，而是欧洲大陆。正是美联储（1913 年 12 月 23 日）建立前的 "狂欢夜"，银行家直接插手了欧洲两大相互对立的军事集团的军备竞赛，也就是通过私有银行同时给协约国和同盟国提供贷款。更为不可思议的是，同时出任 "两边的要职" 举例：作为支持协约国一方的美国（1917 年 4 月 6 日对德宣战）的 "管理者" 是美联储主席、银行家保罗·沃伯格（Paul Warburg），他的大哥保罗·麦克斯（Max Warburg）时任德国情报部门的首脑。

第一次世界大战，并不是要毁灭世界，而是要欧洲大陆的 "对垒" 双方认为 "当和平的成本超过战争代价的时刻" 发动战争，而在一个 "恰到好处" 的时候停下来——战后恢复急需的 "美元援助" 就会如潮水一样涌进欧洲，各国会高兴地签下一笔巨额的账单。

（二）战争的开关——橡胶

1. 战争天平

随着对垒双方的军备竞赛，借贷负担也已经超过了 "发动一场战争的代价"，战争的到来只是个时机问题。但如何让战争怪兽能够 "闹腾" 一段就停下来呢？聪明智慧的私有银行家想到了一个好方法：战争的怪兽不仅吞食生命，还需要不停地吞噬下大量资源才能坚持下去。这样只要影响一个**不能存储又不可或缺**的资源供给，就能够让协约国和同盟国打上一阵，但最后又有一方出现资源短缺而战败。这个特殊的资源就是——天然橡胶。它有两个 "好处"：无法长期存储和极端重要。

2. 重要的橡胶

（1）第一个例子——橡胶对机械化战争的秘密影响。

"甲午海战"（1894 年 9 月 17 日）。其实，中国舰队和日本舰队都受到了对方炮火的打击，日本舰队受创更加厉害，中国炮火的命中率比日本要高近 1 倍，但中国北洋舰队沉没的军舰很多，邓世昌等优秀爱国将领就是在此次海战中阵亡的。

问题并不是中国水兵的损管（专有名词：即，"损害管制"，和平时期主要是舰船内外灾害的应急处理和预防，战时主要指舰艇成员对战争破坏的应对措施，主要包括抗沉、防爆、拿修、灭火等。下同）工作不到位，

而是由于清朝统治者看到了北洋军阀尾大不掉的可能（这是相对于清朝皇族而言），不顾国家利益，百般牵制，导致海军军费匮乏，所有舰船密封舱的橡胶圈都无钱更换，导致老化而无法密封。平时还可以"凑合"，可海战导致船体损害后，会有大量的高压海水从裂口迅猛冲入。此刻，舰船无法有效封闭受损区域，只要有一点裂口，整艘军舰就会慢慢浸水沉没。一个小小的橡胶密封圈问题，就能产生如此严重的后果至今不为人们了解。

（2）第二个例子——橡胶的"极度敏感性"

"许成文《"天然橡胶事业"回忆录》中有几个历史片断，可以从侧面说明：天然橡胶的无比珍贵（即便在人工橡胶技术空前发展的今天，这话也不算过分，过去就不用说了）。

http://hongye.scuta.org/xw/ReadNews.asp?NewsID=8239&ClassID=16"

①第一个历史片断：1950年春，毛泽东主席接到苏联领导人斯大林发来的一封绝密电报，电文大意是：a.以美国为首的西方国家对苏联等国实行经济封锁，不准向苏联等国出口橡胶。苏联等国的橡胶供应出现了很大危机。为了打破封锁，需建立橡胶事业；b.中国的海南岛地处热带北缘，适合种植橡胶，可否在海南岛开辟橡胶种植基地；c.苏联愿出一切经济援助，包括派遣技术专家和机械设备支援；d.如同意，苏联可派专家代表团去中国商谈。

毛泽东主席认为事情重大，随即召开中央政治局常委会议，商讨应对。讨论结果是：同意苏方的建议，由国务院副总理兼财政经济委员会主任陈云同志挂帅主持，具体业务交中央林垦部办理。

②第二个历史片断：当时由于美国对中国进行封锁禁运，规定一粒橡胶种子和一尺橡胶芽条，都不准带往中国，否则将受法律惩处。这样，种苗供应是个大问题，不易解决。对此，陈云同志说："我们要靠自力更生自行解决。我们自己的橡胶母树结的种子，一粒不能丢，都要捡回来，用于播种育苗。"

（3）中国的橡胶工业发展简介

虽然从1904年就开始有人弄了一些橡胶种子并种植于云南省盈江县新城凤凰山的东南坡，但直到1952年，也就是解放战争的硝烟刚刚散去的时候，全中国天然橡胶年产量只有199吨。

新中国从无到有、白手创业。目前中国不仅是天然橡胶第一消费国，还是天然橡胶世界第三（有文献说是第四，或者第二）生产大国，种植橡

胶树 60 万公顷，年产量 57 万吨。

（4）第一次世界大战前，欧洲对垒各方的橡胶状况

欧洲不产橡胶，而主要来自非洲、拉美和东南亚的橡胶园。并且天然橡胶最多也就储存个两三年（当时工艺也比较落后，纯天然橡胶制品有的连一年都保存不了就发生性状变化，功用弱化或丧失，物理老化了），就会丧失原有物理特性。所以，近代战争虽然是钢铁的较量，天然橡胶部件也许只是一部卡车油阀的一个小胶垫，但却足以让整个卡车无法修复（但开始可以用一段时间，这也就保证了战争是可以打一段时间的）。同时橡胶无法长期储存，主导橡胶只能主导橡胶原产地，要不就只能"购买现货"了，可战争爆发的时候就"不那么容易买到战略物资"了……

（5）英国"橡胶商人"麦边利

通过控制橡胶来主导机械化战争的进程，这个方法固然巧妙，但需要有一段时间才能生效，所以需要很高的对战争爆发时间的"预见"能力和很早的布局。事实上，1909～1910 年的金融泡沫骗局中，在中国舞台上的前台主角就是英国"橡胶商人"麦边利先生，他在 1903 年（清宣统元年）就来到中国上海开设了一家名为"兰（蓝）格志"的专营橡胶、钢铁、棉花（典型的战争物资，棉花用来做炸药）的公司，可见布局之深远。

这个一无资本，二无实际产业的"空壳公司"，麦边利先生底细也无人知晓（此人自称来自英国，后失踪），但上海滩的欧美银行联合立刻宣布对这个"既不知从哪里来，以后也不知哪里去"的"空壳公司"承诺："兰（蓝）格致公司发行的橡胶股票有按照票面额在上海外国银行押借现款的权力。"这就等于承认这个无产无业的无名之辈麦边利先生的"空壳公司"的"股票"等于货币，并由欧美私人银行"无限额担保"——他们丧失理智了吗？

三、1910 年橡胶泡沫骗局的展开

（一）橡胶泡沫骗局的酝酿

自从 1903 年开始，中国民族资产得到了一个短暂的发展时间。"庚子赔款"虽然总数惊人，但每年"只"赔付 200 万两白银。当时清政府财政收入有几千万两，接近 1 亿两。

可以肯定地说：发动这次金融战役的"国际炒家"并不想打垮清政府，而只是想"捞一把"并制造债务危机，然后贷款给清政府，让清政府慢慢

陷入债务陷阱，他们好获得最大的、最长远的利益。事实上，后来清政府的"庚子赔款"，西方列强当年只收到 200 万两（无法确定其是否包含在了"新的借款"当中，但这种可能性是存在的，因为当时清朝政府已经焦头烂额"无银可调"），却借给大清银行（清朝的国有银行）350 万两白银，里外里似乎还"赔进去"150 万两。

（二）清朝末年，"金融产业的空前繁荣"

清末中国金融业发展很快，交易所达到 200 个（"有明有暗"，但都类似"赌场"），都集中在上海，可以说中国的民族金融资本已经具备了一定的规模和经验，一些钱庄的"综合实力"已经强大到事实成了清朝的央行。上海以源丰润钱庄为首的行业联盟实际就行使了清朝部分央行的职能。

（三）促成 1910 年橡胶泡沫骗局的几个具体原因

1. 欧美银行"兰（蓝）格致公司"作出"庄严承诺"——"兰（蓝）格致公司发行的橡胶股票有按照票面额在上海外国银行押借现款的权力。"

中国股市在刚刚经历了 1883 年上海金融风潮之后，投资者对于买股票心有余悸，已经明白了股票并不是钞票，买不好会赔的。但"一言九鼎"的欧美银行竟然联合承诺"兰（蓝）格致公司发行的橡胶股票有按照票面额在上海外国银行押借现款的权力"，也就是说这个皮包公司的股票和钞票一样，并且有外国银行界的无限额担保。这样，持有兰（蓝）格致公司的橡胶股票和持有钞票的唯一区别就是：它等于票面价格时，可以等于钞票，但股价如果高涨，持有者还能赚钱。这岂不是稳赚不赔的买卖？

2. "国际炒家"从 1909 年开始突然大量吃进天然橡胶，导致国际橡胶价格飞涨，橡胶类股票也自然有了炒作的"基础"。

人工合成橡胶虽然在第二次世界大战时开始有了"起色"，但直到今天，合成橡胶的综合性能也还是不如天然橡胶。华尔街 1900 年后突然对橡胶行业开始感兴趣了，比如：华尔街的雷曼家族与约翰·雅各布·阿斯特（John Jacob Astor）、P.魏德那（P·Widener）一起开办了"电力交通公司"、"橡胶轮胎公司（Rubber Tire Wheel Company）"、"联合橡胶轮胎公司（Consolidated Rubber Tire Company）"。这些华尔街巨头购买起天然橡胶来手笔大得很。

1903 年福特汽车公司成立，其后所生产的第一辆 T 型车（1908～1927年）的售价超过了 800 美元；1914 年一辆福特 T 型车的价格却已经降低到345 美元（此刻累计产量达 100 万部）；1924 年一辆福特 T 型车的价格进

194

一步降低到了 260 美元，相对好一点的低档车雪佛莱也就 400 美元。

这个美国汽车工业大发展是 20 世纪 20 年代才开始的，著名的福特公司 1903 年开业后，每天只生产几辆汽车，而法国这个当时的世界第二大汽车生产国在 20 年代初才达到每年 4 万辆汽车，所以这个 20 世纪初的橡胶骗局并不具备真正需求主导的工业买盘，而突然推高橡胶价格的是"国际炒家"。

据史料记载，远在 1908 年，美国就进口 0.57 亿美元的橡胶，1909 年进口额激增到 0.7 亿美元；英国 1908 年橡胶进口额为 84 万英镑，1909 年突然暴涨到 141 万英镑。根据文献记载，这是由于"人类文明的进步和交通工具的发展，特别是新兴汽车工业的迅速发展"。可如果考虑到 1900～1909 年这段时间的实际的汽车产量，那么这些美英进口的、不能储存的天然橡胶的数量明显超出了 1908～1909 年的工业使用量（这种"超额吃进"巨大损失和投入也超出了一般投机者可以承受的程度，要知道那时候美国 1 英亩土地才 1.25 美元）。

3. 中国钱庄的大规模介入，对国内橡胶"投资"市场注入了巨额资金。

4. "交易所"的不规范操作和代理人的欺诈

（1）交易所的不规范操作

1906 年时，旧中国被列强主导，外资金融资本的发展和壮大，融资、股市、期货交易等也随之繁荣起来，尤其是交易所可以"随意"在租界注册，清朝政府也管不了。交易所虽然灵活地满足了各种需求，但里面的风险太大。最为严重的是，当时交易所被看成是"开赌场"，反正交易双方不管赔赚，交易所都稳赚，的确有点"设赌抽头"的意思。这些交易所有明的、有暗的，鱼龙混杂，交易投机性极强，几乎不考虑客户风险，所以埋下了极大的金融隐患和祸根。

这在 1910 年橡胶泡沫上演之时，已经开始"打喷嚏"，后来的几年则开始"发高烧"了。"上海证券物品交易所"从 1920 年 12 月 1 日至 1921 年 5 月 31 日获纯利 368696.77 元；其余交易所由于按照开赌场的模式，都是稳赚不赔，效益达到 30%～40% 很普遍，这明显是"竭泽而渔"的泡沫赌博，他们自己也在 1922 年后，慢慢退出历史舞台，从 117 家交易所，到最后剩下 6 家。而远在 1910 年的时候，交易所只有很少的刚开业的正式的几家，剩下的都是"私下的"，其问题之多，一时难以叙述。

紧接着 1910 年的橡胶泡沫却带来了一个"建立交易所的高潮"，根本原因在于：**商人们发现，只有交易所在"任何"涨跌中都会立于不败之地，**

尤其考虑到不少效益是发生在 1910 年金融泡沫前后，不禁可以想见交易所成了一个"喝商家血"的"好地方"、"好产业"，不禁纷纷投资建立。1921 年的一年间成立的交易所的总资本，就已超过截至 1920 年年底成立的所有的银行资本总数，这说明了 1910 年金融泡沫的另一个严重后果——整个中国的民族金融资本的发展不仅严重受挫，而且开始畸形发展，走上了歧途。

（2）代理人的欺诈

由于 1909 年开始狂热起来的上海橡胶交易本来就交易的不是看得见摸得着的实体橡胶商品，而是"国际炒家"人口中的橡胶利润所支撑的"股票"而已。常有一些代理人"介绍"某某地有一块可以种植橡胶树的热带橡胶园，多少年有回报，然后就有人开始投资了……

5. 大钱庄的巨额买单和橡胶"股票"暴涨

（1）国内：1909～1910 年

1909 年 4 月 4 日，英国"橡胶公司"兰（蓝）格志橡胶股票在市场上的价格是每盘（每盘为 10 股）780 两（白银，约为 1.4 块大银元，2 块小银元，下同），5 月 16 日时就涨到 1160 两，1910 年 4 月 9 日时为 1475两。此刻大钱庄为主的"投资者"光在上海股市就投入了 0.3 亿两白银，在伦敦股市投入了 0.15 亿两白银，已经被深深地套牢了。由于这里面有清朝时期的中国私有银行体系中的极其重要的银号源丰润，票号义善源（其他钱庄如：正元、兆康、谦余等，不计其数），他们不一定是自己去买"橡胶股票"，但是却贷款给脑袋发热的投资者，图谋高息，也就不由自主地陷了进去。

（2）国外：1909～1910 年

伦敦市场 1910 年 4 月每磅橡胶高达 12 先令 5 便士（那时的先令和便士是旧制，12 先令 5 便士约等于 0.62 英镑，即 0.62 磅白银，非十进制）。

6. 清朝的腐败无能。

四、1910 年橡胶泡沫骗局的发展、结局

（一）泡沫的破裂

1. 七月风波

1910 年 4 月价格高点，橡胶已经涨到了几乎和同等重量的白银一样的价格，橡胶价格泡沫已经到了极限，就等获利后捅破这个泡沫了。这时，

前面所说的英国"橡胶商人"上海第一家外国橡胶公司，"兰（蓝）格致"的橡胶皮包公司的所有者麦边利先生，在价位高点卖出了所有股票，然后回国"办点私事"，**从此消失**。在英国伦敦股市和交易市场上，也只有"消息最不灵通的中国投资者"还在继续高价吃进每一张"橡胶概念股票"和"橡胶交易单据"，成了市场"唯一的动力"。

"国际炒家"高点抛出之后，英美先后宣布限制橡胶消费法案，国际橡胶期货、现货和橡胶股票全线崩盘。当时，"上海"外国银行面对手里握满了"兰（蓝）格致"股票要求按照承诺兑换成等价的现金的投资者，微笑着毁弃了具有法律效力的担保承诺。

在此种情况下，正元、兆康、谦余、森源等 9 家"往来钱庄"应声破产。当时上海总共 91 家中国私人"银行"（这里指钱庄和票号），一下子就垮了 10%。这就是 1910 年橡胶泡沫中的"七月风波"。

2. 源丰润钱庄和义善源票号的破产

如果按照"国际炒家的作战计划"，他们已经大获成功，实现了三个战略意图：①大约赚了 0.45 亿两白银（可以买下当时美国的全部土地）；②一举摧毁了中国民族资本；③清朝政府已经破产（实际已经无银可调了），一定会找"他们"借钱，他们会借，但会慢慢用债务绑定清政府。但他们错了，他们高估了清朝政府的能力和智慧，高估了清朝统治阶层的胆识，高估了清朝政府的"营运能力"，一句话：天才也有失算的时候。

清朝政府做了一件事，不仅利落地把清朝（"自己"）弄"完蛋"了，也"顺手"制造了一场中国历史上史无前例的金融危机，数年才得以"平息"。这件事就是强迫上海道台（大约相当于省财政厅厅长）蔡乃煌提取存在源丰润钱庄的 0.02 亿两"庚子赔款"给洋人，"以免生事端"。

上海道台蔡乃煌不论是"卷入钱庄事物"也好，出于"责任感"也罢，关键是上海道台蔡乃煌是一个真正了解清朝钱庄弊端和危机的"行家里手"。他冒着官场风险和大忌，直接上书朝廷度支部（原户部，相当于"财政部"，下同）建议："请求暂不从源丰润等钱庄中提取这笔巨款，改由大清银行拨银 0.2 亿两垫付'庚子赔款'"这个"危机公关对策"被度支部侍郎（相当于清朝财政部副部长）陈邦瑞扣上"妄称市面恐慌，恫吓政府，不顾朝廷颜面，拖延庚子赔款支付"的罪名，交由江苏巡抚立即革职。

上海道台蔡乃煌却深知问题极为严重，更有可能是与那些钱庄票号勾连甚深，竟然在被革职后二次上奏（这次，他存了个"心眼"把奏折直接

发给了军机处,试图紧急越级上奏,这是犯了官场大忌,可见事情之紧急),请求"宽限时日,并再次申明万不可从源丰润等钱庄急提'沪关库款'(清朝政府存在源丰润钱庄准备支付给洋大人作庚子赔款之用的税款)"。

单就这一点来说:清朝统治者要是稍微有一点儿头脑,就会明白一个刚获罪革职的道台为何如此"十万火急、接二连三、犯禁上奏",一定是出了天大的事。

为什么是"犯禁上奏"呢?一个"财政款项问题"需交由度支部归口处理,道台蔡乃煌,还是个刚被革职的获罪"道台",把一个"财政款项问题"直接提交军机处(军机处的实际权力类似于英国的内阁,似乎权力还要更大一些),这明显是不合清朝官场常规的"非常举动",但清朝的统治者就是没看出来,竟然"严加申斥,严命革职道台蔡乃煌在两个月内,将经手款项移交清楚"。

革职道台蔡乃煌万般无奈,从源丰润等钱庄提回款项0.02亿两。据后来统计,源丰润此时已经在橡胶泡沫中为同业拆借银两达0.2亿两白银之巨。此刻,已经是勉强支撑,这一下子提出了大笔白银,其他钱庄也被提走了总共几百万辆(蔡乃煌是上海道台,离职需交割的款项达0.0625亿两白银)——源丰润等9间钱庄应声倒闭(义善源票号随后倒闭),31家小钱庄立刻"关门",整个"上海"91家中国私人钱庄、票号"业务全停",实际就是一起破产了。1910年下半年,上海金融和经济整个瘫痪,其流动性彻底枯竭,从而导致基本店铺不开,开门无钱,成了一个无法交易,无商业活动的商业"死"城。

(二)没有货币的国度

1. "局部危机"——"上海"的钱庄连锁倒闭

"上海商业流动性的彻底枯竭",还仅仅是一个"局部的问题"。由于源丰润钱庄和义善源票号是清朝时期两大金融支柱,和清朝官府基本不分彼此,所有的小银行钱庄都依靠他们,他们的分号遍布整个中国繁华的大都市。北京、广州、南京、镇江、扬州、苏州、杭州、宁波、西安……几乎都有分号,也都应声倒闭。

2. "纵向危机"——钱庄分号和储户的连锁破产

更为可怕的是,不仅这些有关的私人钱庄、银行和票号纷纷倒闭或者"暂停营业",那些把钱存在私有金融机构和需要从私有金融机构贷款维系的商家和工厂都立刻陷入"瘫痪",并由于资金再也无法收回,被迫大

量破产。更为严重的是，由于整个私有商业银行为主的清朝金融体系发生了严重亏损，人们开始挤兑本来并没有受到影响的私人钱庄、票号和银行，仅南京、镇江、扬州、苏州、杭州、宁波倒闭的中国私有金融机构无数，几乎把中国整个的民族金融资本一次性给"报销"了。

3. "全面危机"——"清朝所有地区、所有行业"的连锁破产

所有依靠金融体系的企业和商业都陷入了"无钱可用"、"无银可调"、"无法交易"的可怕局面。资本雄厚的浙江铁路公司和江苏铁路公司等大企业都陷入了"周转不灵"的实际破产境地；小企业只要和中国民族金融机构打交道，就会由于"存多少，完多少"，也立刻跟着一起完蛋；整个清朝经济陷入一片混乱和萧条。外国金融资本趁机大举入侵，给了中国本来就步履蹒跚的民族资产一个毁灭性的打击,彻底没有了恢复元气的能力。

（三）啼笑皆非的后果

1. 新的贷款

令人啼笑皆非的是，华尔街制造了橡胶危机，却发现他们最得力、最听话、最容易主导的清朝政府一定会毁于他们一手制造出来的这场金融危机中，为了阻止这场金融危机的蔓延，以免最后从"根本上"威胁到他们对清朝政府的债务绑定，竟然联合给清朝政府贷款 0.035 亿两白银，实际当年的 0.02 亿两白银的庚子赔款也不了了之。

2. 清朝的灭亡

由此可以看出，清朝政府的愚昧之极，已经到了令"国际炒家"的天才头脑都无法理解的地步，不灭亡又待如何？1910 年的橡胶危机，到 1911 年演变成了清朝的全国性动荡，清朝风雨飘摇、灯尽油干了…… 辛亥革命 10 月爆发，年底就大功告成了。1912 年 2 月 12 日，清宣统帝宣布退位，清朝正式灭亡。

五、1910 年中国橡胶泡沫的国际影响

（一）橡胶产业的灭顶之灾

由于橡胶价格在 1910 年 7 月彻底崩盘，橡胶变得分文不值，大量橡胶园主倒闭，接手者不敢继续种植橡胶而砍掉橡胶树，种植其他"有价值"的热带植物。除了少数"精心保留"的热带橡胶园之外，整个国际天然橡胶产业遭受到了致命打击。此后的 1914～1918 年第一次世界大战爆发，正好是橡胶产量骤减、存储的橡胶开始过期、物理特性开始出现老化问题的

时候。这时，"国际炒家"手中橡胶园出产的橡胶现货，不仅仅是奇货可居（核心问题是：不是出钱就买得到的），而是成为一种可以主导战争进程的战略砝码了。

（二）没有橡胶水密配件的潜艇——莫须有的"齐默曼电报"

历史上被"故意夸大"的德国无限制的潜艇战，其实，在没有天然橡胶维持舱体密封的情况下，其损管能力大打折扣，恐怕很难航行到美国海岸（有趣的事：历史书从来不提橡胶的密封作用，只有德国潜艇战的记录），就不要提"支持墨西哥对美宣战了"。可在 1917 年 2 月 24 日这个协约国和同盟国都精疲力竭的时刻，突然美国驻英大使佩奇接到了一份英国情报 Zimmermann Telegram（齐默曼电报），随后美国立刻加入了第一次世界大战，并取得了完美的胜利……

第九章

已是黄昏独自愁

——迷途的美国头羊

第1节 美国的金融系统

一、美国的金融系统

（一）美国华尔街的美联储系统已经超出了金融机构的意义范畴

1. 华尔街金字塔的顶端——美联储系统

华尔街媒体上常可以看到"美联储主席"这个字样，他似乎是一个美国主管经济和财经货币事务的联邦政府官员，一些媒体美元世界甚至称呼美国前任美联储主席格林斯潘是"格老"。实际上，美联储主席是华尔街的一家私人金融机构——纽约美国联邦储备银行与美国国会之间的联络人，也就是"美国国会联邦储备（咨询）委员会"中，负责接受国会质询的美联储代表。

2. 华尔街金字塔的核心——"九大财团"

摩根财团（Morgan Financial Group）、花旗财团（First National City Bank Financial Group）、杜邦财团（Du pont Financial Group）、波士顿财团（Boston Financial Group）、梅隆财团（Mellon Financial Group）、克利夫兰财团（Cleveland Financial Group）、芝加哥财团（Chicago Financial Group）、加利福尼亚财团（California Financial Group）、得克萨斯财团（Texas Financial Group）。

3. 华尔街早期的"七人集团"

华尔街的七个人现在主导了美国大部分基础工业和资源。其中J.P·摩根，杰姆斯·希尔，乔治·贝克（纽约第一国家银行的总裁），属于所谓摩根集团；其余四人，约翰·洛克菲勒，威廉·洛克菲勒，杰姆斯·斯蒂尔曼（国家城市银行总裁），雅各布·谢夫（库恩雷波公司），属于标准石油城市银行集团。他们所构成的资本的核心枢纽主导着美国。

约翰·穆迪（著名的穆迪投资评估体系的创始人）。

4.美国现代金融体系的建立和影响

（1）《美联储法案》和《美国宪法》

伍德罗·威尔逊总统在 1913 年 12 月 23 日促成了《美联储法案》的通过，美国参院表决时 43 票同意、25 票反对，但同时竟然有 27 人"远远地躲开了"，他们不同意在美国建立债务货币制度、不同意违反《美国宪法》把属于美国国会的货币发行权交给华尔街私人机构，又不想公开反对。所以，他们"躲开了"（请参看：宋鸿兵.货币战争.北京：中信出版社.2007，或 [美]尤斯塔斯.美联储的秘密.纽约：阿斯皮尔·何顿出版公司.1952）。

（2）美国政要和金融专业人士对美国金融系统的评价

① "这个国家的很多工商业人士都畏惧着某种东西。他们知道这种看不见的权力是如此的有组织、如此的悄然无形、如此的无孔不入、如此的互锁在一起、如此的彻底和全面，以至于他们不敢公开去谴责这种权力。" ——（批准《美联储法案》的）美国第 28 届总统　伍德罗·威尔逊

② "我杀死了银行。"——美国杰第 8 届总统安德鲁·杰克逊

③ "我不在乎什么样的傀儡坐在统治日不落大英帝国的王座上，一个人主导了英国的货币供给，他就主导了整个大英帝国，而我正好掌握着英国的货币供给。" ——英国银行家梅耶·罗斯切尔德

④ "我坚信银行机构对我们的自由的威胁比敌人的军队更甚。如果美国人民最终让私有银行主导了国家的货币发行，那么这些银行将先是通过通货膨胀，然后是通货紧缩，来剥夺人民的财产，直到有一天早晨当他们的孩子们一觉醒过来时，他们已经失去了他们的家园和他们父辈曾经开拓过的大陆。" ——美国第 3 届总统托马斯·杰弗逊

⑤ "我有两个主要的敌人：我面前的南方军队，还有在我后面的金融机构。在这两者之中，后者才是最大的威胁。我看见未来的一场令我颤抖的危机正在向我们靠近，让我对我们的国家的安危战栗不已。金钱的力量将继续统治并伤害着人民，直到财富最终积聚到少数人手里，我们的共和国将会被摧毁。我现在对这个国家安危的焦虑胜过以往任何时候，甚至是在战争之中也是如此。"——美国第 16 届总统　林肯

⑥ "美联储是世界上最为腐败的机构之一。所有能听见我讲话（国会演讲）的人，没有一个人不知道我们的国家实际上是被国际银行家统治着。有些人以为美联储银行是美国政府的机构。它们（美联储银行）不是政府

机构。它们是私有的信贷垄断者，美联储为了它们自己和外国骗子的利益盘剥着美国人民。"——美国众议员 麦克法丹（Louis McFadden）

⑦"他们（银行家）实际上主导着两党（共和党与民主党），草拟（两党的）政治纲领，主导政治领导人，任用私有公司的头头，利用一切手段在政府高层安插顺从于他们腐败的大生意的候选人。" ——1927 年美国纽约市市长 约翰·黑仑（John Hylan）

⑧"当你和我写支票的时候，我们的账户上必须要有足够的钱来支撑支票的金额。但是，当美联储写支票时，账户上是没有任何钱作支撑的。当美联储写支票时，它是在创造货币。"——波士顿美联储银行

⑨"从 1913 年到 1949 年，美联储的资产由 1.43 亿美元暴涨到 450 亿美元，这些钱直接进了美联储银行股东们的腰包。"——埃斯塔克·穆林斯

⑩"我是一个最不快乐的人，我在无意中毁掉了我的国家。一个伟大的工业国家现在被它的信贷系统主导。政府不再有自由意见，不再有司法定罪权，不再是那个多数选民选择的政府，而是在少数拥有支配权的人的意见和强迫下运作的政府。"——伍德罗·威尔逊总统 1919 年

（3）上述文献选自：[美]尤斯塔斯.美联储的秘密.纽约：阿斯皮尔•何顿出版公司.1952；[美]艾朗·拉索.《美国的转变（影视文献资料）》.华盛顿：艾朗·拉索制片.2006；宋鸿兵.货币战争.北京：中信出版社.2007）。这些名句译文各有不同，故综合参考和使用了不同译文，也作出了一些笨拙的尝试，水平有限，谨供参考。

（二）美联储系统的影响力

1. 1913 年 12 月 23 日美国国会表决并通过了《美联储法案》，标志着美国货币发行权 从美国国会转移到了华尔街。

2. 1913 年 12 月 23 日美国国会表决并通过了《美联储法案》，标志着美国一系列深刻和复杂的变化：

（1）美国经济和货币金融最高管理权，从不同资本群体轮流主导的美国政府和国会，转由美联储股东轮流主导。

（2）美国金融机构的高端利润，不再来自商业活动，而是来自货币发行权；美国华尔街的利润则主要来自虚拟经济，不再依赖于美国实体产业。

（3）"国际债权人"通过债务货币制度，主导了美国的一切，包括：税收、预算、财富分配等。

二、"美国国税局"和"美国个人所得税"

（一）被遗忘的立法"《美国个人所得税法案》（此法为虚指，应该存在但实际并不存在）"

1.美国的"纳税人"概念

美国影视作品中常有一个概念："纳税人"，美国税收以"美国个人所得税"为最。因为，有些"税种"比如："美国烟草税"，不抽烟的美国公民，就可以不交烟草税，这叫做"间接税"。对每一个美国公民的收入进行收税的税种只有"美国个人所得税"，税率还很高。每年的"美国个人所得税收"有万亿美元（有文献说 2000 年达到了 23000 亿美元），"美国国税局"唯一的工作就是征收"美国个人所得税"。

2."美国国税局"

（1）"美国国税局"不是欧洲意义的税务服务机构，拥有"武装小队"和"武装探员"。

（2）美国政府、美国议会从来没有通过"《美国国税局法案》"、"《美国个人所得税法案》"等类似法案，也就是说从法理上来说："美国国税局"收的"美国个人所得税"，并不是"美国法定税收"。

（3）收取个人所得税是世界通行的做法，美国在 1913 年《美联储法案》通过当年，开始征收"美国个人所得税"。

（4）美国没有"《美国个人所得税法》"（此为虚构法律，实际不存在，举例而已），或类似的"美国政府行政令"（也就是没有法律，而有一个法规）带来了法理和社会问题——有的美国人不交个人所得税，他们提出要"依法纳税"，要求"美国国税局"出示收取"美国个人所得税"的法律、法规条文。

（5）"美国国税局"无法出示任何法律文件或者政府文书证实"美国政府或者议会授权'美国国税局'收取'美国个人所得税'"。

（6）美国民间组织登报悬赏 5 万美元（大约折合 35 万人民币，宪法教育基金在 2000 年 7 月 7 日的今日美国报上做了一个整版广告,广告的内容是：任何人只要找到这个法条就可以获得 5 万美元的奖金），仅要求法律专家、学者提供"收取美国个人所得税的法律依据条文"，这包括政府令、法律、国会提案等均可，无果。

（7）美国议会每年通过的法案、提案多如牛毛，美国政府法规更是数不胜数，一个每年 23000 亿美元的"美国个人所得税"，却没有任何立法。

（8）实际上，美国国会中有一股强大的力量想通过一个相关法案。1894年的《财政收入法案（未生效）》（就是实际被提议的"美国个人所得税法案"），可美国最高法院认为"这个提案"违反宪法（理由是美国宪法规定：劳动所得归个人所有），所以这个提案未生效。

（9）1913年，也就是《美联储法案》通过的那一年，美国一些议员再次尝试，提出了一个"第16修正案，对税收进行修正"（也就是一个变相的"美国个人所得税法"），美国最高法院依然提出16修正案不赋予新的征税权，最后立法没有最后生效（"从来没有批准该修正案。"——美国区域法院法官 James C Fox，2003年），也就是说：美国没有"个人所得税"的存在。

3."美国个人所得税"的历史疑案

（1）第一个疑案：美国国会和美国政府自1913年至今（也就是从"美国个人所得税"实际开始征收以来），为什么宁可忍受来自各方面的质疑（里面不乏真正的逃税者，这会带来社会和法理的双重难题），而不通过一个类似的法案呢？美国政府为什么不简单地发布一个政府令（法规）呢？这很简单，也符合美国的政治制度和行政规范。他们不这么做，就制造了一个"非法收税"的事实——他们为什么要这么做？

（2）第二个疑案：美国高等法院，为什么认定"个人所得税"**违宪**而阻止类似法案批准生效，这太过牵强了吧？税收取之于民，用之于民，美国宪法是规定："劳动所得归个人所有"，但用个人劳动所得缴纳国家税收，也是为公民自己服务，并不违宪。《美联储法案》违反了《美国宪法》规定："货币发行权归美国国会"，这是典型的违宪，不也"批准生效"了吗？

（二）美国最高法院认定"美国个人所得税"违宪的可能原因与实际影响

1. 美国最高法院明确判定"征收美国个人所得税"违法，美国国会和美国政府也从来没有通过一个征收"美国个人所得税"的提案（法律）或政府令（法规），那么目前"美国国税局"和"美国个人所得税"存在的合法性就有待商榷了。

2."美国个人所得税收"的去向

（1）里根总统遇刺

①学者们的一种推测：里根总统与"黄金委员会"。有关里根总统遇刺，宋鸿兵先生提出了一种推测："1981年1月，里根上任伊始就要求国会成

立"黄金委员会"（Gold Commission）研究恢复金本位的可行性。此举直接触犯了国际银行家的禁区，1981年3月30日，入主白宫仅69天的里根就被一名叫辛克利的追星族一枪打中，子弹距心脏仅1毫米。据说此人这样做是为了吸引著名影星朱迪·福斯特的注意。当然，和绝大多数刺杀美国总统的凶手一样，此人被认为神经有问题。1981年3月30日，里根遇刺，这一枪不仅打明白了里根总统，也打碎了恢复金本位的最后希望。1982年3月，17人组成的"黄金委员会"以15比2的差距，否决了恢复金本位的思路，里根总统赶紧"从善如流"。从此，再也没有一位美国总统敢动金本位的念头了。"

事实上，金本位对美联储"既不陌生，也不避讳"，美元如果实行金本位，顶多导致"黄金价格暴涨"。真正威胁到美联储的是"美国政府从此可以用黄金储备抵押"发行"美元"（目前美联储发行的"美元"实际名称为"美联储券"）了，但美国的黄金储备一直就由"美国联邦储备委员会管理"，实际就是由发行美联储券的纽约美联储"管理"，这个过程又微妙、又复杂、又缓慢，而且最关键的是——不会触及《美联储法案》授予美联储系统对美国的管理和荒谬的债务货币制度本身。

里根总统不会因为这个原因而"遇刺"，至少这不是一个"刻不容缓的理由"（但的确是"理由"之一）。

②里根总统与"人民事务蓝丝带小组"（通常被称为"Grace委员会"，即：美国联邦政府人民事务委员会）。里根遇刺另有原因，有上述理由不构成行刺理由，仅仅会引起"华尔街"的不满。"有人"要立刻对里根总统动手，理由必须是刻不容缓，主要在于里根不仅敢想敢干，尤其不是个"慢性子"。里根当选总统后，他做的第一件事就是指定Peter Grace建立"（美国联邦）人民事务蓝丝带小组"。他们的工作是调查联邦政府的各个领域，并作出报告。委员会的一个报告（以下简称为："Grace报告"）指出："（美国个人所得税）征收数额的100%，仅仅用来支付联邦债务的利息；所有的个人所得税收入，没有一分钱用在纳税人所希望政府提供的公共服务上。"

③"Grace报告"的意义——里根总统授意"Grace委员会"，以美国政府的官方声音，公开告诉了美国各界一个事实："**美国个人所得税**"全部用于支付"**联邦债务的利息**"。

④截至2008年，美国公布的联邦政府国债接近100000亿美元，年利

率为 1%～3% 不等，年利息支出为 1000 亿～3000 亿美元/年，而 2000 年"美国个人所得税"为 23000 亿美元，"个人所得税"的全部用途竟然是"征收数额的 100%，仅仅用来支付联邦债务的利息所有的个人所得税收入，没有一分钱用在纳税人所希望政府提供的公共服务上。"

⑤如果年利率为 2.3%，那么这笔神秘的、数额巨大的美国联邦债务的本金总额约为 1000000 亿美元。

⑥里根总统为什么要授意"Grace 委员会"抛出这样一个正式的政府调查报告呢？答案很简单：他要开始下一步的调查了，在做前期的舆论准备。"Grace 委员会"的正式名称是"美国联邦政府人民事务委员会"——里根总统想寻求美国人民的支持了。下一步，里根总统要调查什么？必然要调查这笔神秘的国债，这笔高达 1000000 亿美元的神秘国债，究竟是怎么产生的，这个神秘的债权人是谁？最大的、最荒谬的问题在于：美国联邦政府从来就没有借过这笔 1000000 亿美元的巨额债务，却要每年支付至少 23000 亿美元的"国债利息"。

（三）《美联储法案（1913 年）》与债务货币制度

《美联储法案》在美国建立了美联储系统和债务货币制度，美国政府需要通过美联储向"国际债权人"抵押国债，然后从美联储"一比一"取得美联储券，也就是美国的货币——美元，这笔国债的数量和利息归属一直是一个谜。

三、美国债务货币制度的受益者与"Grace 委员会"

（一）里根总统要把美国债务货币制度的最大受益者——美联储股东和背后的"国际债权人"推向前台，推到聚光灯下。"Grace 报告"的后果就是"Grace 委员会"对美联储系统和"国际债权人"的全面审计和调查。

（二）为什么"Grace 委员会"可以突破《美联储法案（1913 年）》的国会授权呢？这就是里根总统的难处，也是里根总统苦心设计"Grace 委员会"报告的目的：借助美国民意——也就是美国各阶层的力量。里根总统试图通过"Grace 委员会"的报告把矛头直接对准《美联储法案》背后的美联储系统和债务货币制度。

（三）这一切就是里根总统的计划，他建立了美国联邦政府人民事务委员会，即："Grace 委员会"，"Grace 委员会"也作了正式调查，政府调查报告也公布了，可美国媒体是私有财产，主导在华尔街手中，得知这个

消息的，依然是极少数理解"Grace 委员会"报告性质的人，大多数美国人根本就没有看到、听到过里根政府的"Grace 报告"。

美联储听到了，他们知道"Grace"报告一旦公开的后果是灭顶之灾。"Grace 委员会"的声音随着里根总统的遇刺，再也没有人提起了。

（四）里根总统的奇谋

1. 里根总统恢复后，特别热心于美国军队建设，许多美国人都把他看做一个"冷战斗士"，其实这里有一个特别复杂的战略谋划：里根总统利用军工联合体对冷战利润的渴望，从制度上、资金上养肥一个巨大的、有枪杆子的"利益群体"，制造其相对于美联储的"尾大不掉"。

2. 里根总统利用美联储对虚拟利润的追求，大搞"双赤字经济"，削弱了布雷顿森林体系建立。到里根政府之前，美元体系的"广义收支平衡"，让财富转移、债务控制为特征的狭义美元回流机制和美元有计划逐年贬值的广义美元回流机失去效果，制造了一个美元体制不自觉走向反面的基本面。

3. 里根总统的计谋深远有力、洞悉人性，纵人欲而求大道，从敌之所谋而利己，从不可能的艰难选择和遇刺的震撼、病痛折磨中准确地确立了这个看似软弱，其实非常深刻的计谋。里根总统对美联储系统的打击在他去世后，在他政治影响力全部消失后，还将继续下去……

（五）其他

1. 2005 年 8 月 31 日，联邦法官 Emmet Sullivan 裁决："政府必须回答美国人民的问题。"

2. "美国个人所得税"开始"征收"，并"百分之百用于支付美国联邦国债利息"的开始时间是 1313 年，即美联储成立的那一年。

（六）金融战役学词汇解释

1. **非所有权主导策略**：美联储体制建立后，对美国社会形成了一套完整的广义债务主导策略，依靠消费债务化和社会基础功能债务化（包括货币、医疗、福利、住房、教育等的全面债务化，也就是贷款消费化来进行）来实施对美国社会的财富转移，制造了目前美国社会"零储蓄"的隐性赤贫化，这种社会赤贫化削弱了美国各阶层拒绝债务的能力和摆脱债务的可能，又让债务满足了社会各阶层的"消费需要"，制造了一个繁荣的债务金融主义消费社会。这个过程也就是一个广义债权人对广义负债人的主导过程，而不涉及具体财产的所有权归属。

2. **预发行货币余量**：指为来年的实体经济增长的部分和必然存在的来

年通货膨胀所需的货币增长部分，预发行相对于经济规模增长总量理论值（包括开年通货膨胀所需法币数额，下同）一笔一对应的货币余量。这个比例越接近一比一，国民经济越健康，单独一年超过一点无所谓，但超过太多，并且连续多年，会导致通货膨胀。但这个数字一旦少于一比一，就会引发通货紧缩带来的经济危机。

西方经济学把"预发行货币余量"称为"赤字"，根本不承认这个概念的存在。其用"赤字国债理论"替代了"预发行货币余量理论"，把"预发行货币余量"的概念偷换为"政府债务"，实际剥夺了西方国家拥有的（预）发行货币权。其理论名义上是为了限制"政府赤字"，但实际却鼓励了政府赤字——因为，预发行货币余量转变为"政府赤字"的过程，也就是"政府赤字"转换为可以给"国际债权人"带来相应利息收入的国债的过程。

"预发行货币余量"概念的举例：这有点像不断长大的小狗，狗脖子上的项圈太松（也就是假设美国国会过度发行货币），小狗就跑掉（美国经济就会陷入通货膨胀）；如果项圈太紧（也就是美国国会货币总量不足以满足来年经济发展的需要），那么小狗就会被勒得汪汪叫（也就是出现了通货紧缩为特征经济危机），所以小狗主人（美国宪法规定的货币发行者——美国国会）必须每隔一段时间（根据各国预算习惯，这里指一个预算年）预先依照预计狗狗要长大的程度预先放出相应的大小（也就是说国民经济明年假设预计增长 100 元，今年政府必须大致预发行 100 元预算所用的货币，实际应该多一点点，这部分货币不是赤字，虽然西方经济学一直那样说，但他们是为了制造债务、扩大政府赤字，而不是"限制政府赤字"），唯一不同的是：美国经济是要不断长大，没有停止的时候。

四、美联储系统对美国政府的影响

美国国家的运营。

里根政府的报告说"美国个人所得税 100％用于支付联邦债务利息"那么美国政府又是如何运营的呢？

（一）第一个来源：地方税

比如：美国的教育系统的政府补贴主要由美国各州的地方税收支付。

（二）第二个来源：专项税（大部分以间接税的形式实现）

比如：美国公路保养，靠燃油税；美国军队，靠美国企业税收等。

间接税就是并不直接向每一个公民收取，比如：用汽车要消耗燃油，

但如果不使用汽车就可以避免缴纳燃油税（但广义上您无法避免，因为您买的所有商品都计算了运输燃料成本，也就间接缴纳了相应的燃油税）。

（三）第三个来源：债务。

五、美国金融体制、债务和美国政府

（一）债务与美国经济

1.美国政治活动家艾朗·拉索（Aaron Russo）2006 年采访美国议员 Dr. Ron Paul（暂译：荣恩·保罗博士），他担任美国国会议员超过 20 年，对于美联储系统他有一番深刻、并值得所有人知晓的评论："这是个秘密，我们都不能查出来。 是国会创立的，没有宪法的授权。……（美联储）是非法的，我们（此处指美国国会）给这个所谓'机构'的"授权"实际是：伪造货币。他们只是向计算机输入一些东西，'你今天需要 200 亿？好的。这就是 200 亿。'，但他们是凭空捏造出来，账单交给财政部，财政部来买单。"

2."政府向私人企业借钱，用"联邦"的名义，印上"美国"两个字。然后向这个私有银行拥有的企业还钱，我们不知道是哪些私有银行……政府用来向私有银行家偿还的钱来自你和我。联邦储备并不是像联邦快递那样"联邦"你曾见过那个银行拥有者的名录吗，我认为没人见过。人们和我谈到共和党和民主党之争，好像他们不明白。我说：看，现在有个方法让你明白——这是有组织犯罪。民主党是'吉诺维斯'，共和党是'甘比诺'（两个都是美国黑手党五大家族之一）居高位之人把这个看成是无聊游戏，就像他们赚了很多钱，偶尔狗咬狗（开枪对射），但当任何事威胁到他们的游戏，他们就会联合起来对抗。他们都被同样的经济利益所主导。这个国家的大多数人变成了为了吃饭而活着的机器。"—— 美国作家、投资家 Michael Ruppert

3."在过去的时间里，他们把一个独立不动产持有者的国家变成了一个雇佣者的国家，他们离奴隶主仅一步之遥。没有人有自己的资产，有自己的房子，有自己的生意；没有人在为自己的生意赚钱，只有负债的人。" ——美国金融学者 Franklin Sanders

4."一旦银行家感觉时机到了，他们就会同政府中的某些人形成伙伴关系，政府给他们合法的权力由银行发行货币，货币由附着的政府权力支持，要求每个人接受这种银行货币。大部分人把他们大部分的钱消耗在交

210

税、利息和通货膨胀上，所有的钱都流向了两个集团：银行卡特尔集团和他们在联邦政府的伙伴，这不是巧合。今天的年轻人从一开始就适应信贷，其实不是一件好事，你当然不想破坏你自己的信用记录，你仅仅想着如何尽一切可能从银行获得一笔又一笔贷款。今天普通的年轻人没有任何概念，他们被拖入了一张网、一个陷阱。他们生活在一个虚幻、徒劳的体制中，他也许会高兴地认为这太好了，我得到了一辆新雪佛兰，然后我的一生在负债中度过，但我看上去不错。"——美国作家 G.Edward Griffin

5. "政府应当创造、发行和流通所有货币，创造和发行货币是政府的最高特权，是最有创造力的机会。采纳这些原则，将会为纳税人节省大量的利息。货币将不再是主人，而是人民的仆人。"——美国第16届总统林肯

6. 如果美国人民允许（私有）银行主导他们的货币发行。（私有）银行和（私有）企业将会不断壮大，夺取人们所有的财产，直到他们的子孙一觉醒来却发现生活在他们父辈征服的这片土地上，却一无所有。——美国第3届总统 托马斯·杰弗逊

（二）美国国籍与绿卡

1. 退出前连续5年，每年缴税127000美元（2005年，以后逐年增加，2006年增加到131000，2007年增加到136000）或一次交纳200万美元。

2. 证明退出前连续5年合法纳税。

3. 如果该退出美国国籍的个人，退出国籍后在美国停留超过30天，或在美国工作超过60天，需要按照美国公民在国外获得收入的纳税法计算缴纳其在国外10年对应的税（参考文献：黄卫东.退出美国国籍需要交纳的税［要点］》）。http://www.wyzxsx.com/Article/Class20/200809/50594.html

（三）"美国国税局的规定"：IRS CODE - 26 CFR Ch.I （4-1-03 Edition）III

1. 自愿和强制

这两个词不论是在严谨的立法中，还是在生活中，都是对立的两个意义截然不同的词汇，可 Sheldon Cohen，前美国国税局长和前首席法律顾问却接受美国制片人艾朗·拉索采访时，在解释"美国个人所得税的问题上"，却玩弄了一个经典的文字游戏：

2. 访谈过程

制片人艾朗·拉索："自愿遵从"是什么意思？为什么 IRS CODE（"美国国税局"有关"美国个人所得税的规定"，IRS CODE - 26 CFR Ch.I（4-1-03 Edition）III）说是"自愿"而不是"强制"？

美国国税局长 Sheldon Cohen：这只是个委婉的说法。当谈到交通信号灯时我们说自愿遵从，大多数人在凌晨 2 点会在红灯前停下吗？

制片人艾朗·拉索：会……

美国国税局长 Sheldon Cohen：那有警察吗？

制片人艾朗·拉索：有时候我不停。

美国国税局长 Sheldon Cohen：我会，我会，大多数时候大多数人会，但这就是自愿遵从。

3. 背景介绍

由于"美国个人所得税"并不是美国政府所收的税金，而是"联邦债务持有者"收缴的"国债利息"，也就没有收取的法律依据，故"美国国税局"在收取"美国个人所得税"的时候，就天才地提出了一个"自愿缴纳"的概念并写入了"美国国税局（Internal Revenue Service）"自己编写的公文 IRS CODE - 26 CFR Ch.I （4-1-03 Edition）Ⅲ 中，可不缴纳是要进监狱的，这无疑是"强制"而不是"自愿缴纳"。这就好比一个民间机构，可以"接收他人钱款"，但不能以"他人不自愿给钱"作为的起诉证据——所以，这不是在争论一个词汇，而是一个深刻的司法概念和背后的一系列"问题"。

（四）私人监狱

美国有 3 亿人口，在押犯（也就是服刑犯，不包括刑满释放人员）有 0.072 亿。也就是说，每 45 个美国人中就有一个正被关押。美国人口总数中扣除小孩、病人、残疾人、老人，美国成年劳动力有 1 亿，"在押犯"主要来自这个群体：每 15 个美国劳动力，就有 1 个在押。"为了缓解监狱的拥挤程度，加州把大约 17 万在押犯转往私营监禁机构"（官方公布一项报告：2006 年美国罪犯人数达 0.072 亿）。

http://news.xinhuanet.com/world/2008-06/13/content_8360053.htm

（五）私人情报机构

《等待雇用的间谍：情报外包的秘密世界》，作者蒂姆·绍罗克曾在多家杂志和报社中担任调查记者，他通过对其他书籍中的二手来源材料进行分析，发现了情报界外包业务的重大秘密。绍罗克在书中指出，美国政府每年将 70％的情报预算外包给私人公司，金额超过 420 亿美元（章名岂：新书披露美国情报界外包业务内幕）。

http://news.sina.com.cn/w/2008-06-17/093715760304.shtml

（六）私人军队

在美国，这种"私人军队"已经开始在最基本的作战人员上慢慢地"置换"美国军队的功能，这些私人军队工资非常高，这些"私人雇佣军"有着自己的指挥系统，做着各种美国政府军的"工作"，武装到牙齿，开着直升机，架着重机枪，听命于"金钱"的指挥，执行着各种应该由美国军队执行的战斗任务（比如：美国"黑水公司"的私人突击部队）。

图片说明：这就是美国黑水私人雇佣军的标志

美国政府一边进行"节约开支为目的裁军"，一边又把大量军事任务交由雇佣费用昂贵的私有雇佣军。在大量美国军队职能向私人雇佣军转移的同时，却依然由美国各阶层的税收共同支付账单。这种不正常的现象背后，就是美国军队私有化现象。

（七）美国总统和家属的终生、24小时贴身保镖部队隶属于美联储主导下的美国财政部（"财政部特勤局"，1901年开始）。

（八）J·埃德加·胡佛

图片说明：J·埃德加·胡佛，执掌美国联邦调查局48年

J·埃德加·胡佛 胡佛是共济会（Freemason）成员，共济会苏格兰会（Scottish Rite）中最高级别（33，Grand Cross）成员（[美] Fred·Jerome.《爱因斯坦秘密档案—J·埃德加·胡佛对世界上最著名科学家的秘密战争》.

加州. 加州理工学院爱因斯坦全集计划委员会. 2000)，1924 年被任命为 FBI 局长，在位 48 年。"他的这支队伍中所有人都只效忠他一人。他们从来不听首席检察官的命令，也不听美国总统的命令，他们只听胡佛的命令。"。理查德·海科在书中写道："胡佛知道怎样保守秘密，这是他成功的真正原因。他不仅知道这些秘密，而且没有人知道他究竟知道哪些秘密。"

（九）赫伯特·克拉克·胡佛

图片说明：第 31 任总统胡佛，"胡华"（化名）先生

赫伯特·克拉克·胡佛 美国第 31 位总统（1929.3.4～1933.3.3），一个英国公司的小雇员。他在中国名叫"胡华"，"骗占"了开平煤矿，不仅没有受到任何责难，却被看出了"金融天赋"，被"赞助者"推选成了美国总统，在任期间美国发生了著名的"大萧条"。

（十）纽约美联储原始股东名单

《美联储的秘密》的作者尤斯塔斯（Eustace Mullins）经过近半个世纪的研究终于得到了 12 个美联储银行最初的企业营业执照（Organization Certificates），上面清楚地记录了每个联储银行的股份构成。

美联储纽约银行是美联储系统的实际主导者，它在 1914 年 5 月 19 日向货币审计署（Comptroller of the Currency）报备的文件上记录着股份发行总数为 203053 股，其中：洛克菲勒和库恩雷波公司所主导下的纽约国家城市银行（National City Bank of New York），即花旗银行前身，拥有最多的股份，持有 30000 股；JP 摩根的第一国家银行（First National Bank）拥有 15000 股；当这两家公司在 1955 年合并成花旗银行后，它拥有美联储纽约银行近四分之一的股份，它实际上决定着美联储主席的候选人，美国总统的任命只是一枚橡皮图章而已，而国会听证会更像一场走过场的表演。

保罗·沃伯格的纽约国家商业银行（National Bank of Commerce of New York City）拥有 21000 股；罗斯切尔德家族担任董事的汉诺威银行（Hanover Bank）拥有 10200 股；大通银行（Chase National Bank）拥有 6000 股；汉华银行（Chemical Bank）拥有 6000 股；这六家银行共持有 40％ 的美联储纽约银行股份，到 1983 年，他们总共拥有 53％ 的股份。经过调整后，他们的持股比例是：花旗银行 15％，大通曼哈顿 14％，摩根信托（Morgan Guaranty Trust）9％，汉诺威制造（Manufacturers Hanover）7％，汉华银行（Chemical Bank）8％。

1978 年 6 月 15 日，美国参议院政府事务委员会（Government Affairs）发布了美国主要公司的利益互锁问题的报告，该报告显示，上述银行在美国 130 家最主要公司里拥有 470 个董事位置，平均每个主要公司里有 3.6 个董事位置属于银行家们。其中，花旗银行主导了 97 个董事席位；JP 摩根公司主导了 99 个；汉华银行主导了 96 个；大通曼哈顿主导了 89 个；汉诺威制造主导了 89 个。

1914 年 9 月 3 日，纽约时报在美联储出售股份的时候，公布了主要银行的股份构成：纽约城市国家银行发行了 250000 股票，杰姆斯·斯蒂尔曼拥有 47498 股；JP 摩根公司 14500；威廉·洛克菲勒 10000 股；约翰·洛克菲勒 1750 股；纽约国家商业银行发行了 250000 股票，乔治·贝克拥有 10000 股；JP 摩根公司 7800 股；玛丽·哈里曼 5650 股；保罗·沃伯格 3000 股；雅各布·谢夫 1000 股，小 JP 摩根 1000 股。大通银行，乔治·贝克拥有 13408 股。汉诺威银行，杰姆斯·斯蒂尔曼拥有 4000 股；威廉·洛克菲勒 1540 股（1978 年 6 月 15 日，美国参议院政府事务委员会[Government Affairs]发布了美国主要公司的利益互锁问题的报告（[美]尤斯塔斯.美联储的秘密.纽约：阿斯皮尔·何顿出版公司.1952，33～35 页，译文选自宋鸿兵《货币战争》第 3 章第 8 节）。

第 2 节 美元体制的困境

一、美元体制

（一）美元的本质是债务

本书非特别说明的"美元"，均非美国的政府的"美国政府券"（United States Notes，又称绿币 Greenback），也不是美国政府的"美元银币"（Silver

Dollar)和"白银券"（Silver Certificate），而是美联储券（Federal Reserve Note，所谓的美元）。"每一美元流通中的美联储券（Federal Reserve Note，即现代世界使用的美元）都代表欠着美联储一美元的债务（美国国会货币报告·众院银行与货币委员会）"。

（二）美元的发行过程

1. 依据《美联储法案》美国政府以美国国家财政税收为担保，向美联储进行"国债抵押"，然后从美联储"取得"同等数量的美元（美联储券）。

2. 美元发行的过程，成了一个制造债务的过程，这种债务又不能被归还。因为归还了社会就没有货币了，货币也就消失了。

3. 美国政府代表美国所有公民欠下了"国际债权人"一笔"数量等同于美元的债务"，并以此为基数，每年向"国际债权人"支付国债利息。问题在于：美国人民从来就没有借过美联储的钱。

4. 发行美元的成本。

举例：发行 1 美元的成本计算。

如果美国政府给压在美联储的国债利率为 2.5%，29 年后 1 美元的抵押债务，就变成了 2 美元的债务，可实际它仅仅"创造"了 1 美元，这种债务如何能够归还呢？100 年以后，"发行" 1 美元的抵押国债，就会变成 11.81 美元，换句话说：为了发行 1 美元的货币，却凭空"制造"出了 11.81 美元的债务，而且还要永远的利滚利下去……1000 年以后，原来发行 1 美元的成本已经增大到了 10 美元，每年的利息是 2.5×10 美元。这还仅仅是发行 1 美元带来的"美国联邦债务"——事实上，美元"制造"的成本实际趋向无穷大。

二、美元体制对美国各阶层的影响

（一）美国货币发行权是美国人民通过《美国宪法》赋予美国政府的（实际是赋予了美国国会），这个发行货币的过程是不需要任何的成本的，是美国民选政府的行政工作之一，其本质是行使美国人民赋予的货币发行权利。根据《美国宪法》第 1 章第 8 节，"国会拥有货币的制造和价值规定的权力。"

（二）美国政府欠"国际债权人"的债务不能被归还，且趋向无限大。

（三）美国经济的发展需要不断注入美元，而"产生"美元需要债务，这就成了经济发展依靠债务支撑的模式，占据主导地位的虚拟经济从此登上历史舞台。

（四）截至 2007 年底，美国政府狭义国债就接近 100000 亿美元，并且以超过 10% 的速度持续增长（其所过度发行的货币已经远远超过了美国所谓的 GDP 年增长绝对数字），最多到 2020 年美国的狭义国债就会超过美国的 GDP。此后，如果美国 GDP 增长可以维持 2% 的速度，而狭义国债增长维持目前 10% 以上的速度，就会出现一个 8% 的剪刀差，这个趋势如果不扭转，48 年以后，美国狭义国债的年利息，就会超过美国年 GDP 总量。

（五）截至 2004 年底之前的 5 年里，美国借贷消费增长占消费增长的比例达到了 65%，美国家庭债务总额占 GDP 的 85%，企业负债率达 67%，居民净储蓄率从 10 年前的 14% 下降到 1.6%。

三、美元体制对世界实体经济的影响

（一）输出美元，就是在输出隐性经济危机。

美元体制制造了美元虚拟经济对实体经济的主导和财富转移机制：世界各国**要么**继续收下不断贬值的美联储券，为美国提供源源不断的实体商品，分担美元通货膨胀，维系美元体制的稳定；**要么**世界各国同时在美元体制的动荡中承受不可预料的风险。

（二）接受美元即接受债务，储存美元及储存债务。

（三）美元虚拟经济脱离了实体经济独立存在，这种数字存在必然具有不受限于物理世界的可操作性和伸缩自由度，由于虚拟经济又强有力地主导着实体经济，也就给实体经济带来了一种相应的"可控制的不稳定"。

第 3 节 美国的金融危机——虚拟经济

一、美国的金融危机的实质——虚拟经济

美国的金融危机可以称作"**金融主义**"，这不是针对美元体制的贬义词，而是一个纯技术性的中性词汇，它实际的正式达成的标志就是 1933 年的所谓"罗斯福新政"，它诞生于 1913 年《美联储法案》。其实质就是虚拟经济、虚拟增长和美国经济对虚拟利润带来真实繁荣过程的依赖。

二、虚拟经济和虚拟增长

（一）"马铃薯不再是土豆了"——"通货膨胀"和"价格上涨"的分离。

货　币　长　城

布雷顿森林体系"变身"为"牙买加体系"以后，随着华尔街各种"核心通货膨胀"统计数字的出台，物价上涨和通货膨胀的概念第一次分离了，就是美国经济所呈现的"虚拟增长"

（二）从 1971 年 8 月 15 日，美国总统尼克松发表公开电视演讲，宣布放弃"35 美元兑换 1 盎司黄金"的兑换承诺后，到 2008 年，整整 37 年。原油从每桶 2.5 美元涨到了 147 美元，上涨 58.8 倍；黄金从 35 美元：1 盎司到 850 美元：1 盎司，上涨 24 倍……

（三）从 1913 年 12 月 23 日美联储建立之前上百年的 1.25～2.5 美元买一英亩土地（1820 年美国《（新）土地法》规定 1 英亩土地价格为 1.25 美元；1877 年美国《荒地法》规定 1 英亩土地价格为 1.25 美元，首付每英亩 0.25 美元，保证三年内对其中一部分荒地进行灌溉，经有关部门检查合格后，再补交每英亩 1 美元的地价；1867 年 3 月 30 日阿拉斯加的那种荒地的购买价格是每英亩约折合 0.019182 美元。但在当时的美国，整个交易依然被嘲笑为："Seward 的冰盒"、"Seward 的愚行"。虽然阿拉斯加交易远不是那么简单，但这也可以从侧面看出当时美元的价值，到 2007 年美国农场土地已经涨到了 1 英亩土地 4500～30000 美元，也就是《美国联邦储备法案》通过之后 94 年，美国土地"价格上涨"了 10000 倍左右。

美国政府把货币发行权交给美联储（1913 年 12 月 23 日）之前的 93 年中，价格从 1820 年的《（新）土地法》规定每英亩仅 1.25 美元，而更早的 1785 的《土地法》规定土地价格是 1 美元/英亩（其间有两个小的上涨高峰，即 1796 年的《公共土地法》规定土地价格为 2 美元/英亩和 1819 年的土地投机高潮）；1877 年美国《荒地法》规定 1 英亩土地 1.25 美元。

三、虚拟经济与实体经济的分离

（一）虚拟经济与虚拟经济学

本书想创立虚拟经济学，为什么？虚拟经济一直存在，是实体经济的动态反映，不需要专门去研究"虚拟经济"。但布雷顿森林体系确立以后，出现了一个独立于实体经济、规模远远超越实体经济、主导实体经济的虚拟经济，这就需要创立一个学科来研究其特点和运作。

（二）什么是美元世界的"虚拟经济"

这个问题，很重要，也很微妙。农林牧渔、矿业等是第一产业，制造

业是第二产业，那么金融交易、股票买卖呢？这就有两种说法了：第一种，金融交易、期货股票买卖属于第三产业；第二种，金融交易、股票买卖的执行主体是金融企业，所以金融交易、股票买卖属于第二产业。

不论金融产业是属于第二产业还是第三产业，但至少可以肯定：金融交易、股票买卖是正当交易，是受到各国认可的常规产业行为。问题的微妙之处在于，金融交易、股票买卖本身并无可厚非，但金融交易、股票买卖"如果"也算是一种生产的话，那就有问题了。因为金融交易、股票买卖实际并不产生任何产品，既不生产"实物产品"，比如：汽车、电视机、钢铁等；也不产生"精神产品"，比如：影视剧、歌曲和软件代码。所以"金融交易、股票买卖"是一种特殊的"生产"，一种虚拟生产。

这种"金融交易、股票买卖"的"获利模式"也无可厚非，因为市场也需要金融交易和股票、期货买卖，虚拟经济本来就是实体经济的货币反映。但是，当某些特定的历史条件达成后，传统股市、有价证券的交易性质就会发生质变，而形成一个远远脱离实体经济规模成百上千倍的、起主导作用的虚拟经济。

1. 条件一：出现了一个主导世界定价、交易、储备的世界货币，这就等于缔造了一个凝固、垄断、单一的信用供给体系，破坏了世界经济货币体系中一直存在的优胜劣汰机制，导致实体经济被畸形的扭曲成为可能，其本质是虚拟经济对市场经济（物理法则）的"颠覆性主导"成为可能。

2. 条件二：世界性虚拟交易24小时不间断、且瞬间达成。

3. 条件三：衍生金融工具的出现（杠杆效应的产生会将虚拟经济对实体经济的主导能力扩大几十倍，甚至上百倍），其本质是：将原始的期货交易中起主导作用的实体商品和市场需求，替换为虚拟资本起主导作用。

（三）虚拟经济对美国实体经济的影响——"财富转移悖论"

虚拟经济极度发展的结果会导致一个特殊的经济现象：就是虚拟经济的主导者必须把大多数实体经济让给"他人"运营，这个虚拟经济对实体经济的财富转移过程才能够实现。这也就给美国以外的发展中国家带来了难得的，甚至是不可思议的机遇，这也带来了一个虚拟经济固有的内在矛盾：虚拟经济无法对一个没有实体经济的国家进行财富转移，而一个更加强大的实体经济又很难接受这种财富转移。

四、世界虚拟经济的规模

（一）外汇衍生品的交易规模

2007 年世界的实体经济总额最多也就是 400000 亿美元上下，可仅外汇类衍生品年交易额就高达 6000000 亿～10000000 亿美元，每天的"外汇类"虚拟生产规模就达到了 20000 亿～30000 亿美元之巨。外汇交易只是美元虚拟经济的一个组成部分，其他的还有商品价格指数期货、原材料价格指数期货、股市价格指数期货等涉及世界所有"名堂"的数以千计的衍生金融交易产品，只要愿意，华尔街甚至可以推出"鸡蛋价格指数期货"、"意大利面条价格期货指数"、"肥皂价格期货指数"等任意名堂的"创新金融产品"，不仅能够直接影响、主导实体经济，还能通过虚拟生产创造出天文数字的虚拟利润。

（二）虚拟经济规模与实体经济规模的背离——虚拟利润的来源

虚拟生产所得到的虚拟利润实实在在的影响实体经济的产品价格和企业归属，虚拟交易的规模已经远远超出了实体经济，单就"世界外汇交易额"来说，是人类社会实体经济生产的 20 倍，如果考虑到股票、各种原材料、商品的衍生金融工具的年交易额，这个深深隐藏的真相就浮出了水面——美元虚拟经济规模已经超出了实体经济 100 倍，甚至 1000 倍。

虚拟经济规模与实体经济规模的背离，也就是虚拟经济对市场经济的扭曲力量，恰恰就是虚拟利润的来源。所以虚拟经济不是市场经济范畴，是一种寄生于市场经济中的"规则经济"——虚拟经济其实制造了一个虚拟资本可以任意颠覆的"规则"，对绝对虚拟资本来说：也就从单方面否定和取消了市场规则，对于**相对虚拟资本**来说，**"虚拟市场规则"**和改变这种规则的能力，和虚拟资本总量成正比。

绝对虚拟资本对于"虚拟市场规则"的可操纵性趋向无限大；**零虚拟资本**享有"虚拟市场规则"的公正性趋向无限小。

本书所说的虚拟经济，如无特指，均为虚拟经济学所研究的现代虚拟经济，古代虚拟经济从属于实体经济，不是虚拟经济学的研究对象。

这些会产生巨额的虚拟利润，依托美元桥梁效应，和农产品、矿产品、工业品换回的实体利润一样，没有任何购买力上的差别。假设虚拟经济的利润率仅有 1%就会产生超过世界实体经济多少倍的虚拟利润。可虚拟经济实际却都没有产出，只是美元数字游戏。

五、桥梁效应、杠杆效应

（一）交易不存在的商品

虚拟经济的生产方式是把任何实体商品现货或是任何"时间空间的产品总和"（商品期货）作为"交易对象"，也可以将虚拟概念作为交易对象（比如：指数期货的涨跌合约，实际在赌博性交易"价格变动"这种**虚拟商品**），并不需要这些产品存在，可以是现有的，也可以是"明天的"、"后天的"拿来虚拟交易，反复在一个极短的秒级时间内交易，交易额可以是无限大，所以不论利润额多么微小，虚拟经济的利润也是无限大——无限大的百分之一，也是无限大。这就是本书所说的"**不被理解的一个小小百分点变化的意义**"。

（二）桥梁效应

虚拟经济已经不是正常的客观物质世界实体经济的一个反映，而是一个独立存在的，远远超出实体经济无数倍的虚拟生产体系，但又能通过美元这个被实体经济接受的特殊桥梁把两个不同的生产体系联系起来，实现虚拟经济的利润，这就是虚拟经济学中的桥梁效应。

（三）杠杆倍率

虚拟经济的杠杆倍率有两种概念：

1. 衍生金融工具的弹性系数，比如：5%的保证金，可以拥有100%的期货合约，这就有了20倍的弹性系数。

2. 虚拟经济交易的商品本身就有着**杠杆属性**，比如：股指期货，其本身就是赌博股指涨跌，即便股指涨跌紧紧0.01%，而"衍生金融商品"完全可以把0.01%看成是100%的变化，来进行赌博，根据"市场需求"和"投资者的接受度"，可任意制造出具有无穷倍数杠杆属性的虚拟商品。

（四）美元虚拟经济中的市场经济定义

1988年通过的美国一揽子贸易竞争力法规，规定了"市场经济国家"必须满足的6个条件：第一，货币的可兑换性；第二，劳资之间通过自由谈判决定工资；第三，允许自由设立合资等外资企业；第四，政府减少对生产资料的主导；第五，政府要减少对资源分配、企业生产和商品价格的干预；**第六，美国商务部认为必须满足的其他条件**（参考消息.2007，12，13)，请注意最重要的"第6款"——美元体系中的"市场经济"恰恰是由美国商务部的行政法令和开出的"其他条件"来规定的如假包换的"非市场经济"。

六、虚拟经济对实体经济主导和财富转移机制的实现

（一）条件一：实体经济接受虚拟经济的交易媒介。

（二）条件二：虚拟经济的主导者拥有无限额的交易媒介。

第4节 虚拟经济的幻影——花点经济（上）

一、花点经济

（一）"花点"

"花点"是一句术语，指用于分散他人注意力的、无甚实际意义的小花招，有言语、动作、服饰等，有合作的，有单人的，重点在误导他人。比如：魔术师的女助手一般都长得很漂亮，并且有时穿得很暴露和性感，还在魔术师需要的时候，表现出"活泼"，其目的就是瞬间分散男观众的注意力，并引起女观众的忌妒性关注；在重要人物安全保卫的人员中也会点缀上一些女性，就是在起类似的作用。

（二）花点经济

美元虚拟经济所制造的虚拟利润，依赖于"通货（通货的含义是：货币，即：美元通货）"的"膨胀（也就是美元总量的增加，尤指货币规模超过实体经济规模的扩大）"，也就"不得不赖于**可控制的不稳定**"了，这是"硬"的一手；但也有"软"的一手——花点经济。

实施美元花点经济投入资金之大（数字美元）、涉及范围之广、手段之高明复杂都达到了魔术师远远无法达到的高度，而且他们之间有一个重大的区别：魔术师在表演节目，服务观众，也就是取得战术利益；美国用花点经济烧钱（常常是亏损的），目的在于维系美元体制，也就是取得战略利益。前者是计策，后者是系统工程。

花点经济是人类历史上最令人赞叹的一幕，它贯穿了整个1913年后的美国历史，尤其是布雷顿森林体系确立以后，逐渐形成了一个完美的花点经济体系，作为一个维系美元体系不可或缺的手段，巧妙维持着美国残存的实体经济，影响着世界舆论，塑造和巩固着美元体系坚不可破的概念。

花点经济"似乎"不存在虚拟经济那种背离实体经济成千上万倍的虚拟生产，而似乎是在进行"实物生产"，但花点经济是维系虚拟经济的工具，也是虚拟经济的延伸。

美国的花点经济是一种战略决策，是以实体经济"形式"出现的虚拟经济，是一种制造实体经济的泡沫，也是一种特殊形态的缓和虚拟经济导致实体经济流失造成的矛盾和冲击的巧妙手法和系统策略。

二、花点经济的经典案例

（一）"克林顿泡沫"

1. 出力不讨好的"维修工"

美国总统克林顿看出了美元在世界超饱和存在的临界状态，一方面试图从根本上扭转美国的债务和双赤字经济（他曾经宣布："成功了"，但又必然"失败"了），另一方面试图利用一个巧妙的方法把世界范围内的美元吸纳入美国产业，重塑美国实体经济，然后通过增税减息和有计划的美元购买力贬值"徐徐"削除美国经济多年的积弊，开创一个美国实体经济大国的新时代。毫无疑问，他的胆识和远见和肯尼迪总统极其类似，后果也"差点类似"。

在美元花点经济历史上，克林顿总统开创了一个特殊的名词"克林顿泡沫"，他的出发点是维护美元体制，但没有认清美元体制的"惯性"和"本质"，而试图慢慢把美国从虚拟经济大国变成一个实体经济大国，并逐步归还美国债务（这就颠覆了美元体制，因为美元体制依赖于债务货币制度，美元虚拟经济的本质就是透支明天和实体经济信用的债务机制，美元既得利益群体所追求的虚拟利润就是来自美元通货膨胀的规模，也就是债务规模本身）。

2. 信息产业泡沫

（1）克林顿政府利用强大的媒体宣传，制造了"信息产业泡沫"，让本来是人类实体工业一个组成部分的信息产业，成为一个以"信息处理能力增长来对应相应数量的数字美元"的特殊容纳机制（缓解美元基石的空洞化），吸引国际美元投资进入美国股市。

（2）利用标准垄断来迫使他国不得不接受美国信息实体产品，进而牟取**标准垄断暴利（就是利用制定标准人为制造不兼容和通过"海量模糊专利注册"对市场实施挤占和主导）**，使美国从虚拟经济向实体经济转变。

（3）吸引最大限度的（世界范围的）数字美元涌入美国股市和逐渐停止继续过度发行数字美元，阻止美元泡沫进程，巩固美元体制。

3. "浏览器泡沫"

现已破产的原美国硅谷网景公司，核心产品不过是一个并非其自己开发的源代码开放的浏览器（其本质就是一个运行各种网络协议的操作界面），在世界任何一个国家找一个计算机专业的在校生，就能在周六下午，根据公开源代码编译出来（如果不做改动，加上商标直接编译就行了）。

1994 年 4 月 4 日成立的注册资本几百美元的网景公司，并无多少科技含量，却在 1999 年创出了接近 1000 亿美元的股价，然后被 41 亿美元收购，2003 年 7 月 15 日 "消失"（前后 7 年）。这样一个 "高科技" 公司，一举就为美国回收了近 1000 亿美元，这相当于 1971 年石油每桶 2.5~3 美元时，产油国家（假设提成 40%，产油国每桶可得 1~1.25 美元）出卖 1000 亿桶原油的所得（**也就是美国的付出**）。如果用其购买美国 1985 发布的 30 年期定息国债，30 年后可免税获得接近 7000 亿美元的所得，其年利息收入超过了一些国家的年产值…… 这样一笔巨额美元游资，凭空消失在克林顿泡沫里不见了。

（二）" **布什泡沫**"

1. 布什泡沫概念

布什泡沫在整个美国花点经济中所占据的历史地位，是一个继承者和发展者。由于受到单边主义的影响，更着重于需要树立美国军事力量的强大概念。其掩盖了一个事实：美国已经无力独自生产 "神秘的美国高科技武器了"，其中 "钢铁部分" 的代表是陆战的坦克炮管、履带都要从德国进口，这不是 "贸易补偿" 和 "降低成本"，而是美国根本就没有相关的炮管和履带生产车间的实体经济。甚至就连芯片、复合材料等所谓的 "高科技" 产品都要大量从他国进口，已经到了离开外国就不能生产武器的地步。

2. 美军工企业的一些武器介绍，带有科幻和虚构的暗示性

（1）"全球鹰无人侦查战斗机"——在目前人类科学技术的条件下，飞越全球作战并返回的技术不可能存在，这和无线遥感遥控、人工智能、燃料的总重量等有关，是个目前大气层内飞行无法克服的物理问题，除了以后的空天飞机或卫星武器化才有这种可能（或者几百年以后核聚变技术微型化了、电池化了），可 "全球鹰" 就是能超越了目前物理世界的限制。

（2）"武装直升机"——武装直升机明显不是固定翼强击机和坦克集群的对手，也可以轻易被步兵用肩扛导弹，甚至是自动步枪、大口径狙击步枪击落，但综观新闻，未有过一例华尔街媒体公布的 "美国武装直升机

被击落的消息"，一例都查不到。一些西方军事专家出来嘲笑自动步枪和高射机枪能够打下美国直升机的"谣言不专业"，可见这些"军事专家是多么的专业"。现在自动步枪可以穿透几厘米厚的军用钢板，数以百计的高速金属弹丸冲击直升机高速运转的旋翼，也会导致机械故障。这比飞鸟撞击旋转尾翼要厉害得多。高射机枪就不说了，武装直升机被打中就炸了。

（3）"防弹衣"——西方媒体曾经大量引用一张被打得有无数小坑的钢盔，来说明美国的复合头盔子弹都打不透，14.7毫米的重机枪都无法击穿美军士兵的防弹衣。事实是：防"弹"头盔、防"弹"衣根本就不是防"子弹"的，而是用来防止飞溅的碎石等。军用自动步枪子弹打头盔和防弹衣像"穿豆腐"一样，14.7毫米的重机枪，可以穿透装甲运兵车（关键部分不一定能够击穿）。

（4）"隐形飞机"——F22被描述为可探测面积只有F15的1%，可这个说法必须是两架飞机在空中的三维坐标正好"100%"相对飞行时，有可能出现的一个概率几乎为零的特殊位置状态，其实只要两架飞机位置左右、上下相错，从后面探测等角度，F22的可探测雷达反射面就会增加，因为在"物质世界"里只能降低某个角度的雷达反射面而不可能消除，更不可能制造出一个从各个角度都"不反射雷达的神秘事物"。

即便F22任何角度是其他重型双引擎战斗机（根据美国军方的说法，此处参照机型为F15）雷达反射的1/100，只能让一个现役雷达的探测距离减少到目前的60%。目前F22的各种隐形技术对于被动探测（利用空间无线电波扰动计算机定位）、多点米波探测、大能量常规雷达、绊网类雷达（也就是从卫星往地面发射雷达信号，也可以是其他微波信号，或者两个地面雷达信号相对发射，中间只要有物体经过就会产生通信扰动，就可立刻进行计算机定位），多点米波探测则没有任何作用。

3."零伤亡"概念

（1）华尔街媒体统计他国用"伤亡率"，统计美国用"阵亡率"。这样受伤数字就"消失"了，即便"平手"，"阵亡数字"也会比"伤亡率"要低许多。

（2）第二次世界大战中的死伤比例为："一死比六伤"；越战期间由于医疗救护技术的进步（第二次世界大战时，抗菌素刚开始大规模应用，抗菌素效果很好但也很稀缺，所以受伤士兵常感染死去）战场死伤比例为："一死比十二伤"；第二次海湾战争结束后，美军是重装甲、大兵团、多

基地、多国联军对垒小股武装，基本是重装甲对偷袭，所以受伤多，阵亡率会进一步降低。曾经看到一个英国国防部的统计（指英国驻伊拉克部队）"一死比三十五伤"。

2007年美国防部公布"第二次海湾战争"中的阵亡人数超过3000人，按照第二次世界大战医疗水平，伤亡数字是21000人（3000死、18000伤）；如果按照越战医疗水平，伤亡数字是39000人（3000死、36000伤）；如果按照英国医疗水平，伤亡数字是108000人（3000死、105000伤）。

（3）美军的伤亡统计和其他西方国家有些不同。其他国家只要是军事人员到了前线，失踪和死亡都列入阵亡统计。但美国不同：失踪人员、被攻击时不是在执行战斗任务的、黑水公司等雇佣军、司机等后勤"非战斗人员"不列入伤亡统计。同时，一个在军事行动中受伤的美国战斗人员，只要送上飞往他国的运输器后则不再计入任何统计。

（三）"大宗产品泡沫"

1. 波音飞机

美国"外销"的波音飞机由购买国"生产50%"作为贸易补偿的，另外的50%的绝大多数，甚至是核心的导航设备和发动机的合金粉末、复合材料、芯片都是来自美国的对外贸易，甚至整机组装都是在国外，换句话说：美国卖的是"波音飞机的品牌"和美元优势——其他国家可以设计和制造大飞机，但必须逾越波音的"美元优势"。

2. 粗放型的"机械化农业模式"

（1）美国普遍被看做是一个农业大国，可实际上美国模式是大量使用化肥和农药、造成土地板结、沙化严重的"粗放化、工业化的农业模式"。美国的土地如果自己生产目前实际所消费的各种农产品，而不是大量用于生产粮食和饲料的话，即便是在丰收的年份也无法满足美国国内需求（如果美国不进口农作物的话），这才是真实的美国农业现状——一个依靠大规模机械化生产破坏了环境、忽略环保的精耕细作的农业手段、过度开发的"粗放型农业模式"。

（2）美国电影《麦田战士》中那滚滚的麦浪和隆隆的收割机的下面，是板结沙化的土地，是单产低于精耕细作的、落后的粗放式早期机械化农业生产模式，一种对环境产生了空前破坏的农业模式。美国的确是农产品出口大国，可美国进口的食品包括：咖啡、可可、海产品、肉类、饲料、小食品、蔬菜、糖果、糕点、风味食品所折算的热量和耕地占用总量远超

过美国出口的小麦、大豆、玉米的耕地占用量。

（3）美国农业一直维持原始的粗放型农业模式及华尔街早期"对农民的金融资金帮助"。

1796 年的《（美国）公共土地法》不仅规定出售公共土地的"**最低面积**"按 1785 年土地法规定的 640 英亩，且 1 英亩售价由 1 美元提高到 2 美元。地价 50%付现款，另 50%作为 1 年信用贷款。1877 年国会通过《荒地法》，规定大平原地区，每个移民按照 1 英亩先付 0.25 美元的方式，就可占地 640 英亩，但须保证 3 年内对其中一部分荒地进行灌溉，经有关部门检查合格后，再补交 1 英亩 1 美元的地价款（余额），就可正式取得土地所有权……这些"看起来并没有什么问题的法案"，实际让购地农民不得不购买"最少"640 英亩（约折合 3840 亩，25600 公亩），这必然导致初来乍到，以家庭为单位的普通农民既无力一次性支付如此多的黄金或纸币，也无力开始经营。

①购买土地就必须借债。

②流动资金必须借债。

③一个移民家庭一下子借贷购买了 3840 亩土地，又付出了一笔巨大的"首付款"，生活费用也要借债。

④ 640 英亩——即 3840 亩（中国百姓说的"1 亩地"）或者 25600 公亩的空前广阔的土地，看似诱人，但其所需要的人力远非是一个家庭可以承担的，必须雇佣更加贫穷的移民来做佃户或者短工，购买农具等生产资料的钱（其实还包括农业生产所必需的最低限度的流动资金）必须依靠借债。

⑤此时一个农民变成了看似风光的"农场主"，实际一直处于负债运营、资不抵债的状态，必须对"华尔街债权人"——俯首帖耳，否则就要面临逼债，然后是无可避免的破产和全家一无所有、流浪街头。

⑥历史上，欧洲金融资本曾经试图在美国进行土地垄断，但很快他们就意识到：直接成为土地的名义所有者，经营风险大、劳动艰苦。华尔街迅速放弃了这种做法，转而开始利用债权制造**债务农业人身依附关系**，抓住了农业生产对土地持续投入性所需要持续贷款的特点，频频收缩银根，把农场主人维系在破产的"边缘"，实际成为华尔街债务主导下的佃户和工头，这种债务是永远也还不清的。

⑦华尔街不需要农场归还债务，而需要以此来建立**债务农业制**——"农场主"不能摆脱这种债务关系，实际丧失了人身的自由。为什么？因

为，违背债权人意志的结果就是破产，破产意味着丧失了一切的财产、尊严和社会地位，并且还会背负上"没有信誉、没有能力的终生评语"，很难再找到谋生的工作。所以，很多美国人 1929 年"大萧条"时破产的农场主大都选择自杀来"体面地退出舞台"。

（四）"医疗产业泡沫"

美国的医疗体系开支占经济规模的 16%（2005 年），2005 年，联邦政府在"医疗照顾"和"医疗救济"这两项保险上的花费就高达 4859 亿美元，美国当年医疗支出超过 20000 亿美元（用全体美国人民的税收支付，却都进了私人医疗财团和保险公司的腰包），还需要"额外的"15000 亿美元必然是患者自己直接负担。由于美国没有全民免疫、医疗体制，美国医疗花点经济的直接后果是催生了一个"医疗旅游观光产业"，即美国游客支付数字美元在他国，进行旅游、医疗，目前规模已经超过几百亿美元，并迅速以每年两位数增长（只要看看美国医疗价格和亚太医疗价格的差异，就知道有多少美国患者跑到其他国家看病了）。1993 年美国年人均医疗费是 3500 美元，其医疗总费用占国民生产总值（GDP）的 19%

第 5 节 虚拟经济的幻影——花点经济（下）

一、花点经济之花最诱人的一朵——"好莱坞泡沫"（指：美国整个娱乐业泡沫，不单指好莱坞）

美国好莱坞业如果整体赚钱，那么应该属于实体经济，虽然它的产品是精神产品。但美国的电影行业比较特殊，它整体属于花点经济，而花点经济的追求实体利润，但并不"一定要"赚钱，却起着重要的作用。

（一）高级交际场所和选秀场。

（二）编织迷梦

1913 年 12 月 23 日的《美联储法案》让债务形式逐渐主导了美国各个阶层，其中教育贷款、住房贷款和老年人医疗信用卡贷款分别从一个人少年、中年（美国第一次购房平均年龄 31.5 岁）和老年进行了债务绑定和"零储蓄化"，甚至还发明了一种所谓的"信用制度"，也就是私人银行认为贷款人信用不好，就可以随意上调信用卡利息。美国目前人均负债超过 10 万美元，其中的信用卡利息平均达到 20%（有的时候可以达到 30%～40%），

美国人谁又还得清呢？美国社会就整体陷入了"零储蓄泥潭"……让人们忘记这一切，非常重要。

（三）创造虚拟成功模式消耗美国青年人的锐气

有一首诗："太宗皇帝真长策，赚得英雄尽白头"。这是说历史上开创了科举制度的唐太宗（实际是隋炀帝，历史上隋炀帝并不像《隋唐演义》里面描述的那样昏聩，还算有点才气和远见，却毁在重文轻武、不懂世道艰难上，虽然他有一个"爱打仗"的恶名，但战争的屡屡失败却是他治国指导思想偏离了乱世的轨道而造成的，虎狼乱世，纵马操戈，岂可倚仗羸弱小儒？他面临的问题很尖锐复杂，他本人的才气和胆识也很出众，但历史没有给他一个合适的客观条件，唐太宗面临的问题非常类似，但比他幸运，如同接过了一把磨砺过的荆棘权杖）用科举制度把大量读书人的锐气给消磨了，青春给虚耗了，主导了人们的思想。虽然这种说法很片面，并没有认识到八股文和科举的优秀的一面，但却也深刻地揭露了科举制度的"真正价值"。

美国沉重的债务危机消失在了美丽的梦幻气泡中，不见了……海选"最伟大思想家"，海选真人芭比娃娃，海选美国最差老板，海选美国偶像，海选胖子，海选留美之星……"明星价值观"几乎涵盖了所有的社会阶层和知识领域。扭曲了常规的价值观参照物，让参与者误以为找到了表达自己"真正价值"的"场所"；误以为找到了一条"成功的捷径"；误以为自己从某个不被人理解的角落走到了"社会的前台"；误以为在一片喧嚣和鼓励声中找到了正确的"人生方向"……

美国社会"明星"泛滥的目的在于，让所有处于社会边缘的人们自以为重新回到了社会"温暖的怀抱"，自以为得到了"社会的肯定"，自以为走上了简单轻巧的"明星之路"。殊不知，一个社会真正成了电影明星的总量均摊到相应的年龄段里面，比例小于十万分之一，比买彩票中奖的概率要低，在概率学中属于不可能事件。

一部美国大制作的电影拍上几年，投资几亿美元，这里面的利息能挣回来就不错了，1亿美元的票房很多了，可扣除影院成本提成，实际发行公司最多可以得到0.3亿美元毛利。只要计算一下拍摄时间、税负、投资数额、利息和影院票房提成、演职员支出、背景道具特效花销，就会发现：好莱坞电影并不赚钱。

（四）好莱坞电影中塑造美国的强大

比如F117飞机根本就不能做战术动作（结构设计有问题，曾经发生过起飞机翼脱落的现象，只能飞去投弹飞回，不配装格斗武器，故提前全部退役），但是在好莱坞电影中是全能的武器。

（五）传播特定思想。

二、美国花点经济不能模仿、无法模仿

（一）花点经济的实质就是实体经济形式出现的虚拟经济

特点就是：整体不赚钱；赢利概念化；实力巨大且"不倒"（虚拟经济在背后支撑）；花样多、影响巨大（支出远超过收入）；有一个实体经济符号（具体是什么倒不重要，这有点像"传销——传销的商品本身是什么并不重要"）；都有一个"概念"、"闪光点"或者说"卖点"在里面。

（二）花点经济实际并不着眼于发展实体经济，也不以获利为第一目的。

（三）如何利用花点经济

不断通过实体贸易和生产赚取美元，也就是一个壮大实体经济的过程，然后不参与世界虚拟经济流程，而要立刻把数字美元对换成存放在本国领土内的实体物资。这个利用虚拟经济的方法叫："晓美（美元桥梁）优化策略"，是"桥梁理论"的一个具体应用。

金融战役学事实上已经存在几千年了，由无数或善或恶的智者无意之间抛洒下的智慧宝石堆砌而成，这里不过是把它们拣拾、归拢到了一起。它是沟通学术与技巧的桥梁；是把学问阴谋化、实用化的古典艺术；集人类智慧之花于大成的璀璨瑰宝；是同时成长在罪恶之木和正义之树枝条上的圣洁的文明果实，为什么不去采摘？它已经成熟了，我们不采摘，也会有人去采摘。**站在道德悬崖边缘观看智慧日出是美好的风景线，可悬崖下是无边的黑暗。**

第十章

梅花欢喜漫天雪

——中国的货币长城

第1节 金融战役学

一、金融战役学

（一）目的

写作这本书的目的是希望创立一个新的学科和研究领域，用来开启研究金融战役的大门，通过对布雷顿森林体系推翻后的金融战役和一系列历史上经典震撼、性质复杂、相互关联的金融战役的全新剖析，把金融战役活生生的摆在人们面前，希望证明一个本来不需要证明的事实：金融战役的存在，同时提出虚拟经济学和相关概念。

（二）定义

1. 金融战役学：是有关主导金融制高点的理论和方法论的总和。

2. 标准译法（针对本书三个首创词汇的自创词汇，请沿用）

（1）金融战役学：Science of Financial Operations（简写为：Financial Operations，即："金融战役"的译法）Financial

（2）货币长城：Great Wall of Currency

（3）虚拟经济学：Dummy economics

3. 金融战役学的三个理论基石：①虚拟经济学；②社会控制论；③行为优化论。

（三）金融战役

1. 现代金融战役不同于以往意义上的广义的热战、冷战、超限战，也不同于狭义的宣传站、心理战、电磁战，而是一个利用一切手中条件进行利益最大化的、内线和外线相结合，有时甚至是打乱战线的全新战争形态。

2. 现代金融战役是人类社会发展到一定阶段，一些特定物质客观条件出现以后的一种终极的战争形态，是今后人类社会主要的战争形态之一，

是一种独立的、超越其他任何战争形态的、有自我生命力的战争形态。

3．人类战争的本质，就是追求利益，这和金融战役学研究的各种类型的金融战役并无二致。但这里存在分水岭。

（1）古代：在过去的战争形态中，金融不是战争的主导力量和目的，换句话说，人们通过战争直接追求利益，依靠资本发动战争而不完全依赖于金融资本，虽然物资和金钱在古代战争中很重要，但金融资本无法主导和决定战争的走向，也就无法决定最终的利益分配，所以战争各方会利用金钱和物资来影响战争结局，实体经济和实体商品依然是战争的主导因素，人们不会把金融资本看成战争的起点和终点。

（2）现代：在郁金香金融战役以后，现代金融战役才登上了人类的历史舞台，随着人类工业化进程导致的剩余资本的积累，一直发展到可以决定战争走向的地步，这也就决定的利益分配，产生了一种资本决定资本分配的战争——金融战役，研究这种新形态战争的学科就被本书称作"金融战役学"。由于金融战役"发扬光大"于虚拟资本大量产生的历史时刻，大量虚拟资本导致的虚拟经济主导了实体经济的历史时刻，故虚拟经济学就成了金融战役学的重要组成部分。

（3）现代金融战役和古代金融战役有差别，布雷顿森林体系被"推翻"是研究现代金融战役学的**第二个分水岭**，布雷顿森林体系"垮掉"之前的，都可以看做是现代金融战役雏形阶段，荷兰郁金香泡沫则是现代金融战役和古典金融战役的大分水岭。因为金融战役学研究的主要是世界金融体系里面的金融战役，而现代美元体系又是虚拟经济达到完美巅峰的一个典型，所以现代金融战役条件特别充分、气候特别"适合"、土壤特别"肥沃"、是一个创立（现代）金融战役学的黄金时期。

（四）金融战役的特点

1．持续性后果深远，一场结束，另一场开始，因此长期较量和短期争夺并存，战略角逐以战役冲突形式展现。

2．金融、货币、社会、贸易等问题同时出现。

3．攻击方和被攻击方处于认知不对等、信息不对等的奇特状态。

4．手段多种多样，且具有现代化和专业化的特点。

5．其战役手段无所不用其极，缺乏有效的焦点关注和舆论监督。

6．具有隐蔽性、不可察觉性、普通投资者难以理解的特点。

7．高效费比的特点。

8．战争烈度范围广，可操作性强，适合从全面战争到和平竞争的任何时期。

9．容易发动，容易停止，所以使用必然极其频繁，远超其他战争形态。

10．金融战役学是研究"钱的世界"主导与反主导的新学科。

二、金融战役不同于人类历史上其他战争形态的特点

现代金融战役是虚拟经济的产物，也就由此有了许多不同于其他战争形态的特点。

（一）金融战役进程中，对手的模糊存在和深度隐藏。

1．不同于热战、冷战、游击战、超限战，金融战役的发动者常常也是被金融战打击的最大受害者。

2．金融战役中被打击的一方常常是一个国家主体，发动战争的一方却是以"国际炒家"为代表的跨国金融资本，这样不对等的战争是很难进行的，所以就必然以主导一个**宿主国家**（或地区）打击另外一个国家（或地区）为战争进行的基本手段。

3．金融资本的到来必然带来空前的繁荣和富足，但从长远看代价也是很沉重的。

4．金融战役中的"敌我界限"是不清晰的，有可能是"投资机构"对垒"另一个投资机构"；有可能是"国与国的形式"来对垒，而又不一定是国家与国家的争斗，其本质是资本物理流动对固有社会形态的扰动。

5．在金融战役中，很难找到一个明确的敌人，这不是说敌人不存在，而是整个金融战役相对于传统战争形态的变化很大，"结盟"和"对抗"的意义和条件出现了本质的变化。

（二）金融战役攻防的"不平等性"

1．金融战役由于其产生的大背景，被设计成一种纯攻击的战争形态，极其有利于进攻而似乎很难防御和反击，这种"不平等性"彻底打破了"杀敌一万，自伤八千"的传统战役的法则，让金融战役发起者的利益得到最大化，甚至可以一边和被打击国喝酒联欢，一边打击这个国家，这在以前是不可想象的。

2．创立金融战役学说就是为了发展金融战理论和模式，最终达到一个攻防双方均衡的攻防平衡形态，并改变金融战役固有的攻防态势，这才是金融战役学的创立目的和学科发展方向。

（三）金融战役的低可察觉性与阳谋特性

一场传统战争无论胜败，无论抵抗与否，至少战争对垒（双方）国家的人们知道战争发生了。但金融战役却可以做到在阴谋的顶峰——阳谋：众目睽睽，人们不知道打了一场战争，"战败国"国本动摇了，甚至国都亡了，还不自知。

（四）金融战役的欺骗性

举例："沃尔克冲击"。

（五）金融战役有自己独特的作战"走廊"——非市场经济性

金融战役的本质是虚拟经济对实体经济的主导，能量的源泉来自虚拟经济对实体经济的扭曲和虚拟资本对市场经济规则的扭曲。虚拟经济背离实体经济倍率越高，对实体经济的主导力量越强（虚拟经济危机也就越沉重），这就决定了虚拟经济和金融战役的非市场经济的属性。

（六）金融战役的多样性和随意性

（七）金融战役的高破坏性和高可控性共存

（八）金融战役中的虚拟战争经济学，不同于传统的战争经济学，虚拟经济元素的参与导致了高消费比，甚至依托对手力量打击对手，避免战争损耗同时，还能获得虚拟利润。

三、金融战役十要素（前三个最主要的因素也称金融战役三原则）

下面是从一百年前西方金融战役史总结出的金融战役学十要素，前三个最主要的因素也称金融战役三原则，也就是说离开这三个原则，金融战役的发起者，无法取得金融战的胜利，甚至无力发动金融战役；而整个金融战的十要素又是金融战役最常见、最基本战役构成元素。

（一）被打击方内部有一定势力配合，没有这个条件，金融冷战不具备基本发动条件。

（二）被打击方必须处于**私有商业银行体系的主导地区**。

（三）**被打击方必须金融全面开放**：货币可自由兑换、确立期货衍生金融工具、允许资本项目下的自由双向流动，尤其是短期资本投资项目资金的自由往来。

（四）舆论主导权。

（五）学术制高点，尤其在经济、金融、法律等领域。

（六）发动金融战役的一方不局限于金融领域。

（七）金融战役彻底打破了内线和外线作战的传统模式。

（八）发动金融战役的主体的不确定特征，增加了应对金融战役的复杂性和难度。

（九）发动金融战役的一方固有金融优势（否则就不会选择金融战役这种战争形态），让被打击的一方处于战略弱势的局面不容易改变。

（十）财会权、信用评估权。

四、金融战役的内容

（一）虚拟经济针对实体经济的财富转移和主导机制。

（二）比例财富转移机制。

虚拟经济的财富转移体制不是保持货币购买力的条件下，尽量占取更多可以用货币来描述的利润，而在于不断的扩大货币总量，制造社会虚拟增长，一方面满足了人们"消费购买力的不断提高"和"心理满意度的不断增加"的需求，另一方面又实际不断大量占有了更多的货币比例，也就是以逐年削弱实体经济占有货币总量份额和所占绝对货币份额的购买力不断下降为手段，来增大虚拟经济财富转移的效率和水平，这就是虚拟经济学中的**比例财富转移理论**。

（三）衍生金融工具

虚拟经济并不一定需要衍生金融工具的支持，但衍生金融工具却会成百倍的提高虚拟生产的"效率"。

（四）虚拟经济的借贷机制与传统借贷机制不同

传统借贷机制追求的是利息回报，也就客观追求借贷者的财富扩大（也就是借贷者的信用增加）。但虚拟经济中的借贷追求的是债务维系，有客观追求借贷者还债能力减弱的内在趋势——也就是追求"债务的不可归还性"。

1.举例，15％的利率在美国信用卡领域很常见，属于偏低的，如果1年达到25％，10年就是10倍的利息。

2.举例，美国2007年一些"援助贷款"每年利率高达800％。即：接受1美元的"援助贷款"，10年后要归还10.73741824亿美元（即：约10.73亿美元）。

（五）债务货币制度、赤字国债理论、私有央行制度。

（六）窗口效应、消费债务化、动态利率贷款、社会零储蓄化、虚拟交易佣金黑箱化。

第 2 节 虚拟经济与发展实体经济的关系

一、最重要的问题——出发点和归宿
一句话：在虚拟经济体系中，避害趋利，发展实体经济。

二、虚拟经济对美元体制的影响
（一）虚拟经济追求虚拟利润，也就客观追求"通货膨胀"堆砌的虚拟经济规模，这固然带来了可观的虚拟利润和对实体经济的主导，但也从长远弱化了美元体制的实体经济属性，制造了一场特征为**虚拟增长**的隐性经济危机。

（二）美元体系的虚拟经济本质决定其必然会长期面对过度发行带来的多层面问题。

（三）虚拟交易的数字游戏可以无限扩大，但物理世界中实体经济并不会随之增长，虚拟经济已经脱离了对实体经济的描述（含义），而独立形成了一个虚拟经体系，虚拟经济是用来主导实体经济的，而不是发展实体经济。

（四）虚拟经济背离实体经济的倍数＝美元需要贬值的倍数。

（五）（文字表达式）：美元需要贬值的基本倍数＝[世界虚拟经济年交易总量（虚拟 GDP）]/[世界实体经济年交易总量（实体 GDP）]。

（六）美元需要贬值的基本倍数等于（美元世界中）数字美元背离实体经济规模的倍数。

（七）（文字表达式）：美元需要贬值的合理倍数＝[世界虚拟经济年交易总量（虚拟 GDP）/世界实体经济年交易总量（实体 GDP）]×[各国虚拟美元储备（国家、企业、个人）＋交易滞留数字美元/美国实体经济GDP（不是美国虚拟经济总量，是美国实体经济总产值）]。

三、虚拟经济对实体经济的影响
（一）是扩大实体经济的历史机遇，是"捡拾"被虚拟经济 "抛弃"的实体经济、实体商品市场和积极发展实体经济的大好时机。

（二）机遇与挑战共存——实体经济创造利润的难度远大于虚拟生产的相应过程，实体经济很容易被虚拟经济主导。

这是由于虚拟经济规模远远超过实体经济规模，比如：肥皂工厂生产

肥皂，可虚拟肥皂产量期权在一年内将"今后几十年的肥皂"反复交易无数次，这当然就主导了实体肥皂生产企业的价格和商品价格。因为两种生产虽然不同，可通过美元桥梁做沟通，虚拟交易的虚拟利润依然可以购买肥皂工厂和肥皂。所以，实体经济发展必然是机遇与挑战的长期共存，人们必须有信心接受这个挑战，也必须明白这种"实业的不赢利"是由虚拟经济造成的，必须保护实体经济的所有权和商品的定价权。这是一个金融战役的防御问题，单纯从"生产"和"国际市场期货价格"的思路去考虑生产和经营，就增大出现经营失误的可能性。

（三）实体经济的发展是一个虚拟经济的客观需要（这就是虚拟经济的矛盾所爱，所以一定会试图主导）。

（四）实体经济扩大的时候，"金融危机"阴影会"一直笼罩在头顶上"。

（五）实体经济要抓住时机，努力发展，会有一个美好的前景。

举例：中国实体经济统计起来，是美国的 31.27%，中国经济按照现在的增长，每隔 8 年就增长一倍，32 年后产值会是目前的 16 倍。

四、影响实体经济和虚拟经济的其他重要因素

（一）世界各国的经济发展不均衡与"周期性的全球性金融动荡"

（二）实体经济的质量和模式

1. 举例 1：日本汽车很美观，为了用省油博得客户的好感和降低生产成本，把汽车做得"短小精薄、美观省油"，并且整车很便宜，用零配件来获利。

分析：日本汽车虽然省油，又减少了生产成本，但购车人会从交通事故的"课堂"中了解到："日本车不如德国车安全。"所以，在欧洲日本车保险费用高于德国汽车，且日本车用"高价零配件的商业策略"也会使日本产品的综合采购成本上升、可靠性下降，这种策略叫做"刀片营销"或"剃刀策略"（原意：廉价销售，甚至赠送刮胡刀架，却高价销售刀片的营销策略）。

2. 举例 2：日本产品乍一购买，性能很好，但良好使用周期比德国产品短、维修难且贵，这不是日本货"娇气"、不是日本工业造不出耐用的产品，而是日本工业战略选择的反映，它服务于市场占有率和创造不断出现的购买力，但却客观削弱了日本实体经济的固有优势。这种日本模式是美国故意引导和制造的，是服务于美国市场的，从本质上说是一种主导日

本实体经济"不去"超越美国实体经济的一种保护性措施——美国车（苏联车）一直"又笨又费油"？为什么？出交通事故时，驾驶员能减少受伤害的概率。人重要钱重要？日久天长，美国车就是上等货的心理暗示符号，日本车成了廉价货的心理暗示符号。

3. 质量是实体经济的生命和本质，实体经济不仅要为世界消费者提供花色多样、质优价廉、短期消费价值较高的服务，而且要默默地提供有利于消费者的长远利益的、不引人察觉的、潜在的优良服务，才是经得起时间考验的实体经济。

（三）欧元因素

1. 欧元体制和美元体制的上层建筑趋向协作，利益基石趋向"零和博弈"，会导致机遇与不可测性长期共存。

2. 世界各国对美元虚拟经济的认识在加强中，华尔街投行的"行话"也会逐渐被投资者理解，这就增加了美元虚拟经济的不稳定，欧元体制提出的"环保货币本位"，也是虚拟经济，故世界实体经济会更倾向于维护美元虚拟经济，而不是欧元虚拟经济。

五、虚拟经济与发展实体经济的关系

（一）在美元虚拟经济内，最好以从属美元体系为代价，以发展实体经济为目的，以维系认同美元体制为手段，扎扎实实发展实体经济的量与质，努力提高综合国力。

（二）在美元虚拟经济内，避害趋利，不需要主动弱化美元信用体系的框架，只需埋头发展实体经济。

（二）在美元虚拟经济内，要不断依托美元桥梁效应将取得的数字美元采取 5%美元、5%欧元、10%一揽子各国货币、40%金银铜（本土现货）、40%战略实物储备的类似比例，存放在本国领土仓库。

第 3 节 构筑中国的货币长城（上）

一、货币长城的定义

（一）货币长城：是针对金融战役战略防御一方的、一种积极的金融防御系统理论的总称；它既不是静态防御，也不是主动进攻，而是整体实

力相对弱小的一方，充分利用所掌握的一切实体经济及虚拟经济实力、行政手段、金融冷战手段、和更直接的金融热战手段的、金融特种战的手段，积极主动地进行一切必要的、超越战线的内线与外线交织的立体动态的金融战役防御策略。

（二）"货币长城"的由来

"货币长城"：新中国成立前夕的"冀察热辽流通券"，由"长城银行"发行，是我党我军在新中国成立前使用的经典货币之一，也就是人民币的雏形（1944 年），史称"长城货币"（因为发行银行叫做"长城银行"，图案使用了万里长城和毛主席头像），《货币长城》这个名称，也就是如何维护金融稳定和保障人民币安全的一个比喻。

（三）货币长城是立足于的系统博弈，而不是简单的局部手段的集合。

（四）货币长城是立足于实体经济研究经济现象。

（五）货币长城不是"拉丁语"，是方法论。

（六）货币长城理论是防御性为主的实践性的战略预想（理论和方法论）和战术总结（金融战役史）。

（七）货币长城针对金融战役，是诡道对诡道、阳谋对阳谋；是实践的策略，是金融战役学的组成部分。

二、美元体制与美国社会

（一）美国社会"零储蓄现象"的普遍化

据"王宇. 世界经济失衡现象透析：人民日报. 2006,7,28"："20 世纪80 年代，美国消费占 GDP 的比重为 67％，2005 年达到 72％。与此相对应，美国储蓄率急剧下降。1995 年美国个人储蓄率为 5％左右，2004 年下降为0.2％，2005 年为负数。"，这就是被称为"零储蓄"的美国经济失衡的现状。美国各个社会阶层在 2005 以后，虽然继续不断地消费，但储蓄归零，甚至是"负数"，也就是没有存款，还欠了债务。

（二）人体芯片

1. "芯片家庭"

"生活在美国佛罗里达州的杰弗里·雅各布斯先生一家，是一个普通的美国家庭，2002 年的 5 月 9 日《洛杉矶报》的一条科技新闻使这个普通家庭在一夜间引人注目。5 月 10 日，杰弗里·雅各布斯一家三口将接受一个前所未有的手术，在体内植入一个含有健康信息的芯片。通过电视直播

人们亲眼看到了这个不同一般的芯片植入手术。在佛罗里达州的一家诊所，医生对杰夫·雅各布斯夫妇和他们的儿子德里克，进行局部麻醉后，将一个米粒大小的芯片分别植入他们的臂部。植入他们体内的是一种确认芯片，这种米粒大小的芯片长 12 毫米，包含着身份认证和使用者以前接受药物治疗的信息。这些信息可由扫描仪读出，并能通过电脑或其他手持装置进入网络数据库，与每个人更详细的医疗档案进行比较。与杰夫·雅各布斯先生一家同时进行这项芯片植入手术的还有 5 个人，几分钟的手术使他们成为世界上第一批体内携带确认芯片的人。雅各布斯一家也被人们称作为芯片人家庭"（中央电视台网站：芯片装进人体）。

http://www.cctv.com/program/oriental/20030417/101826.shtml

2. "安全芯片"

2004 年墨西哥司法部 160 名办公室职员被植入人体芯片，以跟踪他们在总部的安全；巴塞罗那的 Baja Beach 俱乐部和部分国家的夜总会向顾客提供人体芯片，然后就可以通过 挥挥手即支付饮料的费用，也获得进入俱乐部休息厅的 VIP 区的权力（Paul Joseph，"海洋深呼吸"网友译. 2008 年比尔德伯格俱乐部会议纪要，特别致谢）。

http://currencywar.blog.hexun.com/20666388_d.html

3. 比尔德伯格俱乐部

（1）2008 年"比尔德伯格俱乐部"年会表明"成员们"达成了全球推广植入人体芯片的共识，欲建立世界人体芯片支付构架。纽约美联储行长蒂莫西·盖纳在会议上提出："通过建立一个新的全球性银行业监管框架，这将逐步地使全球距离单一世界货币更近一步，在这样的无现金社会中，交易将通过芯片来更便捷地进行"。

（2）"海洋深呼吸"（网友译比尔德伯格俱乐部 2008 与会者名单，特别致谢）。http://currencywar.blog.hexun.com/20039748_d.html

美国成员：

弗阿德·埃贾米	美国中东研究项目主任、约翰·霍普金斯大学保罗·尼采高级国际问题研究院主任
亚历山大·基思	美国国家安全局局长（又称国家保密局）
罗杰·奥尔特曼	弗考尔合伙人公司董事长（曾任克林顿手下的美国副财长、早期出任过雷曼兄弟公司合伙人）
本·伯南克	美联储主席

240

提默西·柯林斯	里普尔伍德控股集团（美国大型私人收购基金）高级董事总经理兼CEO
切斯特·克罗克	詹姆斯·施莱辛格国家战略研究所 教授
托马斯·达施勒	前美国参议院民主党领袖
托马斯·多尼伦	美国美迈斯律师事务所合伙人 美国美迈斯律师事务所合伙人
玛莎·法拉	宾夕法尼亚大学自然科学系教授、认知神经中心主任
马丁·费尔德斯坦	美国国家经济研究局主席兼CEO
小哈罗德·福特	美林证券副总裁
蒂莫西·盖纳	纽约联邦储备银行行长兼CEO
保罗·吉戈特	《华尔街日报》社论版主编
唐纳德·格雷姆	美国华盛顿邮报公司总裁兼CEO
理查德·霍尔布鲁克	美国商业银行及私募股权投资公司Perseus, L·L·C·副董事长
肯尼斯·雅各布斯	拉热尔德战略协调公司副总裁、主管
詹姆斯·约翰逊	帕尔休斯 LLC副总裁（奥巴马的竞选伙伴、房利美1991年至1998年总裁兼首席执行官）
小弗农·乔丹·拉热尔德	美国战略协调公司高级常务董事
亨利·艾尔弗雷德·基辛格	基辛格顾问公司董事长
克劳斯·科菲德	美国铝业公司总裁兼首席运营官
亨利·克拉维斯	美国KKR集团创始合伙人
玛丽·克拉维斯	Hudson研究院资深研究员
杰西卡·马修斯	卡内基国际和平基金会主席
威廉·麦克唐纳	美林公司副总兼特别顾问（前美联储理事及纽约联储总裁）
克雷格·蒙迪	微软全球研究与战略执行官
亨利·鲍尔森	美国财政部长
弗兰克·佩尔	美国商业银行及私募股权投资公司董事长兼CEO
理查德·珀尔	美国企业公共政策研究所研究员
康多莉扎·赖斯	美国国务卿
大卫·洛克菲勒	大通曼哈顿银行前主席
查理·罗斯	美国罗斯通信制造商
丹尼斯·罗斯	华盛顿近东政策研究所顾问和齐格勒的杰出研究员
巴内特·鲁宾	国际合作中心、纽约大学主任和高级研究员
马克·桑福德	美国南卡罗来纳州州长
埃里克·施密特	GOOGLE全球总裁埃里克·施密特
凯瑟琳·希贝柳斯	美国堪萨斯州州长
乔治·舒尔茨	美国斯坦福大学胡佛研究所研究员 （于1973年被尼克松任命为财长，1982年担任里根的国务卿）
劳伦斯·萨默斯	美国哈佛大学查尔斯·爱略特学院教授（2001年至2006年任哈佛大学校长、曾担任世界银行的首席经济学家）
彼得·蒂尔	美国对冲基金Clarium资本管理公司总裁（华尔街"新出现的"对

冲基金）

萨纳姆·瓦杰尔	美国中东研究所尼采高级国际研究学院 约翰霍普金斯大学助理教授
温·韦伯	美国公共政策和管理咨询公司 CEO
詹姆斯·沃尔芬森	詹姆斯·戴维·沃尔芬森公司主席 （第9任世行行长）
保罗·沃尔福威茨	美国企业公共政策研究所、访问学者

欧洲国家及世行组织成员：

约瑟夫·阿克曼	德意志银行集团董事会董事长、执行委员会主席
约翰·亚当斯	加拿大通信安全组织主席（CSEC）、国防部副部长
华金·阿尔穆尼亚	欧盟经济和货币事务专员
乔治·阿洛戈斯库菲斯	希腊经济和财政部长
阿里·巴巴詹	土耳其外交部长
扬·彼得·巴尔克奈德	荷兰总理
弗朗西斯科·平托·巴尔塞芒	IMPRESA, S·G·P·S 集团（葡萄牙媒体业）董事长、CEO; 葡萄牙前总理
尼古拉斯·巴夫瑞兹	法国吉布森国际律师事务所合伙人
弗兰克·贝尔那贝	意大利移动电信 CEO
卡尔·比尔特	瑞典外交部长
安替·布拉菲尔德	芬兰《赫尔辛基日报》资深评论员
斯汀·宝仕	丹麦 TrygVesta 保险公司 CEO
伊恩·布罗迪	加拿大总理办公室幕僚长
奥斯卡·布鲁诺	奥地利《标准报》发行与编辑
亨利·卡斯特	法国 AXA 金融集团董事会主席兼 CEO
路易斯·朱利安	西班牙 PRISA 通信集团 CEO
夏立勤	加拿大（Ed Clark）道明银行财务集团总裁兼 CEO 夏立勤
肯尼斯·克拉克	英国下议院议员
克丽斯廷·克莱梅特	Civita 常务董事（挪威教育部长）
贝尔当·哥伦布	法国拉法基集团名誉主席（法国拉法基集团：财富500强之一、世界建材行业领导者）
安东尼奥·科斯塔	葡萄牙里斯本市长
小保罗·德马雷	加拿大鲍尔集团总裁及合作 CEO （国际性投资控股与管理公司，经营范围包括金融、保险、运输等）
安娜	希腊下议院议员
马里奥·德拉吉	意大利中央银行行长
布里吉特	西门子奥地利公司 CEO
梅里·爱德华	加拿大自然资源公司副总裁
安德斯·埃尔德鲁普	丹麦国营石油天然气公司总裁
约翰·艾尔坎	意大利菲亚特集团副董事长

242

约施卡·菲舍尔	德国前外交部长
彼得·弗斯特莫塞	瑞士苏黎世大学教授
保罗·加拉格尔	爱尔兰首席检察官
哈罗德·古迪恩	荷兰 TomTom 公司（全球最大个人导航设备）供应商 CEO
Gögüs, Zeynep	土耳其 EurActiv 网站（专门报道欧盟政策立场与新闻的网站）创始人
维克多·哈伯斯塔德	前比尔德伯格会议名誉秘书长莱顿大学经济学教授
洪卡波希亚	芬兰银行董事会成员
夏侯雅伯	北约秘书长
简·于格赫巴埃尔	比利时联合金融集团董事会主席
沃尔夫冈·伊申格尔	德国前驻英国及驻美国大使
让·皮埃尔	法国欧洲事务部长
约翰·科尔	英国上议院议员、英荷壳牌石油公司副总裁
克莱登	德国联盟党基督教民主联盟（CDU）和基督教社会联盟（CSU）外交政策发言人
穆斯塔法	土耳其 KOC 集团总裁
Kodmani Bassma	法国阿拉伯改革委员会主任
克罗斯	欧洲委员会专员
亚历山大·克瓦希涅夫斯基	波兰前总统
沃夫冈·莱特勒	奥地利安德里茨集团 CEO
贝纳迪诺·里昂	西班牙首相办公室秘书长
彼得·曼德尔森	欧洲委员会专员
克里斯多夫·马尔热里	法国石油与天然气巨头道达尔集团 CEO
罗杰·马丁	加拿大多伦多大学多伦多大学约瑟夫·L·罗特曼管理学院
亚诺什·马尔托尼	匈牙利前外交部长、国际贸易法教授 贝克·麦肯锡律师事务所合伙人
查理·麦克瑞	欧洲委员会专员
弗兰克·麦肯纳	加拿大道明银行财务集团副总裁
汤姆·麦基洛普	英国苏格兰皇家银行行长
蒂埃里·蒙布利亚尔	法国国际关系学院院长（加入彼尔德伯格俱乐部长达近 30 年）
马里奥·蒙蒂	意大利博科尼商业大学校长
米克勒比斯特	挪威海德鲁水电公司前总裁（世界 500 强企业）
马提亚斯	德国《时代周报》副主编
克里斯汀·傲克兰特	法国国际广播电视台 CEO
约玛·奥利拉	荷兰皇家壳牌石油公司总裁
莫德·奥勒夫松	瑞典企业与能源部部长、副首相
奥兰治	荷兰亲王
乔治·奥斯本	英国财政部影子大臣

货币长城

厄兹特拉克	土耳其议会议员
托马索·帕多阿·斯乔帕	意大利前财政部长、国际会计准则委员会主席
阿历克斯·帕帕赫拉斯	希腊《每日报》记者
帕帕莱克索普罗斯	希腊泰坦水泥集团 CEO
弗兰索瓦·佩鲁	法国负责经济事务的副秘书长
沃克·佩尔特斯	德国国际问题研究所主任（研究中东政策）
比利时菲利普亲王	
罗伯特·普利查德	加拿大星报集团董事长兼 CEO
希瑟米·雷斯曼	加拿大 Indigo 图书音乐出版集团总裁兼 CEO
鲁伊·里约	葡萄牙波尔图市市长
马提亚斯·罗德里格斯因西亚	西班牙国际银行执行副行长 马提亚斯·罗德里格斯因西亚
弗莱明·罗斯	丹麦《日德兰邮报》编辑
费里特·沙亨克	土耳其 Dogus 控股集团董事长
鲁道夫·薛尔顿	奥地利监督银行常务董事会董事
弗里茨·舒尔	丹麦弗里茨集团主席
施瓦岑贝克	捷克外交部长
马库斯·斯皮尔曼	瑞士《苏黎世报》主编兼总管
马丁·泰勒	希腊先正达公司总裁 （先正达是世界领先的农业科技公司，全球 500 强企业、世界第一大植保公司、第三大种子公司）
弗朗斯	荷兰欧盟事务大臣
季米特里·列宁	俄罗斯莫斯科卡内基中心副主任、高级助理
让·克劳德·特里谢	欧洲央行行长
玛纽埃·瓦拉斯	法国国民议会议员
托马斯	希腊 VO 通讯集团总裁
丹尼尔·魏思乐	瑞士诺华公司董事长兼 CEO （瑞士第一大公司）
拉伊莫·韦于吕宁	芬兰国际事务研究员主任
于贝尔维德里那（前法国外交部长）	法国于贝尔维德里那公共事务顾问公司（外国经济和地缘政治咨询服务）
克努特·沃莱贝克	挪威欧洲安全与合作组织（欧安组织）少数民族问题高级专员
雅各布·瓦伦堡	瑞典银瑞达集团主席（银瑞达集团的东家是瑞典第一大商业家族瓦伦堡（Wallenberg)家族，他们是若干知名瑞典企业的第一大股东，包括:爱立信、伊莱克斯、ABB、萨博、阿斯利康，还有 2003 年之前的沃尔沃集团，瓦伦堡家族所主导的瑞典上市公司，其总市值占去 2007 年瑞典股票总市值的三分之一）
罗伯特·佐利克	世界银行集团第十一任行长

三、欧元虚拟经济——环保货币概念

（一）"环保货币"

就是把污染（比如：气体、液体、物体排放物）和环境损害"折合成货币"来买卖、炒作、转让的一种理论。其表面上是"保护环境"，但本质上却是虚拟经济。

（二）"环保货币"的实质和目的

1. 削弱并主导实体经济（污染的必然产生体）、增强对虚拟经济的主导，开辟对实体经济的财富转移的新途径。

2. 在"环保货币"下，可以放心地输出实体经济。虚拟生产"当然不会产生任何污染"，虚拟经济可对实体经济（产生污染）进行征税——"从事真实生产劳动的人"给"不劳而获的人"送去实体商品的同时，还要把收到的虚拟货币，再交还回去，也就完成了一个"广义货币回流"。

3. "环保货币"体制把虚拟经济对实体经济的财富转移机制推到了极限，却试图占据"保护环境"的"舆论制高点"。

（三）"系统博弈"与"扶小策略"

1. 维护金融安全、发展实体经济要有"系统博弈"的观念。

2. 扶小策略：在己方实力相对弱小的前提下，如果存在两个或两个以上的强大存在，则选择弱小的予以支持，并选择普遍存在中绝对弱小的予以量力而行的实际支持。

四、黄金阴谋——一个完美的操作型金融战陷阱

（一）黄金和纸黄金

1. 这种新的特别提款权储备货币（纸黄金是通俗说法 Special Drawing Rights 特别提款权 1969 年推出）只能在世界范围内刺激更加鲁莽的金融扩张和通货膨胀。采用特别提款权是通货膨胀分子的胜利。它搬开了挡在"世界货币"道路上的最后一块石头，它永远不会在世界上"短缺"。

——德国经济学家 帕尔义

2. 货币学家发明了一种新玩意儿来掩盖美国货币的破产状态的事实。每个国家的中央银行被分配到一种特殊的国际储备货币。但是为了不引发通货膨胀，特别提款权必须被严格限量。这样，甚至在特别提款权的扶持下，美国仍然无法偿还它的美元债务的一小部分。

——法国著名经济学家 雅克·鲁夫

3.它定义为等同黄金而却不能兑换成黄金,简直可以申请荒谬专利了。任何纸币或信用单位只有可以在固定比例下毫无限制地可兑换黄金,才能被视为"等同于"黄金。

——唐纳德·郝皮（Donald Hoppe）

（二）黄金投资热潮的历史背景

1.美元体系的"三角支架"——虚拟经济、纸黄金、美元石油交易货币本位。

2."炒金热"

2000年以后,出现了"炒金热"。黄金价格整体趋于上涨的判断是毫无疑问的,个人购买黄金实物长期保值是正确的,但"炒金"就属于"操作型金融陷阱"了。

3.操作型金融陷阱

操作型金融陷阱:指树立有利于被打击方的正确目标,通过主导和扭曲进程,来实现金融打击。

"选择只是强者欺骗弱者的游戏。"——电影《黑客帝国2》台词

4.对名称叫做"不稳定"的商品进行投资

不稳定商品:在虚拟经济中,投资散户不论把钱投入股市、基金、期货,都是在打着投资名义而追求投机利润,虽然散户自身并不一定都能认识到内心的动力所在,但只要看一个问题就能判断清楚:投资追求的是分红、产出利润的大小,投机追求的是押对涨跌趋势和企求在此基础上涨跌趋势的不稳定波动越大越好,因为利润也就增大了。

绝大多数散户都在追求后者而误以为自己是前者,他或她所买卖的不是商品、股权或有价证券本身,而是"不稳定性"这个特殊的商品,而对于商品、股权或有价证券本身的分红收益和产出效益却仅仅看成是导致涨跌的题材加以分析,除此之外却丝毫也不在意。这是一种有趣的现象——一个资金薄弱、抗风险能力弱小、知情权是负数的散户群体竟然追求"不稳定",其实就是追求风险本身,把"不稳定",也就是风险看成商品来买卖,以此获利。

散户也"学着"去追求内幕消息或者跟随"内幕交易"的余波,其本质是散户在追求"不公正",并且把"不公正"当成一种"商品"来买卖。就这样,投资就变成了投机,投机就变成了买卖"不稳定"、"不公正"这两个通行的、无差别的商品,这是一个多么神奇的转变。

一个不稳定的虚拟交易体系和不公正的虚拟交易文化就不知不觉之间

形成并且被人们接受了。在这种条件下，本来是企业用来进行资本运作和商品买卖的股市、期货市场，允许散户群体进入"投资"，这无可厚非，但却不可能保证中小投资者的"利润"了。

散户投资者恍惚间就找到了"投资者的感觉"，也过了资本运作的瘾头，但代价就是：从一个较长时间段来看，除了骗子、小概率事件的幸运儿，从来就没有一个散户会从打着"投资"旗号的投机大潮中赚到一分钱。在传统的资本运作中，强势资本、内幕消息（交易）和媒体新闻一直是决定因素，这是散户都无法主导的客观负面因素；现代的资本运作市场，已经是一个成熟到腐烂、强大到绝对的虚拟经济在运作了。

美联储精心设计了衍生金融工具破坏了整个投机市场原有的"投资规则"，加大了杠杆倍率，利用复杂的数学投资模型制造可控的对冲模式，使散户的一切反应、一切选择、一切层面都自动地构成"押宝失误"，也就实际剥夺了散户投资者中的绝大多数赚取利润的机会，其所残留的"可能性"不过成了鱼饵，让本来就处于绝对弱势的散户在亏损和贪婪的泥潭中越陷越深，"传说中的暴利"达到了让每一个散户投资者炫目的程度，也就毫不犹豫地加入了买卖期权的虚拟经济，买卖着从来不想兑现的"商品期权"，甚至是各种指数期权和变种衍生金融工具，在通货膨胀的海洋里，追求着似乎一伸手就可以抓到的金色浪花，但却总是就差那么一点点，而亏得倾家荡产、血本无归。

散户投资者成群地被智者引向了愚者的独木桥，下面成群的大小鳄鱼以此为生，散户投资者却前仆后继，不过是为了一个对岸绚丽的金山迷梦。这就是虚拟经济对人们心灵、经济运行的影响，这就是虚拟经济对中小投资者的财富转移。

5. "黄金本位"是一个典型的"操作型金融战陷阱"

操作型金融战陷阱：它不限于进攻性策略，也出现于防守性策略，并且绝不仅仅局限于金融战役学的领域，是一个古老的高级骗局技巧的重现。所谓的操作型金融陷阱，就是这个操作目的本身有可能具有一定的合理性和真实的获利性、或者绝对具有确定和不容置疑的获利性，甚至可以与金融战发起者的利益相违背。但金融战发起者不去管这个操作过程的最终目的地，而是通过把这个操作本身牢牢地主导在美元体制拥有和操纵的虚拟经济体系之内，然后通过这个虚拟经济的一系列操作性误导，让整个操作背离原来的操作目的而进入一个虚拟经济陷阱，最终成为维系虚拟经济

的力量。

这种金融战手段的过程着重于"操作过程的误导",而对于目的本身如何并不介意,也就更具欺骗性和迷惑性。只要求其本质依然是维系虚拟经济,而不是实体经济就足够了,只要确定了这一点,金融战发起者就无所谓目的(因为将投资者引入虚拟经济迷局中的目的已经达到了,只要"引领"投资者在虚拟经济"玩"下去就行了)。

6. 黄金投资者的策略

作为黄金投资者的参与者购买黄金时只要严把三点,就可确保无虞:

(1)购买的目的在于长期保值获利,而不是短线交易获利。

(2)实体商品是否存储在自己眼前,在双手可以摸到的地方。

(3)买卖的黄金是实体黄金。

7. **这里要提出一个金融战役学的重要理论原则:**金融战役的手法特征是不断推陈出新的诈骗,但本质永远是"空套实"的虚拟经济。

8. 黄金本位的不可操作性

(1)建立单纯的黄金本位货币是历史性的战略误解,是一场有着鲜明历史错位、**民族历史心理学**特点的迷思。

(2)实体经济本位

货币的本质代表着实体经济,所以货币的内涵实际包括:实体商品、黄金、白银、铜、能源、粮食、水资源……

(3)"黄金本位"与"不能控制黄金实体商品"之间的矛盾。

①国际黄金储备、产能、虚拟交易主体、通用交易媒介都依赖美元体系。美元体系主导了商品数量、商品生产、商品交易、商品交易媒介,也就主导了价格和交易量的最终走向,所以这个"金本位"(也包括所谓的"次金本位")很难操作(除非发现一个10亿吨黄金的富矿,并能实际开采出2.5亿吨黄金实物),否则把资金必然投入到美元黄金的虚拟交易中。

②无论有多少数字美元储备,也永远不可能和美元体制相匹敌。

这是2007年西方开始流行的金本位观点的"出发点"和"落脚点"。

③**短期** 把各国资金大量吸引进入看似是黄金,其实却是纸黄金和黄金期货的虚拟交易中。

④**中期** 大量资金被吸引进入"黄金"、"资源"等期货衍生金融工具的虚拟经济中,让实体资产产业的资金筹措日益艰难。

⑤**长期** 把世界经济体系中积累的数字美元引入了毫无意义的 **虚拟贵**

金属交易价格争夺战争，其价格越高，吸纳美元的能力就越强。

⑥把美元有计划地不断贬值——也就是美元广义回流机制，表现为黄金化的璀璨过程。

⑦只要能维系美元的定价权和交易媒介地位，美元体制并不在意黄金价格高低。

⑧纯粹的黄金本位，很容易被颠覆——"剪刀差"的存在。

金本位纸币的实际含金量和实际购买力的剪刀差很容易被利用，如果硬性和黄金挂钩，而黄金的主要产量和储备又无法主导，那就很难维系金本位了（理论上这可以通过推高黄金价格来"解决"，但又会造成描述货币的不稳定）。

⑨在美元体系内，美联储取得黄金实物的能力最强。

⑩在美元体制内，建立"金本位"会面临"买不到"、"拖太久（价格逐渐攀升，成本逐渐提高）"一系列操作性难题——虚拟黄金的大投资者却会陷入**越是在黄金市场中投入大量资金，取得黄金的能力却迅速相应地递减的尴尬局面**，这个过程是一个典型的虚拟投资过程，也是一个"搏傻理论"的经典案例。

（4）黄金投资的时机选择

①目前世界定价依靠美元，黄金的购买力必须依靠美元来实现，这就导致黄金的购买力被大大削弱了。黄金也是一种被虚拟经济控制的实体经济事物，除非美元体制解体，否则黄金的实际购买力不会脱离美元的主导。

②大幅炒高黄金价格的本质就是制造美元通货膨胀。

③对于投资者，目前是购入黄金实体商品的好时机，但从来就不存在参与"黄金**虚拟交易**的好时机"。

④目前虚拟黄金炒作都是在短线投机，而不是长线投资，这就决定了暴涨暴跌的基本条件的形成。在人类金融史上，没有哪一个商品的价格是可以由投机资金持续捧高，而创造永恒的"高价位"，只要把这个商品放入历史的长河中进行衡量，就会发现，喧嚣声中"高涨"黄金价格竟然比28年前价格还要低（这还是不考虑投资基金28年的利息收入和美元贬值的因素），即便立刻涨"高"到3000美元/盎司，其实际投资收益也会远远低于28年前同等资金存在银行至今28年的持续收益——**原因是美元体制对黄金的打压**，但短线黄金投资只能接受这个现实，远期投资却可以在很大程度上摆脱虚拟经济对黄金价格的影响。

⑤除非各国政府宣布进行超大规模贵金属本国实物战略储备，并以此作为本国黄金投资者的实物交易基础，否则投资者只能涌入美元支撑的黄金虚拟交易体系中，交易虚拟的黄金，取得虚拟的利润或者实际的亏损。

⑥投资黄金的难题和操作难点，不是由于黄金的软弱，而是由于美元体制的强大。

五、"有限消费实际提高品质论"——金融战役的另一个骗局理论

（一）"有限消费实际提高品质论"：提倡美国各阶层消费实体商品的总量停止增长，但利用科技发展，让品质提高。这个理论在华尔街流传比较早，几十年前就有了。当时美元体制不敢断定"放开"美元供给后，单纯用虚拟增长的方式，人们能不能接受。所以就有了"有限消费实际提高品质论"，这个理论乍听很合理，但这是美元体制"预计"过度发行美元"可能"带来实体经济发展停滞的后果而炮制出来的"理论"，也就自然带着几分歪曲。

（二）"有限消费实际提高品质论"和"虚拟增长"殊途同归。

（三）小猫和小狗比美的"意义"

比较财富总量的时候只能用财富比较财富、占有财富比例比较占有财富比例，不能用科技发展水平比较财富，这是统计学中的"小猫和小狗比美"，不具有可比性。一个有着高科技设备的乞丐，不会比古代国王富有，这才是财富衡量。"有限消费实际提高品质论"本质在于玩弄了一个"比例财富转移"的策略，搞了一个"概念偷换"，制造了一个"高科技虚拟增长模式"。

（四）美元体制对发展中国家推销"有限消费实际提高品质论"的目的。

1.弱化对美元体制背后实体经济发展缓慢的现象的关注。

2.弱化发展实体经济的信念，强化虚拟经济的价值，系统战略误导，制造认识误区，增加战略决策的失误。

（五）**认知陷阱**：目的在于制造对手认识混乱，重点就不在对错与否，而以制造足够多的争议和"可引发讨论深度与广度"为第一追求，其观点主要表现为似是而非，亦对亦错，多角度观察就有多种"正确看法"，多层次理解就会有多种"严格定义"为最佳状态，其目的是制造对手内部混乱、对立，增加对手的决策失误、干扰对手视线。

（六）（文字公式）**晓美外贸收支额度**＝（贸易出口额－本土外资出口额＋海外本国企业海外销售额）－（贸易进口额＋外资在本国的销售额）。

（七）**比例主导战术：**也称"比例主导策略"，指虚拟经济以相对的"高比例"美元数量去影响实体经济，让实体资本感到经营不如出售所有权能够赚取更多的利润，这个财富转移的过程有时还伴有利率和资本投放总量杠杆制造的通货紧缩（经济危机、信用危机也就产生了）和经济发展高潮（多投放货币就轻易地制造了这个"繁荣的过程"）。由于此刻伴随着美元总量的增加和实体经济原所有者持有的美元绝对数量的增加，所以这个财富转移的过程非常隐蔽。

六、发展与挑战、"指责"与"否认"

（一）事物发展需要外界的挑战，这是一切发展中的新生力量所必须经受的挑战，不要畏惧和反应过激。

（二）不断地使用"指责技巧"，换取对手"否认"，来影响对手行为模式和价值取向，这就完成了一个指责诱导的过程。

七、两个常见的相关问题

（一）第二次世界大战后，英格兰银行的"国有化"

英国于1945～1951年和1974～1975年，两度出现"国有化"高潮，其实质恰恰反映了一个"私有化并不是灵丹妙药"的问题。说明了超大型私人企业由于经营不善，必然由政府接管，这就形成了赚钱政府无份，赔钱政府接手。英格兰银行没有资产可以"国有化"，"管理权"依然归"英格兰银行董事会"，"英镑发行权"依然由"国际债权人"主导，这是两个相互重叠又不完全统一的子集。"《（英国）1987年银行法》没有过多地就具体问题作详细、强硬的规定，仅仅作了原则性的规定，给予英格兰银行更多的自主权。"，英格兰银行事务由英格兰银行原始股东组成的董事会管理，其他人无权过问，人事任免英国政府无权决定。

（二）英美之间的金融争霸

1.布雷顿森林体系源自1944年7月，由44个国家的代表在美国新罕布什尔州"布雷顿森林"召开联合国和盟国货币金融会议，这次会议通过了《联合国货币金融协议最后决议书》、《国际货币基金组织协定》和《国际复兴开发银行协定》（国际复兴开发银行即世界银行）两个附件，总称

《布雷顿森林协定》。

图片说明：召开会议的美国布雷顿森林蒙特·华盛顿饭店

2."怀特计划"和"凯恩斯计划"

（1）1946 年 1 英镑的含金量为 3.58134 克纯金，1 美元的含金量为 0.888671 克纯金， 则 1 英镑=（3.58134 / 0.888671＝）4.03 美元。

（2）1941 年英国财政顾问经济学家凯恩斯在访美后，于 1941 年 9 月 8 日提出《战后货币政策》和《关于国际货币同盟的建议》两份备忘录，拉开了美英金融争霸的帷幕：1943 年，美国财政部官员怀特和英国财政部顾问凯恩斯分别从本国利益出发，为了"设计战后国际货币金融体系"，正式提出了两个不同的计划，即"怀特计划"和"凯恩斯计划"。

（3）怀特计划是美国财政部长助理怀特提出的"联合国平准基金计划"的主要内容。

①以基金制为基础，基金至少为 50 亿美元，由会员国按规定的份额缴纳。份额的多少根据会员国的黄金外汇储备、国际收支及国民收入等因素决定。

②基金货币与美元和黄金挂钩。基金规定使用的货币单位为"尤尼它"（Unita），每一"尤尼它"等于 10 美元或含纯金 137 格令（1 格令=0.0648 克纯金）。

③表决权取决于会员国缴纳的份额。各会员国在基金组织里的发言权与投票权同其缴纳的基金份额成正比例。

④稳定货币汇率。会员国货币都要与"尤尼它"保持固定比价，不经"基金"会员国四分之三的投票权通过，会员国货币不得贬值。

⑤取消外汇管制、双边结算和复汇率等歧视性措施。

⑥调节国际收支。对会员国提供短期信贷，以解决国际收支逆差。

⑦"基金"的办事机构设在拥有最多份额的国家。

(4)凯恩斯计划是英国财政部顾问凯恩斯拟订的"国际清算同盟计划"。

①建立"国际清算同盟",相当于世界银行。

②会员国中央银行在"同盟"开立往来账户,各国官方对外债权债务通过该账户用转账办法进行清算。

图片说明:经济学家凯恩斯(右)在该次会议上

③顺差国将盈余存入账户,逆差国可按规定的份额向"同盟"申请透支或提存。

④"同盟"账户的记账单位为"班科"(Bancor),以黄金计值。会员国可用黄金换取"班科",但不可以用"班科"换取黄金(那时英国就看出了美元"金块本位"的暂时性)。

⑤各国货币以"班科"标价,非经"同盟"理事会批准不得变更。

⑥会员国在"同盟"的份额,以战前3年进出口贸易平均额的75%来计算。

⑦ "同盟"总部设在伦敦和纽约,理事会会议在英、美两国轮流举行。

不论是"班科"(Bancor)还是"尤尼它"(Unita)都没有人知道,人们在布雷顿森林体系确立后,只记住了一个货币——美元。

第4节 构筑中国的货币长城(下)

一、美元体系的危机种类

(一)美元危机

美元体系内的"金融危机"只要可以用数字美元来弥补,都不是真正

的危机。但从广义上来说，用大量的数字美元来弥补实际损失本身，就是增大了美国广义债务和国际数字美元实际总量，也就进一步让美元支持的世界虚拟经济和世界实体经济的**背离倍数**急剧增大，趋向离心力大于向心力的物理过程，所以也是一种广义危机，美元体制真正的危机却可能来自偶发事件。

（二）"调整危机"——欧元体制与各国外汇储备结构的调整

美元危机可能并不在于美元持有者对美元的排斥，而在于定价结构、交易结构、储备结构的改变。如果欧元在各国外汇储备中占据50%的比例，就会导致超过100000亿美元涌入世界金融市场，这对美元的冲击是巨大而现实的。

（三）"内幕交易危机"——华尔街"消息灵通"人士对欧元和美元汇率的牟利性和避险性炒作

华尔街"消息灵通"的金融炒家，对于美元和欧元汇率剪刀差的变化比一般美元资产持有者敏感，他们也更加熟悉汇率衍生金融工具，面对欧元持有比例逐年上升的现实，他们中的某些个别人，有可能出于牟利和避险的原因，局部购入欧元对美元汇价上升的汇率指数期货单据。几亿美元在一个衍生商品炒作的专业人士手中，可以形成几百亿美元的抛压，其连锁反应可能会无意之间形成一个对美元体制的巨大挑战。

（四）"秘密干预反馈危机"——美联储的对期货市场的干预力度

美元体制一直在利用衍生金融市场对世界虚拟经济进行不断的调控和干预。衍生金融工具把这种力度"指导"力度增大了几百倍，这固然给了美元体制极大的灵活性，但也会在一些时候，导致的相对于美元定价体系的突发的、大幅的、强力价值扭曲引发的期货价格异常，连锁性引发避险性抛盘离场和市场随之而来的恐慌性抛盘，最终引起的美元定价体系的"多米诺马掌异动"。这种情况最终必然危及美元体制本身。

此类问题美元体制很容易主导，但也最容易出现，太频繁的出现就会让美元体制按下葫芦起来瓢，顾此失彼地失去美元体制数学模型上的主导与稳定，导致美元体制整体凝聚力的逐步弱化。

（五）"军事利空消息危机"——美国局部军事失利对美元汇率的影响

美元资产持有者对美国军事失利的心理承受能力比较弱。跨大西洋媒体是华尔街金融家族私人拥有，基调统一、传媒策略专业，所以塑造了一个"不败的神话"。本来胜败乃兵家常事，但美元资产持有者也被宣传深

深地影响了,而把本来正常的军事胜败,看得不可思议,对美国军事战役性失利的心理承受能力很差。美国某个局部军事行动的小失利,被网络当做"一件新鲜事"广泛传播开来,这样就会造成一个美国军事力量"正在急剧衰落"的错觉,导致在一个"集中时间窗口"对"美国目标"的心理打击(比如:"威胁发动某种攻击"的现象集中出现)。

美国的军事力量很有可能无力完美地应对突然出现在这个"时间窗口内的"所有"攻击",会出现许多"战败假象",本没有什么实际意义,但却会令不少美元资产持有者在潜意识中对美国国力产生怀疑,而抛出部分美元(也就是不把鸡蛋放在一个篮子里),这会引发美元汇率的连锁反应。

二、美元体制的维系策略和手段

(一)金融战役(包括:主要金融冷战和金融热战两个层面)。

(二)美元回流机制(包括狭义和广义两个层面)。

(三)提高利率和给市场注入资金并举;降低利率和制造紧缩并举。

(四)依托桥梁效应,让虚拟经济直接取得实体经济的所有权。

(五)花点经济。

(六)主导世界货币体制,减少货币种类,弱化定价、交易、存储体系中的竞争者和"购买力参照物效应"。

(七)不断强化虚拟经济对实体经济的主导和财富转移。

三、金融行业的社会基石属性和企业赢利属性

金融行业的社会基石属性会导致虚拟利润。

(一)举例:2007年华尔街"应急救援性质"的发薪日贷款(pay day loans)的平均利率高达391%,最高可达800%,这高过大多数"地下金融机构"的高利贷利率,借1美元,10年后归还10.73741824亿美元,即:10亿美元。

(二)金融行业的财力超越美国政府

美国社会消费信用卡化,金融业的"垄断税"(必然产生的"利息",下同)为40%,且还在各个企业流动资金环节征收"垄断税",这会导致私人金融机构的"垄断税率",超过美国政府税率。

(三)利用"社会基石"进行"牟利"很容易,比如空气和水的垄断、

粮食和土地的垄断、货币和金融的垄断，但市场游戏规则就被彻底打乱了，正常的产业规则、财富规则就"消失了"，这对社会经济和社会稳定影响深远。

四、一些历史文献、政要名言和美国法律法规、官方发言摘要

（一）美国选举与华尔街。

他们（银行家）实际上主导着两党（共和党与民主党），草拟（两党的）政治纲领，主导政治领袖，任用私有公司的头头，利用一切手段在政府高层安插顺从于他们腐败的大生意的候选人。

——1927 纽约市市长 约翰·黑仑（John Hylan）

（二）一段有关第一次世界大战起源的政府文件的摘录。

"一项详细的欧洲公共债务收入报告显示,各种债券的利息支出和本金偿付每年高达 53.43 亿美元。欧洲各国的金融已深陷其中,政府不禁要问,尽管战争有各种可怕的可能,但是比起如此昂贵和不稳定的和平来说,战争或许是一种更值得考虑的选择。如果欧洲的军事准备最终不是以战争来结束,那就必然是以各国政府破产而告终。"

（三）一段美国著名的 1929 年大萧条起因的美国国会听证纪要摘录。

众院稳定听证会（House Stabilization Hearing）在 1928 年由麦克法丹（Louis McFadden）议员（自从美联储诞生之日起，就一直处在争议之中，其中比较有名的就是议员 Louis T. McFadden，在 1933 年 5 月 23 日对美联储的正式起诉，罪名包括：阴谋，欺诈，非法兑换等。作为国会银行和货币委员会主席长达 10 年的 McFadden 议员，对金融事务非常熟悉。他在指控中说："有些人认为美联储是美利坚合众国的政府部门，其实它是一家私有的垄断公司。为了他们自己、他们的国外客户、国内和国际投机者和骗子、富裕和贪婪的高利贷者的好处，来掠夺美国人民。那些黑暗的金融强盗们，正是那些把刀架在别人脖子上而从人家口袋里拿钱的人，正是那些到各州用金钱购买选票来主导立法的人，也正是那些主导着国际宣传机器来欺骗我们对他们过去的罪行让步并开始新的罪行的人"（宋鸿兵.解剖美国强大的奥秘.北京，有关 McFadden 议员详情，请参看［美］尤斯塔斯.美联储的秘密.纽约：阿斯皮尔·何顿出版公司.1952）。

麦克法丹议员：请你简单陈述一下是什么影响了美联储董事会的最后决定（指 1927 年夏的降息政策）？

美联储董事米勒：你问了一个我无法回答的问题。

麦克法丹：或许我可以澄清一下，导致去年夏天改变利息的决定的建议是从何而来的？

米勒：三个最大的欧洲中央银行派他们的代表来到这个国家。他们是英格兰银行的董事（诺曼）、雅尔玛·沙赫特博士（德国中央银行的总裁）和法兰西银行的李斯特教授（Rist）。这些先生们和美联储纽约银行的人在一起开会。大约一两个星期以后，他们出现在华盛顿呆了大半天。他们一天晚上来到华府，第二天美联储的董事们接待了他们，他们下午就回纽约了。

麦克法丹：美联储的董事们午宴时都在场吗？

米勒：噢，是的。美联储董事会有意安排大家聚在一起的。

麦克法丹：那是一种社交性质的活动呢，还是严肃的讨论？

米勒：我觉得是主要是一种社交活动。从我个人来讲，在午宴之前，我和雅尔玛·沙赫特博士谈了很久，也和李斯特教授聊了半天，饭后，我和诺曼先生与纽约的斯特朗（纽约美联储银行董事长）也谈了一阵。

麦克法丹：那是一种正式的（联储）董事会会议吗？

米勒：不是。

麦克法丹：那只是纽约会谈结果的非正式讨论吗？

米勒：我觉得是这样。那只是一个社交活动。我所讲的只是泛泛而谈，他们（欧洲中央银行的董事们）也是这样。

麦克法丹：他们想要什么呢？

米勒：他们对各种问题很诚恳。我想和诺曼先生谈一下，我们饭后都留下来了，其他人也加入进来。这些先生们都非常担心金本位的运作方式。所以他们渴望看到纽约的货币宽松政策和低利率，这将阻止黄金从欧洲流向美国。

Beedy 先生：这些外国银行家和纽约美联储银行的董事会达成了谅解了吗？

米勒：是的。

Beedy 先生：这些谅解居然没有正式记录？

米勒：没有。后来公开市场政策委员会（Open Market Policy Committee）开了一个会，一些措施就这样定下来了。我记得按照这个计划，仅8月份就有大约8000万美元的票据被（纽约美联储银行）买进（发行基础货币）。

麦克法丹：这样一个政策改变直接导致了这个国家前所未有的、最为严重的金融系统不正常状态（1927~1929年股票市场投机风潮）。在我看来，这样一件重大的决策应该在华盛顿有个正式的记录。

米勒：我同意你的看法。

斯特朗众议员：事实是他们来到这里，他们开了秘密会议，他们大吃大喝，他们高谈阔论，他们让美联储降低了贴现率，然后他们拿走了（我们的）黄金。

斯特格先生：这个政策稳定了欧洲的货币但颠覆了我们的美元，是这样的吗？

米勒：是的，这个政策就是为了达到这个目的。

（英文原始文献请详见[美]尤斯塔斯. 美联储的秘密. 纽约：阿斯皮尔·何顿出版公司.1952: 131~135页，译文引自宋鸿兵《货币战争》第4章）。

（四）有关第二次世界大战起源

1. [美]Sidney Warburg. 西德尼·沃伯格.荷兰：1933

2. [美]Antony C. Sutton.希特勒的崛起和华尔街：GSG&AssociatesPub. 1976

（五）欧美名言录和美国法律、法规摘要

1. "只要能主导一个国家的（实际）货币供给（总量），我不在乎哪个傀儡坐在日不落帝国的王位上。"（这句话为本书草译版，谨供参考，文献来源："[美]尤斯塔斯. 美联储的秘密. 纽约：阿斯皮尔·何顿出版公司.1952"）——英国银行家 梅耶·罗斯柴尔德。

2. "我有两个主要的敌人：我面前的南方军队，还有在我后面的（私人）金融机构。在这两者之中，后者才是最大的威胁。我看见未来的一场令我颤抖的危机正在向我们靠近，让我对我们的国家的安危战栗不已。金钱的力量将继续统治并伤害着人民，直到财富最终积聚到少数人手里，我们的共和国将会被摧毁。我现在对这个国家安危的焦虑胜过以往任何时候，甚至是在战争之中也是如此。如果美国人民最终让私有银行主导了国家的货币发行，那么这些银行将先是通过通货膨胀，然后是通货紧缩，来剥夺人民的财产，直到有一天早晨当他们的孩子们一觉醒过来时，他们已经失去了他们的家园和他们父辈曾经开拓过的大陆。"——美国第3届总统 托马斯·杰弗逊（文献来源：[美]艾朗·拉索.《美国的转变（影视文献资料）》. 华盛顿：艾朗·拉索制片.2006）。

3. "（现代）银行原本就是不公正的，它带着罪恶降生。银行家们拥有着地球。剥夺他们的一切，但留下创造储蓄的权力，他们只需要动动笔，就能创造出足够的储蓄来赎回他们丢失的一切。但是，如果剥夺了他们创造储蓄的权力，一切财富的好运都会消失，也包括我自己的。它们（创造储蓄的权力）应该消失，因为这将带来一个更幸福和更美好的世界。但是如果你们愿意继续成为银行家们的奴隶，并为你们的被奴役支付费用，那就让他们继续创造储蓄好了。"——英格兰银行行长 约四亚·斯坦普爵士

（文献来源：宋鸿兵《货币战争》第9章）

4. 允许美国政府动员公民在监管下组队劳动。——《美国行政令11000》

5. 美国总统可以不经解释宣布国家进入紧急状态，国会6个月内不得对行动做评论。   ——《美国行政令11921》

6. 美国政府可以违背意愿，注射未验证的疫苗。

——《美国美国行政令11921》

7. 美国人没有权力知道哪些是转基因食物。

——《美国联邦食品药品管理局》

8. 要求美国公民监视邻居，包括安装窃听器时，拒绝者将会被判处至少2年刑期。   ——《美国国会1528号法案》

9. "美国政府有权收缴一切金融工具，包括，货币、金银等，只要他们认为存在紧急情况。"——《美国财政部》

10. 联邦探员和警察秘密搜查住宅和办公室；政府秘密监听电话，监视计算机与网络活动；秘密调查银行、信用卡和财务记录；秘密调查图书馆借阅记录；秘密检查医疗、旅行和商业记录；不经事先通知和上诉，冻结资金和资产；秘密监视名单上的人，禁止乘飞机和其他的旅行。

——《美国爱国者法案》

11. "人体芯片植入，不需要美国联邦食品药品管理局批准"

——《美国联邦食品药品管理局》

五、<Foreign Investment and National Security Act> FINSA，即：《（美国）新外资安全法》

（一）又称：《FIN-SA》（《海外投资和国家安全法案》）

（二）2008年4月21日美国美国财政部在网站上公布关于外资与国家安全提案（Foreign Investment and National Security Act，FINSA，新外资

安全法）。

（三）2007年11月26日，阿联酋主权基金阿布扎比投资管理局（ADIA）投资75亿美元，购入花旗集团4.9%的股权；2007年12月19日，投资者向摩根斯坦利投资50亿美元，美国新法案规定外国持股（美国金融等核心企业）不得超过9.9%。在加大外资审查方面，美国并非第一个采取行动的国家。2008年2月19日《金融时报》报道称，澳大利亚政府公布了6项原则，以对外资采取更严格的审查措施（彭娟. 美国严控外资入股10%投资要单纯：东方早报.2008，4，23）。

六、什么是"次贷危机"

（一）华尔街媒体的定义

美国信用等级差的人群（收入少的人群）无力归还房屋贷款，导致银行连锁倒闭形成的金融危机。

（二）次贷危机的真相（请参看拙作《什么是"次贷危机"》）

华尔街的信用供给者——纽约美联储在2000年以后对美国房地产市场注入空前的美元流动性，促使房价现货和期货上涨，美国各阶层和金融机构纷纷购入现房，并最终卷入规模超过美国房地产无数倍"虚拟房屋期货衍生品交易"，欧美金融机构相继卷入其中，且相互保险、贷款。2007年，纽约美联储开始收紧银根，房价泡沫崩溃。

CDO（Collateralized Debt Obligation 担保债权凭证）和CDS（信用违约掉期）等一些"虚拟房屋衍生金融商品"制造了近1000000亿美元的虚拟亏损，卷入投资者和金融机构纷纷倒闭破产，虚拟经济动荡开始波及欧美实体经济。美国国会通过一系列对美联储系统的授权法案，通过"注入美元流动性"（背后就是这些"倒闭"的金融机构所有权的转移和新的美元通货膨胀），恢复了"市场信心"（重新恢复了虚拟经济规模），并取得了一系列的"法律授权"，纽约美联储行长后出任奥巴马政府新财长。

七、借债消费可耻，勤俭持家光荣

（一）只要牢记"借债消费可耻，勤俭持家关荣"，可以让大多数金融陷阱失效——"宁可一辈子穷光蛋，也永远不借一分钱。"

（二）2008年10月约翰·蒂芬尼忧心忡忡地写下了一个标题《$1 Quadrillion of Unregulated Debt At Core of Coming Derivatives Crisis》（大

意：10美元规模的债务危机即将到来[美]John Tiffany. 10000000亿无监管的债务将引爆金融衍生市场危机）。

http://currencywar.blog.hexun.com/23720636_d.html

（三）2008年10月美国引人注目的"7000亿美元救市方案"（《（美国）2008年紧急经济稳定法案》）在美国国会的"讨论"，是一个复杂的"历史进程"。该法案第2条第2款规定："（美国财政部）可以介入与终止任何契约，不受任何法律所约束。"；该法案第8条规定："（美国财政部）的决定与所进行的交易将不受任何法律制约，任何司法系统（任何行政系统）无权评论"。

（四）"纽约联储银行现任行长蒂莫西·盖特纳被提名为下届美国政府财政部长"（华尔街日报. 2008，11，21）。

八、美国经济的比较优势和不足

（一）美国相对富裕的原因：①工业革命领先世界；②美元的优势。

（二）美国经济发展的债务负担持续增加与摆脱。

1. 美国狭义国债已经接近美国国民生产总值，几年内将超过。因为美国国债历年平均利率高于美国历年平均经济增长率，所以美国经济已经陷入了一场隐性经济危机——虚拟增长。

2. 解决方案

（1）克林顿政府

美国总统克林顿执政6年时，将美国政府的财政赤字从1992年的2900亿美元降至1997年的226亿美元，联邦财政于1998财政年度开始实现盈余692亿美元，约占美国产值的0.8%。但这个结果必然是慢慢归还国债，使美国政府摆脱美联储系统的主导。后来，他几乎被弹劾。时间就在克林顿笑着公布美国出现盈余之后的100天（1998年）。

（2）肯尼迪政府

1963年6月4日，肯尼迪签署了一份鲜为人知的11110号总统令（Executive Order），通令美国财政部"以财政部所拥有的任何形式的白银，包括：银锭、银币和标准白银美元银币（Silver Dollar)作为支撑，发行'白银券'（Silver Certificate）"，并立刻进入货币流通。

肯尼迪想通过"美元政府白银券"的流通将逐渐替代美联储发行的"美元"（美联储券，Federal Reserve Note），慢慢收回华尔街的货币发行权。

100 天后的 1963 年 11 月 22 日，肯尼迪遇刺身亡。

（三）主导了石油，你就主导了国家；

　　而主导了粮食，你就主导了人类。

　　　　——亨利·基辛格（《（美国）国家安全研究备忘录第 200 号》）

（四）词汇解释

1. 悖逆选择：指大体系为了让错综复杂，且力量性、方向性纠缠不清的意外和离心因素得以显露，在牺牲一些可以承受的凝聚力的前提下，主动建立各种反系统因素和树立各种反系统的标志性符号，以此来凝聚、吸引各种坚定的反系统势力和各种意外因素造成的反系统能量的依附，以便于随时主导和具有随时了解并拥有"危急时刻"彻底消除所有反系统因素的选择。

"悖逆选择"是大系统主动释出的主导弹性，以系统包容性，巧妙地化解了系统中必然存在的不合理、不正确而导致的离心能量，把其转变为大体系的一部分，让反系统因素服务于大系统的稳定；释放了离心能量，使各种逆反心理得到释放，避免了硬性碰撞和对抗，也就避免了任何有可能危及整个大系统稳定的动荡。

"悖逆选择"通过制造各种截然不同的选择，用大系统主导制造大系统本身可承受、可计划的"动荡"和"破坏"；替代了潜在负面能量累计导致的突发事件和反系统事件；用可主导的有序损耗，替换了无序的意外破坏，从根本上强化了大系统的稳定性。

"悖逆选择"提供的是"全面的选择"，因此具有最大的包容性。

九、利用虚拟经济发展实体经济

（一）虚拟经济学的价值

本书的虚拟经济不是指自古就存在于物质世界的实体经济的货币和交易的浮动对应，而是一种规模远远超过实体经济的独立存在和其针对实体经济的财富转移机制。

（二）社会个体的满意度需求

1. 美国社会已经进入了"普遍零储蓄"阶段，经济发展所带来的经济成果，大部分被虚拟经济巧妙地、不引人察觉地占有了，留下了一个"不断增长"的通货膨胀，但人们却依然感到"满意"。

2.满意度产生的原因

（1）科技进步

美国的一个普通消费者现在可以购买过去没有的手机、电脑，这是一种对比错位，和购买力增长实际没有关联，但却是实实在在影响了消费者的满意度、幸福度。

（2）从众心理和悖逆心理同时存在、且强度基本对等

①人群的悖逆心理，其本质是每一个人都有强烈的增加选择的固有倾向。

②举例：第二次世界大战以后，美国社会模式和苏联社会模式进行了一系列深刻和复杂的社会实践。苏联体制保障了人们的生活水准，社会资源进行了最大限度的优化，年轻人却普遍感觉"选择少"。美国年轻人中却可以有"不同选择"（比如：吸大麻、四处流浪、沉迷舞场等，仅为举例，不是说美国青年都如此。这些"不是人生的正确选择"，可却增加了"幸福感"）。

③举例：一个美国青年可以"选择"去娱乐场所吸食大麻、结识舞女；可以"选择"没白没黑的生活在按照接入时间收费的网络游戏中（比如：魔兽世界、"第二人生"，目前许多美国孩子甚至沉迷其中，在游戏里"生活"、"成长"、"结婚"，寻找"虚拟的成就感"）……这些都"不利于"他的实际收入，也不利于一个年轻人的健康成长，但"有利于"满意度的提高，由此可以看出大多数人更趋向于满意度而不是实际价值的精心算计（金融战役的发起者，也是虚拟经济的主导者很擅长把握这一点）。

大多数人更趋向于多种选择和增加选择，而只有极少数人有能力辨别"选择"背后的价值和认清"选择"和"虚假选择"之间的"微妙区别"。大多数情况下，"感觉"到自己在选择，"满意度"就提高了。

（三）虚拟经济的重复交易原则和实体经济的总量

在完美的统计条件下计算出的实体经济总量缺少了通货膨胀和"重复交易"（甚至尽量在去除"重复统计"）。**重复交易**是虚拟经济的一种表现形态（其在实体经济中的应用会导致对实体经济的深刻影响），就是尽可能增加需要传递社会财富（货币）的转移层次和速度，制造不断地传递，也就客观制造了不断扩大的实体经济规模。

举例：甲用1元钱直接买乙一块饼，就不如中间有10个商人来做传递，**虚拟交易效应**制造了三个"荒谬现象"堆砌的"真相"。

（1）虚拟经济为主导的产值高于优化社会流程的产值。

（2）社会秩序流程的优化率越高，反而不能满足**失误需求**、**乱流需求**、**虚荣心需求**，而这三点却制造了社会"丰富度"、"满意度"、"自由感"、意外"惊喜"（或痛苦）。

（3）社会流程的低效、重复、混乱等，制造了更多的浪费，而这些浪费却又实实在在堆砌出了相应的实体经济总量。

（四）发展中国家的两难选择

1. 发展中国家本来工业发展就相对滞后，基础相对薄弱，资源主导能力不足、人才相对匮乏，必须依靠优化社会流程而"把好钢用在刀刃上"，并全力减少浪费和失误，但这就必然大大减少"失误"、"浪费"、"重复"……带来的相应实体经济规模。

2. 发展中国家必须创造一个更加有利于社会个体进行思考和明智选择的大系统，但这样一个大系统会导致社会个体产生极深刻的反思和内省，会对发展中国家社会的方方面面进行深刻的思考，而容易产生不满，也就增加了社会的不稳定性。而此时美国社会的光怪陆离和肤浅文化，却让美国各阶层的背离、暴力、赌博、冒险等不稳定因素得以消耗，而实现更高的大系统稳定性（举例：《今日美国》是美国发行量最大的报纸，所有文章单词使用不许超过 2000 个（2000 个单词和 2000 个汉字不一样），虽然无法表达复杂和深刻的含义，但却能"把复杂问题用一个概念符号来简单地表述出来"）。

3. 发展中国家物质条件相对不足，就更加依赖稳定、团结、统一、秩序和互助。但由于社会个体不可能都站在人类历史的高度，从整个虚拟经济的长远危害性来权衡利弊，而会"具体的看到"发达国家与发展中国家被工业革命拉开的、虚拟经济进一步扩大的收入鸿沟，容易产生失望情绪，尤其是优秀的个体，容易产生多分享一些社会财富的愿望。这是人之常情，但却会系统弱化了发展中国家急需的团结、统一、秩序和互助的基本面。

（五）激励机制 管理策略 运营优化

1. 从虚拟经济学的角度来看，发展中国家在生产力发展水平相对落后的阶段，不可能要求每一个社会个体的觉悟都能一下子超越虚荣心和私有制的樊篱，超越占有、支配、主导、求生的原始欲望，这就有了一个如何利用和引导虚荣心等各种本能，使之利于经济发展，并巧妙削弱其不利面的问题。

2. 对虚拟经济的因势利导

（1）生产关系流程优化与社会对冗余"无用产品"的需求。

①如何解决社会流程优化对产品品种的减少和人们对品种无限多的本能需求之间的矛盾，举例说明：小孩子倾向于拥有尽可能多的新玩具，很多男孩子"弄坏"玩具的目的就是为了取得新玩具和满足好奇心、主导欲。一个精心设计的优秀玩具，可以保持几十年不会损坏，可以经得起消毒过程，可以设计得很精美……这无疑有利于孩子的身心发展，可孩子却丝毫不会领情，他们感觉由于没有新礼物而"不幸福"，这是生物体对于冗余储备、旧物替换、好奇探索的本能需求，其潜意识的目的很复杂，但客观上起到了一个保留一定生活资料冗余度的"故意浪费"，这会在"危急时刻，物资紧缩时刻"产生某种不经意的"储备效应"。

②很显然，这仅仅是最原始的本能，绝对不比松鼠用一个秋天的时间，四处乱埋松子而自己都找不到的生物现象更加高级。虽然完全可以通过有计划的各级储备和应急计划来更好地完成，但这些严谨的计划却不会带来"满足感"、潜意识的"安全感"，无法满足习惯上的"本能行为"，同时也就导致了一种"正确选择、正确道路导致不满足"的现象出现，这无疑是生物进化滞后对社会生产力发展的一种不适应。这就要求社会上层建筑既不讨好和庸俗顺应，但又不能刚性压制和忽视，而要把其列入大系统管理，在理论和实践中进行疏导，使本能的洪水"变废为宝"，用来发电造福。

③依据经典利益选择，对上述"需求"进行刚性压制和予以否认，是早期发展中国家普遍"好心做的一件费力不讨好的事"，不是其维护人们利益的出发点错了，而是对私有制的客观存在、生物进化滞后效应、觉悟滞后效应等社会现象认识不足，经验积累不够造成的，其本质还是新生事物的不成熟造成的，是正常现象。

（2）私有制的存在导致人潜意识中有对空间、货币、实体商品的冗余占有欲（在生产力相对落后的时代，这个问题会尤为突出），也会带来主导欲、妒忌、失落感、"比较高下"等带来的追求虚拟经济的潜在倾向。

（3）发展中国家生产力不断提高，也要求人们有相应提高的觉悟和素质，但觉悟和素质不会凭空产生，而是在生产力发展之后的漫长历史时期逐渐形成的，有一个历史性的滞后期，觉悟和素质也就有了总相对落后于

生产力、生产关系发展水平的总特征。历史证明，不是通过一两次暴风骤雨就能消除人们对财富占有的迷恋，这个"觉悟滞后"（与之对应的还有生物体发展的滞后，其残存的各种本能的滞后，这些消除起来需要更加漫长的历史过程，而且更加复杂和深刻）的矛盾将贯穿于整个人类社会发展的过程。

（4）激励与惩罚体系的建立和不断优化。

（5）对于人性弱点、生物弱点和"觉悟滞后"现象所导致的各种矛盾和负面因素，以减少损害、引导疏导、变废为利等策略进行社会文化、生产关系、生产力层面的弹性管理。

（6）可在一定程度上利用虚拟经济的重复交易制造在一定的实体经济总量增值和相应的社会冗余度、满意度。

①举例：进攻性倾向，这是人类在与大自然和其他物种竞争合作、发展自己的漫长过程中积累的一种暴力本能，甚至人体的快感感受器官和痛苦感受器官是交叉和类似的同一生理机制，积极方面就是"超越人生、开拓未来、改造世界"，消极方面就是"残忍、杀戮、盲目破坏"的倾向。

传统的做法是刚性压抑和否定，但简单否定一种原动力，就会导致其以更加强烈的负面形态出现，也就不可能形成新的实体经济生产力。所以，如果将其引导进入惩恶扬善、积极向上、努力进取的传统故事基调的游戏和影视、游戏和文学作品，就能极大地减少负面作用，也就能迂回把其引入了"超越人生、开拓未来、改造世界"的积极向上的进取文化当中。

②举例：让一个激素水平比较高又无法释放的年轻人参加或观看激烈的体育竞技远远比放任他一边喝酒，一边在公路上疯狂的踏油门飙车更明智，也能够把攻击和暴力"规范化"、"游戏化"、良性化，并使之演变为积极友好、规范竞争的体育运动，提高了身体素质，减少了的负面影响。

十、劣币驱逐良币（格雷欣法则）

（一）"劣币驱逐良币"格雷欣法则是英国的财政大臣格雷欣（1533～1603）所提出的，故称之为"格雷欣法则"。近代，华尔街媒体用来支持购买力逐渐贬值的美元一定会驱逐"不贬值，即不过度发行的货币"成为统治货币的"经典理论"。

（二）格雷欣爵士的原意：指在有含金量（或者含白银、铜、镍等贵金属）的硬币流通中，如果"好的货币"（实际含金量多的）和"劣的货币"（实际含金量少）有同等法律地位，并且有同样的购买力，就会有人

偷偷把"好的硬币"（实际含金量多的）熔毁，私铸"劣的硬币"（实际含金量少），如果含金量差距极大，甚至会直接熔化好的金币，卖金子给发行劣的硬币（实际含金量少）的机构，这样就会导致劣币驱逐良币。

（三）1948年"法币"和"金圆券"急剧通货膨胀的时候，人们就使用小米、银元、美元来作为交易货币，而实际摒弃了"劣币"。为什么？**不是劣币驱逐良币（格雷欣法则）不正确，是劣币驱逐良币（格雷欣法则）所指的是含有贵金属的硬币，而不是现代社会的纸币。**

十一、美元难题

美元虚拟经济对实体经济的影响力依赖于虚拟经济的规模，也就是通货膨胀的规模，"通货"与"实体商品"的背离形成了虚拟增长，也形成了隐性的经济危机。此刻，美元体制如果限制债务增长和通货膨胀规模，就会使得虚拟增长停止，反过来又会影响实体经济的增长；可如果听任虚拟经济泡沫持续扩大，最后虚拟经济和实体经济的彻底背离会同时伤害虚拟经济和实体经济，这个难题就是美元世界的"两难题"。

十二 "南北战争"与"国际债权人"

（一）有关美国南北战争，一般被认为是"解放奴隶的战争"，如果了解一下历史，就会发现完全不是这样——美国南北战争并不是解放奴隶的战争，而是一场金融战役。

（二）1862年8月14日，林肯第一次接见自由黑人委员会时说："为了你们的种族和我们的种族，离开美国，到中美洲去创业，因为那里有港口、煤矿，并且交通方便，气候也适合黑人的身体条件"（白丁．林肯的污点 把黑人迁出美国: 世界博览．2007, 3）。

（三）林肯之所以宣布"解放奴隶"，是由于兵员缺乏、战事不利。1862年，内战中的联邦军队依然处于劣势。为扭转战局，林肯在1862年12月1日的总统年度咨文中提出有偿释放奴隶与将被解放黑人迁移出境相结合的计划。为了向南方妥协，林肯提出逐步有偿释放奴隶；而为减轻北方的顾虑，他提出了送被解放的黑人到海外殖民的计划。"黑人的迁出可以增加对白人劳动力的需求，白人劳动者的工资也会提高"。而这种所谓的"海外殖民"，不过是把黑人奴隶送到海外的主导区做奴隶，而不是真正的自由人。

（四）《解放宣言》是个纯粹的军事策略，并不是针对奴隶制，而是鼓励南方奴隶起来反抗南方政权，以此来换取"免费的自由"，这个措施恰恰是试图维护奴隶制度的宣言。它仅仅局限于"叛乱的南方省份"，而且随后作废。美国后来的确逐步摆脱了奴隶制度和《解放宣言》不是一个时代的事。

图片说明：亚伯拉罕·林肯（Abraham Lincoln，1809~1865），美国第 16 任总统。1809 年 2 月 12 日，林肯出生在肯塔基州哈丁县一个清贫的农民家庭

（五）黄卫峰先生认为"事实上，《解放宣言》的出台只不过是拯救联邦的一种措施，是南北战争的副产品。南北战争初期，联邦政府军失利，北方处于不利地位。为了扭转战局，林肯政府才决定以革命方式进行战争，并于 1863 年元旦以总统身份正式公布了《解放宣言》，宣布：仍在反叛联邦的各州及若干区域内，"所有被据为奴隶的人们立即获得自由，并且以后将永保自由"。但《解放宣言》在解放黑人奴隶方面并不彻底：首先、《解放宣言》不适用于没有参加叛乱的边界蓄奴州，对这些州的奴隶解放仍按 1862 年 4 月国会决议，采取自愿、逐步、有偿的方式实行；其次、《解放宣言》是作为军事措施颁布的，没有以宪法的形式固定下来。直到 1865 和 1868 年，国会分别通过了宪法第 13、14 条修正案，奴隶制才真正得以正式废除。"

（六）事实上，南方军队的将军"罗伯·雷（Rober Lee）"家中并没有奴隶，而北方军队中的格兰特将军（Grant）就是奴隶主，林肯本人也是奴隶主。

（七）不利的战争态势对"黑人士兵"的需求导致了 1863 年元旦，林肯以总统身份正式公布了《解放宣言》（《解放黑人奴隶宣言》），其后果就是黑人奴隶变成了黑人士兵。这场历时四年的南北战争中，南北双方

参战人数多达 300 万人，占总人口的 10%，其中 60 万人战死，无数人员受伤（星岛环球网. 银行家推动南北战争 林肯不听话被刺杀），其中"黑人士兵"是主体。http://www.stnn.cc/reveal/200709/t20070925_624250.html

（八）美国的南北战争是一场跨国金融资本削弱美国的金融热战。整个战争充满了没有任何必要的破坏，美国被极大地削弱了。举例：北方军队的格兰特将军作为一个奴隶主，他有一个非常著名的命令："create havoc and destruction of all resources that would be beneficial to the enemy"，这个命令非常简单：制造大破坏（原文 havoc 是浩劫的意思）毁灭所有可能对敌人有益的资源。事实上，不是北方的格兰特将军自己制定了这种战略。这对于战争没有必要，反而增加了战争的难度，也给战后美国经济制造了空前的危机，这就恰到好处地让美国从此陷入了债务泥潭，一直欠"国际债权人"的债务，直到今天。

（九）1863 年 7 月谢尔曼将军下令摧毁威克斯堡（Vicksburg）的一切目标，故意用长达 1 年的饥饿和毁灭性的炮火完成了一次空前的战争。

（十）1864 年秋，被任命为西部方面军最高司令官的谢尔曼少将，率领 10 万联邦军和 254 门火炮，击败南军蒋斯顿将军（Joe Johnston）胡德将军（John B. Hood），攻入佐治亚，并于 1864 年 9 月 1 日进占了没有做任何抵抗的南方重镇亚特兰大市。然后开始了更大规模的屠城和更加不可思议的全面破坏和焚毁，经过半个月的持续纵火，繁荣的亚特兰大市已经达到"鬼城"或者"死城"的标准，变成了一片瓦砾。曾经是南方最繁荣最美丽的城市亚特拉大在这次浩劫后荡然无存，全部化为废墟，只剩下了一条街幸存下来。这条街如今成为亚特兰大 的一个历史象征，被叫做地下街（The street under ground）。整条街的的确确是在地下，要坐电梯下降才能到。换句话说，如今的整个亚特兰大都是在原来的废墟之上建立起来的。旧的市区被完全地摧毁，埋于了地下……

（十一）谢尔曼将军的名言：①"我就是要让整个佐治亚都鬼哭狼嚎。我就是要让整个佐治亚变成人间地狱。我就是要让所有的佐治亚人，不管男女老少，不管穷人和富人，都感受到刻骨铭心的痛苦。我的军团将以毁灭佐治亚而后快"；②"我们一定要清除和摧毁一切障碍，只要我们认为有必要，就杀死每一个人，夺走每一寸土地，夺走每一件财物。一句话——无情地摧毁我们见到的一切东西……"

（十二）谢尔曼于1866年被晋升为陆军中将，3年后又被晋升上将。作为格兰特的嫡系人马一直伴在其左右。曾接任格兰特成为美国西部军管区总司令，后又接任了格兰特陆军总司令的位置，1884年退役。1891年，以71岁高龄去世。

（十三）美国时代周刊有如下描述：他（此处指林肯）在竞选参议员的辩论中曾明确表示，"无意在黑白两个人种之间引入政治和社会的平等"，这两个人种"从生理上就不同"，"应该永远禁止他们在极其平等的基础上生活"。南北战争爆发后，林肯在一次接受采访时公开表示，"我的终极目标是要保住联邦，而不是废除奴隶制（林肯秘闻：环球时报.2005，7，6）。

（十四）"没有钱就无法进行战争，而向国际银行家借钱无疑是把绞索往自己脖子上套。林肯冥思苦想解决方案。这时，他在芝加哥的老友迪克·泰勒给林肯出了一个主意——政府自己发行货币。而在听到这个消息后，代表英国银行家的《伦敦时报》立即发表声明：如果源于美国的这种令人厌恶的新的财政政策（林肯绿币）得以永久化，那么政府就可以没有成本地发行自己的货币。它将能够偿还所有的债务并且不再欠债，它将获得所有必要的货币来发展商业，它将变成世界上前所未有的繁荣国家，世界上的优秀人才和所有的财富将涌向北美。这个国家必须被摧毁，否则它将摧毁世界上每一个君主制国家"（林肯之死：推动美国南北战争的真正幕后黑手：成都商报.2007，9，13）。

（十五）南北战争是"国际债权人"一手导演，目的是经过深思熟虑的，其策略是同时向南北双方提供高息战争贷款。1859年秋，法国著名银行家所罗门·罗斯柴尔德（詹姆斯·罗斯柴尔德之子）以旅游者的身份从巴黎来到美国，他是所有计划的总协调人。他在美国南北奔走，广泛接触当地政界、金融界要人，不断地把收集到的情报反馈给坐镇英国伦敦的堂兄纳萨尼尔·罗斯柴尔德。所罗门在与当地人士的会谈中，公开表示将在金融方面大力支持南方，并表示将尽全力帮助独立的南方取得欧洲大国的承认。国际银行家在北方的代理人，是号称纽约第五大道之王的银行家奥古斯特·贝尔蒙特。他是法兰克福罗斯柴尔德家族银行的代理人，也是该家族的姻亲。他在1837年被派往纽约，由于大手笔吃进政府债券，很快便成为纽约金融界的领袖级人物，并被总统任命为金融顾问。奥古斯特代表英国和法兰克福的罗斯柴尔德银行表态，愿意从金融上支持北方的林肯。

　　（十六）不论南北双方谁获胜，都将背负不能摆脱的债务，直到交出货币发行权为止。林肯成也萧何，败也萧何。他被"国际债权人"选中，成了战争轮盘赌中的"胜利者"，这本来是个"好事"。但林肯虽有历史的局限性，但却是美国实体经济的代言人，他携南北战争之余威，绝不会立刻放下手中的权力。

　　（十七）1865 年 4 月 14 日，美国总统亚伯拉罕·林肯在华盛顿福特剧院观看喜剧《我们的美国亲戚》时，被刺客约翰·布斯枪击头部，次日凌晨逝世，终年 56 岁。

十三、牙买加体系的实质

　　（一）牙买加体系（Jamaica System）国际货币基金组织临时委员会在1976 年 1 月于牙买加首都金斯敦召开的关于国际货币制度的会议上，就当时有关重大国际金融问题达成了牙买加协定。这个协议的表面上是布雷顿森林体系的继承者，屡屡被专家们提出。可实际上，所谓的牙买加体系的实质，就是彻底摆脱了黄金约束（35 美元兑换 1 盎司）的"更加彻底的"布雷顿森林体系——取消了黄金在各国间债务清算和最后支付的资格。

　　（二）布雷顿森林体系从来就没有垮台，垮的是"35 美元兑换 1 盎司黄金"的承诺，布雷顿森林体系——美元体制延续至今。

十四、特里芬难题（特里芬悖论）的实质

　　（一）"特里芬悖论"，也被称为特里芬难题，是美国耶鲁大学教授特里芬在 1960 年出版的《黄金与美元危机》中提出的一个观点，大致的描述是这样的："由于美元与黄金挂钩，而其他国家的货币与美元挂钩，美元虽然因此而取得了国际核心货币的地位。但是各国为了发展国际贸易，必须用美元作为结算与储备货币，这样就会导致流出美国的货币在海外不断沉淀，对美国来说就会发生长期贸易逆差；而美元作为国际货币核心的前提必须保持美元币值稳定与坚挺，这又要求美国必须是一个长期贸易顺差国。这两个要求互相矛盾，因此是一个悖论。"

　　（二）"特里芬悖论"就是想诱导出一个"结论"——"美元输出是不可避免的，有利于世界经济的发展。"

　　（三）事实上，美元虚拟经济既不利于世界经济，也不利于美国经济。

十五、国际清算银行、IMF、世界银行

（一）国际清算银行、IMF（国际货币基金组织）、世界银行都是金融资本的工具，IMF、世界银行则直接是布雷顿森林体系的产物，是美元体系的支柱。

（二）**超稳定状态**：指在大系统内，弱小事物依托大系统倾向，使用技术手段、战术策略、心理诱导制造的一个有利于稳定的看不见的巩固机制，其特点在于保留足够的安全冗余度和安全余量，并且超前进行干预和施压，保持一种有利于自身稳定的方向倾斜的压力，其本质在于不仅保持实际的主导能量，也暗中诱导一定程度的、微弱的、有利于稳定大方向的群羊预期。

第 5 节 建立中国货币长城的十大要点

（一）为了避免受到可能出现的、来自美元虚拟经济的不稳定因素的影响，中国需要不断建设和完善强大的社会主义国有制为主导、其他所有制经济为灵活补充的实体经济体系。

（二）美元和欧元是以虚拟经济为基石的单极债务货币体制，世界需要的是一个和谐的、多种货币构成的世界实体经济本位的货币体系（包括：定价、交易和储备），服务于世界实体经济，可根据中国实体经济规模界定人民币的相应地位。

（三）全力发展有中国特色的社会主义和谐社会，不断壮大社会主义国有实体经济，建立一个充满活力和生机的社会主义发展机制，探索出一条有中国特色的社会主义实体经济之路。

（四）认清金融危机的金融战本质，认清金融主义的对西方社会的深刻影响，认清美元虚拟经济下的各种诡异现象（如：虚拟增长）的负面影响和经济危机的本质。

（五）只要美元体制接受"双赢"构架（中国实体从美元体制得到大量的数字美元，美元体制得到中国实体经济对美元体系的支持），"桥梁效应"就可以逆向实现。

（六）发展实体经济的同时，要看到虚拟经济的产生是人类自身发展和认识相对滞后的产物，也是资本高度凝结的必然产物。短时期内不大可能彻底消除这些在人们心灵深处有着复杂生物进化和社会演变基础的负面

因素。

（七）以中国本土为基础，建立一个开放性的、特殊的"大自由港经济"，把原本被动、保守、以防御为特征的货币长城，变成一个弥散性的、实体经济动态延伸体系，并在本土存贮实体战略储备和第三方虚拟交易。

（八）增大实体经济服务于人们日益增长的物质需求和精神需求的比例，形成以满足中国国内消费为主、外贸刺激增长为重要补充的循环发展体制。

（九）建立和完善社会主义国有教育体系、医疗体系和国有普通住宅分配体系，并不断探索更灵活的新方法（比如：可采用"不经手货币虚拟流动"来制造相应的虚拟产值，以免在美元虚拟经济主导的世界里受到"复杂损害"）。

（十）坚持社会主义国有金融机构在中国金融体系中的绝对主导地位，让其他所有制金融机构做灵活的市场补充，促成有中国特色的社会主义金融体系的形成，为中国实体经济的健康发展保驾护航。

说明

原书稿 226 万字，考证文字 128 万字，文献索引 3618 条，限于篇幅，本次出版 32 万字，文中所有史实和数字均有考证。http://abeautifulmind.blog.hexun.com/

homeofbeautifulmind@gmail.com

beautifulmin1711@sina.com

附录一：

普通民众个人的金融货币长城
——"合法欺诈"的防范

一、永恒的宝典——小额的财物欺诈只要记住两条就能终生不出问题。

（一）第一，公事公办。

（二）第二，不贪不占。

二、"合法欺诈"

（一）金融战役学是谈大的"输赢"，对于个人也只谈危害最大、涉案资金最多的"合法欺诈"。

（二）在私有制漫长的发展过程中，欺诈、夺取、偷窃他人财物的技巧慢慢发展到了一个"艺术的高度"。

（三）第二次世界大战以后，国与国之间的利益博弈主要表现为金融战役和货币长城的较量，个体与个体之间的财物夺取主要表现为"合法欺诈"。

（四）合法欺诈这个概念是由本书第一次提出来的，是人类社会越来越重要的一种财物侵占形式。这有点奇怪，应该是"非法财务侵占形式"，但事实并不是这样。

三、合法欺诈综述

（一）合法欺诈模式的特点

在现代社会中，合法欺诈是欺诈金额数量最大、受害人数最多的一种个人财物侵占模式，有如下特点。

1. 欺诈手段的复合构成特点

合法欺诈不是传统的单一欺诈手段，而是一个有理论支持的欺诈系统，已经形成了一个社会灰色地带。可以说合法欺诈是有组织的、不违法的财物侵占。

2. 欺诈公开化、"合法化"（钻法律空子）、不惧怕与受害者对簿公堂，并一定会取得胜利——这与传统财物侵占有明显不同，是合法欺诈区别于其他财产侵占的重要标志。

3. 只针对财物进行侵占，一般不伴随人身伤害（但常有"心理暴力"、"语言暴力"和无法取证的人身威胁，也有"特例"存在）。

4. 金额巨大

（1）相对于一个受骗的个体来说，合法欺诈金额可以达到一个受骗个体的承受极限或高限，不乏倾家荡产、负债累累的案例。

（2）合法欺诈由于"合法化"的特点，有条件"扩大规模"，"培养一个庞大的受骗人群，很少的人均受骗金额"的牟利模式成为可能，从整体"获利金额"来说，一般较大（虽然受骗者个体不一定认真看待）。

5. 社会后果严重

（1）合法财产欺诈一定是最少有两人配合的"有组织"的财物欺诈，且都有专人负责"打官司"，所以不论其外表多么"光鲜"、门面多么"体面"、资金多么雄厚，都必然慢慢向有组织犯罪靠拢，并腐蚀社会正常秩序和组织。

（2）合法欺诈的一些种类涉案金额巨大，容易造成受骗者倾家荡产、连锁借贷和"连带影响"。

这个很好理解，合法欺诈主要通过各种相对于受骗者个人来说的大金额的投资项目、"高价"购买来实现合法欺诈，所以和街头小规模欺诈的金额不同，合法欺诈金额常常是上当者无法承受的财产损失，也容易受蒙蔽而乐观地去借贷，甚至是被怂恿向亲友借贷，导致实际受骗人数增加（但又没有文字记录，所以"怂恿者"没有法律责任）。这样的后果是受骗者财务危机，又由于合法欺诈是"合法的利用法律空子"……所以，受骗者很容易产生自行报复等行为。

6. 合法欺诈的受害主体基本是个人，施行合法欺诈的主体基本是公开的合法公司。合法欺诈组织一定会有懂法律的成员参与"设计合法欺诈计划"。

（二）合法欺诈模式会逐渐成为人类社会财物欺诈模式"主流"的原因

1. 由于现代社会财物流动越来越离不开银行系统的监督和记录，生物识别技术、计算机技术、闭路电视和芯片技术的介入，使得永远保存交易记录和识别交易者的真实身份成为可能。

2. 传统的街头财物欺诈，很难榨取受骗者存在银行的资产，要侵占受害人银行资产才会利益巨大，但如此一来，就必须解决一个"无法回避"的"法律追究的问题"。所以，合法欺诈这种利用"合法骗局"的手段就成了现代人类社会个人财物欺诈模式的"主流方法"，常常以"经济纠纷"、"合同纠纷"的面目出现，根本不会出现在各国财物欺诈的统计数字中。以至于根本就没有"合法欺诈"这个概念，"合法欺诈"是金融战役学的一个独有概念。

3. 一种涉及金额巨大、又能免受惩罚的侵占模式，必然会逐步成为人类社会的财物侵占的"主流模式"。

（三）"合法欺诈"概念的意义

合法欺诈概念、欺诈数学模型、统计口径的确立，会逐步增强针对合法欺诈的认识。如果根本就不存在"合法欺诈"概念，靠"传统诈骗类别统计数字"则很难发现隐藏在"合同纠纷"、"财务纠纷"、"经济纠纷"中的财物欺诈。

（四）合法欺诈的本质

合法欺诈就是利用法律漏洞和心理诱导，而实施的财务侵占，其本质是大数额的、公开的、专门针对个人的诈骗，其核心是经过预先精心设计的合约、合同圈套，为"以后"骗犯钻法律空子做好准备。合法欺诈是高智商犯罪团伙犯罪，也必然是团伙犯罪。

（五）常见的合法欺诈的种类

1. 投资类

创业欺诈（比如："连锁店开办模式"）、理财欺诈模式、"技术转让模式"（一般采用"三包五优"模式，即："包教、包会、包销"三包和"投资少、见效快、易掌握、无竞争、一条龙服务"五优）等。

2. 大宗商品交易模式、业务流程欺诈模式。

3. 廉价商品高报价欺诈模式（即："自由买卖欺诈模式"）

（1）这个模式比较特殊，就是每个被欺诈的个体损失是所有合法欺诈里面最少的，但整体欺诈总涉案金额，却有可能是最大的一类。

（2）主要以直销模式、现场热销模式、上门推销模式等形式出现。一般不采用暴力形式，但常伴有隐含的暴力威胁。比如：①说免费赠送，但却把贪小便宜的受骗者（尤其是女性）骗入一个很封闭、阴暗的"商店"，长时间用笑容和好言拖延增加受害人心理的不安，又找种种借口不让走，最后高价卖出商品。这实际属于利用心理暴力进行抢夺的一个变种，已经带有了某种"绑票"的性质了；②雇用一些无业人员，把一些患病的老年人领到远离大城市的"地方散心或旅游"，然后给家属打电话，很友善的告诉老人很愉快，"旅游很顺利"，同时给地址和"食宿账单"。

4. 求职、婚姻、房屋等的中介欺诈模式。

5. 保值投资欺诈模式。

6. 灰色欺诈模式。

四、各种合法欺诈手段及防范

（一）创业"一条龙服务"欺诈模式

注意： 这里讨论的是假借"一条龙服务"进行财物欺诈的模式。

1. 欺诈对象：这种欺诈模式的主要对象是有一定积蓄和创业愿望的城市人群。

2. 欺诈手段：主要依靠宣传"技术简单"、"包教包会"、"投资少、见效快"、"签订包销合同"等。

3.过程简析：①这类投资骗局会让"投资者"感觉"不会赔钱"（但不会赔钱的"商业"并不存在）；②一定会让"投资者"感觉"投资少，产出多，包销售，选择多（欺诈者会故意提供多种选择，但"投资者"一定会选择"最好的"那个，"会买的不如会卖的"，让"投资者"有了多种选择的假象）；③**"包销合同悖论"**："投资少、见效快、无限额包销售"的"机遇提供者"，却必然拒绝自己使用这个机遇。

4.欺诈要点

用"合同书里面规定的质量要求"来要求受骗者，这些要求一定全部或者有一个技术指标"投资者"肯定达不到。

5.合法欺诈分类：属于典型的"创业诈骗"模式。

（二）电视直销欺诈模式

注意：这是美国社会的一种常见"小骗局"，假借"电视直销"来进行财物欺诈。

1.欺诈对象：这种合法欺诈的主要对象是长期在家，心理躁动寂寞的中下层家庭妇女、小孩子和孤独的老人。

2.欺诈手段：主要利用一些心理诱导策略，引诱受骗者打电话"购物"，立刻送货上门。

3.过程简析：①这种欺诈的金额有大有小，但相对所谓的商品来说都是最少有上百倍的涨幅；②冒充"自由买卖"；③利用一些人的乱拨电话的做法，确定受骗者的地址、性别和声音，然后上门交货；④留下"商品"就是上个当；⑤有趣的是很多人都不要，而是"退货"，由于是合法欺诈，所以退货是可以的。但需要支付"违约惩罚金"和"速递费"（可以说是从异地空运来的）。

4.诈骗要点：这种合法欺诈比较特殊，主要利用了大人群的基数和"爱拨电话者"的恒有量，利用了社会"自由定价，自由买卖，自由退换"的概念，用上门送货的消耗补偿来做合法欺诈手段。所涉及资金普遍不大，但总体诈骗基数会很大。

5.合法欺诈分类：这种合法欺诈应该归类在"买卖欺诈模式"。

（三）连锁店开办欺诈模式

注意：这是假借"连锁店开办"名义进行合法欺诈模式。

1.欺诈对象：是自认为比较有商业头脑的、有一定社会经验，但没有太多商业经验、又有一定资金的创业人群。

2.欺诈手段：欺诈手段是宣传"某种"连锁经营的好处，有时会有免费的"培训班"（负责误导和洗脑式灌输，针对的是有贪小心理特征的人群。不过说心里话，本来投资心理健康的人，听几次那种"投资讲座"，大多也变得"不健康了")。

3.过程简析：①这种合法欺诈一般会有多种"合作选择"，其实预设了一种最便宜的来"供创业者尝试一下"（谁会冒险呢？）；②会设计几个不实践就看不出来的操作难点来让这种便宜的选择成为"由于创业者违约而无法履行的连锁合同"，诱使受骗者被迫选择更昂贵的"创业计划"或者自认投资失败退出；③每一个步骤都是有合同的，并且事实上创业者最后必然退出；④这类假借"连锁店开办"欺诈模式一般是小食品、小餐饮、小商品、简单易行的小手工艺，但整体投资却会很大（不是表面看起来那么小）；⑤欺诈者利用出售毫无价值的"管理技术"、"营销计划"、"原材料"、"统一标志"、"商标使用权"等牟取暴利；⑥个案金额相对于创业者的经济条件来说，常导致"无法面对的财务困境"。

4.欺诈要点：①这种欺诈模式主要是利用创业者又想创业又畏惧且不熟悉商业活动的心理，提供不负责任的美好前景；②由于经营必然是"盈亏自负"，欺诈者会明说损失前景存在，还会劝创业者仔细考虑，合同里面会仔细"约定"；③最后，创业者一般都会遇到亏损而"自动"退出，也就制造了"违约"；④这种欺诈模式法律是很难界定，最多是"合同纠纷"，因为"经过公证"、"签过合同"、"盈亏自负"和"确定无疑的创业者违约（事实退出）"；⑤实施此类合法欺诈的"团伙"大多采用到大城市，然后欺诈外埠人员的模式，一般不找所在地的"坐地户"来骗（如果这样做了，一般最后会转变为传统的诈骗，而不再是合法欺诈了）目的在于日后必然出现的"交涉"中，受骗者无力支付长期旅居大城市打官司的费用，且人生地不熟，迫使对方"知难而退"，也就完成了合法欺诈的过程。

5.合法欺诈分类：这种连锁店开办欺占属于"创业欺诈模式"。

（四）留学欺诈模式

注意：这是一个假借"留学中介"或"联合办学"名义的财物欺诈模式。

1.欺诈对象：有出国深造愿望的人群。

2.欺诈手段：留学欺诈模式有以下几个常见的合法欺诈手段（这里不讨论传统的诈骗）。

（1）发达国家的"假名牌"高校，就是小说《围城》里面虚构的"克莱登大学"，即老百姓说的"野鸡大学"。但请注意，是绝对合法和正式注册的"大学"。

（2）利用求学者不理解外国学校注册规定和高校好坏的评估盲区，介绍的学校是在美国等国家合法注册的，但是按照"社区学院"的模式建立的，也就是类似于中国的补习学校。烫金的博士文凭是在美国可"自行印刷（合法的）"，不过，如果找工作时在有几个州提供（也就是说用作资历证明而不是自己私下留作纪念）这种"学历"或"学位证书"是会被看做犯罪行为（伪造公文），但有的州只是"一笑了之"（这比较常见）。

（3）错位名牌的"外国名牌骗局"和翻译雷同、类似骗局：这个很常见。比如英国的一个名牌大学国内有人知道，他就在另外一个国家合法地注册一个同样名称的社区学院，然后欺骗留学的人群，也有在同一个国家注册一个"教育机构"，外语不同，但中文"翻译"一样或者"稍有不同"。

（4）申办误导型模式：就是他所提的大学是真的，是好的，可实际把求学者送到了一个"预科班"，其实还是一个"补校"去学习。求学者要么无法续签，要么语言考试"永远达不到他的要求"，所以无法入学。外国大学有入学规定，求学者自己发个电子邮件联系就行，要求和费用细则大学网页上一般都有（如果求学者连这种基本能力和技能都不具备，则很难完成学业）。

（五）"股票、期货、基金"等理财欺诈模式

注意：股票、期货、基金是正常投资，这里讨论的是假托各种"投资、理财名义"进行的财物欺诈。

1. 欺诈对象：热心理财投资的人群。

2. 欺诈手段：股票、期货、基金的合法欺诈的手段比较丰富，这里不提明显违法的，只举合法欺诈例子。

（1）举例1：雇专人游说中老年股民购买特定"股票"或者"有价证券"，主要的欺诈对象是老年人、易受暗示的人、精神疾病隐性患者。

精神分裂等精神疾病的发病率高达1%，尝试100次，有1人上当，这些人就可能成功一次；人群中有25%的人比较容易接受心理暗示（最后哪怕有1%的人受骗，绝对数字就很大了）。

"托"与"防托"：①生人搭腔特热心，闲聊时声音大于需要的水平或故意小于正常水平；②聊天语速慢（相对而言，整体则比正常对话要快），谈钱时语速快；③附近似乎总有人在无意间观察"您"，"您"又无法确定，或感觉不需要去确定，但却"隐约有察觉"；④说话看人眼、谈话距离不超过一米（老年单身男性投资者特别记住：有中年妇女搭腔，尤其是奉承，立刻找借口走开）。

（2）举例2：漫无边际的发手机短信，针对某只热门且涨跌剧烈波动的股票，发海量短信，每天一条"预报涨跌"，但每天都同时给出涨跌不同的预报，这样人群就分为了50%，第二天就分为了25%……依此类推，但在这些人群中，总有一组会奇特的发现，这个免费短信，对该只股票或期货涨跌的预测是绝对准确的，第一天碰巧，第二天碰巧，难道连续几天

都"碰巧"吗？这样就会有人打电话咨询，然后开始"收费"。

（3）举例3：开理财投资免费研讨会会（培训班、"专家"或高手经验介绍会等，名目繁多，且都免费），参加这类会的人普遍有贪小便宜的心理。组织这类免费理财会议的目的就是进行一次"隐性选拔"，所以在这个"特定人群内"宣传效果和鼓动效果普遍较高。这是一场不公平的较量，是极聪明的人对一群贪小便宜的特定人群的财物欺诈。

（六）"收藏品合法欺诈模式"

注意：收藏属于正常行为，这里讨论的假托"收藏品名义（比如：假古董）"进行的合法欺诈。

1. 欺诈对象：有闲暇的比较富裕或者有偏执倾向的、有固定收入的成年人，是一个有着相当"专业水平"的预定人群，这一点比较特殊。

2. 欺诈手段：因为收藏品欺诈模式针对的人群，智力、专业程度都是很高的，所以欺诈手段也高得惊人，并且有一个既复杂又简单的模式——多点欺骗，整体火候的利用和把握恰到好处，更多的是一种心理欺骗，超出了单纯的专业欺骗的范围。这和单纯卖假古董不同，不论"商品"是什么，都可以卖出个高价。关键是成交价格，不是"商品"本身。这有点"郁金香骗局"中那种击鼓传花的味道，第一个把花传出去的和高点抛出的就是欺诈者本人，他人无法把握这个时机，因为这个时机，是欺诈者自己制造出来的。

（1）保健品欺诈：炒作某种"保健品"，其实本身的成本极低，价值也不高。但能够被赋予一个"有价值的概念"，然后由"推销员"来"高价销售"。商品价格背离到上千倍、上万倍，但都是"自愿买卖"。

（2）小物品欺诈：这类物品本身基本都不具备投资保值的基本价值，最多是个人兴趣问题。一本卡通书可以炒到一本几万元、几十万元的水平。这就是小物品欺诈。从整体上看，除了特殊的品种（这里面有很大的运气的因素，那不具普遍投资意义）外的这类"小物品"投资。普通邮票、火柴盒、挂历的确具有保存的艺术价值，可纯粹的投资保值意义有限，长期保存的易损性让潜在的收益率大打折扣。

①举例1：美国1913年的一个20美元的"小物品"除了个别品种，目前很难达到20000美元。但美国的土地价格从1913年到2007年长了10000倍（其实是美元贬值，不是土地价格上涨）。

②举例2：1924年一辆标准的福特车200美元，今天相当于这个档次的车，没有30000美元是不能想象的，还远远不如那个零配件便宜和耐用。所以假设当时的邮票保存到2007年，如果"升值"1000倍，那就是"稍有盈余"，如果考虑到保护的难度、损坏的可能（比如：10张中1张没有

受损），实际可能"不划算了"。

③1980 年面值 0.08 元的猴票（有猴子图案的猴年邮票，这是中国邮票品种中涨幅最大者之一），2007 年卖 1300 元，表面上似乎上涨了 16250 倍，但其实绝大多数"投资者"的吃进价位，都是在猴票初期暴涨后的第二个阶段（第二投机区间），即 80 元左右的价位开始被"暴利"吸引入市，也就是 1/4 一个世纪里仅增值 16.25 倍，年平均增值 10%，大多数邮票的升值远远达不到这个水平，"邮市投资者"也不会仅仅购买猴票。

3. 过程简析："炒作——然后推高——抛货——离场"。

4. 合法欺诈分类：这类收藏品欺诈的种类繁多，获利模式复杂，卷入人数极多，所以可以归入"郁金香泡沫"模式。

（七）感情欺诈模式

注意：这里指假托"商业推销"的名义进行财物欺诈的模式。

1. 欺诈对象：空巢老人。

2. 欺诈手段：①登门推销或者在街头、公园先套关系聊天，熟识后，开始推销"商品"；②卖的东西五花八门，实际卖的是"感情"商品；③如果发展人头，就转变成了传销；④手法很杂，但有针对性和蓄意欺骗性。比如：拿了好多照片说自己能够帮老人儿女介绍对象，然后就推销特种物品。

3. 过程简析"先建立感情——卖小物品——继续建立感情——卖大价值的物品"。

4. 诈骗要点：这个欺诈模式和传销有点类似，从"感情欺诈"到"无所不为"。

5. 合法欺诈分类：典型的"感情欺诈模式"。

五、总结

（一）货币长城谈的不是道德问题，虽然道德是一个出发点，但本书主要谈的是技术问题，比如投资领域，普通散户、尤其是年轻人就不适合"全天、专职投资股市、期货和基金"，也就是以此为"职业"，解释一下原因。

（二）年轻人社会经验和阅历相对不足，虽必然有一定比例的出类拔萃者存在，但整体不如中老年人的眼光老到。由于年轻气盛，容易进行更多的冒险，虽然可能获取更多的利润，但也可能带来等比的风险和损失，这对于一个没有后续资金来源的"全职投资者"来说，一旦陷入亏损，就是灭顶之灾。

（三）投资为了赢利，但首先要考虑投资失败后的生活和事业的延续性。

1. 一个有多年工作收入积累的"业余投资者"，比没有参加工作的年轻人承受"投资损失"的能力强。

2. 一个有工作的"业余投资者",可以在投资失败离场后,重新开始新的人生,而不是投资、事业和工作的全面中止。

对于一个"全职投资者"来说,投资失败离开投资领域,有可能导致个人资产的大部损失、生活来源的枯竭、人际圈的一片空白、婚姻恋爱的挫折,这对于一个"全职投资者",尤其是没有其他社会经验的年轻"职业投资者"来说,可能是很难走出的困境。

附录二：

名 词 解 释

一、金融主义：

（一）金融主义指资本社会经过优胜劣汰和资本凝结，最终得以摆脱自由竞争，由金融资本主导实体经济的一种社会形态。分为：原始金融主义（举例：美国1913年开始）、债务金融主义（举例：美国1971年8月15日）和高级金融主义（假说）3个阶段。

（二）金融主义社会不同于过去资本社会的总特征是虚拟经济脱离实体经济独立存在，并主导实体经济。原始金融主义阶段的特征是金融资本开始有主导实体经济；债务虚拟经济阶段的特征是债务主导和债务经济（目前的美元虚拟经济处于这个阶段）；高级金融主义阶段为本书提出的一个假说，特征是全面主导。

（三）金融主义又称"**金融主义三阶段论**"。"**进化三阶段论**"为：有机制存在阶段、机械存在阶段、能量存在阶段；"**文明三阶段论**"为：光速运输阶段（包括以内）、超光速运输阶段、无限制运输阶段；"**战争三阶段论**"为：冷兵器阶段、热兵器阶段、无人兵器交战阶段（思维交战阶段）。

（四）金融主义是一个主导体系、一种组织形态、一种资本形态，也是一个资本凝结导致的特定历史阶段。

二、总通胀系数：

（一）全称"虚拟经济总通胀系数"（简称：总通胀系数），是金融战役学中宏观衡量世界通货膨胀水平的手段和工具，其理论建立在事实基础。在虚拟经济主导实体经济的时候，脱离了实体经济独立存在，宏观经济运行的稳定依赖于虚拟经济运行的稳定，虚拟经济可以无限获利的，其真正的绝大部分的利润或者说亏损主要集中在数字美元最终信用提供者的手中，在这一微妙的时空里（虚拟经济的"**投资奇点**"），亏损和利润的界限已经消失。虚拟资本主导了投资趋势和目的，导致了：1.投资过程赌博化、投资主体虚拟化、绝对虚拟资本主导化；2.广义投资机遇的消失和可控化；3.虚拟经济依赖于通货膨胀（债务），债务反过来又会削弱金融资本的实体经济根基，虚拟经济的扩大趋势、强化趋势和崩溃趋势同时存在，且等比延伸；4.虚拟交易投机性永远占据主导地位，投资性永远接近于零；5.虚拟经济规模超过实体经济规模后会立刻出现通货膨胀。这两点就是就是"**虚拟经济总法则**"（第一条为"**虚拟交易总法则**"）。

（二）（文字公式）：虚拟经济总通胀系数（简称：总通胀系数）＝（虚拟经济规模）/（实体经济规模）

当总通胀系数在1.1～2之间的时候，为正常值；小于或简单等于1时，社会处于通货紧缩；当大于2的时候，社会开始出现不可抑制的通货膨胀，实体经济开始反向受到虚拟经济主导，也就间接受到了虚拟交易的主导，也就是处于虚拟交易媒介信用提供者；当大于10时整个经济体已深深陷入虚拟交易，经济主体进入虚拟增长的阶段，其实体经济规模必然处于实际萎缩或者发展停顿的状态。

（三）虚拟经济学的四个概念（公式）：

1.（文字公式）：GDP服务（实体经济）指数＝[（年进口总值）/（国民生产总值）]×100%

公式计算结果分析：

（1）服务指数低于 10%，说明实体经济活力相对不足；

（2）服务指数在 10%～50% 之间，说明实体经济主要是服务于本国经济；

（3）服务指数在 50%～200% 之间，说明实体经济属于虚拟经济下的从属经济；服务指数从 50% 开始，其国际贸易在不同作用层面的消长（但各国实际情况不同，贸易结构也不同，不能教条的理解这一点）；当服务指数达到 200%（或者说，不论何种贸易构成，除非是有压倒性优势存在，正常条件下，服务指数不能超过 300%）说明实体经济完全由虚拟经济主导。

（4）服务指数超过 300%，说明实体经济处于隐性经济危机中。

服务指数是虚拟经济学中重要的基石性指数，由于这个指数可以衡量在虚拟经济中，实体经济相对于虚拟经济的从属度，所以非常重要，并展示了一个提供实体商品的被**桥梁效应**进行财富转移的过程。因此，服务指数并非一个准确度很高的评判性指数，更类似于一个参考值。单纯从总量来说：被财富转移最多的、利益损失最多的，恰恰就是虚拟经济体系中经济体中实体经济最强大的一个，而且只有实体经济的发展，才会有扬弃虚拟经济的机会，这种表面矛盾的现象，其本质正是：物理世界和虚拟法则之间的较量，其回归真实和虚拟获利的力量正处于相持阶段。不能服务指数出现不稳定，就停止发展实体经济，而要利用服务指数来仔细监测国民经济的发展，找到一个既能在美元虚拟经济机制内发展实体经济的道路，又能不丧失发展实体经济的总目标的平衡。

2.（文字公式）：赤字指数（A）＝〔（预算赤字×10）＋（贸易赤字×10）〕/（GDP增长绝对数字）

或：（文字公式）：赤字指数（B）＝〔（财政盈余/2）＋（贸易盈余/2）〕/（GDP增长绝对数字*）

* "GDP 增长绝对数字" 在发展经济的过程中，只要在虚拟经济之内，那就不必过分考虑通货膨胀，只要不影响实体经济发展就行了。因为虚拟经济体制本身就是一个通货膨胀的体制，虚拟经济学本身就是通货膨胀的产物，所以在此处不需要计算通货膨胀，只要表示为在经济主体中占据主导地位的货币数量即可。但必须要注意的是：此时的增长如果无法超越整个虚拟经济体制虚拟增长的限制。一旦虚拟经济完全主导并制约了实体经济的发展，那么不论采用何种手段，整个经济将实际处于倒退当中——人们可以进行虚拟生产，但物质世界仅相信客观存在和物理法则。另外，赤字指数相对来说，是一个设置适度从严的指数，其目的主要是考虑到虚拟经济时代，金融战役此起彼伏，实体经济需要有一定潜力冗余而不能陷入对完美理论极限的天真追求。赤字指数是衡量一个合理化赤字的浮标性指数，这个公式的适用范围不包含虚拟经济体制外的社会和美元虚拟经济的主导国家。

公式计算结果分析：

（1）赤字指数小于 1，说明实体经济处于或即将处于隐性通货紧缩和从属经济性隐性萧条中，需要将赤字（这里指本国货币可以主导的相对正常的国民经济）通过财政措施，调整到赤字指数适度超过 1～2 为宜（但赤字指数最好不超过 2）。

（2）赤字指数在 1～5 之间，说明实体经济很活跃，且经济活动基本正常，赤字指数在此区间内，数字越大经济越活跃，但通胀压力也相对扩大（这要根据实体经济和贸易成分来确定，不能相信僵化和教条的统计指数，所以这个区间规定的比较大，但绝不是说赤字指数可以随意达到 5 的水平，国民经济还在运转正常，只能说某一类经济存在这种可能，但也是在极限状态下运行，此刻经济稳定性很差，容易大起大落或者或者出现不得已的硬着陆或跨越某些类型经济危机的发生拐点）。

（3）赤字指数超过 5，实体经济开始出现问题，5～10 的区间是一个严重的警讯区间，必须立刻开始调整该国战略，超过 10 以后，每增加 1，此处的每一个单位在虚拟经济学中叫做**"崩溃因子"**，表示经济崩溃概率为 1%，直到 100，这不是说只有崩溃因子达到 100 才会崩溃，而是试图描述一个实体经济总崩溃的必然性不断增大的过程。经济脆弱的国家崩溃因子达到 1 就有可能已经陷入经济总崩溃。但情况也有例外，比如在美元虚拟经济体制中，美国所能承受的崩溃因子数值要远远大于其他国家，即使接近或达到崩溃因子 100 数值的时候，也不一定会出现实体经济的危机，而仅仅会表现为美元虚拟经济的危机，虚拟经济的维系体制和再生体制会起作用——美国经济是美元虚拟经济中的**虚拟奇点**。也就是说：只要虚拟经济本身存在，桥梁效应依然可以延续存在，那么即便美元虚拟经济的核心领域出现了危机，也会经历一个过程后迅速地在新的币值比价或者新的货币体制内迅速站稳脚跟，不一定会影响美元虚拟经济体制的存在。

3.（文字公式）：从属指数＝［（外国资本控股所影响的该国第一产业资本总量）－（产业总量）＋第二产业资本总量＋金融资产总量]/[（该国第一产业资本总量）＋（第二产业资本总量）＋（金融资产总量）]×100%

从属指数，也是衡量虚拟经济体制中，一个实体经济区对于虚拟经济属性增减的统计标志。这里的第一产业指的是农林牧矿渔等；第二产业指的是实体工业（不包括非核心软件产业等，比如：电脑游戏产业。不要小看游戏娱乐业，其在日本经济中占据 25%，索尼公司盈亏平衡完全依靠游戏产业才得以维系）。

公式计算结果分析：

（1）从属指数在 10% 以内，属于正常范围（但这必须是一个不存在衍生金融工具的实体经济，否则"弹性系数"会导致虚拟经济发挥对实体经济超出其规模几十倍、几百倍的影响力，其引发的复杂利益分配形态的畸变也导致统计数字本身丧失实际意义，这是从属指数最大的不足，也是衍生金融工具数理统计层面对实体经济扭曲力量的强大体现）。

（2）从属指数在 10%～50% 的区间内，此时，实体经济基本陷入从属警讯区间。

（3）从属指数在 51%～100% 的区间内，实体经济进入完全从属于虚拟经济的阶段。

4.（文字公式）：差异指数＝［（人均 GDP）×（GDP 年增长率）]/［（人均实际年收入）×（年人均收入增长）]

"年人均收入增长"此值可正可负。

差异指数必须用统计当时世界经济体制中占据主导地位的货币单位来衡量，而不能用本国或本地区货币来衡量，因为在世界虚拟经济规模远远超过超过世界 GDP 总量的时候，币值的增减和行政措施仅仅在短时期内制造本国价格和世界价格脱离，从中长期看世界各国的价格，必然与占据统治地位的交易货币来衡量的世界价格具有统一性，这是虚拟经济中最为关键的一环；否则，虚拟经济就无法进行财富转移，整个虚拟经济也就名存实亡了。在这种情况下，虚拟经济的主导者自然会全力维系这个机制，不惜一切代价保证数字货币符号可以具有实际意义上的购买力，并且具有排他性和唯一性，其本质就是维系美元桥梁效应和虚拟经济的存在，这也是虚拟经济得以维持的基础。

差异指数的衡量并不是社会贫富差异，而是试图统计虚拟经济对实体经财富转移效率对社会个体的影响，强调的是社会绝大多数个体的基础生存能力、现状和发展趋势，而并非单纯的强调一个社会中财富占有的差距在缩小还是拉大。**差异指数**的基础在于用两组可以被任意的扭曲的、且又紧密相关无法被人为分割后逆向背离的虚拟经济统计数字构成一个比值。这样无论虚拟经济如何扭曲价格体系和统计体制，都能让差异指数在一定程度上反映实体经济的真实状态。由于仍然隶属于虚拟统计，故仅仅强调的是个体的感觉，而不一定是真实状态。

公式计算结果分析：

（1）差异指数在 1～1.5 之间，且逐年趋向变小（越接近 1，越说明社会个体会感到相对富裕；甚至有可能出现小于 1 的现象，人们会"感觉突然变富"），可以说明人们逐年来说，取得同等数量和质量的实体商品的能力在增加，数字越小说明人们富裕的速度就越快，社会也就越稳定和富足，从整体来说整个国民经济中的实体经济在发展，人们自我满足度随着差异指数变小而增高。

（2）差异指数如果在 1.5～2，并逐年小幅趋向变大，一般可以看做社会个体取得同等数量和质量的实体商品的能力既没有增加，也没有减少，也就是实际"既没有变富，也没有变穷"，整个社会实际处于停滞状态，虽然有可能存在虚拟增长所带来的满足或者虚拟衰退带来的不满，但并不影响实体经济的实际总量；

（3）差异指数大于 2，且逐年增大：这就说明相对于一个社会中的普通个体来说，取得同等数量和质量的实体商品的能力在逐年递减，也就是在"变穷"。从资本领域来说，资本持有者的实际拥有资本总量在无形中递减。差异指数大于 2 之后的阶段，其数字越大，并不一定表现为人们的不满程度越高，因为高物价区（详见词汇解释：**物价岛效应**）可以输出通货膨胀，而低物价区也存在着实体经济瓦解过程中特有的不协调音符——骤然变富人数的增加与整体取得实体商品能力逐渐削弱的人数的双重增加，还要考虑虚拟增长对社会的稳定和满足及"份额减少，总量增长的现象"（这看似挺容易理解，但社会普通个体的收益份额持续减少的背后，必然是畸形和出了问题的经济金融秩序，虽然有可能但却很难出现同时期的现实体经济的总量大幅增长以致弥补了"那减少的部分"，那常常是一个贫富差距拉大，而社会总体财富产出却实际递减的时期，所以这里称这个指标体系为差异指数）。差异指数在 1.5～3 之间，社会基本会处于相对稳定的状态，人们甚至会感觉"还可以"、"变富裕了"、"他穷了，可我富了"的感受区。

（4）当差异指数达到 3～6 的区间，整个经济开始出现逐渐增强的动荡，其一方面表现为虚拟经济的扭曲效应会逐渐发展到全面主导的程度（实体经济有可能出现局部或者整体的失序），另一方面人们的满意度会逐渐降低，社会治安变差，除了虚拟经济的主导者都会感到"不满和不安"（这不一定取决于绝对值，而取决于差异指数），最为重要的是这时整个社会的实体经济完全被虚拟经济主导，表面上虚拟增长填补了实体经济衰退的空白，但实际则是整个虚拟经济体制的扭曲性和内在矛盾的激化过程。

（5）当差异指数超过 10，如果此刻的统计范畴不是公式相对独立的实体经济而是指世界实体经济（即：把世界看成一个整体），表明世界虚拟经济体系正逐步失序。其原因在于不断剧烈缩小的实体经济最终与起主导作用的虚拟经济发生剧烈的冲撞，导致整个虚拟经济和实体经济的重新定位，这也会实际导致整个经济的总失序。

三、实物商品（实体商品）：在金融战役学中，虚拟经济学是一个重要的经济学体系，共同使用这样一个概念实物商品（实体商品）。这并不是指物理形态的固体化或者可见的物理特性，而是指其商品之所以成为有价值的商品的本质的物理价值（比如：粮食、钢铁、软件、书籍、图画、汽车都是实体商品）。

四、扭曲效应：指虚拟经济主导了实体经济后，虚拟经济可以不同程度的扭曲实体经济，而不再是实体经济的再现和表示符号。即：虚拟经济背离实体经济目的在于创造利润，这是虚拟经济和实体经济在取得利润问题上的分水岭——虚拟经济依靠脱离市场经济规则（游戏规则）来获取利润，实体经济依靠维系市场经济规则（游戏规则）来获取利润。

五、晓美通货膨胀指数：指在一个相对稳定、且有一定代表性的时间，截取有世界范围意义的能源、水、粮食、土地、贵金属等商品价格作为一个衡量标准，然后逐年统计这些价格，进行比较而得出了一个衡量人类社会通货膨胀的指数。

六、虚拟衰退：已经定义过了虚拟增长，即统计数字的增长、数字货币收入的增长，而购买实体商品的能力却没有同步增长（甚至是停滞和倒退）；而虚拟经济主导下的实体经济也能制造出一个经济体在实体经济增长的情况下，却在虚拟经济中表现为大衰退的虚拟衰退。比如：沃尔克冲击制造的全球的虚拟经济的大萧条，反过来导致了原材料出口国不得不产出更多的石油、原木和金银来出口创汇，实体经济本来是增长了，但表现在美元虚拟经济体制中，却表现为经济统计数字的衰退和亏损。

七、体外循环机制：在虚拟经济中，这既是处于相对从属地位的经济模式之一，也是一种金融战策略和虚拟经济主导手段。即：使用数字美元诱使实体经济走入服务于美国实体山品需求换取数字账面美元的经济体制，此时不仅让美国输出数字美元即可无偿占有实体商品，并且主导了实体经济的运行，使之陷入了不依赖于实体商品产出地消费和货币的体外循环机制，是虚拟经济主导实体经济，完成财富转移的主要手段之一。

八、完美理论极限：也称**完美计划理论极限**，其本质是依照简单因素和简单参数变化规则，制定看起来完美的计划和理论验证体系，以看似科学的伪科学方式来进行欺骗和自我欺骗的过程，其本质是用简单的概念取代科学的过程，用欺骗和自我欺骗的手段来掩盖其破坏性的目的或负面后果，以科学的形式来掩盖伪科学的实质，并且所有此类过程除少数建立在无知或失误的基础上，绝大多数是建立在蓄意和精心安排的欺骗和自我欺骗的心理过程。

九、极限："证明、界定"一个理论正确所需要的完美条件区间越窄，也就越接近极限（这些极限只能人为制造、人为界定、人为"预期"，而实际自然出现的概率在实践领域不具备实际意义），而对真实的扭曲也就越大，背离客观的真实性实际达到了极限，其扭曲现实所可能获得的虚拟利润率也就逐渐加大到了极限。

十、双（多）向极限（点）：指由量变到质变（**一次质变**）的**突破点**，但质变后的特性如果持续在量的基础上递减，会出现崩塌性的**二次质变**，倒退回原来的属性，也就是具有**双向质变**的特征，如果质变产生的后果具有多种可测和不可测的非线性发展轨迹，则这个点称为**多向极限点**；反之有些发展（演变）轨迹比较单一或者看起来比较单一，但在出现二次质变的情况下，却会出现许多不可测的可能性，而不一定是简单的回归到一次质变之前的状态。这既不是哲学概念的整体质量变概念，也不是数学概念，而是一个客观的反映社会学、经济学领域相应进程的、带有物理学性质的金融战役学的专有概念，一种局部、战术性的**畸变概念**和策略。

十一、动态操控策略：这是一个金融战策略的统称，分为两个实施阶段：第一阶段，利用虚拟经济主导实体经济，并且确立衍生金融工具的普遍应用；第二阶段，利用少量资金配合各种金融战元素的综合使用，使衍生金融工具特有的杠杆倍率（即：弹性系数）充分发挥效应，动态操控虚拟生产流程，达成一种针对实体经济不引人注意的、可持续性的财富转移和主导状态。

十二、红薯策略：通过否认实体经济的社会属性，片面强调企业属性，将一切实体经济、实体商品都划入虚拟经济的范畴，然后利用虚拟经济流程制造其背离社会属性的虚拟价值曲线，也就是依托虚拟经济，制造了一个虚拟价值区间和实体价值曲线的背离，然后廉价完成对实体经济的主导和对实体商品的财富转移。在完成这个过程后，又强调所主导的实体经济和实体商品的社会属性，急剧逆向推高其实体价值曲线到另一个背离的极端，以此获得更大的主导权和更多的财富转移。举例：红薯不如肉好吃，其生产的企业价值并不高，但食粮匮乏时，它的社会属性却可以救命，又成了是无价之宝，所以被称作"红薯策略"。

十三、极限状态：指在一个临界状态边缘，勉强运行的金融和经济状态，此刻具有只有采用行政手段，而不是经济手段才可以相对平安度过的特征；社会对该极限状态忍耐的极限，称为**临界**，其后就是金融战易诱导出来的混乱和动荡阶段。

十四、从属经济：（从属经济区、从属政权）：从属于虚拟经济的实体经济。

十五、从属经济性社会隐性萧条：从属经济因为其本质的属性是虚拟经济的财富转移机制，虽然它设计得很巧妙，一切都湮没在不断扩大的通货膨胀之中（即：虚拟增长）。①从属经济处于绝对劣势的时候，会陷入债务陷阱，从而进入一个债务不断增长，不断付出实体商品和回流超过收到的数字美元的困境。此时，其不足以支付利息的部分演变为新的债务，也就导致了更多的利息（当这种机制稳定运行，并且能够在大多数人类社会运作，且能够被接受，则称作债务金融主义阶段）；②从属经济国家中经济实力相对强的国家，对虚拟经济有着相对强大的反作用力，虚拟经济仅拥有可施加不同程度影响的**可控变量**，对其输出美元通货膨胀，也就是输出隐性经济危机和财富后导致的隐性萧条，此时会发生社会零售销售额大大低于外贸增长的现象。

十六、资本马太效应：即资本固有的凝结趋势。

十七、湿件，"wetware"：植入人体，记录一个人信用、言语、行动的芯片（见图）。

十八、"沃尔克冲击"：美联储放松信用供给一段时间后，制造石油危机和世界美元供应不足，然后贷款给要打击的国家，这个贷款是不定息的，突然在 1980 年前后将利息提高到接近 20%，让这些国家陷入美元债务陷阱不得不想方设法借入新的美元债务，这个战术在金融战役学里面称为"沃尔克战术(石油债务陷阱)"(保罗•沃尔克 Paul A.Volcker，1979 年就任美联储主席)。

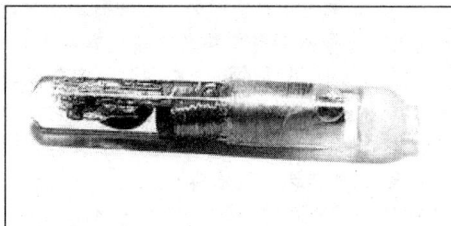

图片说明: 湿件 芯片 Digital Angel 芯片 ("Applied Digital Solutions"
拥有两个子属公司 Digital Angel 和 VeriChip)

十九、金融战役学的狭义特性和广义特性共同存在:

（一）金融战役学是针对具体金融战役进行研究和利益争夺的学科，虽然其研究和跟踪的时间有可能是几年、十几年、甚至几十年或更长，但依然是强调可操作性、强调实际效果（尤其是中短期效果）的方法论学科，是服务于货币长城金融防御理论的学科，可以说: 脱离了实践、脱离了实效，金融战役学就没有意义，之所以把金融战役学定义在战役领域，主要是为了进行利益争夺而非玄虚的理论研究。

（二）金融战役学是人类文明的必然产物——虚拟经济的伴生物，是古代金融、经济斗争的延续，是服务于宏观战略的理论，是针对整个虚拟经济体系内部运行理论和实践的跟踪、研究和分析，脱离宏观视角、脱离历史视角、脱离整个人类社会发展的视角，就丧失了研究和实践的主体，所以金融战役学也一定是有着宏观视角的学科。

（三）**狭义金融战役学**: 就是对具体金融案例的分析和实践理论技巧的研究，这个理论包括金融战役的发动方的视角和防御方的视角的过程较力技巧的研究，是一个细致到分钟，甚至秒的战役学研究。举例: 金融战役学中的虚拟经济学，就属于狭义金融战役学范畴。

（四）**广义金融战役学**: 是指针对一系列金融战役背后的整体的金融战役发动者的组织过程、战略目的、气候准备、整体配合的方方面面的持续十几年，甚至几十年的总体战略的研究，是研究和分析具体金融战役案例的一个基础和大背景，不单纯是感性认识的拓展，而是一系列"看似独立的"历史事件的总的汇总研究和跟踪。在这一点上，广义金融战役学已经不单纯局限于了金融战役学的具体研究，而涉及整个历史演变和国际政治变化的深层次本质的研究。举例: 金融战役学中的民族历史心理学，就属于广义金融战役学范畴。

二十、消费信用卡化: 即"消费债务化"——也就是原来根本不需要负债的消费，凭空出了一笔付息债务（利滚利，存款时是"单息"不进行"利滚利"），扩大到整个社会就会导致消费经济凭空多出一笔"债务"。

二十一、窗口战术: 简称"窗口战术"，也称"**剪刀战术**"，是近代和债务陷阱共同被使用最频繁的两种相辅相成的金融战术。它制造的是债务效应，而本质上并不是债务，甚至是表现为"盈余"，这就有了极大的欺骗性和发动金融战役的突然性。

（一）这种突然出现，让各国管理机构始料未及的"美元短缺"的根源在"金融开放"后，大量进入"投资热钱"。这些"投资"（其实是投机到房地产、股市、期货、外汇等领域）房地产、股市的繁荣和汇率的坚挺，这一方面能够"有力地说明金融开放的好处"，迷惑了被打击国的舆论和思想；另一方面制造一个虚高的泡沫（"抬得高"为了"跌得狠"，泡沫越大，投资撤离时的狭义收益也就越大）。然后，在一个很短的时间窗口内，全球性，或至少是区域性的资金总撤退。大量投资一起撤离被打击国股市、期货市场、房地产市场，必然要把"高点抛售"得到的本地区货币短时间内兑换成美元，这就让被金融战打击的国家"意外"遭遇一个尴尬的局面——刚才还在统计报表中记入"美元资本盈余"，却突然出现始料不及的"美元短缺"。这其实反映了"窗口战术"的金融战实质和其优越的逃避有效监管的金融战特点，但却实实在在的制造出了该地区原本并不存在，而此时又"真实存在"的"美元短缺"，诱发了该地区一个从"美元流动性过剩"到"美元流动性短缺"的180度的大转弯。这个战术不仅制造了一个短期的美元短缺窗口，而且会反复制造"美元流动性过剩"和"美元流动性短缺"的不停转换。

（二）此刻，被打击国必然出现数字美元储备不足，货币大幅贬值的后果。金融战发起方会事先利用汇率衍生工具大量借入被打击国本国的货币作抵押金，在被打击国的外汇市场上作空被打击国的民族货币，这样利用了被打击国本国的资金，把被打击国的货币制造出了人为的大幅贬值。从狭义角度，可以令金融战发起者谋利，从广义角度可以制造一系列的金融、经济的不稳定，甚至是社会总危机。

（三）在"热钱资本"制造出被打击国无中生有的"美元短缺"后，为了软化被打击国的行政反击和金融监管，把这个问题局限在所谓的"经济领域"，这种战术的最后阶段是由布雷顿森林体系所规定的国际货币基金组织、世界银行等出面，提供大量的美元借贷。

（四）这种债务负担本来是不需要的，而且是在大量被打击国国财富被巧妙转移之后，常常令"被援助国"陷入债务泥潭。

二十二、债务死循环：一个实体经济负债等同该地区产值之后，就会进入一个必须借入新债归还旧债的阶段，在金融战役学中称之为——**债务死循环**（阶段）。

二十三、晓美 CPI（即"总体 CPI"），这里有两种计算方法：

（一）**"晓美 CPI 算法 A"**——指用某一年的世界所有产品的各自平均价格与晓美通胀指数中的成分商品的通用单位商品的比值作为一个原始价格基数"1"，以后可计算单个商品比值的变化也可计算整体比值变化，得出价格变化。这样的好处是摆脱了具体货币的影响，而是纯粹的商品自我比值的变化，是最科学的，但缺点明显：缺乏感性认识。

（二）**"晓美 CPI 算法 B"**——用人类社会这段历史时期普遍接受的货币来确定某一年的世界所有产品的各自的平均价格，并以此为原始价格基数"1"，然后用该货币来衡量以后逐年的价格并与原始价格基数对比，可出现单一商品和整体商品的价值，但这个需要用晓美通货膨胀指数对虚拟经济中的虚拟商品（比如：衍生金融工具交易等）进行剔除和加权，不加权的"晓美 CPI 算法 B"的结果是最感性的（这不是一个统计公式，而是一个衡量感觉的指标），最不容易被蓄意改动的，而**真实加权后的结果是**

最科学的，考虑到实际操作的可能性，"**晓美 CPI 算法 B**"的结果标定为不加权的数字。

二十四、隐性亏损：就是统计数字反映不出来的亏损或者由于其他原因不反映在账目上的亏损。

二十五、投资杠杆效应：所谓的投资杠杆效应，是指利用期权、权证等衍生金融工具，对目前存在、未来存在，甚至永远不需要存在的资本、商品的波动进行炒作，表面上看是炒作某种资本或者某种商品，但实际上炒作的是"不稳定商品"本身（参看"晓美不稳定假说"），由于投资的主体实际上是脱离了实际商品或资产的虚拟价格波动，所以这个虚拟生产过程可容纳的交易资金是无限的，也就完全由资金数量决定趋势和走向。这时虚拟交易规模背离实体规模的比率越大，则"投资"对市场主导的力量就越大（有效杠杆衡量的是权证价格对投资本体价格变化的敏感度，一般叫"弹性"，也就是所谓的"弹性系数"，这个背离实体生产的比率在金融战役学中叫做"**不稳定系数**"）。比如：某个商品价值 100，投资资金 100，杠杆比率为 1，但如果预期商品（即：虚拟商品）价值上涨（或者下跌）10，而把 100 投资全部用来"投资"这个变化，也就是投资"涨跌"这样就会形成 10 倍的杠杆（这并不是衍生金融工具杠杆倍率形成的直接原因和方式，仅是底层原因之一）。在现实交易中，杠杆倍率主要由"衍生金融创新产品本身的杠杆属性"、"部分保证金"和"借贷"模式来形成。

二十六、不稳定理论：也称不稳定假说，或者"（虚拟）投资必然失败假说"。也就是金融战役学中的所有投资都是针对"不稳定商品炒作"，根据其投机性的多少，逐渐逼近或远离"不稳定假说"，这条函数曲线叫做"**晓美曲线**"，即把不稳定当作商品来炒作，对于无法主导这种不稳定或者说这种不稳定是人为制造出来的时候，普通投资者的投资结果必然是大多数情况下的趋向亏损，而在所有情况下陷入一场"对手盘可以主导交易走向的赌博"，这个理论称之为"不稳定（投资）假说"。这是散户投资者常常陷入投资失利的原因之一。

二十七、添油战术：这是指在金融战役学中，进行博弈的一方，把手中拥有的资金、物资或者实力，逐渐展示给对手或者逐步投入到市场中，从而引起对方警觉，导致对方也增加投入筹码，最后形成消耗战或者惨胜（也就是胜利的代价很大）。这种战术的错误在于，一方面，它没有能够有效把握时间这个最为重要的因素，也就是没有让有限的力量在一个短时期的时间窗口展现，从而制造群羊效应，进而打击对手，让战略态势走向对己方有利的一面；另一方面，有可能导致对手受到己方软弱无力的回击的刺激，而立刻投入全部力量，发动致命的一击，引发有利于对手的群羊效应，出现不利于己方的战略摊牌。

二十八、期货三阶段论：
（一）普通商品的期权买卖，如果最终得以真实交割，为**初级期货**。
（二）对商品的涨跌趋势进行买卖的期货，为中级期货。
（三）股指涨跌、汇率涨跌、利率涨跌期货合约为高级期货，这三者是从实体经济向虚拟经济过渡的三个阶段。

二十九、王牌定律，也称"游戏者定律"：发动金融冷战的一方并不畏惧对手的资金实体和经济规模，那不过是减少收益的可能，因为发动金融战役的时机永远是有利于进攻者一方的；但所有试图主导金融市场、破坏金融市场的力量最畏惧的是金融监管，因为不论发动金融战役者掌握多么强大的资本、选择了多么适宜的时机、拥有多么天才的金融战专家来操作，但他们依然是在规则内进行游戏者，如同一个拥有了所有王牌的打牌者，但他依然畏惧制定这个游戏规则的国家政权所拥有的干预手段，王牌是大是小，这属于游戏规则，是游戏规则就可以被制定游戏规则的人改变。所以游戏规则的制定者，也就是国家主体可以通过改变游戏规则，轻易地击退任何金融战攻击，就如同打牌游戏规则的制定者宣布：王牌是最小的牌一样，那么拥有王牌的人必然是输家，而不是原来规则下的赢家。

三十、货币统计扭曲战术：在金融战役学中，属于桥梁理论的一部分。通常认为在一个占据主导地位的货币所主导的信用体系中，发行这个货币的银行就是整个信用体系的最终信用人，有了无穷的权力，虽然很少有人注意到这一点。在虚拟经济中，通货供给是主导整个世界信用的绝对力量，也就主导了统计的结果。这种统计结果是能够扭曲一个国家、一个地区构成的货币区的实际产值的真实统计的，理论上可以无限的扭曲，并且能够通过破坏这个货币区与世界其他货币区之间的价值纽带和价格纽带，让这种本来只存在于统计领域的虚拟力量，最终在一定程度上影响这个货币区所在国或其他经济体的实际产值，具体能够达到的影响程度要看虚拟经济主导者，也就是最终信用人对整个世界信用体系的主导能力，以及这个货币区的反击速度、准确性和反应时间、技巧等因素有关，这就是在虚拟经济体制下，虚拟经济对实体经济的巨大的反作用，虚拟经济本来是实体经济的大致反映。现代虚拟经济有了独立的灵魂和资本能量，开始通过"桥梁效应"（请参看本书有关章节）创造了一种虚拟经济对实体经济的主导、财富转移、影响和体系。

三十一、桥梁效应：指通过虚拟经济拥有的发行虚拟数字货币的能力，廉价的购买实体商品、主导实体商品体系的强大的能力，这个可以被实体经济接受的虚拟数字货币，就是从虚拟经济到实体经济的桥梁。所谓的桥梁效应就是虚拟经济通过绝对把控虚拟货币和虚拟交易，来完成对实体经济的主导和财富转移。

三十二、空驶效应：指虚拟经济利用债务推动虚拟经济却会同时凭空制造出虚拟债务，危害虚拟经济所制造的虚拟增长，是虚拟增长的影子，所有这种虚拟经济中特有的空驶效应又叫做虚拟债务效应。

三十三、绝对隐性经济衰退：一个发行货币的国家（或发行信用券的经济区）每年因为债务赤字发行的货币绝对数额超过 GDP 增长的绝对数额时，称为"绝对隐性经济衰退"。

三十四、相对隐性经济衰退：一个国家每发行一个单位的货币，它所必然带来的 GDP 增长从 1 个单位到若干个单位不等，这个与 GDP 特有的重复统计有关，也和社会经济流程的相互促进、相互带动有关，这个过程本身的系数称之为**"法币效率系数"**。所以一般来说：如果一个发行货币的国家（或发行信用券的经济区）每年因为债务赤字发行的货币绝对数额达到 GDP 增长的绝对数额的 40％ 以上，就可以称之为"相对隐性经济衰退了"，如果刚好达到 40％ 的水平，可称之为"隐性经济停滞"，这个点是浮动的，即：**晓美浮标**（也称：**晓美浮点**），一般定义为：1 个单位的货币带动 2.5 个单位的 GDP 为一个假设的常量，这个其实在特定区间内不断浮动和变化的"变量"，只能"看作"一个相对固定的点，实际是一个区间。

三十五、债务危机三阶段论：一个逐渐陷入"债务危机"的国家，可分三个阶段：

（一）第一个阶段：一个国家的债务等于该国 GDP 的时候，那么标志着针对该国债务陷阱已经初步形成，摆脱这个债务陷阱的客观难度已经初步存在，债务很容易长久地维系下去。

（二）第二个阶段：一个国家的债务的年利息等于该国税收或者超过 GDP 的 25％，那么标志着债务陷阱已经完全形成，摆脱这个债务陷阱的难度极大。除非立刻采用非常规政策，否则债务总量只会进一步加大，并且，很容易出现债务绝对额增长数字超过该国账面 GDP 增长，这个时间点的意义很大，在金融战役学中称为"**债务拐点**"，超过这个阶段后，债务的增长进入不以管理者意志为转移的阶段。

（三）第三个阶段：一个国家的债务年息等于该国 GDP 的时候，那么标志着该国已经彻底陷入了债务泥潭而无力自拔。

三十六、美元体制的"三种美元形态"：储存媒介、交易媒介、财富符号，即："**存储债务、交易债务、接受债务**"现象，根源是美元的债务属性。

三十七、价格波动战术：指某个处于强势的、主导了虚拟交易的强势资本，在市场上（更多是期货市场上，也就是实际根本不买入实体商品）制造价格短期的高价位，诱使大量的生产者（举例：炒高内存的期货价格，就会促使内存生产者扩大产能，并在一段时间之后把大量内存芯片投放市场，这时再做空砸低内存期货价格，那么内存生产者就不会把大量积压的内存芯片抛向市场作低价销售，也就"配合了"金融战发起者的论调，似乎是"正常供求失衡导致的价格波动"，受嘲笑的是"盲目的"生产者，金融战发起者反倒成了"让市场价格回归"的因素）投入生产，然后在价格高位上抛出所有买单获利离场，这时获利并不一定真实实现（有一定亏损也是值得的，但一定要将高价位打压到低价位），主要的目的是迫使生产者（实体经济）已经进入了无法停止的生产流程后，却突然面临价格的崩盘，并且在商品上市的时候，尤其是农产品和借贷流动资金的现代企业都有回收资金的时间限制，就会竞相抛售，在本来就被抛入低谷的价格的基础上用远远低于成本的价格抛售，这时处于强势的虚拟交易就可以廉价购买这些实体商品了。这里还包括了一个给必然濒临破产的实体经济提供贷款的重要环节，它的目的有三个：

（一）维持不断的实体商品的供应，维持一个进行财富转移的实体目标。

（二）用债务主导实体经济，用此时的对方不得不接受的高利率，把最后廉价支付的购买数字货币，用利息的方式收回，也就完成了一个财富转移的循环。

（三）打着援助的幌子，实体经济又不得不接受这种痛苦的借贷来维系生存和再生产。这就让虚拟经济得到了一个重要的副产品——道德的制高点，虽然他们得到的利息和主导权常常超过付出。这实际形成了一个**二次财富转移**。

三十八、实体经济的恒定法则：物质世界从来就不存在突然的、没有基础的经济飞跃，一旦这种"飞跃"的统计数字出现了，其背后必然是通货膨胀，这一点毋庸置疑。

三十九、佣金杠杆：

（一）1975 年 5 月 1 日，美国国会通过了《有价证券修正法案》，并率先在全球范围内废除了证券交易的固定佣金制度和实行佣金协商制。这个历史事件的重要性没有被投资者理解，这就给世界金融安全和投资领域带来了复杂的后续效应。

（二）①以"放松金融管制"的名义，制造一个全球放松金融监管的大环境和大气候，实际创造了一个投机为主、投资为辅的世界资本市场出现的"可能性"；②自由佣金制度为虚拟经济的无限扩张敞开了大门，铺平了道路。如果各国实现固定佣金制度，必然让频繁交易的衍生金融工具的大交易量付出不能承受的成本，比如：100 美元的衍生交易量，假设付出 5% 的交易成本，只需不到 20 次就会导致总交易资金的消失。

（三）由于实际实现了佣金的私密性、随意性、个案性和黑箱性，也就让虚拟经济的相对规模优势成了唯一的选择（比如全球仅外汇衍生金融工具导致的外汇交易额实际高达 10000000 亿美元/年），也就是如此大的交易量，即便商定极小的佣金比率，也是个让证券市场和交易掮客所不能拒绝的天大的诱惑，而中小投资者则必然陷入更加尴尬的处境，进而导致了中小投资者必须依靠基金等"相对集中的资本集合"来形成某种事实的佣金谈判优势，但这就反而增加了大资本的可操作性、目标性和战略优势（因为比如操纵"国际投资基金"打击一个只有几百美元的散户是毫无意义的，但主导一个几百万散户集中在一起的"基金"就很容易了），这实际上也带来了**黑箱交易**，也就是说：为了寻求和大资本类似的佣金交易优势，而不得不把自有资金集中交给"基金"的全球中小投资者和中小资本拥有者，也就实际无法了解整个交易的过程，仅面对一个"**交出资金**"＋"**取得回报（正负回报，即赢利和亏损）**"的简单步骤，看似简化了整个投资过程（也就吸引了更大量的中小散户的投入的可能性，加大了金融战打击对整个社会的底层渗透，这有点像"郁金香泡沫"后期的"细股"，请参看本书有关内容），但其实却让整个交易陷入了荒谬的黑箱状态，也就是交易过程的"不可知的状态"。这种复杂性是一个普通散户无法理解的状态，却误以为是"简化了投资担负的新理财观念"，这才是"佣金协商制度"最大的社会影响。

（四）由于这种所谓的佣金自由化和自由协商的制度，看似降低了交易成本（实际是降低了大宗衍生金融工具的交易成本，而增加了中小投资的成本），也就降低了证券交易商的实际收入，这就让证券交易商不得不自己就开始呼唤和接受能够创造天文数字交易量的衍生金融工具的出台，形成对各国金融监管的压力。

四十、黑箱战术：即把透明的交易，利用人天生的追求简化和天生的懒惰倾向的特性，利用大多数人们不理解主导过程及主导权力的事物运作本质，通过增大一个简单事物进程的复杂度，来增加简单事物进程的运作成本，让整个社会趋向于复杂交易而放弃简单交易，这就必然导致交易的集中化和交易过程的不可知化，对于交易最大的主导者，也就是信用体制的最终主导人，也就具有任意操控过程的可能，也就掌握了最大的权力。但由于这个过程是符合人性本能的高超圈套，所以反倒会导致大多数人支持和遵循这种社会交易黑箱体制。黑箱体制的形成过程，也就是绝大多数投资者丧失了真实选择的过程（连基本过程都不屑于了解，还不需要任何的"投资理智和决策"了），这个过程也称黑箱诱导模式。

四十一、金融冷战：不采用军事手段的纯金融手段进行破坏和颠覆的金融战役。

四十二、金融热战：采用军事打击进行的强势打击施加影响，最终达到金融战役的目的。

四十三、金融特种战：包括采用核生化、战略欺骗、渗透、谍报等一切已知和未知的手段进行以金融目的为最终目的的金融战役，这种金融战役形态看似不可能出现，但打击力度大，没有"轰动效应"，是金融战役的组成部分。

四十四、心理性通货膨胀：在持有纸币的社会，一旦某个标志性商品价格暴涨，脱离实际需求，就会导致社会本能的寻求持有商品而不是纸币，就会导致沉淀在积累和保障目标过程中的货币突然投入或部分投入市场来购买标志性商品，并以此为基点逐步扩大到其他商品，最终人为导致商品实物相对于突然雪崩的纸币出现数量不足，而导致价格上涨，引发下一轮的通货膨胀循环。

四十五、货币抵押品理论：指西方货币理论中，发行货币必须有抵押品，其本质是概念替换，把政府自律才能阻止赤字解释为货币发行必须事先有"抵押品"，这毫无疑问增加了政府国债而不是相反。

四十六、窗口系数、投资烈度、离场烈度、窗口时间：
（一）在金融战学中，把投资过程中，同等数量的货币投入某个投资领域的强度，即资金量/时间称为"**投资烈度**"；其资金离场的强度称为"**离场烈度**"，这个资金进入或离场的时间段称为"**窗口时间**"；当资金在投资市场进出时，窗口时间越短，其展现的投资烈度或者离场烈度也就越大，这个可以缩短和延长的时间窗口的倍数，称作"**窗口系数**"。
（二）在现实投资模式中，投资烈度越大，投资危险性越高，投资理性成分越少，投资投机性越高，投资性越低；并且由于人趋利避害的本能，投资烈度由于"对失去财富的担忧"总会有所节制。一旦确定投资开始亏损，离场的信号却不需要任何的判断，实际离场越晚也就越容易被卷入价格的低谷，所以这时虽然投资商品数量和领域大小大多无实际变化，离场资金也永远小于投入资金，但其时间窗口猛地缩小，最后关闭，也就制造了一个近乎无限大的窗口系数和极大的投资烈度。

四十七、投机逃逸假说：
（一）投机交易，尤其是虚拟经济中的投机交易风险极大，投入资金又多，能否避险是很重要的，这里做出一些"理论尝试"，谨供参考。
（二）脱离实体经济、背离物质世界的虚拟交易的可靠性为零，也就是一种几乎完全依赖于大资本主导的、可以人为操纵结果的涨跌数字游戏，其不公平性超越了投掷色子的赌博，其操纵者有时并不在意获利，而在于主导体系本身。这就导致整个随意性和主导性达到极限，对于普通参与者毫无规律可言。任何声明或试图研究出虚拟交易规律，并由此牟利成功的人，只有骗子、病人、小概率事件的"幸运儿"和"大投资者"四种情况。
（三）虚拟交易规模是背离其所交易实体商品（也就是其名义上所交易的实体商

品，对于有些根本不存在实体交易主体的衍生金融商品，比如：股指期货、利率期货等，则根本不能参与交易，那是纯粹的虚拟交易，纯粹的"赌涨赌跌"，完全丧失了投资性，而沦于一种纯粹的、"不公平"的赌博）的倍数，即：**逃跑系数**（是一个衡量投资者逃离投资泡沫的急迫性的一个数字尺度）越大，说明逃离急迫性越高，这是一个简单易行的参照物。

（四）一般来说，逃跑系数达到 3 的时候就需要尽快获利离场；达到 10 就必须逃离，不计代价；10 以上的市场根本就绝对不能进入，也称**鸡蛋系数**（即每一个投资者都试图把价格鸡蛋累得更高，但最后总有突然垮塌的一刻），假设实体经济为"1"，虚拟经济交易量在"0.8～1.2"之间是比较正常的，**晓美逃跑系数**小于"0.8"则说明社会交易不畅，大于"1.2"说明社会交易过热，需要预防通货膨胀；但如果虚拟经济超过实体总量的 3 倍，说明投资者需要"逃跑"；如果虚拟交易达到实体总量的 10 倍以上，则说明市场价格此时完全接受虚拟资本的主导，扭曲能量已经积累到一个随时可以爆发，而导致价格崩溃的极点，**"晓美极点"**，也是鸡蛋搭就的金字塔上"最后的一枚鸡蛋"。当虚拟经济的规模达到实体经济的 100 倍的时候，"整个经济将进入一个新的历史阶段"。

四十八、民族历史心理学：

（一）这里的"民族概念"不同于普通的民族概念。指现阶段某国、某地区所居住的一群人的总称（其中包含各种民族、人种和文化）。

（二）指通过研究一个民族整体的选择倾向和决策文化特征，以及其对于历史事件的反应和记忆，制定针对一个特定人群、特定地域的心理战策略。这种心理学的研究主体是一个民族或一个地区的许多个群体对过去历史事件中的刺激、反应的概率和倾向，而不去研究一个生物个体的生物体征和心理特征。民族历史心理学是金融战役学的一个重要的组成部分。

（三）方法论

1.金融战役中的攻击方：研究民族心理学，分析其特定人群作出战略性决策的可能，人群领导作用的重要人物会如何符合整体人群（心理需求、文化需求、历史需求、价值需求）做出决策的策略和对金融打击会做出何种反应；研究其国家或者地区内部民族、群体、社会阶层，确定有针对性的策略，扩大影响力、确定节点、实施计划。

2.金融战役中的防御方：需要制定货币长城来抵御金融战打击或者减少金融战打击危害的时候，需要分析对方整体的心理、社会、文化和各利益群体之间的影响、重要人员的个人得失和相互作用，尽力做到分化瓦解，不要奢求对金融对手各个"歼灭"，而要试图拉开他们的攻击序列，使之不形成狭小的窗口效应，错过峰值即可。

3.利用发动金融战役的一方必然会有足够深入的民族心理学研究和制定整个计划者的个人权威性和人群中必然存在的离心力和地位差异导致的各种矛盾，利用其必然存在的偏执性、顽固性和"专业性"，将计就计、因势利导不与其作正面冲突，而利用发动金融战役一方常常具有的战略优势和媒体优势为我所用，逆性主导对手的行为。

四十九、中数捆绑：

（一）这个说法并不是统计学中的中数概念，统计学中的中数概念就是两个数值相加后除以"2"得到的平均数。在金融战役学中，"中数捆绑"指在一个跟随价格体系内（也包括汇率捆绑），在两个或两个以上的决定性价值因素体系内，以近似统计学平均数的概念予以跟随绑定，就是灵活跟随各种因素和客观条件浮动，但又不过度跟随某个特定价值因素的影响。在现实中并非不存在一个较长时间内较为稳定和变化在接受范围的价值体系，也常常存在价值体系剧烈变动，其变化超出实施捆绑策略的一方的接受范围，此刻就可实施"中数捆绑"策略，而不是简单的硬性捆绑。

（二）假设在变化不大的完美条件下，中数捆绑和"硬性捆绑"差距不大，但在各种价格因素剧烈变动的条件下，价格捆绑需要制定一个价格"坐标锚"，也就是一个仔细研究确定的小区间。在这个小区间内，不论所绑定的价格体系中的部分因素或者所有因素都剧烈动荡，也依然保持一个自我稳定的游离状态，并保持特定条件下关闭市场的选择权并要各方都知道这一点，这非常重要。当超过一个事先研究确定的时间后，逐日慢慢向传统统计中数靠拢，其速度越慢，自身的压力就越大，但其权力也会随着其责任而扩大，发言权也会越大，但一定要量力而行。这样就会让这个中数捆绑下确定的捆绑具体数值慢慢和中数相靠拢，并且如果是剧烈小范围波动的价值体系内，就会让自己摆脱剧烈的价值波动，并且实际形成了一个国际稳定的中间价位。虽然会付出一定的（"投机交易带来的"）代价，但其所争取到的发言权所带来的战略价值恰恰就是金融战役发动者最不愿意失去的，这就有效地限制了发动金融战役一方的行动自由度和决心。

（三）**中数捆绑策略**适合外汇储备充足、实体经济规模较大、综合实力可靠、有发言权的一方实行的防御金融战役的汇率稳定策略，并不适合太过弱小的实体经济，否则单就其模糊性本身就会削弱最重要的"公信力"。弱小的经济体最好实施硬性捆绑和强力介入相结合的金融防御策略。

五十、傻子理论：在金融战役学中，傻子理论是指在一场投机性起主导作用，投资性退居次要甚至无作用的经济活动中，一个最傻的、资金最少、意义品质最软弱的投资者却是最先退出投机风潮，并且损失也必然是最少的；越是理论精深、越是资金雄厚、越是投资意志坚强、越是筹划细致可靠的投资者必然是整个投机风潮中损失最大的、陷得最深的，所以这个理论又称为聪明人理论。在纯投机过程中，投机者倾向于承认自己比"某些人傻"，但绝对不相信自己"最傻"，而构成了一个"最傻的财富转移目标群体"，这是一切投机骗局的奥秘所在：①以小概率个案替代投资赢利群体概念；②（**交易心理暗示**）从心理暗示层面剔除了对投机风险不可评估的常识性认知和对投机性本身的错误实质的忧虑；把投资和投机进行了混淆，并鼓励高风险投机，其后果不言而喻，这就是**投机者悖论**。

五十一、赌博性投资：投资活动中，投资意义等于零，不追求投资主体创造价值而追求投资主体的"价格波动"带来的投机性，这就是"纯粹的投机性"。百分之百的投机性就构成了**赌博性投资**，必然导致参与投机的人群承受普遍性亏损（其受益者恰恰是投机行为制造者，而极罕见于"参与投机者"，虽然这种小概率事件不能说绝对不存在，但这和参与一个有人捣鬼的赌局试试运气，没有区别）的固有属性。

五十二、"软阻遏"和"硬阻遏"：如果某个事物试图影响大系统稳定，而根本没有这种可能性，会被"忽略"，而从根本上就无法形成对垒的局面；但如果这个事物，有实际形成对垒的现实能力，就会遇到反弹。

五十三、硬暴力：指战争、破坏、胁迫、暗杀、刑狱等有形的威慑手段。

五十四、软暴力：指媒体影响下的社会性心理主导和压制等无形的威慑手段。

五十五、大自由港：一个大系统监管下的、全面开放的、超级规模的物流区、汇兑区，一个由所有可以调动的实体经济因素、虚拟经济因素来充实的空前繁荣、空前统一、空前开放的低通胀、高就业的高物价区。

五十六、投机主导理论：

（一）**"投机主导效应"**：很多令无数人倾家荡产的投机其实仔细算起来实际利润并不大，稍稍搞一点顶多买个教训，而其无法主导的成本和风险却常常被投资者忽视，而使投资者本人以投资的名义开始，以追求投机高额利润而迷失，最后走上人类历史上无数个投机者的老路。这个过程并不是单纯的"头脑不清醒"，而是有着深刻心理根源、社会根源和经济根源的复杂选择带来的合力结果。这个过程就是"投机主导效应"。道理很容易讲清，但一听见摇钱袋子的诱人的哗哗声，脑袋就开始迷糊，行为模式就趋向偏执，这就是"钱袋子效应"。

（二）**"第一投机区间"**，也称**"投机制造区间"**是真正可以赚到钱的，投机态势制造者把"投机主体"价值从正常炒高到一个具有引发投机性资本进入的临界价格前的"投机区间"，此时投机者的买入称作"对手买入"，其目的在于制造一个可以主导的虚假的价位，而后来大量资金涌入之后，这个虚假的价位被后来的资金实际支撑演变为了实际的价格。其虚假的赢利获利前景（这是针对受骗的投资者而已，对于制造这类投资骗局的人而言，这又是真实的，现实中对此很难区分和无法界定，所以就更具欺骗性和迷惑性）和欺骗投资者的实质丝毫没有改变。

（三）**投机预期值**：第二投机区间就是普通投资者大规模资金介入到退场兑现利润的"投机区间"，此时的**"投机预期值"**，其预期的上涨比率是**第一投机区间**（就是投机制造者从低价买入初始价格的商品到能够引诱大批投资者进入，投机市场正式确立的区间）的累计**倍数**（举例：第一投机区间的价格如果上涨了10倍，投资者在第二投机区间进入时的预期利润回报就是正常价格的100倍），这必然是一个惊人的欺骗与自我欺骗，而与此同时它又是一个真实的上涨过程——也就是没有人能够否认其投机主体商品的原始价格与最终商品价格的巨大差异导致的投机可能利润，这就是金融战役学为什么要创立**投机主导理论**分支的原因。真实骗局是金融战役学的一个行之有效的特殊的理论基石，这里了解一个名称就可以了，特点就是以一个真实的交易在合法自愿的基础上进行财富转移。事实上，真实骗局中的投资者实际永远只能取得**第二投机区间**的涨幅带来的利润，并且需要承担潜在的由第二投机区间价格突然暴跌到**第一投机区间价格**的可能。

（四）**真实骗局策略**：这就是金融战役学当中的**第二投机区间效应**，一个真实掩盖的、深层次的"真实骗局"，这是一种令人感到愉悦的智慧，是人类文明发展的必然结果，毫无疑问是金融战役学中最值得浓墨重彩的一笔。

但对于深陷其中的投资者，他们不知不觉之间被"真实骗局"诱骗导致的困境，就只能自己摆脱而不能依靠任何"外援"了。这是令人遗憾的一个近乎完美的失败和受骗过程，因为它每一个步骤都如此的真实和可以验证，这种**"真实骗局"**是金融战役学的创立过程中，一朵令人爱不释手的、散发着诡异迷香的花朵；一个混淆了真实与虚假界限的"奇点";一个挫败了计算与逻辑的高超严谨的诱骗过程;一个闪耀着理智光芒的系统工程;它的每一个诱骗过程是如此的真实,如此的惊得起检验和验证,但却让整个结局变成了一个可以任意主导和操纵的、充满了战略价值的、灵活性极大的果实。

(五)也称**"钱袋子理论"**,这是金融战役学的一个特殊的理论分支,它采用复杂的社会心理学、国家民族心理学,用价值欺骗和真实欺骗技巧来制造一个可以复制,可以系统管理的投机主导时空,进行获利、主导、影响等各种过程,并且做到不引人注意和"严守法律"。这是一个金融战役学中可以精确主导的投机系统工程,而不是单纯的独立的投机性冒险行为。

(六)**投机区间**:指整个投机过程中的不同过程,可以有无限多的过程,但都具有一个形成投机的第一区间。

(七)**第一投机区间**:也称作投机制造区间,是一个投机系统工程形成的过程,有时是很显著的暴露于公众视线之下,有时是不为人们注意,但其核心点是制造了投机过程,形成了对投机者自我的高额利润的保证和对整个投机的主导,保障了对商品总量、实际流通商品总量、价格、交易的完全主导,此后的一切才是投机系统工程的绝对可操控性的形成区间。所以整个投机主导的形成,也可以称为投机的形成正是在第一投机区间,消灭和反击、对抗投机主导,最好在这个区间而不是投机系统工程确立以后,那将会面临庞大的、无辜的、投机性公众投资者的压力,最终常常只能在失败和彻底失败之间两害取其轻。这就是金融战役学中投机主导理论的"健壮性的根本保障",而绝非空洞的理论,是可靠务实的金融战方法论。

(八)**第二投机区间**:指大量被诱导的投资者投入资金之后的过程,直到其中开始有部分或全部投资者试图获利离场中间的过程,这有可能分为许多个反复的子过程或者不断上升下跌的循环过程,可以仅仅维持几小时、几天、几个星期,也有可能维持几年、十几年、几十年;是一个主导的过程、财富转移的过程,也是一个投资者不知不觉演变为被动投机者的过程;是一个服务于投机制造者战略战术目的的过程,一个受到多种因素影响的不可测的过程。

(九)**真实欺骗方法论**:在金融战役学中,利用复杂的价值偷换概念,把投资性置换为投机性,把不可主导的不同目的的投资个体的投资行为演变为可以统一主导的投机行为;用战略趋势的整体诱骗把一系列"战术真实"作为诱饵和烟幕弹抛给被金融战打击的国家、地区和人群,用真实的局部、暂时、阶段性的历史客观来掩盖长期性、永久性、整体性的欺骗本质。这个过程好像是在笔直宽阔的大路上朝前面飞速的奔跑的过程。不断的截取进行科学测量都会反映出一个真实的直线,而透过一个完整的投机系统工程的宏观来看,就会发现其具体发展过程是一个圆形的广阔的地球一样的球体,一个可以不断测量的科学决策的过程,就被诱导为一个可以完全朝着任意错误方向前进的过程发展的、可主导的发展过程;此刻,不论是左转、右转、前进绕着地球转一圈,只要不超出局部理智推理、科学取样验证、情感认知的发现范围,就可以任意主导发展方向,令真实和虚假的界限在不知不觉之间消除。这种策略是金融战役学的基石性战术之一,因为金融战役中的攻击方,不仅掠食金融草原上无辜的群羊,甚至其攻击的战略重点和主要方向从来都是试图欺骗、渗透和主导同样拥有理智头脑、金钱权利、敏锐情感、科学测量、对比验证等条件、手段和能力的,专业级别的、超级智慧的对手。只有建立真实欺骗理论才能有效诱导对手战略、战术决策。

(十)**不确定性理论**:在投机诱导过程中,逐渐从宣扬实体投资开始,然后慢慢地把其诱导进入虚拟投资，也就是把其投资商品从有差别的具体商品，演变为无差别的投机利润的追求，也就是演变为对"不确定性价格变动差"这种虚拟商品的投资，这个过程就是金融战役学中不确定性理论的整个过程，是一个系统的金融战工程。

（十一）**第一波理论**：在一个投机过程中，第一波投机者是唯一有利可图的，人人都想做第一波投机者，但在一个投机系统工程中，只有投机过程制造者本人，也就是第一投机空间的开辟者是真正且唯一的第一波投机者，其余的第一波投机者都是整个投机过程中，在第二投机区间进入的被诱骗的投资者，他们所争夺的就是虚假的第一波投机地位和存留的第一波投机效应的余波（也就是在第二投机区间早点入场和离场的可能性的大小），这却恰恰是整个投机态势形成的主要心理动力。

（十二）**具体问题、利益问题**：在金融战役学中，具体问题和利益问题是指发动者不断抛给被打击者的一个又一个可以验证的烟幕弹和诱骗性主题，其目的在于——发动金融战役的一方必须不停地**主导**另一方必然具有的、甚至有时是强烈的、主动的、很难误导而消失的对自身利益的思索和针对金融战攻击的分析和反击（也就是说最好能够通过多层次主导、软化和消除这种打击下必然会产生的反作用力，但如果无法消除，则必须要对这种力量的走向保持一定的影响力，对其强度有一定的主导力，这是虚拟经济决策专业化的一个"成果"，本书称之为**"负面因素的软化和多层次主导"**，这个策略的复杂性、有效性和应用之频繁远远超过人们的想象），这个过程是天然存在于金融战役的全过程，只能诱导不能消除，所以具体问题和利益问题此刻并不是两个问题，而同为以真实欺骗为基础的金融战役主导策略的组成部分。

（十三）**投机临界**：指第一投机区间具备了朝第二投机区间转变条件的时刻，它是一个完成了进程主导的时刻，是一个投机者制造者储备了足够的投资利润的时刻，是一个投机制造者在大笔资金被引导入场后，可以立刻获得巨额离场利润的时刻，是一个投机真正形成的时刻，是一个整个商品买卖由"个体投机"演变"群体投机"的临界点，一个投机制造者理智主导转向被动投机者的疯狂赌博性投机狂热主导的临界点，此后投机制造者变成立于不败之地的投机系统工程的主导者的角色转换临界点。

（十四）**投机制造者**：制造投机系统工程，制造投机第一区间的人、机构等，是金融战役的发起者。

（十五）**对手买入**：投机制造者在创造了第一投机区间后，在主导了投机产品的主流、储备、产能后，自我制造的一个买入，制造了第二投机区间的初始价格，也制造了投资者对投机利润的狂热预期和投机制造者自己的巨大利润，这是一个制造可主导的投机价格的手段和在条件具备后启动第二投机区间的号令和标志。

（十六）**被动投机者**：所有进入第二投机区间的投资者和投机者都是被动投机者和他们最后是否赢利无关。

（十七）**投机系统工程**：这是一个具有金融战性质的投机诱导过程，其与普通投机最大的区别在于投机制造者对于投机过程和目的的可精确主导性和规模巨大、背景复杂。但是，由于社会进步和投资诈骗团伙化、智能化、专业化，很多投机骗局也具备了一定的投机系统工程的特性，这是一个需要投资者警惕的新变化。

（十八）**崩溃临界**：一个普通投机过程最后失控出现第一波恐慌性抛售的价格上涨（或者下跌，这是衍生金融工具后出现的一个显著的新特征：下跌也能炒作、投机获巨额利润；虽然历史上也有类似的个案，但不具备如此完善的全球操控的能力、规模和杠杆倍率。）到一个投机总趋势无力维持而面临改变和反弹的物理性或心理性标志点，就是崩溃临界。

（十九）**投机总趋势**：在普通投机过程中是一个确立就很难改变的趋势，或者上涨或者下跌；但在投机系统工程中，也就是在金融战役中，则是指金融战发起者的战略目的，其有时会出现 180 度的大转弯，但这只是金融战役灵活性的充分展现表现和证明，而不是金融战役的性质有所转变。

（二十）**震荡余度**：在金融战役学中，为了制造其他国家长期的金融不稳定以使其陷入美元体制可以主导的不稳定和"其他货币"的接受度长期被弱化而维系美元体制，会在金融战役后期故意反向操作，产生一个让整个价格体系不可测的摇摆和震荡。这个震荡余度的后期逆向操作力度越大，短期损害越小，长期损害却会加大；所以在防御金融战役的过程中，尤其是实力差距相对过大的前提下，采用刚性策略对抗金融战弹性策略，会有效的制止震荡余度的破坏。

（二十一）**第一投机价格**：就是第二投机区间确立时的价格。现实中，常常是一个波动的价格幅度，而不是一个固定的价格。唯一可以肯定的是，这个价格远远超越了商品原始价格，既可以呼唤起足够的贪婪和投机性，也可以让投机制造者随后赚取足够的利润并保证有一个足够的保险倍数空间（就是价格下跌，依然有巨额利润的保证）。此后发生在"第二投机区间"的价格为**第二投机价格**和其子过程的"价格"依次称为**第三投机价格**……

五十七、晃点战术（Blinking）：

（一）1."**20％破产线**"（也称"**破产线**"）；2.**投机转换战术**；3.**眼球战术**；4.**虚假真实效应**，也称作'**后来者效应**'；5.**晓美平台**；6.**晃点（Blinking）**；7.**极点**；8.**对称极点**；9.**晃点通道**（**晃点走廊**）；10.**晃点战术、晃点行动（Blinking）**；11.**狭小空间定律**；12.**贪婪诱导战术**（由于相应的有免费战术等，故也称"**白吃战术**"）；13.**晃点利润**；14.**高回报预期、晃点（利润）预期**；15.**虚拟交易原则**：**虚拟交易三要素**：（1）**扭曲的时间**；（2）**扭曲的空间**；（3）**扭曲的价格**；16.**大晃点战术**（战略性晃点战术应用 Shining）；17.**晃点战术的中级阶段**；18.**晓美浮点**；19.**小晃点战术**（局部战术晃点战术应用 Blinking）；20.**晃点空间**；21.**晃点战术的终极阶段**（Fulgurating）；22.**牧羊者**（牧羊人、引发者，即：群羊效应引发者）；23.**晃点世界**：往往是指社会范畴的广义衰退和紧缩。

（二）**晃点战术**是一种有计划，有目的的财富转移策略。

（三）**小晃点战术**（局部战术晃点战术应用），通过制造投资热点，并大力给予资金注入，引发群羊效应。从而导致大量投资进入一个窄小的投资领域，这个"投资商品"是什么并不重要，关键是所选择的投资领域一定要无法承受资金涌入。之所以要选择狭小的投资领域，并制造热点，主要是由于：（1）只有小的无法承受大量资金的"投资区域"，不论它是什么都会立刻由于超出了正常投资范围的"超量资金涌入"而变成"投机区域"，也就是人为把投资变成投机的过程，即："投机转换战术"；（2）只有在狭小的范围内，才会只需要很少的初始资金就能制造出吸引媒体和投资者注意力的群羊效应，而让整个"投资"发酵，酝酿出不理性的疯狂投入，也称"眼球战术"；（3）只有狭小的投资范围才会给初期投入的人们以高回报，并制造后来者的高回报（这种回报叫做"**晃点利润**"）心理预期（也叫做"**晃点预期**"），并树立投资者的信心，即："**虚假真实效应**"（也称作"后来者效应"）。这样当投资热点进入一个相对稳定的状态之后，也就是群羊效应引发的资金达到一个稳定的、可以自动推动发展的程度之后，（这个稳定的阶段在金融战役学中称为"晓美平台"），再开始购入实物、合约、投资目标的期权等，这就必然进一步推高已经狂热的市场，当市场高到一定程度之后，也就是骗局发起者手中积累了足够的实物、可流通的期权后（这不是一个新鲜的词汇，任何预定的产品都可以称作期权。比如：购买明年春天的一朵鲜花，这些在金融战役学中统称"晃点"），开始突然抛出所有手中的"晃点"，既赚取了高额的回报，又把整个投资市场打回了远低于正常值的低点，便于引发者异常廉价的低点吸纳足够多的"晃点"也就成为庄家，在市场回归正常后，或者是记忆力不好，或者说是人性贪婪在一次战胜了痛苦的记忆后，进入新一轮的晃点走廊。这个高点虽然看起来似乎有一个"客观基础"（但只要资金不断，投机热点又足够狭小，价格就会不断攀高，这叫做："狭小（投资）空间定律"），但其实引发者抛出"晃点"的那一刻必然成为最高点，所以称为"极点"（如同磁石让指南针指向一个特定方向一样的，人为制造的"极点"），这个必然随之而来的低点称为"对称极点"，这个反复的过程称作"晃点通道"，所以这种战术型的晃点战术，即："小晃点战术"。

五十八、《战略趋势博弈论——晓美交点》

（一）**晓美交点**：也称战略交点，在金融战役学中，在一系列复杂的、不可测的、非线性的战略、战术较量过程中，精心制造的战略优势导致的对手战术措施只能延缓的、却无法阻止的这个时间点；或者由于战略失误，导致的无论如何运用战术手段，也只能推迟其到来的重大危机时间点。之所以称之为交点，主要在图表中可表现为战略统计数字曲线和战术统计数字曲线相反运动（但实际包含了强势方战略力量、强势方战术力量、弱势方战略力量、弱势方战术力量等多种内部主导性力量的合力，换句话说：决策错误是导致己方战略和战术统计曲线逆向运动的直接原因，但从深层次来说，这又常常，甚至必然是各方面综合较力的结果，也包含了对手和己方内部的各种复杂矛盾力量综合作用导致的合力方向，而这个合力方向又最后决定了晓美交点的属性，也就是主导权在谁手中，这里不讨论超级强力介入的特殊情况。）的最终必然交叉点，换句话说：战术力量服从于战略力量就等于战略力量的最终方向（这里包括对手的战术失误和己方的正确地服务于战略的战术），不服从战略的战术力量（包括对手正确的战术和己方不服从于战略的胜利或失败的战术）最终只能在某个必然到来的时间点，服从于战略的力量逐步变化。必须要说明一点：表面上看有积少成多、此消彼长的战略力量转变的时刻，但其内在的、决定胜负的战略趋势并不会轻易改变，虽然这种战略趋势并非绝对的不能改变，但由于其具有历史性、人类社会**合力效应**——就是社会所有人各自努力朝不同方向拉动历史的车厢，最终必然达成一个唯一的历史发展方向，也就是历史的必然性；这个方向在金融战役学中叫做**合力方向**。虽然有偶然性的出现，但偶然性处于从属地位，并且从一个较长的历史时期来看，偶然性无法从根本上扭转历史的发展方向，这就是战略趋势的力量，换句话说战略态势的转变是受到更高一级的历史战略趋势的主导，除非出现外星体突然撞击地球这类强力介入，且强度足够影响整个历史发展趋势，则有可能改变历史进程，但代入统计中的时间段越长，其所相应具有的历史战略趋势越强大，越不可扭转，比如：小行星撞击地球这类超级强力介入，人口存活概率 1/10 万，但如果相应以 10 万年作为时间段来统计，其对人类文明的总体不断向前发展总方向的影响和延迟几乎可以忽略不计。这里理论的方法论中其实存在客观事物短期、中长期、历史发展时期、人类文明发展总趋势、物理世界变化总趋势等五个层次的不同（包含五个时间概念的交织和各种极端复杂因素的相互作用），具体应用要实事求是，就事论事，而不要胡乱地套用理论来解释事物，那样即便统计计算再精准，也会导致跌入荒谬的泥潭，无力自拔而不自知，这就是原来没有设计公式的原因。整个理论是金融战役学中的**晓美战略趋势假说**。

（二）**晓美节点**：贯穿于这一系列战略争夺过程中的局部的争夺点。但晓美节点依然是一个战术的争夺，依然要服从于总体战略胜利的需要，有关决策模式差异性，可粗略分为"战略型"和"战术型"两类。

（三）战略型国策：以中国决策文化为最典型，强调战略把握，所以个体反倒更加强劲，个体要求也更高，系统大战略目标的稳定性极高。

（四）战术型国策：追求战术胜利，所以实际强调集体能力，对个体要求不高（虽然这种说法与人们感觉的"常识认知和媒体概念"不统一，但确实如此）。案例，第二次世界大战中的"乌克兰战场"：苏联追求的是用局部几十万部队的损失和牺牲，换取整体后援战略力量的集结，以便达成在（未来的）晓美交点战胜德国的必然性。"德国"追求的是闪击战巨大的、一连串的战术胜利，但最后却在战略较量中彻底失败，这就是一个战术失败换取战略胜利的最典型的例子。至今还有人误以为苏联由于某些原因在苏德交战初期"失败的很惨"，却根本没有理解对苏联决策来说，保障未来晓美交点的绝对主导权是不惜一切代价的，因为保障了晓美交点的主导权就保障了战略冲突中的最终胜利。

（五）**战略时间**：从战略决策开始，到晓美交点的时间称为**战略时间**。

（六）**软遏制**：指用接触、捧杀、指责诱导主导等策略制造表面友好的战略主导条件，让对手陷入迷茫和错误的战略决策情绪中无力自拔，却感觉良好。软遏制只是软阻止战略的一部分，软阻止的目的不一定是遏制，关键在于诱导和主导——为我所用。

（七）**指责诱导主导战术**：通过强势媒体对某个事务进行无端（或对事实进行任意歪曲）指责，诱使对方不去思考对错，而用从众心理的本能作出否认，制造一个事实主导对手行为，并影响对手战略决策、战略选择的战术，这是一个古老的心理学战术。

（八）**"挖鼻孔战术"**，就是对一个的确不利于对手，一个的确有点错误的"失误"故意公开指责，制造对手慌乱、尴尬，打击对手决策信心和果敢度，削弱对手的强硬度，使之看起来可笑，从而丧失或者部分丧失领导力、凝聚力。比如在公开场合突然"善意"或者"高调"地提出对方裤扣松开了，或者在对手挖鼻孔的时候，突然责难。所以，也称"（挖）鼻孔战术"，这就是一个把实际意义不大的事件用强势媒体战推出，打击对手、削弱对手、致使对手战略决策正确度降低，分散对手战略利益注意力的高超战术。这种看似令人作呕、甚至啼笑皆非的无聊战术，正是金融战役学的一个重要的研究领域。在当今世界这种战术对策略制定的影响力之大、实施之频繁、后果影响之深远……都令人胆寒和深思。作为战略博弈中，对外策略的一个独有，值得深入研究。必须要强调的是：这个类别的战术统称为**"次阴谋战术"**。

（九）**晓美交点趋势图**：有关**晓美交点**示意图的说明：晓美交点不是趋势交点（也就是线性利益轴上，相对两势力如果成对立趋势，则必有相交一点，即：开战、矛盾激化、利益相背，总对决等），而强调的是过程的优化。这个战略趋势选择，需要一个示意图，有多位网友协助绘图，试图以各种角度给出晓美交点趋势图，但却都没有反映出其实质。其中选用了 rudump 网友的两个示意图，在此表示真诚的感谢。这个示意图和晓美交点的原意截然不同，但却可以让尊敬的读者有一个感性认识（y 轴为自由度、满意度、成功度、知名度、辉煌度、多样程度显示轴，或称相对利益轴，也成短期利益轴、战术利益轴，战术方向 b 实际最大值 100（％）；x 轴为时间轴，或者绝对利益

轴，历史利益轴，战略利益轴；原点为：现实决策零点；正方向为战略方向［历史方向］
理论最大值无限）。

（十）晓美交点粗略示意图一

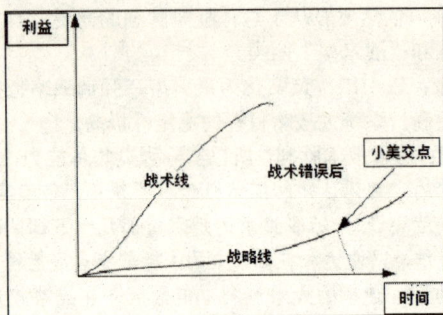

图片1（由网友 rudump 绘制）

（十一）晓美交点粗略示意图二

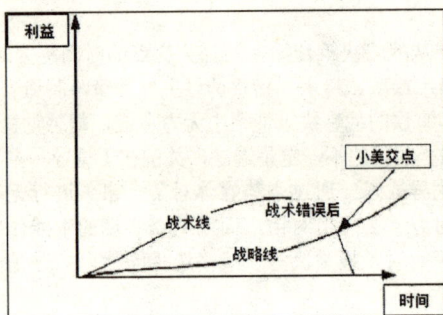

图片2（由网友 rudump 绘制）

　　（十二）在写作过程中，先后设计了几次"示意图"，都不十分满意，故，文中所
说的示意图并不是指这个"图"，而是几个被删除了的"表示不恰当的示意图"，仅保
留这样两个最简化的示意图。里面有关决策自由度和一组最简化的对立双方博弈的过
程与利益追求过程都没有反应在图表上，只要了解这是一个简单双方博弈的示意图即
可，其实理解它们里面的含义，这些文字已经足够了，问题在于如果是利用这理论进
行系统决策（这仅仅是举一个大系统应用的例子而已，并非事实如此），就不能如此简
单，而且里面有一个如何公式化的问题、和个体（小系统）和国家（大系统）决策与
博弈的异同问题。

　　假设战略力量为"a"战术方向为"b"，此刻由于战略方向与历史方向具有统一性
（反过来说，战略决策错误也会导致其向逆历史发展而动，其损害也较之战术决策错
误大得多）；在此刻战略战术在两轴单位刻度来看，在不考虑特殊事件的条件下，施加
多大的力度（人力、物力、财力、军力等硬实力；机遇、文化、信用、联盟等软实力；
渗透、收买、破坏、暗杀等暗实力）就会同样导致单位刻度的前进（决策错误就会倒
退），但战术决策明显具有更大的自由性（其摆脱了历史方向性的硬性制约，故颇具诱
惑力），但其战术消耗在同等实力的前提下，却会为了其花样百出的、自由的、追求满
意度、成功度、知名度、辉煌度、多样程度显示轴的进度追求，而迷失在其中，只感

304

觉到其辉煌度和眼前利益，而没有注意到，其发展方向已经偏离了战略利益轴。换句话说即便只考虑战略战术决策都正确的简单条件，战术利益轴的"前进"必然小于投入同等实力在战略利益轴导致的利益收获。战术利益选择往往会形成简单用时间段和收益多寡来衡量的决策模式，进而发展出一种行之有效的战术决策体系（也就有了战术文明体系与战略文明体系的不同）。这里继续谈战术利益轴和战略利益轴对决策的影响。这里有三个重要的、实际在起作用的因素。

1. 决策习惯的累计性后果：**硬实力、软实力、暗实力**，本质上就有着天然的战略利益和战术利益特性的不同，软实力最符合战略利益，硬实力比较中性，暗实力最符合战术利益。这就会在人类整个不断重复，以至无穷尽的追求利益的决策活动中，出现一种决策文化和决策倾向性，其决策者个人会不由自主地陷入其中，并且其整体组织构架必然具有战略利益性或者战术利益性，也就是必然在理论上要具备服务于其战略决策、决策执行的组织机构（虽然都不可能是完美的，但必然要有适应性，否则就会出现决策错误增加、决策执行失败增加的现象，最终导致整个决策机制和其依附的组织体系的总崩溃）。这就会让战术利益决策曲线，最终总倾向于背离绝对战略利益决策曲线（这里指完美的100%的实力投入取得百分之八的战略利益的完美平直曲线，这不可能出现，即便相对于战略决策体系来说也是如此），这就让战术利益决策背离追求最大利益化的初衷。战术利益文化最终必然会迷失在对暗实力的投入中，也会导致对其自身正义性、道德性的致命影响，最终出现一种服务于决策的机制、组织、习惯反过主导决策本身的现象，这种背离的过程称为**惯性偏离**，其最终出现这种现象的点叫做**偏离点**，其之后的决策状态称为**结构性决策偏离**。

2. 战术利益回归的代价：战术利益轴虽然表面是很诱人的，可以**"自由偏离"**战略利益轴，而取得一系列看似辉煌、耀眼的战术胜利，但战术利益决策的本质依然是追求利益最大化而不单纯是满意度，其虽然有可能既取得战略利益又取得足够的辉煌度，而这在曲线上就表现为战术利益曲线的在战略利益轴的投影利益多寡（绝对战略利益轴的相应单位长度）与战术利益曲线在此间所实际描绘出的曲线的长度，战术曲线实际单位中所有的长度减去其投影在绝对战略轴上的单位长度差值称之为**"战术辉煌度"**，其自身在战术利益轴上的损益如果是正值，称为**"战术决策相对收益"**；如果是负值称为**"战术利益回归"**，这种代价，必然会产生，其偏离绝对战略利益越远，出现的可能性就越高，直至可能性最终会达到不可避免的100%。所以，战术决策是有实际局限的，也就是其不能无限追求决策自由度、多样性的无限高，因为其实力永远是有限的，其辉煌背后是实际的战略损失和投入产出比的下降，战略竞争也实际限制了这种"理论情况"的出现，所以实际战术决策的自由度存在一个看不见、摸不着的回归点。由此就看出一个问题：战术决策体系不论如何辉煌，其决策模式如何完美，在战略利益的历史性衡量中，永远落后于战略决策体系。但必须知道：完美的战略决策不可能存在，人类决策第一位追求满意、第二位追求利益。所以战略决策体系从来不排除战术决策倾向。短期看他们常常是混淆在一起的，但从长久来看，却有着体系的不同，本质的不同，虽然其都试图追求利益的最大化。

3. 晓美交点出现的真正原因：**决策失误的必然出现性**。前面许多问题是要逐步导出这个问题，即为什么会出现晓美交点？晓美交点的本质存在于完美的战略或战术决策体系当中，但更多的存在于现实中充满了错误、失败、倒退的各种进程（比如：历史进程）中，因为历史本来就具有试错性，虽然从长期看不是这样，但中短期来看绝对是错误的选择次数远远大于具有唯一性的正确选择。有时人们甚至无法知道什么是正确的选择，应为历史无限延伸、其所对应的战略利益轴是无限的，其相应的战略利益曲线也是无限的。所以在我们人类历史，甚至是个人生命的短暂时刻，有时很难区分，"自身"站在一条利益失败导致的倒退曲线上？上升的辉煌曲线上？还是向下回归的曲线上？而且还会有个体利益与整个决策利益体系巨大的冲突，这是个赤裸裸的利益问题，而丝毫不涉及道德，但人生活在道德的社会，离开了道德就会导致决策趋向战术性，实力趋向暗实力，也会带来一系列有趣的结构性反应，这里先不讨论。在前面的图片中，仅仅简单表述了一个几乎不可能出现的最简单的晓美交点，在实际中这要复杂一些。战术决策出现错误，就会导致竞争对手的战略利益获利逐渐大于自身的绝对获利（这就不考虑是来自战术还是战略，事实上战术利益也来自战略利益，这一点不太好理解，看图表反倒容易理解），最终就会在假设的简单两方（简单两方是为了通俗易懂，把竞争、对立简化为最简单的竞争双方、人为忽略了多方争夺的实际存在）的利益竞争中出现对手主导战略利益曲线，而自己主导战术利益曲线，由于战术决策必然具有回归、天然背离最大利益化、累计性结构担负等负面因素，其短期性虽然可以通过不断的拼接形成一个看似长久、看似连续的利益追求"战略"，但其必然存在多结点、多冲突的特性，也会导致利益逐渐流逝，投入产出比下降。在双方实力差距太大的情况下，这并不重要。比如：一个典型的战术决策体系，一切"战略决策"都以战术利益为出发点，而不遗余力的进行推动和组织，但这个战术余力的终极点（战术余力潜力耗尽的特点），也就是彻底抛出战略利益的点，其优势也是一个战术决策自由度最高、战术成果最辉煌的时刻，劣势是彻底背离了决策的初衷：一切利益决策的最终目的都是战略利益最大化，而不是决策本身是否有价值或对决策者本人有价值），这就是晓美交点的反应，关键是从 10 年看？还是从 100 年看？时间越长，晓美交点效应越明显，事实上，战术决策系统的战术决策失误很少，而其战略利益却无法保障。并且一旦战术决策出现错误，就会瞬间扩大其背离战略利益的后果，有可能出现历史瞬间导致的战略性的利益流逝。如果战术决策趋于完美，那么其最终的背离战略利益曲线的累计损耗也必然导致其失败，但时间要坚持得长久得多，也就是两个曲线重点交叉，而出现晓美交点，要在更后面的战略利益轴上，也就实际取得了更多的利益。

4. 晓美交点中，战略决策型容易出现更多战术和战略失误，但可调整性却大得多，甚至可以说是付出了一定可以承受的代价，而战术决策型则失误小得多（因为其决策难度小，可参照因素明确"可知"），但却几乎不具备任何的"可调整性"（包括："战术层面"和"战略层面"）。

5. 这里有一种极端的晓美交点没有提及，就是一旦战略决策出现错误，其类似于战术决策在错误条件导致晓美交点加快出现的情况，但其更加容易、也会更快导致晓美交点的出现，更有趣的问题在于，甚至可以认为战略决策体系有一种天然的自我保护机制：战略决策体系由于其决策比较明确的确立在战略利益之上，其组织、文化构架不太适应突然的一百八十度的战略错误决策的执行，这和战术决策体系中，其附属执行体系特别适应各种自由度的决策，甚至很难察觉出决策错误，似乎"决策体系很健壮，但其实恰恰相反"这是战术决策体系最大的硬伤之一。战略决策体系会由于不适应剧烈变化的决策波动，也不愿意进行剧烈的**决策波动**，所以其虽然具有一定的顽固惯性（也称**消极惯性**）但这种消极惯性不但不会导致其战略利益的总的流逝，也不会影响在历史变革关头的战术决策的多样性，而会形成一种特殊的良性自我平衡机制（请参看拙作《广义（投资）决策论》，2005 年 2 月 17 日 北京）。

只研朱墨作春山

——用科学的方法应对金融危机

（编后）

用谷歌搜一下"货币长城"，约有 174000 项符合"货币长城下载"，被转载了 394000 次；用百度搜一下"货币长城下载"，还出现了手机版。

没有《货币战争》的广为流传，就没有金融危机对策论的深入人心。

《货币战争》主要是两个点（罗斯柴尔德家族发迹史、美联储系统的建立），而《货币长城》是世界金融战役通史的一部分（1944 年布雷顿森林体系建立以后）。

《货币战争》的侧重点在于布雷顿森林体制建立以前，《货币长城》以布雷顿森林体系的建立为侧重点。

《货币战争》的宝贵在于提出了一个问题：有人在用金融力量控制世界吗？《货币长城》重在靶位研究——如何与金融战役的发起者对垒和共处。

一个推测——"阴谋论"，

一个考证——"方法论"。

对于读者来说，这是有益的拓展，感觉一定截然不同。

万里长城是人类战争史上的奇观，是中华民族勇敢和智慧的结晶。

金融战役是诡异的智慧，货币战争是壮丽的诗篇。

用科学的方法应对"虚拟金融危机"，

构筑中国金融安全的"实体防火墙"。

敬请关注

《金融刺客——金融战役史》系列丛书

（一）　《水城的泡沫——威尼斯金融战役史》

（二）　《海上马车夫——荷兰金融战役史》

（三）　《古老的剑客——法国金融战役史》

（四）　《铁血骑士团——德国金融战役史》

（五）　《雾锁伦敦城——英国金融战役史》

（六）　《开国的苦斗——美国金融战役史》

（七）　《财阀的魔杖——日本金融战役史》

（八）　《斑驳的铜锈——中国古代金融史》

（九）　《飘散的烟云——世界金融战役史》